O século das revoluções

FUNDAÇÃO EDITORA DA UNESP

Presidente do Conselho Curador
Herman Jacobus Cornelis Voorwald

Diretor-Presidente
José Castilho Marques Neto

Editor-Executivo
Jézio Hernani Bomfim Gutierre

Conselho Editorial Acadêmico
Alberto Tsuyoshi Ikeda
Áureo Busetto
Célia Aparecida Ferreira Tolentino
Eda Maria Góes
Elisabete Maniglia
Elisabeth Criscuolo Urbinati
Ildeberto Muniz de Almeida
Maria de Lourdes Ortiz Gandini Baldan
Nilson Ghirardello
Vicente Pleitez

Editores-Assistentes
Anderson Nobara
Fabiana Mioto
Jorge Pereira Filho

Christopher Hill

O século das revoluções
1603-1714

Tradução
Alzira Vieira Allegro

© 1961, 1980 Christopher Hill
Todos os direitos reservados
Tradução autorizada da edição em língua inglesa publicada
por Routledge, membro do Grupo Taylor & Francis
© 2011 da tradução brasileira

Título original: *The century of revolution: 1603-1714*

Direitos de publicação reservados à:
Fundação Editora da Unesp (FEU)
Praça da Sé, 108
01001-900 – São Paulo – SP
Tel.: (0xx11) 3242-7171
Fax: (0xx11) 3242-7172
www.editoraunesp.com.br
www.livrariaunesp.com.br
feu@editora.unesp.br

CIP – Brasil. Catalogação na fonte
Sindicato Nacional dos Editores de Livros, RJ

H545s
  Hill, Christopher S.
    O século das revoluções, 1603-1714/Christopher S. Hill; tradução Alzira Vieira Allegro. – São Paulo: Editora Unesp, 2012.
    400p.

    Tradução de: The century of revolution, 1603-1714
    ISBN 978-85-393-0222-2

    1. Grã-Bretanha – História – Séc. XVII. I. Título.
12-0338.   CDD: 942.06
                                                        CDU: 94(420)

Editora afiliada:

Sumário

Nota da tradutora   VII

Prefácio   1

1. Introdução   5

PARTE I   1603-40   11

2. Narrativa dos eventos   13
3. A economia   19
4. A política e a constituição   49
5. A religião e as ideias   83
6. Conclusão, 1603-40   111

PARTE II   1640-60   119

7. Narrativa dos eventos   121
8. A política e a constituição   129
9. A economia   157
10. A religião e as ideias   175
11. Conclusão, 1640-60   201

PARTE III   1660-88   207

12. Narrativa dos eventos   209
13. A economia   217

14. A política e a constituição   239
15. A religião e as ideias   259

PARTE IV   1688-1714   273

16. Narrativa dos eventos   275
17. A economia   281
18. A política e a constituição   295
19. A religião e as ideias   311
20. Conclusão, 1660-1714   327

Epílogo   333

Apêndices   335

Glossário   349

Sugestões de leitura complementar   357

Referências bibliográficas   367

Índice   375

Nota da tradutora

Seja em ficção, seja em não ficção (incluindo-se aí a História), a tradução de nomes próprios – sejam eles pessoas, eventos, locais, coisas etc. – sempre oferece um desafio. Em *The Century of Revolution* o desafio foi grande: ao pesquisar as traduções de vários livros de História da Inglaterra, relacionados com o século XVII, diferentes possibilidades foram encontradas quanto à tradução de nomes próprios; algumas obras registram tradução de vários termos/ expressões em português sem fazer referência ao original; outros registram os termos apenas em inglês; outras, ainda, apresentam os termos em inglês com a respectiva tradução em português. Diante dessa mescla de opções, esta tradução escolheu um caminho de mão dupla: apresenta os termos específicos em inglês – eventos históricos e outros nomes próprios (ou termos muito próprios da língua inglesa, para os quais uma tradução plausível se torna quase impossível) – e oferece (na primeira ocorrência) um *possível* equivalente em português entre colchetes. Quanto a certas expressões ou termos em inglês que merecem explicação mais detalhada para que o leitor os compreenda melhor, duas estratégias foram utilizadas: quando possível e pertinente, uma breve explicação foi inserida dentro do próprio texto (por exemplo, indicando a localização geográfica de determinado lugar); quando houve necessidade de maior esclarecimento, este foi inserido no final da obra, em um pequeno glossário com breves explicações de alguns eventos, termos ou expressões, cujo entendimento pode levar o leitor à melhor fruição da leitura. Este último caso está indicado no texto pelo uso de asterisco, chamando a atenção para o glossário. Que o leitor releve minhas possíveis falhas de conhecimento e que tire proveito da grande obra de Christopher Hill, mergulhando na fascinante, por vezes mirabolante, história do século XVII inglês.

Prefácio

A organização deste livro pede uma explicação. Para evitar repetir em detalhes o que pode ser encontrado em muitos livros-texto e ter mais espaço para tentativas de explicação, optei por fazer nos capítulos narrativos um simples resumo dos eventos. O leitor deverá ter paciência se, por exemplo, encontrar o "Projeto Cokayne" mencionado sem explicação; ele será discutido posteriormente. O índice mostra onde podem ser encontradas as definições de termos técnicos e fornece detalhes biográficos de pessoas que não são totalmente identificadas no texto. As citações de fontes do século XVII foram modernizadas. As datas são fornecidas pelo calendário juliano. A Inglaterra do século XVII estava dez dias atrás do calendário gregoriano, utilizado no restante da Europa. Entretanto, considerei o ano como se iniciasse em 1º de janeiro, não em 25 de março, como costumava fazer a maioria dos ingleses do século XVII.

O projeto desta série não permitiu documentação plena. Quando, de forma consciente, utilizei a ideia de outra pessoa ou citei uma frase de um historiador não facilmente identificável a partir do contexto, espero ter fornecido, da modo geral, a referência; porém, extraí tanto de *sir* G. N. Clark, do professor W. Haller, do professor W. K. Jordan, do senhor E. Lipson, do senhor David Ogg e do professor R. H. Tawney, que aqui só posso expressar minha gratidão a todos eles. Fragmentos de *History of the Rebellion* [História da rebelião] e de *Vida*, de Clarendon, foram incluídos com a gentil permissão da Clarendon Press. Aproveitei-me da palestra do professor F. J. Fisher sobre o cultivo de florestas e de terras improdutivas, bem como das discussões com o doutor Eric Hobsbawm, o senhor A. L. Morton e o senhor Lionel Munby. Repito, e não me canso de fazê-lo, embora isso não possa ser documentado: tenho consciência de que minhas ideias não são, pelo menos, tão estúpidas quanto teriam sido se eu não as tivesse que defender em discussões tutoriais com alunos, as quais agora se estendem por mais de 25 anos.

Doutor J. B. Owen, senhor Lawrence Stone e senhor Angus Walker leram este livro em cópia datilografada, e a crítica minuciosa que eles fizeram foi extremamente benéfica. Os editores gerais da série foram encorajadores, porém atentos, e o senhor Denis Mack Smith gastou grande parte de seu tempo auxiliando-me a dizer o que eu queria dizer. O senhor Richard Grassby gentilmente leu as provas. Meu mais profundo agradecimento, como sempre, é para minha esposa.

1960 C. H.

Meus sinceros agradecimentos ao senhor R. Barnes, ao doutor G. R. Elton, ao doutor H. Koeppler, ao professor V. de Sola Pinto, à senhora Menna Prestwich e, sobretudo, ao senhor John Cooper por ter apontado erros na primeira impressão. Se obstinadamente recusei todos os bons conselhos que deles recebi, a culpa é exclusivamente minha.

1961 C. H.

Aproveitei a oportunidade de uma nova impressão para corrigir alguns deslizes que os revisores apontaram. Agradeço em particular as correções sugeridas pelo professor John Bromley e pelo senhor Ivan Roots. Também fiz algumas correções que surgiram com base no artigo do professor Habakkuk sobre as finanças no Interregno em *Economic History Review* (*Econ. H.R.*), de agosto de 1962.

1962 C. H.

Durante os vinte anos desde que este livro foi escrito, foram elaboradas muitas obras valiosas sobre a história inglesa do século XVII. Para esta edição fiz uma série de pequenas revisões a fim de incorporar o que me parecem ser as conclusões mais importantes, chamando a atenção para livros de significação especial.

Prefácio

Mantive os diagramas 2 e 3, baseados nos números fornecidos por Thorold Roger, e não os substituí por diagramas baseados nos cálculos mais recentes de E. H. Phelps Brown e S. V. Hopkins, conforme alguns críticos sugeriram que eu fizesse. Phelps Brown e Hopkins afirmam que, com relação a salários, "até 1700 dependemos dos dados fornecidos por Thorold Rogers ("Seven Centuries of Building Wages", *Economica*, New Ser. XXII, 1955, p.195: cf. os mesmos autores em *Economica*, XXIII e XXIV, 1956 e 1957). Um gráfico do movimento dos preços pode, de forma muito conveniente, ser encontrado em *Inflation in Tudor and Early Stuart England* , de R. B. Outhwaite (série Economic History Soc., "Studies in Economic History", 1969, p.11), e ele é baseado nos números de Phelps Brown e Hopkins. Sua principal vantagem em relação ao meu Diagrama 2 é que ele mostra flutuações anuais, não médias decenais; porém, o movimento geral é basicamente o mesmo.

São tantas as pessoas a quem devo agradecer pela assistência na revisão que fica difícil mencionar o nome de todas aqui, mas eu gostaria de destacar especialmente o senhor John Dunn, porque em 1962 deixei de corrigir uma afirmação equivocada sobre Locke, a qual ele havia apontado. Espero ter feito a coisa certa agora!

1979 C. H.

1
Introdução

Mas como posso lhe explicar, como posso lhe explicar?
Você compreenderá menos após minha explicação.
Tudo o que posso esperar que você compreenda
são apenas eventos; não o que aconteceu.
E aqueles a quem nada jamais aconteceu
não podem compreender a insignificância dos eventos.

T. S. Eliot, *The Family Reunion*

História não é narrativa de eventos. A árdua tarefa do historiador é explicar o que aconteceu. O período de 1603 a 1714 foi talvez o período mais decisivo na história da Inglaterra. As datas são arbitrárias, uma vez que se referem à morte de rainhas, não à vida da comunidade. Não obstante, durante o século XVII, uma sociedade e um Estado inglês modernos começaram a tomar forma, e a posição da Inglaterra perante o mundo se modificou. Este livro tenta ir além dos eventos familiares para compreender "o que aconteceu" aos ingleses comuns – homens e mulheres – bem como a reis e rainhas, ou discutir termos abstratos como "sociedade" e "Estado". O que aconteceu no século XVII ainda hoje influencia boa parte de nossas vidas, de nossa maneira de pensar, de nossos preconceitos, de nossas esperanças; portanto, vale a pena tentar compreender.

Talvez seja útil começarmos com uma visão geral do período. Ele se inicia com a ascensão ao poder do rei Jaime, que uniu as Coroas da Inglaterra e da

Escócia: em 1707, o Parlamento sedimentou essa união mais sólida dos dois reinos, o que Jaime não conseguira assegurar. Jaime assumiu o trono por direitos hereditários, confirmados pela nomeação de Elizabeth; em 1714, George I chegou ao trono graças a um Ato do Parlamento, que ignorou muitos outros candidatos com mais direitos hereditários. Jaime, como os Tudor, que vieram antes dele, escolhia seus ministros e seus prediletos conforme suas conveniências; no início do século XVIII, os ministros não conseguiam governar sem contar com a maioria do Parlamento. Esperava-se ainda que Jaime "vivesse por conta própria", financiasse o governo com terras da coroa, com os impostos feudais e aduaneiros; não havia qualquer distinção entre as posições pública e privada do rei. O Parlamento, convocado a exclusivo critério do rei, esperava votar impostos apenas em casos de emergência (embora a teoria, nesse sentido, já estivesse superada pela necessidade prática). Em 1714, o Parlamento, reunido em sessões quase permanentes, detinha controle total das finanças. No reinado de Jaime, os próprios membros das classes proprietárias de terras admitiam que eram absurdamente subtributados; no reinado de Ana, a pequena nobreza pagou as guerras de Marlborough. Nessa época, o Parlamento havia estabelecido certo grau de controle sobre o executivo e sobre todas as suas ações – inclusive a política externa, que os primeiros reis da dinastia Stuart haviam considerado como sua área privada. Jaime e Carlos agiam arbitrariamente com relação a assuntos que afetavam a estabilidade da vida econômica do país – elevando ou reduzindo os impostos aduaneiros, concedendo monopólios industriais, controlando preços, proibindo cercamentos. A economia era rigidamente controlada. Ao final do período, o Parlamento formulou uma política econômica, e em várias áreas a política do *laissez-faire* substituiu normas reguladoras. Isso possibilitou o surgimento do Bank of England, do National Debt e de outras instituições financeiras modernas.

A Inglaterra de 1603 era uma potência de segunda classe; a Grã-Bretanha de 1714 era a maior potência mundial. Sob o reinado de Jaime e de Carlos, a colonização inglesa da América estava apenas começando; sob o reinado de Ana, a Inglaterra possuía um vasto império na América, na Ásia e na África – e questões coloniais foram decisivas na formulação de planos de ação. A Companhia das Índias Orientais foi constituída em 1601; um século depois, era a mais poderosa corporação do país. No início de nosso período, alguém apontou como evidência da desordem daqueles tempos o fato de que alguns mercadores estavam tão ricos quanto pares do reino; antes do final do período, muitas famílias nobres haviam salvado suas fortunas, garantindo um

Introdução

casamento vantajoso na *City* – o centro comercial e financeiro de Londres. Nesse século, os hábitos alimentares dos ingleses transformaram-se com a introdução de raízes comestíveis, o que permitiu manter o gado vivo e ter carne fresca no inverno. Foi introduzida a batata, além de muitos novos cultivos, como o chá, o café, o chocolate, o açúcar e o tabaco. O consumo de vinho do Porto e de gim tornou-se hábito nacional. A peste foi frequente na primeira metade do século, mas já estava extinta no final dele. A moderna combinação de refeições – café da manhã, almoço e jantar – data do século XVII; também nesse mesmo século surgiu o padrão moderno dos trajes masculinos – casaco, colete, bombachas.[1] Saiu o couro; entraram o morim, o linho e a seda na confecção de vestuário. No final do século, a cerâmica e o vidro utilizados à mesa já haviam substituído o estanho e a madeira; muitas famílias usavam facas, garfos, espelhos e lenços de bolso; em Chatsworth, o duque de Devonshire instalou uma sala de banho com água corrente – quente e fria.

Em 1603, todos os cidadãos ingleses – homens e mulheres – foram considerados membros da Igreja Oficial, e dissidência era delito passível de punição. Heréticos ainda eram queimados na fogueira; suspeitos de traição eram torturados. Em 1714, a dissidência protestante era oficialmente tolerada: a Igreja não mais podia condenar ninguém à fogueira, o Estado não mais podia submeter ninguém à tortura. Nesse século, os tribunais da Igreja, poderosos em todas as esferas da sociedade desde a Idade Média, perderam todas as suas funções. No reinado de Carlos I, o arcebispo Laud governou o país; no reinado de Ana, a nomeação de um bispo para um cargo no governo causou sensação pela última vez.

No início da dinastia Stuart, os juízes de paz submetiam-se ao Whitehall – sede do governo britânico – e tinham que responder perante a Star Chamber [Câmara Estrelada]* em casos de rebeldia; no reinado de Ana, os nobres do interior do país e as oligarquias urbanas eram praticamente ditadores nos governos locais, prestando contas no Parlamento apenas a homens como eles próprios. Jaime I e seu filho destituíram juízes que atuavam de forma muito independente, contrariando desejos da realeza; após 1701, os juízes só poderiam ser removidos de suas funções por meio de notificação de ambas as Casas do Parlamento.

Jaime I apregoava que os reis governavam por direito divino, e muitos autores políticos insistiam na ideia de que as propriedades dos súditos estavam à disposição do rei. Parlamentares contra-argumentavam com base em

---

1 Devo esses pontos a Brigg, *The Anatomy of Puck*, p.2.

textos bíblicos ou em precedentes medievais. Em 1714, a política tornara-se uma questão racional, discutida agora em termos de utilidade, experiência, senso comum, não mais em termos de direito divino, textos e pesquisa de antiquariato. Jaime escreveu um tratado sobre bruxas, e não foi mais crédulo do que a maioria de seus súditos, para os quais a astrologia e a alquimia ainda eram consideradas de alta reputação. A segunda metade do século testemunhou o triunfo da ciência moderna; em 1714, fadas, feiticeiras, astrologia e alquimia não eram mais vistas com seriedade por pessoas esclarecidas. As magníficas leis de Newton transformaram em disparate a noção tradicional de que a terra era o centro do universo, na qual Deus e o Demônio interferiam sem cessar. Shakespeare pensara no universo e na sociedade em termos de níveis, de hierarquia; em 1714, tanto a sociedade como o universo pareciam tratar-se de átomos em competição. Um homem como Richard Cromwell, que nasceu sob o reinado de Carlos I e viveu até o século XVIII,

> viu o fim da Idade Média, o início da Era Moderna. [...] Entre seu nascimento e sua morte, a concepção que o homem esclarecido tinha da natureza e do seu lugar nela havia se transformado.[2]

Assim, poderíamos caminhar por cada fase da vida e do pensamento. Para T. S. Eliot, durante o século, ocorreu uma "dissociação da sensibilidade", pois, segundo ele, para os "poetas metafísicos" – de Donne a Traherne –, os pensamentos foram experiências que lhes modificaram a sensibilidade. Na época de Dryden, os poetas haviam perdido essa capacidade de absorver e digerir qualquer tipo de experiência: havia assuntos "poéticos" e havia dicção poética. "A linguagem se tornou mais sofisticada, os sentimentos se tornaram mais toscos", conforme passamos do tormento da dúvida de Donne e da fase trágica de Shakespeare para as certezas superficiais de Pope. A prosa tornava-se menos poética, à medida que a poesia se tornava mais prosaica. No início de nosso período, o estilo em voga era douto, moderado; estendia-se nas elaboradas construções frasais de Richard Hooker ou de *sir* Thomas Browne. Quando esse estilo termina, a prosa simples e direta de Bunyan, Swift e Defoe torna-se, inequivocamente, a prosa do inglês moderno. No reinado de Jaime I, afirma Roger North, "a maioria das famílias sérias" praticava música, tanto vocal como instrumental; ao final do período, o hábito de música em casas de família foi "totalmente arruinado" por apresentações públicas de ópera,

---

2 Baker, *The Wars of Truth*, p.366.

Introdução

por virtuosos do violino e por cantores. Esse foi um grande século na história musical da Inglaterra, mas, quando ele chegou ao fim, parecia que o talento criativo havia se esgotado. De outro lado, a primeira parte do século testemunhou um crescente predomínio de grandes artistas e modelos estrangeiros em pintura e arquitetura; a última parte trouxe consigo o ressurgimento de uma tradição nativa e um estilo que sobreviveriam.

A transformação que ocorreu no século XVII é, então, muito mais do que simplesmente uma revolução constitucional ou política, ou uma revolução na economia, na religião ou no gosto estético. Ela abarca a vida em seu todo. Duas concepções de civilização entraram em conflito: uma usava como modelo o absolutismo francês, a outra, a república holandesa. O objetivo deste livro é tentar compreender as mudanças que colocaram a Inglaterra na rota do governo parlamentarista, do avanço econômico, da política externa imperialista, da tolerância religiosa e do progresso científico.

Parte I
1603-40

2
Narrativa dos eventos

O cálculo dos tempos não é de tão grande importância;
os números podem facilmente estar equivocados;
o 10 de julho e o 6 de agosto – um ano a mais ou
a menos – não tornam um homem mais sábio naquilo que faz,
e é apenas isso o que ele deseja.

Samuel Daniel, *Collection of the History of England* (1612)

A rainha Elizabeth morreu em 24 de março de 1603, e Jaime VI da Escócia a sucedeu sem enfrentar oposição. Em 1604, houve forte suspeita de que um suposto complô para conduzir Arabella Stuart ao trono – o que levou à prisão de *lord* Cobham e *sir* Walter Ralegh – tivesse sido tramado, ou pelo menos grosseiramente exagerado, por *sir* Robert Cecil, a fim de fortalecer sua própria posição. Cecil, posteriormente conde de Salisbury, filho de Burghley, o grande ministro de Elizabeth, fora um dos principais responsáveis pela ascensão pacífica de Jaime ao trono, e o rei o manteve como secretário, adiantando-lhe o posto de *lord treasurer* [tesoureiro-mor] em 1608.

Jaime fora educado dentro do credo presbiteriano, e sua ascensão ao poder foi saudada com muita esperança por puritanos ingleses, solidários às críticas presbiterianas à Igreja estabelecida. Eles apresentaram a *Millenary Petition* [Petição Milenar] – um pedido muito moderado de mudanças em cerimônias que, supostamente, teria sido assinado por mil ministros. Na Conferência de Hampton Court (1604), Jaime satisfez os desejos dos representantes puritanos em alguns itens, mas os bispos não cumpriram sua parte na política de consenso que ele estabelecera. Muitos ministros puritanos foram privados de seus benefícios nos anos que se seguiram, apesar da escassez de pregadores. Ao concluir um acordo de paz com a Espanha, em 1604, Jaime pôs fim a uma guerra que durara dezenove anos. A revolta na Irlanda, iniciada em 1598 e liderada por Hugh O'Neill, conde de Tyrone, foi finalmente reprimida em 1603. Jaime, portanto, reuniu seu primeiro Parlamento sem quaisquer obrigações financeiras pendentes, exceto uma dívida de 100 mil libras, herdada de Elizabeth. Não obstante, as relações não eram muito harmoniosas. A proposta apresentada pelo rei de uma união legislativa entre a Inglaterra e a Escócia foi rejeitada. Um conflito acerca do direito de resolver disputas eleitorais levou a Câmara dos Comuns a declarar que seus privilégios eram herdados por direito, e não se deviam à benevolência do rei. Em 1605, a tentativa por parte do católico Guy Fawkes de explodir as Casas do Parlamento, onde o rei se encontrava na ocasião, provocou uma conciliação; porém, houve conflitos de ordem financeira, e a atitude arrogante de Jaime em relação à prerrogativa real acirrou os ânimos da oposição. Os Comuns demonstraram sua apreensão atacando o texto *The Interpreter*, um dicionário jurídico publicado em 1607 pelo doutor Cowell, professor de direito civil em Cambridge: a obra formalizava a posição da realeza em termos que Jaime aparentemente aprovava, mas que, no fim das contas, acabou condenando.

O Parlamento foi dissolvido em 1610, sem resolver a questão financeira. Salisbury morreu em 1612. Ele já havia perdido a confiança de Jaime, que o substituíra pela conservadora família dos Howard (Northampton, lorde do Selo Privado e comissário do Tesouro, 1612, que foi pensionário da Espanha; e Suffolk, cuja esposa também o foi). Entre os aliados dos Howard se encontrava o escocês favorito de Jaime, Robert Carr, conde de Somerset. Em 1614, o *"Addled Parliament"* [Parlamento Atrapalhado] foi dissolvido depois de nove semanas, sem votar qualquer pensão para o rei. A reputação do governo despencou, e os Howard foram, com justiça, suspeitos de corrupção. Somerset, primeiramente, envolveu-se em um caso escandaloso de divórcio e depois foi julgado, juntamente com sua esposa, por envenenar *sir* Thomas Overbury. De 1616 em diante, o Projeto Cokayne levou a uma crise de superprodução e desemprego na indústria têxtil, a mais importante indústria da Inglaterra. O atraente George Villiers sucedeu a Somerset como predileto do rei e em muito pouco tempo ganhou o título de duque de Buckingham, o primeiro duque não real da Inglaterra desde 1572.

Narrativa dos eventos

Em 1613, Jaime casou sua filha, Elizabeth, com Frederico, Eleitor Palatino, um conceituado protestante alemão. Em 1618, Frederico foi instado por protestantes tchecos a aceitar a coroa da Boêmia, até então quase hereditária na católica dinastia Habsburgo. Frederico aceitou o convite, e a guerra que se seguiu durou trinta anos (1618-48). Jaime desaprovou a atitude do genro e tentou mediar entre ele e a aliança austríaco-espanhola dos Habsburgo. Em Londres e entre os protestantes de todo o país houve forte apoio ao Eleitor Palatino, o que ficou explícito no Parlamento de 1621. Os membros da Câmara dos Comuns também eram críticos da política econômica do governo e decidiram pelo *impeachment* de Bacon, *lord chancellor* [ministro da Justiça e presidente da Câmara dos Lordes], em razão de suborno. Com essa humilhação, Jaime perdeu um de seus conselheiros mais hábeis. A Câmara dos Comuns tentou condicionar seu voto relativo a impostos a uma declaração de guerra contra a Espanha. Em janeiro de 1622, Jaime dissolveu o Parlamento sem obter sua pensão.

Seguiu-se, então, a ridícula viagem do príncipe Carlos e Buckingham a Madri com o objetivo de tentar negociar o casamento de Carlos com a filha do rei da Espanha e, assim, selar uma aliança com a qual Jaime esperava trazer a paz para a Europa. Depois de seis meses de negociações, o esquema caiu por terra de forma humilhante; Carlos e Buckingham retornaram à Inglaterra determinados a declarar guerra à Espanha. No Parlamento de 1624 eles obtiveram subsídios financeiros em troca da permissão do *impeachment* de Lionel Cranfield, conde de Middlesex, o mercador financista que quase conseguiu equilibrar o orçamento de Jaime. Eles também aceitaram o Estatuto dos Monopólios, tornando ilegais todos os monopólios não concedidos a corporações.

Buckingham havia se estabelecido com segurança sob a proteção de Carlos, e ambos haviam usurpado do já envelhecido Jaime o controle do governo; portanto, a morte de Jaime, em fevereiro de 1625, fez pouca diferença. A aliança com os puritanos, porém, não durou. Buckingham negociou um casamento entre Carlos e Henrietta Maria, da França; o preço foi a ajuda inglesa a Luís XIII, tomando a fortaleza de La Rochelle, reduto dos protestantes, e garantindo liberdade de culto aos católicos na Inglaterra. Houve forte oposição a essas políticas, e o Parlamento de 1626, sob a liderança de *sir* John Eliot, atacou Buckingham diretamente. O Parlamento foi dissolvido sem ter votado os subsídios reais – nem mesmo os impostos alfandegários (tonelagem e peso), a que normalmente todos os reis tinham direito vitalício desde o início de seu reinado; Carlos, entretanto, continuou a arrecadá-los e também elevou o valor de um empréstimo forçado. A recusa em pagá-lo resultou no *Five Knights' Case* [Caso dos Cinco Cavaleiros]*, também conhecido como *Darnell's Case*, em que os juízes reafirmavam o princípio estabelecido em 1591: o rei tinha o direito de decretar prisões sem motivo comprovado. Isso resultou na *Petition of Rights* [Petição de Direitos] no Parlamento de 1628-9. A Petição declarava ilegais tanto a prisão arbitrária como a arrecadação de impostos sem a anuência do Parlamento. Também proibiu o aboletamento de militares em casas privadas e a lei marcial, pois agora Buckingham estava envolvido com a guerra contra a França e contra a Espanha, e as tropas recrutadas para liberar La Rochelle, que estava sitiada, representavam grande ônus para os condados do sul, tanto antes como depois do catastrófico fracasso da intervenção inglesa.

Em agosto de 1628, Buckingham foi assassinado, mas sua morte não implicou qualquer alteração. Renovadas querelas levaram à dissolução do Parlamento e a onze anos de governo pessoal. O principal ministro de Carlos nesse período foi William Laud, bispo de Londres (arcebispo de Canterbury, 1633), embora ele nunca tivesse conquistado a confiança do rei da forma como Buckingham o fizera. No início do reinado, Laud e o puritano John Preston haviam competido pelas graças de Carlos. Durante algum tempo, Buckingham parecia preferir Preston, mas a escolha pessoal do rei foi por Laud, cuja ênfase nos aspectos cerimoniais católicos mais tradicionais agradava a Carlos não menos do que a resoluta defesa da autoridade real mostrada pelos protegidos de Laud na Igreja. Laud nomeou Juxon, bispo de Londres, *lord treasurer* em 1636 e tomou medidas para que membros de sua facção fossem promovidos – na Igreja e no Estado. Outro notável servidor de Carlos foi *sir* Thomas Wentworth, que se tornou conde de Strafford em 1640. Wentworth havia liderado um grupo de centro na Câmara dos Comuns na década de 1620, e sua nomeação para o cargo e um título de nobreza em 1628 foram considerados traição por Pym e pelos membros mais radicais do Parlamento. Wentworth tornou-se presidente do Conselho no Norte e, em 1632, *lord deputy* [delegado] da Irlanda. *"Black Tom Tyrant"* [Tom, o Tirano Sinistro] governou a Irlanda com mão de ferro, mas de forma eficiente, reduzindo o Parlamento irlandês à submissão e formando um exército de papistas que provocou apreensão na Inglaterra.

A regência de Carlos não foi, de forma alguma, uma regência unida. Laud e Wentworth cooperavam trabalhando para o que chamavam de política do "total"; encontravam oposição de um grupo de cortesãos ligados ao católico *lord treasurer* Weston, que morreu em 1635, e, posteriormente, a *lord* Cottington e Henrietta Maria. A rainha sucedeu a Buckingham como

Narrativa dos eventos

o gênio mal de Carlos e, sob sua proteção, o catolicismo entrou em voga na Corte. As *recusancy laws* [leis da recusa]*, que multavam os católicos por não comparecerem aos cultos religiosos, não entraram em vigor. Em 1637, um agente papal foi recebido no *Whitehal*. Os puritanos culparam Laud por essa política e pelo fracasso da Inglaterra quanto ao apoio à causa protestante na Guerra dos Trinta Anos. Ao mesmo tempo, críticos da Igreja Oficial foram cruelmente punidos. Em 1637, o advogado William Prynne, o reverendo Henry Burton e o doutor John Bastwick receberam pesadas multas, foram mutilados e condenados à prisão perpétua.

Uma razão para a fragilidade do reinado de Carlos com relação aos assuntos externos foi a escassez de fundos. Weston efetuou vários cortes e adotou uma série de expedientes financeiros, o que isolou todas as seções da população. Foi o imposto naval conhecido como *Ship Money* que, por fim, tornou o governo solvente. Originalmente um imposto ocasional arrecadado de cidades portuárias em troca de fornecimento de um navio para a marinha real, o *Ship Money* estendeu-se em 1635 a cidades do interior. Mantido pelos três anos seguintes, tudo indicava que ele se tornaria um imposto regular não votado pelo Parlamento. Em 1637, John Hampden e *lord* Saye and Sele, juntamente com um grupo de opositores do governo, apresentaram um caso-teste. Os juízes decidiram a favor da legalidade do *Ship Money*.

Entretanto, eventos na Escócia frustraram os planos do rei Carlos. Apesar de enfrentar oposição, Jaime havia lá restabelecido o episcopado. No início de seu reinado, Carlos tentara recuperar terras da Igreja das quais os nobres haviam se apoderado e, com isso, acirrara as hostilidades: em 1637, ele introduziu uma versão levemente modificada do *English Prayer Book* [Livro Comum de Orações] e despertou um movimento de resistência em âmbito nacional. Em 1638, toda a Escócia assinou o *National Covenant* [Pacto Nacional] e formou um exército. No ano seguinte, explodiu a guerra; Carlos compôs um exército para enfrentar os escoceses, mas não dispunha de fundos para pagar as tropas, que relutavam em ir para os campos de batalha. Em junho de 1639, ele se viu obrigado a assinar o Tratado de Berwick, mas não concordou com a abolição do episcopado na Escócia, e as negociações foram novamente interrompidas. Os líderes da oposição inglesa já estavam em contato com os escoceses, e, quando Carlos finalmente convocou um Parlamento em abril de 1640, ele percebeu que era impossível apelar ao patriotismo inglês contra o velho inimigo. O *Short Parliament* [Parlamento Curto]* foi dissolvido após três semanas. O conde de Warwick, *lord* Saye and Sele, John Hampden, John Pym e outros líderes parlamentaristas foram presos. Em um caso sem pre-

O século das revoluções

cedentes, a *Convocation*, assembleia do clero anglicano, continuou a existir depois da dissolução do Parlamento. Ela acatou uma série de novos cânones que exigiam do clero que pregasse o direito divino dos reis, estabeleceu restrições às pregações e exigiu que os altares fossem protegidos com grades. A Convocação também concedeu ao rei 20 mil libras como "benevolência" do clero. Já que o Parlamento não havia votado qualquer subsídio ao rei, e os dois órgãos normalmente atuavam em conjunto, ficou demonstrada a subserviência da Igreja à Coroa; mas os problemas financeiros do governo não foram solucionados. A cidade de Londres recusou-se a conceder um empréstimo; o exército que enfrentava os escoceses amotinou-se. Os escoceses entraram na Inglaterra praticamente sem qualquer oposição e ocuparam Newcastle. Carlos tentou apelar ao pariato e, em setembro de 1640, convocou um Grande Conselho de nobres em York. Até mesmo esses nobres recomendaram a reunião do Parlamento. Em outubro, foi assinado um acordo de paz em Ripon, mas Carlos teve de prometer ao exército escocês 850 libras por dia até que um acordo final fosse alcançado. Os escoceses pretendiam forçá-lo a convocar o Parlamento. Petições dos condados e manifestações em Londres fizeram a mesma exigência. A última vez em muitos anos que a tortura fora usada na Inglaterra foi com relação a um jovem baterista que havia liderado uma marcha até Lambeth para caçar Laud, ou *Wiliam the Fox* [William, a Raposa]. Finalmente, o rei teve de se render. O *Long Parliament* [Parlamento Longo]* reuniu-se em 3 de novembro. Com intervalos, houve sessões por quase vinte anos.

3
A economia

> Castruchio: *Que asno é aquele senhor,*
> *tomando dinheiro emprestado de um cidadão!*
> Bellafont: *Oh! Não! Por Deus! Asno é*
> *o cidadão que emprestou dinheiro a um senhor!*
>
> Dekker, *The Honest Whore* (1604, II, i)

As terras

É pouco original afirmar que a Grã-Bretanha é uma ilha. Ainda assim, nos séculos XVI e XVII, esse fato foi de importância crucial. Os 150 anos anteriores à Guerra Civil foram de batalhas quase constantes no continente; na Inglaterra reinou a paz. A defesa nacional ficava a cargo da marinha; não havia necessidade de exército. Depois de 1603, a fronteira com a Escócia não precisava mais ser defendida. A Inglaterra tinha excelentes meios de comunicação aquática, e o transporte aquaviário era, nessa época, muito mais barato do que o transporte terrestre. Trazer mercadorias de Norwich para Londres por terra custava o mesmo que de Lisboa por mar. O comércio na costa marítima expandiu-se rapidamente. No reinado de Carlos I, o rio Tâmisa era navegável até Oxford; York, Nottingham, Shrewsbury, Stratford--upon-Avon, Peterborough, Hertford, Bedford e Cambridge eram todos portos. Porém, a política do governo e os privilégios sociais combinaram-se para se

O século das revoluções

contraporem às vantagens com que a geografia dotara a Inglaterra. Em 1627, a cidade de Gloucester obteve um alvará que lhe permitia arrecadar tributos de todos os navios procedentes do rio Severn a caminho de Birmingham; e "homens poderosos" conseguiram na década seguinte evitar melhorias na navegação pelo Severn, que eram essenciais para as indústrias das *Midlands*, a região central da Inglaterra. A verdadeira melhoria das comunicações só aconteceu após 1640, quando os privilégios dos aristocratas já não valiam muito.

O período do século XVII anterior a 1640 foi um período de inflação. O preço do trigo aumentou seis vezes, e o nível geral de preços aumentou quatro ou cinco vezes. Isso favoreceu aqueles que produziam com a intenção de vender, fosse na indústria ou na agricultura, desde que sua própria subsistência estivesse assegurada pela posse de terra ou por título de direito de posse garantido. A esmagadora maioria da população vivia da agricultura; os proprietários de terras – dos nobres aos pequenos proprietários – que eram parcimoniosos, habilidosos ou que haviam sido contemplados com a sorte poderiam enriquecer rapidamente; os extravagantes ou desafortunados poderiam soçobrar. Muitos fatores estavam envolvidos: localização geográfica privilegiada, em uma fazenda de criação de caprinos ou em área têxtil, um mercado consumidor próximo, ou meio de transporte aquaviário barato, ou mesmo a descoberta de minerais na propriedade. Para um fidalgo ou um nobre, a sorte incluía um cargo lucrativo na Corte, embora, sem dúvida, tantos foram os apostadores que se lançaram à ruína tentando a sorte nessa loteria em franca expansão quanto foram os que com ela fizeram fortuna. Ter um advogado ou comerciante bem-sucedido na família ou garantir um casamento prudente com um bom dote legal ou comercial poderia ser a questão decisiva, embora nem todos tenham sido tão afortunados quanto o senhor Emmanuel Badd, da Ilha de Wight, que, "com a bênção de Deus e a perda de cinco esposas, acabou ficando muito rico".

Entretanto, o caminho mais seguro para a prosperidade encontrava-se na atenção cuidadosa aos lucros e às perdas, à contabilidade, à análise dos mercados, à verificação e redução dos prazos de locação, aos juros escorchantes, às extravagâncias desnecessárias e a como evitá-las. "Melhorar a propriedade com lucro", diria Adam Smith,

> como todo projeto comercial, requer atenção criteriosa a pequenas economias e pequenos ganhos, coisa de que um homem nascido para grandes fortunas, mesmo que seja naturalmente moderado, é raramente capaz. A situação de tal pessoa naturalmente a predispõe a atentar mais para o ornamento... do que para o lucro.

A economia

A probabilidade de que essas virtudes burguesas, que também foram as virtudes inculcadas pelo puritanismo, fossem encontradas em famílias aristocráticas, com suas tradições de uma vida extravagante, com seus contingentes de serviçais, criados e parentela pobre, era menor do que entre a pequena nobreza e o campesinato ou os pequenos lavradores. O fato de que os lucros obtidos em grandes propriedades iam mais para os bolsos dos administradores do que para os proprietários era mote conhecido na literatura jacobina. "Para o arado", escreveu Smyth, do vilarejo de Nibley, anteriormente ele próprio um administrador, "ninguém lucra senão aquele que põe os olhos e as mãos diariamente sobre ele." "Fidalgos que desdenham os negócios e vivem na ociosidade", comentou Fynes Moryson, "sem dúvida, vendem seu patrimônio dia após dia. [...] Os compradores são em sua maioria cidadãos e homens vulgares."

Todavia, embora uma família nobre pudesse levar mais tempo para se ajustar do que os proprietários menores, ou os "homens vulgares", os nobres tinham enormes reservas de riqueza e onde buscar crédito quando decidissem reorganizar a administração dos bens. Em oposição aos Veres, condes de Oxford que foram praticamente à falência no início do século XVII, é preciso colocar as famílias Herbert e Percy, que empreenderam uma reorganização muito lucrativa, ou os Russells, cujas propriedades na periferia da cidade de Londres, que estava em franco crescimento, provaram ser uma mina de ouro. Nas décadas anteriores a 1640, as terras estavam passando da Coroa e da aristocracia para a pequena nobreza. Contemporâneos dessa época acreditavam que uma importante parcela da pequena nobreza crescia em *status* econômico; e esses eram os homens representados na Câmara dos Comuns. Em 1628, um nobre, criticando a maneira como os tempos estavam mudando, comentou que a Câmara Baixa poderia comprar a Câmara Alta por três vezes o seu preço.[1]

Esse período é tradicionalmente considerado como a era dourada do pequeno proprietário rural. Esses pequenos lavradores independentes chamavam a atenção como classe emergente, mas não devemos superestimar sua importância. No final do século (quando a quantidade deles havia provavelmente diminuído), Gregory King achava que "os melhores proprietários de terras" chegavam a cerca de 5% da população, e o total de proprietários e fazendeiros chegava a 30%. Contanto que tivessem capital na retaguarda, os proprietários de terras ou os agricultores que arrendavam a longo prazo poderiam prosperar conforme os preços de seus produtos subiam; os proprietários menores podiam garantir a subsistência sem incorrerem em dívidas,

---

1 Stone, *The Crisis of the Aristocracy, 1558-1641*, esp. p.156-64.

produzindo seus próprios alimentos e vestuário. Diferente era a situação para os enfiteutas, homens que mantinham suas terras meramente por "cópia de registro na Corte". Na sucessão de uma enfiteuse, o herdeiro era responsável pelo pagamento de uma "multa de admissão", normalmente fixada pelo costume, mas que o proprietário poderia tentar aumentar de modo arbitrário. A enfiteuse era, portanto, um direito de posse inseguro, sobretudo para aqueles que não eram ricos o suficiente para se defenderem nas cortes de justiça. A exploração de minerais colocava em risco a situação de qualquer enfiteuta que tivesse o infortúnio de ter minerais descobertos em suas terras. O pequeno proprietário poderia também ser expulso, se as terras de sua aldeia fossem "cercadas"; no mínimo, ele corria o risco de perder sua cota de terras comuns e terras improdutivas, tão essenciais para fornecer combustível e manter os animais e aves, dos quais sua subsistência dependia.

"Cercamento" significava que a terra mantida em faixas demarcadas nos campos das aldeias ficava consolidada em propriedades compactas, as quais o ocupante poderia cercar para protegê-las do gado dos vizinhos. Ele ficava, então, livre para testar a rotação de lavouras ou para transformar terras cultiváveis em pastagem. A grande fase do cercamento para caprinocultura talvez tenha chegado ao fim no século XVII; mas o cercamento e a consolidação de melhores terras aráveis e cultiváveis para alimentar as áreas industriais em expansão prosseguiram velozmente. O cercamento vinha sendo criticado havia muito tempo com base no fato de que levava à expulsão de arrrendatários e, portanto, reduzia a população rural. Os governos dos Tudor haviam tentado – cada vez com menos eficiência – evitá-lo. No ano de 1597 houve o último Ato do Parlamento contra o despovoamento. Um edito de 1619 admitia que as leis para a proteção do cultivo de milho e proprietariado camponês dificultavam uma melhoria na agricultura. Elas foram rejeitadas pelo Parlamento em 1624 e, com isso, foi removido um obstáculo para investimento de capital na agricultura. O Parlamento de 1621 vira a primeira lei geral facilitando o cercamento. De 1633 em diante, quando o governo comandou sem o Parlamento, os despovoadores foram processados. Seiscentas pessoas foram multadas por cercamentos entre 1636 e 1638; 23 de 46 membros, originários de cinco condados da região de *Midlands*, que voltaram ao *Long Parliament*, provinham de famílias que haviam sido prejudicadas. As atividades de Laud na Comissão de Cercamento foram condenadas e vistas como uma transgressão do *common law* [direito comum]* – e contribuíram muito para sua falta de popularidade.

Como mostraram os debates de 1621, o cercamento era uma questão complexa, que afetava muito mais do que apenas ganhos individuais. Se a

A economia

expansão da economia inglesa estava em pauta, seria necessário haver uma divisão mais especializada de trabalho. Mais alimentos teriam de ser produzidos para suprir as áreas industriais, os preços dos alimentos deveriam baixar, e a importação de milho deveria ser descontinuada. Havia várias maneiras de aumentar a produção. A consolidação de propriedades contribuiu para o investimento de capital em melhorias. A introdução do cultivo de raízes comestíveis levou à redução do pousio. Áreas localizadas em regiões remotas da Inglaterra ainda aguardavam colonização, conforme a fronteira interna avançava em direção ao norte e ao oeste, em Lancashire, Yorkshire, Cumberland e Devon. Entretanto, para a realmente significativa extensão da área cultivada que era necessária, havia três principais fontes potenciais: as terras comuns, as terras pantanosas e as florestas da realeza.

Os efeitos combinados do aumento de consumo de combustível no século XVI, as necessidades da marinha, a interferência dos cortesãos e a demanda por terras cultiváveis haviam levado a um relativo desmatamento nas regiões de Cotswolds, de Chiltern, do vale do Severn, de Devon, de Wiltshire e Warwickshire, mas na década de 1630 as dificuldades financeiras do governo levaram-no a reafirmar os direitos reais sobre as florestas para multar aqueles que as haviam usurpado. "A realidade econômica por trás da famosa luta por causa das florestas" escreveu o professor Tawney.

> Foi a luta entre métodos mais extensivos e mais intensivos de uso da terra, à qual a crescente possibilidade de lucros maiores na agricultura capitalista emprestou uma nova ferocidade.

Somente após o declínio da monarquia é que as florestas reais se tornaram disponíveis para cultivo. A drenagem na região dos *Fens*, de Sedgmoor e de outras áreas pantanosas havia começado, mas houve muita resistência popular, sob a liderança de Oliver Cromwell, "o senhor dos *Fens*", em sua área. A invasão das terras improdutivas também ganhou novo ímpeto depois do Interregno. Até acontecer esse impulso na agricultura, a Inglaterra continuava praticando o que hoje se conhece como economia retrógrada, com a massa da população permanentemente subempregada, sobretudo na lavoura. Mesmo na indústria, o emprego era amiúde sazonal, por causa da dependência de energia hidráulica.[2]

---

2 Coleman, "Labour in the English Economy of the Seventeenth Century", *Economic History Review* (*Econ. H.R.*), 2.série, p.280-95. Ver a seção "Pós-escrito" deste capítulo.

O século das revoluções

Inglaterra e País de Gales, mostrando os lugares mencionados no texto.

A indústria

O século inflacionário anterior a 1640 assistira a uma expansão industrial considerável. Sua base foi um rápido desenvolvimento da produção carvoeira, passando de cerca de 200 mil toneladas para 1,5 milhão de toneladas por ano. Os preços elevados da madeira criaram a demanda, e a excelente rede de

A economia

comunicação hidroviária da Inglaterra forneceu os meios de transporte. Em 1640, a Inglaterra produzia três vezes mais carvão do que todo o restante da Europa. "Corrijam seus mapas: Newcastle é o Peru!", cantava John Cleveland; o carvão era considerado tão precioso quanto a prata. Era importante como combustível doméstico, sobretudo em Londres, cuja dependência do carvão importado de Newcastle ficara demonstrada na Guerra Civil. Entretanto, o carvão era também utilizado em novas indústrias, como a de fundição de canhões, de refino de açúcar e de fabricação de papel, e em técnicas novas agora empregadas em indústrias antigas, como as de ferro, aço e cobre. A produção de ferro cresceu cinco vezes no século subsequente à Reforma. Com o comércio interno e externo, a construção naval expandiu-se.

Todos esses novos processos demandavam a aplicação pesada de capital. A própria indústria do carvão, conforme progredia para além do estágio de mineração a céu aberto, requeria cada vez mais dispêndios para escavação, drenagem, poços de ventilação e transporte acima e abaixo do solo. A mesma coisa ocorreu com outras indústrias extrativas, como o ferro, o estanho, o cobre e o chumbo. Às vésperas da Guerra Civil, uma indústria de fundição em Keswich empregava 4 mil homens. Antes que um veio de carvão fosse alcançado, pouco mais de mil libras poderiam ser gastas, valor correspondente ao que um operário não qualificado levaria cem anos para ganhar. O uso do carvão em outras indústrias – olarias, indústria saboeira, sopramento de vidro, tingimento, refino de sal e fabrico de cerveja – demandava pesados gastos com fornalhas, tinas e tonéis. No reinado de Jaime I, uma cervejaria em Londres possuía um capital de 10 mil libras. A indústria estava deixando de ser basicamente um negócio do pequeno artesão competente e do *free miner**; o capitalista de Londres e o proprietário de terras empreendedor desempenhavam um papel cada vez mais importante. Mercadores intermediários compravam antecipadamente chumbo, estanho e carvão do pequeno minerador, ou faziam empréstimos a trefiladores e a fabricantes de alfinetes e de pregos. A indústria algodoeira de Lancashire organizou-se, desde o início, sobre uma base capitalista.

A indústria têxtil, a mais importante da Inglaterra, era menos capitalizada e, nesse caso, houve poucos avanços técnicos relevantes – exceto relacionados à invenção da máquina para tecelagem de meias, cara em demasia para o poder aquisitivo do pequeno artesão. No entanto, os pequenos produtores eram cada vez mais submetidos ao controle do mercador londrino ou do fidalgo fabricante de tecidos de quem eles arrendavam teares e obtinham matéria-prima a crédito (sob o sistema *"putting-out"**). Fabricantes de tecidos chegavam a empregar até mil fiandeiros e tecelões. O artesão, escreveu Thomas Fuller,

O século das revoluções

raramente chega a ter grandes posses, a menos que seu negócio tenha algum *outlet* e algumas incursões na área de atacado e de mercadorias; caso contrário, meros artífices não conseguem acumular muita riqueza.

Londres lucrou muito com esses avanços. Graças à paz no período Tudor, ao estabelecimento da lei e da ordem, a bons meios de comunicação interna, além dos pesos e medidas padronizados, o mercado doméstico expandia-se rápida e constantemente, embora não tenhamos uma estatística para medi-lo; portanto, tendemos a atribuir excessiva importância ao comércio exterior. Em 1600, Londres controlava sete oitavos do comércio inglês; e suas exportações (excluindo tecidos de lã com pouco valor agregado) cresceram cinco vezes nos quarenta anos seguintes. Aos poucos, os mercadores londrinos penetravam nas esferas que até então eram monopólio das oligarquias comerciais locais. Eles concorriam com mercadores de Leeds na compra de tecidos da região de West Riding, e com mercadores de Shrewsbury e Oswestry, na compra de tecidos do País de Gales. Demonstrações de ciúmes em relação a Londres e seus empreendimentos comerciais transpareciam nos debates sobre "livre comércio" no Parlamento de 1604. É possível que elas fossem subjacentes aos conflitos entre os "presbiterianos" e os "independentes" na década de 1640. A indústria da pirataria, por sua vez, que durante o reinado de Elizabeth havia sido administrada de modo vantajoso para os próprios fidalgos *"sea dogs* [lobos do mar]"* de Devon e da Cornualha, estava passando, desde a última década do século XVI, para o controle dos capitalistas de Londres, que jamais foram para o mar.[3] Londres fornecia a maior parte do capital para o desenvolvimento industrial; sua população, que crescia a passos largos, oferecia um vasto mercado para produtos do restante da Inglaterra. As indústrias leves da zona central das *Midlands*, as fresadoras da região oeste e as indústrias de prego, espadas e adagas na área de Birmingham, que geraram uma classe de pequenos capitalistas, atendiam principalmente ao mercado de Londres. Em Londres, o consumo de milho mais do que dobrou entre 1605 e 1661; sua demanda estimulou um desenvolvimento rápido do mercado e da produção de laticínios nos *Home Counties* – os condados do sudeste, no entorno de Londres. Em 1640, a maioria dos homens mais ricos do país era da *City*. O domínio econômico de Londres sobre o país era ímpar na Europa.

---

3 Andrews, *English Privateering Voyages to the West Indies, 1558-95*, p.19-22.

A economia

Durante a Guerra Civil, Carlos I tentou desenvolver tanto Bristol como Exeter como centros de exportação concorrentes. Entretanto, o atrativo de Londres mostrava-se forte demais, e os comerciantes de tecidos do sul e do oeste preferiam correr o risco de atravessar as linhas rivais e enviar seus tecidos para a capital. O domínio econômico da *City* estava associado (em parte como causa, em parte como efeito) ao domínio político. (Os *Levellers* [Niveladores]* queixaram-se mais tarde – de forma exagerada – que os *Merchant Adventurers of London* [Mercadores Aventureiros de Londres]* controlavam as eleições em todos os portos.) A Corte real estava deixando de se deslocar pelas diferentes regiões e passava a maior parte do ano no *Whitehall* – sede do governo do Reino Unido; os departamentos administrativos, em constante expansão, também se instalaram lá de forma permanente. As máquinas impressoras de Londres serviam a todo o reino. Os mercadores londrinos fundaram escolas primárias e secundárias, concederam bolsas de estudos ou favoreceram pregações nos condados onde haviam nascido e, assim, ajudaram a promover o nível intelectual ou cultural das áreas afastadas da *City*. Richard Baxter comentou acerca dos tecelões que utilizavam teares manuais em Kidderminster: "seu constante contato e comunicação com Londres realmente promovem a urbanidade e a religiosidade entre os comerciantes". Cada vez mais os homens viam Londres e Westminster como os locais do capital, do mercado, de importações exóticas do Oriente e das Índias Orientais, de ideias políticas e de estímulo intelectual.

O mercado interno para os produtos das novas indústrias veio não apenas das cidades, mas também dos gastos maiores feitos por fidalgos, camponeses que prosperavam nos negócios e artesãos. Grande parte da Inglaterra foi reconstruída no início do século XVII, à medida que os camponeses aumentavam suas casas e outros socialmente inferiores substituíam casebres de barro e choças de madeira por chalés de tijolo e pedra. Nos testamentos que deixaram, podemos observar que existe uma cozinha separada; os aposentos no térreo são forrados com tábuas para serem utilizados como quartos; escadas permanentes substituem escadas de mão; as janelas possuem vidro. O vidro e a louça tomam o lugar da madeira e do estanho como utensílios domésticos, cadeiras substituem bancos, facas e garfos tornam-se mais necessidade do que luxo.[4]

---

4 Hoskins, *The Midland Peasant*, p.285-93; "The Rebuilding of Rural England, 1570-1640", *Past and Present* (*P. e P.*).

Os pobres

Não temos qualquer estatística confiável acerca da população. É provável que o aumento observado no século XVI tenha apresentado declínio no início do século XVII – isto é, a curva populacional movimentou-se mais ou menos paralela à curva de preços. Um número crescente de habitantes levou a pressões sobre os meios de subsistência, que só poderiam ser satisfeitas com a expansão da produção industrial e das áreas cultivadas, proporcionalmente ao aumento da população. Contra isso, como veremos, os primeiros governos dos Stuart voltaram seus rostos. Podemos, então, ter boa confiança de que nesse período a Inglaterra possuía um *relativo* excesso demográfico – a população era maior do que a economia, da forma como era organizada na época, podia absorver. Entretanto, para contemporâneos, afetados pelo pauperismo e pela ociosidade, o excesso de população parecia absoluto. A emigração para a América do Norte concedeu terras e liberdade para aqueles que sobreviveram às dificuldades da colonização. Na Inglaterra, foram feitas tentativas de estabelecer *workhouses* [albergues] onde os pobres podiam trabalhar. De sua parte, os puritanos enfatizavam o dever do trabalho árduo e a necessidade de "disciplina", pois em uma economia retrógrada era fácil para o ocioso, o "libertino", o "profano", relaxar e levar uma vida despreocupada, trabalhar esporadicamente, respeitando cada dia de santo como se fosse feriado. Com tão poucos bens de consumo ao alcance do poder de compra das classes mais baixas, havia escasso incentivo para a conquista do salário. Somente uns poucos afortunados pareciam contar com a ajuda de Deus para ajudarem a si mesmos. Isso explica a aprovação pelos puritanos da distinção nítida que a Lei dos Pobres estabelecia entre os "pobres merecedores" e os "pobres que não queriam trabalhar". A Lei dos Pobres e os ministros eram muito rígidos quanto a "grandes velhacos", cuja existência ameaçava a estabilidade social necessária para a expansão industrial. Homens perspicazes, como Francis Bacon, já conseguiam ver aqui, pela primeira vez na história da humanidade, a possibilidade de erradicação total do pauperismo.

Os assalariados não compartilhavam dos lucros da expansão industrial. Conforme os preços subiam no decorrer do século XVI, o poder aquisitivo das remunerações havia caído em algo como dois terços. Considerando que os números daqueles que dependiam permanentemente de salários crescia, é provável que o número dos que estavam à beira da morte por inanição tenha crescido também. Essa queda em salário real foi catastrófica para os que venderam ou foram expulsos de seus lotes de terras e ficaram totalmente

A economia

dependentes dessa forma de retribuição de seu salário. Os ganhos reais de um operário nascido em 1580 nunca excederam a metade do que seu bisavô auferia. Os salários reais atingiram seu nível mais baixo no reinado de Jaime, após o que começaram a subir gradativamente. É uma grande ironia perceber que muito da crescente demanda interna por alimentos e bens manufaturados provinha de trabalhadores assalariados sem terra, os quais, embora muito mais pobres, tinham de comprar mais porque já não produziam para si mesmos.

"Não se adulem com pensamentos de uma vida longa", advertia Baxter aos agricultores pobres. Más colheitas eram frequentes, como o era a fome, a pestilência e a morte súbita. Não havia seguro. Os preços eram instáveis; os tributos – laicos e eclesiásticos – oneravam muito os pobres. Para as classes mais baixas, o pão de centeio era o alimento normal, embora se fizesse para os muito pobres, e para outros nos anos de muita fome como em 1631, pão de cevada. A expectativa média de vida não era de mais de 35 anos e era menor ainda para os pobres. O tempo de vida útil era curto. Em Devon, os juízes de paz estabeleciam salários para mulheres entre 18 e 30 anos apenas, como se nenhuma mulher acima de 30 anos tivesse condições de trabalhar no campo.[5] Quando tantas famílias viviam à beira da inanição, era essencial que seus filhos trabalhassem na lavoura ou nas indústrias domésticas, ou em ambas. A autoridade paterna absoluta na qual insistiam todos os moralistas do século XVII correspondia às necessidades econômicas de um lar médio.

Os operários do século XVII não contavam com quaisquer instituições organizadas para protegê-los. Para os empregadores, a situação era a seguinte: os salários dos operários eram estabelecidos por juízes de paz, eles próprios membros da classe empregadora. Os valores salariais oficiais nem sempre eram respeitados, e a intervenção do governo pode ter ajudado a manter os salários baixos nos anos da fome, embora a longo prazo ela provavelmente tenha inibido a expansão industrial. No entanto, os salários normais pagos pela indústria mal davam para garantir a sobrevivência. Robert Reyce disse em 1618, acerca de Suffolk, que "onde os fabricantes de tecidos moram ou moraram, lá está o maior número de pobres". A existência de um sistema de assistência aos pobres estimulava os juízes de paz a fixarem salários no nível mais baixo possível. Isso beneficiava os empregadores, uma vez que onde era necessária assistência, todos os outros contribuintes locais eram obrigados a fornecê-la. Em 1637, o proprietário de uma fábrica de papel em Horton – o vilarejo de John Milton – contava com 7 libras e 5 xelins e 0 p por semana dos

---

5 Hoskins; Finberg, *Devonshire Studies*, p.424.

O século das revoluções

contribuintes para complementar os ordenados de seus empregados. Assim, os contribuintes muitas vezes se opunham ferozmente ao estabelecimento de indústrias em uma área nova. Como havia congelamento de salários em um período de aumento de preços, a distinção entre "os pobres" e o restante da população crescia progressivamente – e a quantidade dos primeiros também aumentava.

A severa Lei dos Pobres estava desestruturando os bandos de ociosos que perambulavam pelo país e que aterrorizaram a Inglaterra elisabetana, mas não conseguia evitar que Londres atraísse um submundo de operários ocasionais, sem condições de empregabilidade, além de pedintes e criminosos. A punição prescrita de chicotear os pedintes* que não tivessem licença restringia a liberdade de movimento e retinha excesso de mão de obra barata em muitas áreas rurais. O medo da desordem social a que a vadiagem poderia levar e a consequente ênfase no confinamento de homens às suas próprias paróquias significavam que a verdadeira solução – absorção pela indústria em expansão – era evitada. O Estatuto de 1563, que limitava o aprendizado aos filhos de proprietários de bens imóveis de 40 xelins, excluiu três quartos da população rural da principal indústria inglesa, a indústria têxtil. Outra lei promulgada em 1621 tentou proibir os que não tinham propriedade de ir "morar em qualquer cidade". Em algumas áreas, os juízes de paz recusavam-se a pôr em prática a cláusula relevante do Estatuto dos Aprendizes: conforme relatado, em Suffolk, em 1622, dois terços dos empregados na indústria têxtil não haviam se submetido ao aprendizado, e, em Yorkshire e Lancashire, esse número era provavelmente mais alto. Os indigentes eram tratados como totalmente desprovidos de direitos. Em 1618, cem "garotos e garotas que passavam fome nas ruas" de Londres foram embarcados para a colônia de Virgínia, nos Estados Unidos. Em 1625, o monopolista *sir* Hugh Middleton obteve autorização para recrutar operários de qualquer parte do reino para suas minas de Cardiganshire; e outros monopolistas receberam direitos semelhantes.

Na Idade Média, a assistência aos pobres era uma questão de filantropia por parte da Igreja. O Estado, que assumira tantas funções da Igreja na Reforma, relutou em assumir mais essa. A Lei dos Pobres era uma estrutura mínima com o objetivo de fornecer emprego suficiente para evitar a desordem pública, mas a assistência aos pobres ficou principalmente nas mãos da iniciativa privada. Os que praticavam caridade eram, em sua esmagadora maioria, mercadores (sobretudo de Londres) e a ala puritana da pequena nobreza. Portanto, os governos, por não conseguirem enfrentar o problema do pauperismo de ma-

A economia

neira positiva, encorajavam os mercadores e a pequena nobreza a intervir para remodelar a sociedade da melhor forma que lhes conviesse – estabelecendo escolas, asilos para pobres, crédito para aprendizes etc.[6]

Uma vez que, pela Lei dos Pobres, as classes abastadas possuíam total controle daqueles que lhes geravam a riqueza, elas viam com grande suspeita qualquer tentativa do governo de frustrar o domínio que tinham de suas respectivas regiões. A política de "justiça social" implementada pela dinastia Stuart tinha como objetivo preservar a estabilidade e reduzir a expulsão dos que viviam em pequenas propriedades, pois isso significava perda de contribuintes, de homens qualificados para a milícia e de doadores do dízimo para a Igreja, além de criar também a possibilidade de conflitos e agitação. Contudo, nem mesmo Laud prestou assistência efetiva às classes menos favorecidas. Quando o governo multava um proprietário por cercamento, presume-se que ele, então, levantava o dinheiro para o pagamento, explorando ainda mais seus arrendatários. Fala-se de muita insensatez acerca do bem que Carlos I e seus ministros fizeram às classes mais baixas, enquanto, de fato, a Lei dos Pobres foi cumprida com maior eficiência nas áreas que deveriam apoiar o Parlamento na Guerra Civil. Wentworth não teve quaisquer escrúpulos em vender, a um preço muito alto em tempos de escassez, o milho que produzia. Por mais que os moradores protestassem, a Coroa praticou o cercamento e um nobre importante como o conde de Worcester conseguiu permissão para cercar Wentwood Chase em troca de um empréstimo para o rei. Na década de 1640, quando os *Levellers* atacaram os governos parlamentaristas com relação a muitas questões, eles, algumas vezes, diziam que a situação na Inglaterra era melhor antes da Reforma; jamais, de acordo com o que sei, eles dissseram que os pobres estavam em melhores condições financeiras no reinado de Carlos I.

Portanto, embora fosse equivocado pensar na existência de qualquer grupo organizado de descontentamento, há em segundo plano um desassossego potencial perpassando todas essas décadas. Tendo em vista uma crise – fome, desemprego em larga escala, derrocada do governo –, a possibilidade de tumulto sempre existiu, como ocorreu em 1607, quando havia os *"Levellers"*, de Northamptonshire, e os *"Diggers"** [Escavadores], de Warwickshire. Em 1622, desempregados de Gloucesteshire iam em grupos às casas dos ricos, exigindo dinheiro e apropriando-se de provisões. Entre 1628 e 1631, houve revoltas nos condados do sudoeste, e, entre 1640 e 1643, protestos contra

---

6 Jordan, *Philanthropy in England*, 1480-1660, *passim*.

cercamentos em grandes áreas da Inglaterra. Na Inglaterra dos Stuart, não havia força policial nem exército permanente. A substituição do arco e flecha por armas de fogo teve o efeito de desarmar as pessoas: a pólvora e o canhão podiam ser monopolizados pelo Estado. Aqueles que tinham o direito de portar armas – os *armigeri* – eram os proprietários de terras. A pequena nobreza, dizia *sir* Walter Ralegh, "é a guarnição militar da boa ordem em todo o reino". Subjacente às relações sociais havia uma clara base de força. Impedir revolta de camponeses era tarefa da monarquia, e nisso ela contava com o apoio dos proprietários de terras. Problemas ocorriam apenas quando a polícia real atingia os bolsos daqueles em cujo nome a lei e a ordem estavam sendo mantidas, como no caso das restrições aos cercamentos.

Por conseguinte, havia um constante sentimento oculto, não declarado, de temor do "monstro de muitas cabeças". Ele poderia ser levado a se rebelar por um líder enviado por Deus, como, por exemplo, o capitão Pouch, em 1607; ele poderia ser confundido com um clérigo, como, por exemplo, o reverendo Peter Simon, que em 1631, segundo diziam, pregava a igualdade de toda a humanidade na *Forest of Dean* – região de Gloucestershire. O temor de um possível aliciamento das classes inferiores para a heresia social e política sustentou a paranoica oposição à tolerância religiosa na década de 1640. Tanto Carlos I como os líderes parlamentaristas esperavam que as condições propostas na Guerra Civil fossem aceitas pelo outro lado a fim de resolver a ansiedade social. Muitas vezes, interpretaremos mal os pensamentos e as ações dos homens, se não nos lembrarmos continuamente desse pano de fundo de intranquilidade potencial.

A política econômica do governo

A atitude dos governos em relação ao novo desenvolvimento econômico era ambígua. Tendo em vista que precisavam de armamentos e navios, eles encorajaram a expansão de indústrias metalúrgicas e de pólvora, além da indústria de construção naval. Algumas indústrias eram protegidas, pois representavam vantagem especial para a nação, como a indústria de alume, que livrou a Inglaterra da dependência de um monopólio papal. Considerando que todos os governos do início do século XVII precisavam de recursos financeiros, foram feitas tentativas de reivindicar o pagamento de *royalties* por parte das indústrias extrativas, e de vender direitos de monopólio dos novos processos industriais. Contudo, em geral, a atitude oficial com relação ao progresso industrial era de hostilidade, ou, na melhor das hipóteses, de

A economia

indiferença. Havia a suspeita acerca das mudanças e da mobilidade social, do enriquecimento rápido de capitalistas e temiam-se as flutuações no mercado, o desemprego, a vadiagem e a agitação da ordem pública. *Sir* G. N. Clark escreveu que

> O código elisabetano visava a estabilizar a estrutura das classes existentes, a localização de indústrias e o fluxo de suprimento de mão de obra, concedendo privilégios e criando obstáculos para a mobilidade e a liberdade de contrato. [...] Nobres, fidalgos e outros, sendo empregadores em suas propriedades, tinham bastante liberdade.

O reverendo William Lee, inventor da máquina de tecer meias, foi decididamente desencorajado pelos governos e morreu na miséria em 1610. Laud não gostava de especulação: "A fome deste último ano foi feita pelo homem e não por Deus", disse ele na *Star Chamber* quando aqueles que praticavam o cercamento receberam pesadas multas. No início do período Tudor, os governos achavam que era seu dever regulamentar a indústria, os salários e as condições de trabalho. Em tempos de escassez, eles ordenavam aos juízes de paz que comprassem a maior quantidade possível de milho e o vendessem abaixo do preço de custo; proibiam empregadores de demitir empregados cujos produtos não podiam ser vendidos. A *Star Chamber,* o tribunal de prerrogativas estabelecido pelos Tudor contra súditos poderosos demais para serem controlados pelos tribunais do *common law,* foi usada por aquela dinastia para fazer vigorar regulamentações econômicas cuja interferência nos direitos de propriedade nem o Parlamento nem os tribunais do *common law* teriam aprovado.

Uma vez que é possível afirmar que os governos da Casa Stuart tinham algo que podia ser descrito como política econômica, essa política, de fato, existiu para apoiar o monopólio das companhias exportadoras de Londres contra os invasores, para desacelerar o desenvolvimento industrial e controlá-lo por meio de guildas e monopólios, para reprimir o agente intermediário. Os monopólios locais das oligarquias comerciais de negociantes de tecidos de Shrewsbury e Oswestry recebiam apoio contra a invasão de mercadores de Londres tentando negociar diretamente com fabricantes de tecidos do País de Gales. Os aristocratas que haviam defendido os privilégios de Shrewsbury na década de 1620 foram monarquistas na Guerra Civil. Em Chester, as companhias de fabricantes de sapatos e luvas contavam com o apoio do *Privy Council* [Conselho Privado]* em sua tentativa de reprimir e manter fora da

O século das revoluções

cidade os rivais que não haviam passado pela aprendizagem. Chester foi uma das poucas cidades monarquistas na Guerra Civil. De outro lado, o sucesso das indústrias metalúrgicas no entorno de Birmingham deveu-se ao fato de que seus artesãos não estavam organizados em guildas (que regulamentavam o *output* e a qualidade) e que novatos na indústria não tinham de se submeter ao aprendizado regular de sete anos. Durante a Guerra Civil, a região produziu apenas lâminas de espada e voluntários para o Parlamento. O único ramo da indústria têxtil que prosperou nas décadas de 1620 e 1630 foi o de novos tecidos decorativos.[7] O fabrico desses tecidos mais leves floresceu na região de *East Anglia* [Ânglia Oriental] e também em Lancashire, graças à falta de normas por parte das guildas. A região de *East Anglia* foi parlamentarista* na Guerra Civil – a área têxtil foi a única parte de Lancashire, exceto o porto de Liverpool, que apoiou o Parlamento. Preston e Wigan, cidades corporativas que há muito se opunham ao crescimento do comércio e da indústria rurais, foram monarquistas.

A primeira metade do século presenciou a intensificação das rivalidades entre as companhias londrinas. À medida que um reduzido grupo de merca-dores enriquecia, eles começaram a pressionar os pequenos patrões e tirar--lhes o controle; estes últimos tentaram forçar seu próprio reconhecimento. Conforme os salários caíam, os trabalhadores qualificados (assalariados) se tornaram tão desvalorizados economicamente que acabaram mergulhando em um "mero apêndice da classe do campesinato dos pequenos patrões"; os pequenos patrões queriam se livrar do controle do capital mercantil e incor-porar-se de forma independente a novas companhias industriais. O reinado de Carlos I estava preparado para oferecer-lhes apoio – a um preço. A década de 1630 foi "o ponto alto da tentativa que fizeram os pequenos patrões de garantir a independência econômica por meio de sociedade em separado".[8] Porém – como ocorreu com tantas outras coisas no reinado de Carlos I –, os propósitos sociais do governo foram corrompidos por necessidades fiscais. Não foi a massa de produtores provenientes da plebe que se beneficiou. Em 1638, Carlos I instituiu uma nova companhia de produção de chapéus de pele de castor, separada de fabricantes de chapéus de feltro, criando, assim, um monopólio na fabricação de seus chapéus; tal monopólio, contudo, era controlado por oito capitalistas e, dentro de um ano, os pequenos produtores

---

7 Fisher, "London's Export Trade in the Early Seventeenth Century", *Econ. H.R.* (2.série).

8 Unwin, *Industrial Organisation in the Sixteenth and Seventeenth Centuries, passim*; James, *Social Policy during the Puritan Revolution*, p.194.

A economia

de chapéus de pele de castor passaram a se queixar por terem sido levados à ruína pela nova companhia, à qual foram forçados a se unir. A grande maioria deles deve ter se deliciado quando o monopólio foi derrubado pelo *Long Parliament*. Não há indicativo algum de que os artesãos de Londres tenham oferecido a Carlos I qualquer apoio no início da década de 1640.

A fragilidade dos governos da Dinastia Stuart repousava no fato de que, diferente da monarquia francesa, a eles faltava uma burocracia. As regulamentações do governo tinham de ser colocadas em prática por informantes profissionais, uma classe antipática e subornável, bem como por juízes de paz que não eram remunerados e que eram, muitas vezes, eles próprios os empregadores contra os quais as regulamentações eram direcionadas. Além do mais, as regras complexas frequentemente frustravam seus próprios objetivos. "Seria melhor que houvesse menos leis com execução mais eficiente", resmungou o mercador Edward Misselden em 1622. O próprio governo percebeu em 1616 que Londres não poderia ser alimentada se os distribuidores de laticínios fossem processados como agentes intermediários; em 1622, admitiu que os fabricantes se sentiam "perplexos e emaranhados" no grande número de leis em vigor e nas contradições que elas apresentavam. O direito de quebrar regras foi colocado à venda, como tudo o mais. Em 1619, Jaime I instituiu uma comissão para vender indulto àqueles que haviam se esquivado das obsoletas leis de aprendizado profissional. Dos oficiais de inspeção do governo, conhecidos como *aulnagers**, esperava-se que garantissem a manutenção de padrões na produção de tecidos; mas, no reinado de Jaime, a elaborada organização subsidiou o duque escocês de Lennox e criou obstáculos para a expansão de indústrias de novos tecidos decorativos. Os selos (o carimbo de qualidade) dos *aulnagers* eram vendidos publicamente em grandes quantidades, diziam membros do Parlamento em 1624.

As regulamentações do governo, como eram aplicadas, tornaram a economia inglesa inflexível e menos apta a reagir a mudanças na demanda do que teria sido em um mercado livre. Em 1631, os juízes de paz de Hertfordshire protestaram, dizendo que "essa maneira rígida de olhar para o mercado é a razão por que os mercados estão menores, e o milho mais, caro". O livre comércio produziria melhores resultados; os juízes de paz de Dorset concordavam. Em 1634, os juízes de Lancashire recusaram-se a provocar desemprego aplicando as regulamentações do aprendizado profissional; também não processariam intermediários cujas atividades fossem essenciais para fiandeiros e tecelões de linho que não dispunham de tempo para ir ao mercado de Preston comprar linho. Em Essex, descobriu-se "por experiência que o aumento de salários não pode promover assistência aos pobres", pois os empregadores não os contratariam com base nas taxas salariais mais altas então em vigor. Grande parte do ressentimento contra o reinado pessoal de Carlos I provinha da objeção a essa interferência autocrática e ineficiente do *Whitehall* nas questões locais.

Os monopólios provocaram muita hostilidade. Muitas vezes, as razões para a proteção a novas indústrias eram justificadas, dando-lhes um mercado garantido por alguns anos. A *Company of Mines Royal* [Companhia das Minas Reais] contribuiu para que a Inglaterra não mais dependesse de cobre do exterior para a fabricação de canhões; e a Bushell, a licenciada que tinha os privilégios de algumas minas galesas, prosperou o suficiente para fornecer ao rei 40 mil libras na Guerra Civil. Outros monopólios protegiam indústrias de armamento, como o de salitre, no qual se ancorou a fortuna da família Evelyn. Entretanto, com muita frequência, vender monopólios tornou-se uma forma de resolver problemas fiscais do governo. Os monopólios podiam ser adquiridos apenas por aqueles que possuíam influência na Corte. Assim, os alfineteiros, de origem humilde, tinham que subornar os cortesãos para conseguir um alvará de corporação. Como consequência, os cortesãos adquiriam o real controle da nova empresa. Em 1612, o conde de Salisbury recebeu 7 mil libras do monopólio da seda, o conde de Suffolk recebeu 5 mil libras do monopólio da passa de Corinto, o conde de Northampton, 4,5 mil libras do monopólio de goma.[9] Em uma escala mais modesta, *sir* Edmund Verney tinha participação em um monopólio de inspeção de tabaco, em outro de coches de aluguel e em um terceiro "de selagem de fios de lã antes de serem vendidos ou utilizados na fabricação de tecidos". Ele também recebia pensões no valor de 200 libras por ano e usou sua posição na Corte para especular com terras irlandesas e na drenagem da região pantanosa dos *Fens*. Quando *sir* Edmund disse que precisava apoiar o rei na Guerra Civil porque ele havia comido de seu pão e servido a ele por quase trinta anos, a afirmação foi literalmente verdadeira; mas suas razões para ajudar dessa maneira "a preservar e defender aquilo que é contra minha consciência preservar e defender" eram talvez menos genuinamente idealistas do que aqueles que citam a passagem algumas vezes parecem achar.

Em 1601, quando uma lista de monopólios foi lida em voz alta, um membro do Parlamento perguntou: "E o pão? Não faz parte da lista?". Ele exagerou apenas um pouco na ironia. É difícil imaginarmos um homem vivendo em

---

9 Stone, "The Elizabethan Aristocracy: A Restatement", *Econ. H.R.* (2.série), p.312-4.

A economia

uma casa construída com tijolos de monopólio, com janelas (se elas, de fato, existirem) de vidro de monopólio, aquecida com carvão de monopólio (na Irlanda, madeira de monopólio), queimando em uma grelha de ferro de monopólio; as paredes de sua casa eram revestidas com tapeçaria de monopólio; ele dormia em uma cama de penas de monopólio; arrumava os cabelos com escovas e pentes de monopólio; tomava banho utilizando sabão de monopólio; suas roupas eram engomadas com goma de monopólio; vestia-se com rendas de monopólio, linho de monopólio, couro de monopólio, fios de ouro de monopólio; seu chapéu de pele de castor era de monopólio – com uma faixa também de monopólio; usava cintos de monopólio para prender suas roupas, cujos botões e alfinetes eram de monopólio. As roupas eram tingidas com tinta de monopólio; ele comia manteiga de monopólio, passas de Corinto de monopólio, arenque defumado de monopólio, salmão de monopólio e lagosta de monopólio. Sua comida era temperada com sal de monopólio, pimenta de monopólio, vinagre de monopólio. Em copos de monopólio ele bebia vinho de monopólio e destilados de monopólio; de canecos de estanho feitos de folhas de estanho de monopólio ele bebia cerveja de monopólio, feita de lúpulo de monopólio, vendida em cervejarias de monopólio, conservada em tonéis ou garrafas de monopólio. Em cachimbos de monopólio ele fumava tabaco de monopólio; jogava com cartas ou dados de monopólio ou tocava alaúde com cordas de monopólio. Escrevia com canetas de monopólio, em folhas de papel de monopólio; lia (usando óculos de monopólio, à luz de velas de monopólio) livros impressos por monopólio, inclusive Bíblias de monopólio e gramáticas de latim de monopólio, impressas em papel reciclado de farrapos coletados por monopólio, encadernadas com pele de carneiro preparada com alume de monopólio. Suas armas de fogo continham pólvora de monopólio feita com salitre de monopólio; ele praticava exercícios físicos com bolas de golfe de monopólio em pistas de boliche licenciadas por monopólio. Um monopolista arrecadava as multas que ele pagava por dizer palavrões. Ele viajava em liteiras de monopólio ou em carruagens de monopólio, puxadas por cavalos alimentados com feno de monopólio. Dava gorjetas com moedas de monopólio. No mar, a iluminação que ele recebia vinha de faróis de monopólio. Para fazer o testamento, ele ia a um monopolista (na Irlanda não se podia nascer, casar-se ou morrer sem dar 0,5 xelim a um monopolista). Os mascates obtinham a licença de um monopolista. Os ratos eram capturados em ratoeiras de monopólio. Nem todas essas patentes existiram simultaneamente, mas todas vieram das primeiras décadas do século XVII. Em 1621, supunha-se que havia setecentas delas.

Com exceção, possivelmente, da cerveja e do sal, essas não eram propriamente necessidades. Os monopólios, entretanto, se acresciam ao preço desses semiluxos que estavam começando a chegar ao alcance de lavradores e artesãos, cujo padrão de vida melhorava. Eles afetaram a vida diária de centenas de milhares de ingleses e, ao final da década de 1630, traziam para os cofres do Tesouro aproximadamente 100 mil libras por ano.

Os monopólios interferiam nos canais normais do comércio. Os mercadores eram impedidos de desembarcar suas cargas no porto mais conveniente, quando o direito de busca de um monopolista por acaso exigia que eles descarregassem em outro lugar. Ao final da década de 1630, a economia estava começando a sofrer. A indústria têxtil foi afetada pelo aumento no custo do sabão e do alume e pela escassez de carbonato de potássio, provocada pela supressão das importações. A *Greenland Company* não tinha óleo. O monopólio do sal causou transtornos à *Fishery Society*. O aumento no preço do carvão afetou quase todas as indústrias. Lia-se em um panfleto de 1640 que

> nenhum londrino livre depois de uma vida de trabalho e depois de consolidar seu negócio pode contar com a certeza de desfrutar dele por mais tempo; ou ele é impedido de fazê-lo ou é forçado, no final, com o que sobrou de seu negócio, a comprá-lo como um monopólio, a uma taxa muito alta, pela qual ele e todo o reino pagam. É o caso do comércio do sabão.[10]

Além disso, a objeção aos monopólios não era apenas econômica. Buckingham, o grande negociante de monopólios, tinha conexões papistas. O monopólio do sabão, que prometia ao rei 20 mil libras por ano na década de 1630, foi criticado não apenas porque duplicou seu preço e o produto de qualidade inferior cobria de bolhas as mãos das lavadeiras, mas também porque os monopolistas eram papistas. Se pensarmos em monopólios simplesmente como um imposto, então podemos considerá-los como uma antecipação rudimentar do imposto de valor agregado sobre o consumo, que mais tarde se desenvolveu sob os auspícios do Parlamento. Os benefícios fiscais que os monopólios davam à Coroa eram consideráveis, mas não podem ser comparados aos danos causados ao consumidor e à indústria com o aumento nos preços. Cada xelim cobrado na aduana trazia 10 *p* para os cofres do

---

10 Da interconexão entre descontentamentos religiosos e econômicos, é relevante o fato de que o panfleto do qual a citação foi extraída se chamava *Englands Complaint to Jesus Christ against the Bishops Canons*.

A economia

Tesouro, mas o custo maior de 1 xelim para os consumidores, proveniente dos monopólios, trazia 1½ *p* ao Tesouro: o monopólio de sabão trazia menos de ½ *p*. O restante ia para os bolsos dos titulares das patentes e para os cortesãos.

Tendo em vista que os monopólios eram praticados por prerrogativa real e pelos tribunais de prerrogativa, eles provocaram conflitos constitucionais. O Parlamento, a instituição representativa dos homens de posses, era a favor de maior liberdade industrial. Em 1624, o Parlamento declarou que os monopólios se opunham às "leis fundamentais deste... reino". Por ter violado a prerrogativa, esse Estatuto dos Monopólios foi descrito por um contemporâneo como "um projeto de lei contra a monarquia". O rei Carlos esquivou-se dela desconsiderando os tribunais do *common law* e trazendo perante a *Star Chamber* casos que afetavam os monopólios, com a justificativa de que sua prerrogativa real estava sendo questionada. A venda de monopólios era a linha de menor resistência para governos com dificuldades financeiras e ela foi amplamente usada na década de 1630. Saber que suas patentes seriam atacadas, caso o Parlamento alguma vez se reunisse, estimulava os monopolistas a buscar lucros rápidos. Na verdade, o próprio rei vendeu a mesma patente duas vezes; portanto, nenhum titular de patente podia ter escrúpulos acerca dos interesses dos consumidores. Era um círculo vicioso.

Assim, houve uma objeção tripla aos monopólios. Primeiro, eles limitaram o *output*; segundo, eles não atingiram os objetivos sociais a que se propuseram: os padrões de produção não foram mantidos, os interesses dos consumidores e empregados não foram protegidos, pelo contrário, especuladores inseguros usaram privilégios políticos para se enriquecer rapidamente; terceiro, os prejuízos causados à economia não foram compensados com um ganho adequado para o *Exchequer* [Tesouro Público].

A intervenção industrial por parte do governo poderia ter efeitos ainda mais desastrosos. Tome-se como exemplo o Projeto Cokayne. Parecia um projeto sensato, com o objetivo de resgatar a posição da Inglaterra como principal exportadora de tecidos para a região do Báltico, de onde havia sido afastada pelos holandeses. No início do século XVII, três quartos do total das exportações de Londres consistiam de tecidos. Todas as grandes companhias, exceto a Companhia das Índias Orientais, exportavam tecidos; mas, de longe, os maiores exportadores eram os *Merchant Adventurers*. Eles enviavam tecido semiacabado para a Holanda, para que ali fosse tingido e engomado e, então, reexportado para a Alemanha e para o Báltico. O tingimento era o processo mais lucrativo da indústria. Parecia razoável insistir que todos os tecidos deveriam ser tingidos e acabados na Inglaterra antes de serem exportados. Em 1614, os privilégios dos *Merchant Adventurers* foram suprimidos, e uma nova companhia, a *"King's Merchant Adventurers"* [Comerciantes Aventureiros do Rei], foi fundada e era licenciada para exportar apenas tecido engomado. O objetivo de Jaime era trazer todo o negócio de exportação de tecidos para o controle real. Tecidos não engomados vinham sobretudo das áreas rurais; as cidades preferiam comercializar seus tecidos já tingidos e engomados. Dessa forma, o esquema tinha a vantagem adicional – para o governo – de enfraquecer as áreas da indústria capitalista mais livres e fortalecer as cidades. *Sir* William Cokayne, a quem fora confiada a nova companhia, prometeu 300 mil libras por ano à Coroa, além das 400 mil libras, ou mais, de lucro que ele esperava obter. A época parecia favorável por uma série de razões técnicas: em Yorkshire havia sido descoberto o alume, sulfato com propriedades adstringentes, utilizado no tingimento de tecidos; a Companhia das Índias Orientais estava importando índigo para tingimento.

Todavia, o esquema foi um fracasso retumbante. Cokayne estava mais interessado em receber sua cota em um monopólio lucrativo do que em estimular a indústria inglesa. Os holandeses proibiram imediatamente a importação de *qualquer* tecido inglês, acabado ou não, e a *"King's Merchant Adventurers"* não tinha navios para exportação direta ao Báltico. Ela ambém não possuía o capital ou as facilidades técnicas para empreender, em casa, os processos de acabamento na escala necessária. Não tardou muito para eles admitirem derrota e obterem permissão para exportar tecido ainda não tingido. Sem condições de vender no exterior, não tinham condições de comprar no mercado interno. Houve uma crise de superprodução: quinhentas falências foram comunicadas. Apesar de cortes nos salários e da emigração, o desemprego aumentou rapidamente. Os tecelões provocaram tumultos em Wiltshire e Gloucestershire. O governo insistiu para que os têxteis fossem comprados por mercadores de Londres e para que os fabricantes de tecidos continuassem a empregar seus tecelões; isso intensificou a superprodução. Em setembro de 1616, Cokayne dissera à sua comunidade que a honra do rei estava em jogo. Mesmo assim, em um ano o esquema entrou em colapso, e os velhos *Merchant Adventurers* tiveram seus privilégios restaurados, embora isso lhes tenha custado entre 60 mil libras e 70 mil libras de suborno – quantia que eles recuperaram com a dedução de impostos do preço oferecido aos fabricantes de tecidos. Alguns cortesãos foram habilidosos o bastante ao aceitarem suborno sucessivamente, tanto das novas quanto das velhas companhias. Jaime teve de expedir uma proclamação de desculpas na qual declarou:

A economia

não pretendemos insistir e persistir em demonstrações ilusórias e honestas que não produzem o fruto que nossas ações sempre objetivam, que é o bem geral de nosso Estado e nosso reino.

Jaime recompensou a si mesmo pelo ganho que deixara de garantir com o Projeto Cokayne. Ele estabeleceu novas imposições sobre têxteis exportados, conhecidas como "imposto preterido", que, por volta de 1640 gerava 36.512 libras ao ano.

A derrocada da *"King's Merchant Adventurers"* foi um duro golpe para o prestígio da realeza. A deflagração da Guerra dos Trinta Anos significou que as exportações de tecidos ingleses jamais, antes de 1640, atingiram o nível de 1614. As exportações de tecido holandês cresceram, e houve uma grande expansão na indústria têxtil da Silésia. O fiasco do projeto Cokayne foi uma das razões das críticas raivosas à política econômica e externa do governo quando o Parlamento finalmente se reuniu em 1621. A essa altura, a economia inglesa já era um mecanismo delicado demais para ficar à mercê do amadorismo real bem-intencionado e de seus associados, imbuídos de interesse próprio.[11]

"Se tal sistema pudesse ser mantido", escreveu o senhor Unwin a respeito das regulamentações econômicas gerais do governo Stuart, "a Revolução Industrial jamais teria acontecido." A administração ineficiente do sistema produziu confusão e deslocamentos que, na opinião do professor Nef, "foram talvez quase tão perigosos ao progresso industrial quanto a bem-sucedida aplicação das leis teria sido". Durante a crise econômica geral do início da década de 1620,

a Inglaterra estava sobrecarregada com uma economia rígida, de alto custo e oligopolista, incapaz de lidar com um concorrente [os holandeses] que prosperava a custos baixos, com adaptabilidade e modernidade.[12]

A depressão abalou toda a economia inglesa, e a recuperação foi lenta. A dificuldade na arrecadação de arrendamentos ajuda a explicar a enorme relutância da pequena nobreza em pagar impostos e, portanto, a ruptura entre o rei e o Parlamento. O desassossego entre as classes inferiores, levando às revoltas de 1628-31, em parte explica a política mais ativa de intervenção econômica

---

11 Para os três parágrafos anteriores, ver Friis, *Alderman Cockayne's Project and the Cloth Trade*; Supple, *Commercial Crisis and Change in England, 1600-42*.

12 Gould, "The Trade Depression of the Early 1620s", *Econ. H.R.* (2.série), p.87. Ver também Corfield, "Economic Issues and Ideologies", *The Origins of the English Civil War*, p.197-218, esp. p.202-3.

do Estado, que ocorreu na década de 1630, intensificando a fricção entre o governo e os grandes proprietários.

O comércio, as finanças e a política externa

A política de longo prazo do governo preferiu concentrar o comércio nas mãos de uns poucos mercadores. O comércio nas companhias agradava à monarquia, dizia Francis Bacon; o livre comércio agradava uma república. Era fácil controlar as companhias; elas eram levadas a aceitar pessoas nomeadas em seus conselhos administrativos, nos quais o governo frequentemente interferia. Em 1604, um projeto de lei de "livre comércio", apoiado por outros portos contra companhias de Londres, fracassou; porém, em 1606, o Parlamento dissolveu a Companhia Espanhola e declarou todos os súditos livres para comercializar com a França, Espanha e Portugal. Em 1624, o Parlamento declarou aberta para todos a exportação de tecido tingido e acabado; os *Merchant Adventurers* não conseguiram reaver seu monopólio senão em 1634 sob o governo pessoal do rei.

As companhias desempenharam uma função essencial enquanto o mercado para tecidos ingleses era restrito. Elas limitaram o *output*, conservaram padrões de qualidade e, assim, mantiveram os preços altos. Entretanto, conforme o mercado se expandia, na Europa e além-mar, também surgiu a possibilidade oposta, de vender grandes quantidades de mercadorias de qualidade inferior – como os holandeses começaram a fazer. Em um mundo competitivo, o futuro estava do lado dos novos tipos de tecidos, utilizando fibras mais leves e mais baratas, produzidas em condições de relativa liberdade e, dessa forma, muito mais adaptáveis às demandas dos mercados em mudança. Mesmo assim, essas companhias ainda eram necessárias no início do século XVII. Elas forneciam escolta e emissários. Os comboios eram necessários até que os mares fossem policiados por uma esquadra; o comércio coletivo também era necessário até que uma política externa inglesa fosse conduzida por governos que considerassem como parte de suas funções normais a redução de tarifas impostas às mercadorias inglesas e a garantia de segurança pessoal no exterior. Foram as frotas de Blake e de Guilherme III que tornaram a maior parte das companhias obsoletas.

Contudo, as companhias foram também espoliadas e pilhadas pelos primeiros governos da dinastia Stuart. O embaixador veneziano resumiu a situação em 1622, quando disse que

A economia

embora favorecidas com vários privilégios, as companhias estão entrando em decadência por causa dos encargos a elas impostos pelos soberanos [...] e porque, para se manterem, elas são forçadas a desembolsar grandes quantias para os diletos, os lordes do Conselho e outros ministros [...] Dessa maneira, *oneradas* e *protegidas*, elas ficam *capacitadas* e *compelidas* a tiranizar os vendedores de fora e os compradores de dentro do reino.[13]

Em consequência, os mercadores mais ricos sentiam-se inquietos, embora prosperassem; todos os outros odiavam o sistema. Grandes lucros podiam ser obtidos com o comércio além-mar. Em 1611 e 1612, a *Russia Company* pagou dividendos de 90%; em 1607, a Companhia das Índias Orientais obteve um lucro de 500%. Tais lucros, no entanto, eram altamente especulativos e restringiam-se a um círculo estreito. A taxa de admissão na Companhia das Índias Orientais era de 50 libras, 66 libras para um lojista, e "nas condições que fossem convenientes" para os nobres fidalgos. Para os *Merchant Adventurers*, a taxa subiu de uma só vez para 200 libras. Em 1640, não apenas alguns mercadores londrinos estavam mais ricos do que muitos pares do reino, mas muitos mercadores de cidades como Exeter estavam em melhores condições financeiras do que a pequena nobreza vizinha, que os desprezava. Era natural que um estado de tensão emergisse.

E a tensão resultou, principalmente, de uma aliança formada na década de 1630 entre o governo e um grupo de mercadores abastados, que adiantavam dinheiro em troca da permissão de arrecadar os impostos reais. Muitos dos *tax farmers** eram também odiados como monopolistas. À medida que a Coroa mergulhava cada vez mais em dívidas com eles, ela só poderia retribuir concedendo-lhes mais privilégios; em 1640, a receita estava antecipada anos à frente. Portanto, como afirmou o professor Ashton, "a Corte e uma seção da *City*" estavam alinhadas "*versus* o restante". Quando o *Long Parliament* se reuniu, cancelou o *lease* aos arrendadores de impostos, o que precipitou a falência do governo.[14]

Os governos viam o comércio sobretudo como fonte de renda. Não havia qualquer política prévia estabelecida para promover ativamente a expansão do comércio inglês, ou mesmo para protegê-lo. Em 1612, piratas da Barbária infligiram um prejuízo de 40 mil libras sobre a frota de pesca de Newfoundland.

---

13 Grifo meu.

14 Ashton, *The Crown and the Money Market, 1603-40, passim.*

O século das revoluções

Havia frequentes interrupções da navegação costeira e, em muitas ocasiões, as importações de carvão de Newscastle para Londres correram risco. "Os piratas estão ficando tão poderosos", declarou o secretário Winwood em 1617, "que se não forem tomadas providências imediatas para reprimi-los nosso comércio no mar Mediterrâneo acabará." Providências imediatas não foram tomadas, porque o lorde almirante Nottingham (da família Howard) foi subornado por piratas ingleses. Seu sucessor, Buckingham, também não foi mais atuante contra a pirataria. A relutância do Parlamento em votar o imposto de tonelagem e peso surgiu em parte da ideia de que esses tributos costumeiros haviam sido tradicionalmente concedidos ao rei para assegurar a soberania dos mares vizinhos e a segurança dos comerciantes; e agora, a Marinha estava sendo negligenciada. A defesa contra piratas foi um dos pretextos para o *Ship Money*. Entretanto, a *Grand Remonstrance* [Solene Advertência]*, depois de fazer referência ao imposto de tonelagem e peso, às imposições, ao *Ship Money*, acrescentou:

> e, mesmo assim, os mercadores ficam tão expostos à violência dos piratas turcos que muitos grandes navios de valor e milhares de súditos de Sua Majestade são levados por eles e ainda permanecem na miserável condição de escravos.

Portanto, embora no início o acordo de paz que Jaime I concluíra em 1604 com a Espanha tenha trazido prosperidade para a Inglaterra, logo começaram a surgir queixas de que, na luta por mercados, a Inglaterra estava sendo deixada de fora. Os franceses asseguraram uma posição de liderança no comércio do Mediterrâneo; os mercadores holandeses ganharam controle do comércio de transporte para o Báltico, e até mesmo para as colônias inglesas na América do Norte e nas *West Indies* [Índias Ocidentais] – o arquipélago caribenho. O governo da República Holandesa oferecia apoio entusiástico a seus mercadores, ao passo que o rei Jaime I achava humilhante fazer mais do que mediar em querelas entre comerciantes ingleses e holandeses. Os ingleses foram praticamente excluídos do comércio com as Índias Orientais, e o massacre de Amboyna* (1623) ficou sem desforra. Em 1604, 1617 e 1635, a Coroa deu autorização a comerciantes rivais para operarem nas Índias Orientais, desafiando o alvará que o próprio rei havia originalmente vendido para a Companhia das Índias Orientais. Na década de 1630, em consequência da falta de apoio por parte do governo, os lucros da Companhia estavam declinando de forma tão catastrófica que ela considerou seriamente a possibilidade de se retirar do mercado. Apenas comerciantes que vendiam novos tecidos se

A economia

aproveitaram da paz de 1604 para implementar exportações para a Espanha e penetrar na região leste do Mediterrâneo. É provável que o fato de essa ser então uma área de comércio relativamente pouco regulada tenha facilitado sua expansão. Aqueles que lucraram com esse comércio estavam entre os poucos que viam com bons olhos a política do governo de paz com a Espanha. Entretanto, a crescente presença de mercadores ingleses no Mediterrâneo criou lá uma demanda por proteção naval que os primeiros governos dos Stuart não puderam satisfazer. O rei Carlos I chegou até mesmo a aconselhar os mercadores ingleses a ficarem fora de todo o Mediterrâneo.

Da época de Hakluyt e Ralegh em diante, muitos viam a América como o mercado do futuro para as exportações de tecido inglês ou como mercado de escravos comprados na África em troca de têxteis. Um memorando de 1623 incluía as seguintes "razões demostrando os benefícios do cultivo da terra na Nova Inglaterra": ofereceria trabalho para os desempregados que passavam fome e, portanto, liberaria a Inglaterra de gastos com seu sustento; criaria um mercado para tecidos e outras exportações "atualmente invendáveis"; e daria a nobres falidos a oportunidade de recuperarem suas fortunas.[15] A guerra de pilhagem contra a Espanha foi uma política pela qual os mercadores puderam se unir a fidalgos e a *sir* Walter Ralegh, todos ansiosos "por explorar novos mundos, em busca de ouro, de louvores e de glória". O acordo de paz que Jaime assinou com a Espanha aceitara a exclusão de comerciantes ingleses do mercado americano. Pelos quase quarenta anos seguintes, os governos ingleses tentaram conservar as relações amistosas com a Espanha, embora muitos membros do Parlamento clamassem pela guerra. Em 1617, Jaime forneceu à Espanha todas as informações acerca do tamanho e do destino da frota de Ralegh a caminho das Guianas, o que garantiu a derrota que ela sofreu; a execução de Ralegh em 1618 foi o ato derradeiro de apaziguamento da Espanha, que tornou lendário o nome daquele nobre entre os membros do grupo comercial e puritano.

As colônias inglesas do continente na América do Norte foram fundadas pela iniciativa privada, sem grande apoio ou estímulo significativo por parte do governo. Na verdade, Carlos I cedeu o Canadá aos franceses em 1629, dando, assim, uma base de apoio na América do Norte para a potência que se tornaria a principal rival da Grã-Bretanha no século e meio seguinte. De maneira geral, Carlos tentou evitar que as colônias fossem administradas por

---

15 *City of Exeter MSS. Historical Manuscript Commission (H.M.C.),* p.167-9.

companhias comerciais, subordinando-as a cortesãos em dependência feudal da Coroa. Porém, o verdadeiro financiamento das colônias ainda dependia dos mercadores. Com frequência, o rei intervinha em disputas por patentes coloniais rivais que deveriam ser julgadas por juízes do *common law*. Assim, em 1629, em nome de Carlisle, seu favorito, Carlos simplesmente expropriou candidatos rivais às *West Indies*. Da mesma forma, a Comissão de Laud para as Lavouras (isto é, as colônias) decretou muitos confiscos entre 1634 e 1637. Em 1638, o governo ameaçou cassar a patente da *Massachusetts Bay Company*. A Nova Inglaterra só foi salva porque a Escócia invadiu a Inglaterra em 1639. Empresas coloniais reuniram os líderes da oposição – Southampton e Sandys sob Jaime, e Warwick, Saye and Sele e Pym sob Carlos.

Nos anos que se seguiram à década de 1630 foi fundada a *Providence Island Company*, com o intuito de desafiar o monopólio espanhol nas *West Indies*. Seu tesoureiro era John Pym, e o pessoal ligado àquela companhia mais parece uma lista nominal da oposição no Parlamento. Na verdade, ela agia como um disfarce para essa oposição: a resistência de Hampden ao *Ship Money* foi planejada pelos *Providence Island Adventurers* [Aventureiros da Ilha da Providência]. Nesse ínterim, o governo de Carlos I havia assinado um tratado secreto com a Espanha, desejando, com isso, desencorajar planos de colonização da América. A política de Hakluyt, Ralegh e da *Providence Island Company* só foi implementada depois que a monarquia foi deposta.

No decorrer do século XVII, críticos parlamentaristas eram contraditórios em sua atitude com relação aos holandeses. Os benefícios econômicos e políticos que os últimos haviam conquistado com sua república foram especificamente mencionados no Ato de 21 de março de 1649, declarando a Inglaterra uma *Commonwealth**. Protestantes virtuosos, modelo de organização econômica e aliados contra a Espanha e a França, os mercadores holandeses eram, contudo, os rivais mais perigosos. Em 1624, dizia-se na Câmara dos Comuns que os mercadores ingleses foram "derrotados no comércio pelos homens do País Baixo", porque o governo holandês conseguia empréstimos a 6 ou 7 % de juros, e os ingleses, apenas a 10%. O Parlamento reduziu a taxa inglesa para 8%. Foi somente após três batalhas navais e a exaustão financeira e militar da Holanda nas guerras de Guilherme III contra Luís XIV que os holandeses aceitaram a posição de parceiros menores.

Portanto, houve muitas razões econômicas para oposição ao governo. Industrialistas, mercadores e produtores de milho queriam um comércio mais livre, menos regulamentações por parte do governo, extinção dos monopólios; os nobres queriam livrar-se dos encargos de tutela, de propriedades

A economia

feudais[16] e de leis florestais; queriam ter mais liberdade de ação para realizar cercamentos e cultivar novas terras. A existência de monopólios e companhias comerciais exclusivas, juntamente com o prestígio social atrelado à terra, desvirtuava a economia, desviando capital de investimento produtivo para a aquisição de propriedades. Desde os tempos da rainha Elizabeth havia muitos defensores de uma frota naval maior e mais poderosa, capaz de policiar os mares, proteger e encorajar os interesses do comércio inglês, da pesca e da colonização e, ao desempenhar essas funções úteis em âmbito nacional, garantir trabalho aos desempregados.

> O progresso econômico estava dissolvendo antigos elos de serviço e de obrigações [registra o professor Stone] e criando novas relações fundadas nas operações do mercado [...]. As políticas doméstica e externa dos Stuart não estavam conseguindo responder de forma satisfatória a essas circunstâncias em transformação.[17]

O porta-voz das classes abastadas acerca dessas questões econômicas, e também acerca de todas as outras, veio à Câmara dos Comuns. À primeira vista, parece surpreendente que uma Câmara na qual predominavam nobres devesse estar tão bem informada a respeito de assuntos comerciais. Entretanto, quase a metade dos membros do Parlamento no início do século XVII tinha participação em companhias comerciais; e a maioria deles adquiriu suas ações *depois* de garantir um lugar no Parlamento. Esses investidores eram "manifestamente os membros mais ativos do Parlamento".[18] A camada dominante da pequena nobreza caminhava para a aceitação de uma sociedade capitalista, e o Parlamento estava ajudando a educá-la.

Pós-escrito

Desde que este livro foi escrito, novos *insights* da sociedade do século XVII foram fornecidos pela doutora Thirsk e pelo professor Everitt, que não distinguem apenas, de um lado, entre o sul e o leste agrícolas das terras bai-

---

16 Ver a Seção "Pós-escrito" deste capítulo.

17 Stone, *The Causes of the English Revolution, 1529-1642*, p.71-2, cf. p.110-2 para mobilidade social e geográfica.

18 Rabb, *Enterprise and Empire: Merchant and Gentry Investment in the Expansion of England, 1575-1630*, p.93, 126.

xas, e, de outro lado, as terras altas do norte, sudoeste e País de Gales, como também em todas as áreas, entre os campos agrícolas abertos, de um lado, e as regiões de florestas e pastagens, de outro. Nestas últimas, as paróquias eram maiores, e o controle pelo pároco e pelo fidalgo rural, menos efetivo. As áreas florestais ofereciam refúgio para os itinerantes sem teto, onde, com sorte, eles podiam construir uma choupana "longe da vista ou da escravidão", para usar as palavras de Gerrard Winstanley. Tais ocupantes ilegais dependiam do mercado para obter as provisões alimentícias básicas, portanto, para receber algum dinheiro, precisavam produzir para o mercado. Eles eram os trabalhadores naturais para as novas indústrias, as quais constituíam o tipo que a doutora Thirsk identificou como aquele que emergiu em toda a Inglaterra nas décadas que antecederam a Guerra Civil: essas indústrias possibilitaram a sobrevivência de muitos aldeões nas sombrias décadas do início do século XVII. Em tempos de crise econômica, porém, tais homens mal tinham onde recorrer – exceto às florestas e às terras improdutivas: daí ser vital para eles que tais terras não fossem cercadas em propriedade privada.[19]

---

19 Thirsk, *The Agrarian History of England and Wales*, p.109-12, 462-5; *Economic Policy and Projects: The Development of a Consumer Society in Early Modern England, passim.*

4
A política e a constituição

*Na terra, a monarquia é o que existe de mais supremo,
pois na terra os reis são não apenas os tenentes de Deus,
como são até mesmo chamados de deuses pelo próprio Deus.*

Jaime I

*Um rei é algo que os homens fizeram para si mesmos,
para sua própria tranquilidade; da mesma forma como,
na família, ao homem cabe a tarefa de comprar a carne. [...]*

John Selden

As liberdades do povo

No século XVII, o Parlamento representava quase exclusivamente as classes abastadas. A Câmara dos Lordes era composta pelos bispos e pelos maiores latifundiários. No reinado de Jaime I e Carlos I, a nobreza diluiu-se pela deslavada venda de títulos; mas isso aumentou, em vez de diminuir, a riqueza da Câmara Alta, embora tenha reduzido o respeito por ela. Nesse período, sabemos tão menos sobre a Câmara dos Lordes do que sobre a Câmara dos Comuns que se torna fácil subestimar sua relevância: os contemporâneos ainda consideravam a primeira como a mais importante das duas instituições. Entretanto, a Câmara dos Comuns também representava a riqueza do país. A sede de um condado simbolizava uma distinção social muito cobiçada,

O século das revoluções

e os noventa membros do condado provinham invariavelmente das mais importantes famílias de proprietários de terras abaixo da nobreza. O direito a voto no condado, restrito a homens que tinham direito de propriedade sobre bem imóvel valendo 40 xelins ao ano, excluía os pequenos proprietários, os enfiteutas, os camponeses, os arrendatários e os miseráveis, que provavelmente formavam 80 a 90% da população rural; e muitos daqueles que tinham direito de propriedade abaixo de 40 xelins, votando com braço no ar em praça pública, disse Richard Baxter, "normalmente escolhem aqueles que seus senhorios desejam que eles escolham". Nas cidades, o direito a voto era mais diversificado: poderia ser conferido à corporação, aos donos de certas propriedades, a todos os cidadãos livres, a todos os contribuintes ou, em uma ou duas localidades como Westminster, a todos os habitantes do sexo masculino. Contudo, na maioria das cidades a minoria abastada tinha a palavra final. No século XVII, até mesmo a cadeira correspondente a um burgo na Câmara dos Comuns conferia prestígio social; um maior número de cidades era representado por nobres em vez de por seus próprios habitantes. Uma vez que aqueles membros da elite também estavam à frente de todos os condados, o Parlamento representava uma classe unificada. As divisões que marcaram o início da Guerra Civil não foram entre os nobres fidalgos e os habitantes locais, mas dentro da classe dominante. As eleições que eram disputadas não se relacionavam normalmente com questões políticas, mas com brigas pelo poder entre famílias locais, embora essas rivalidades pudessem adquirir um sabor político, conforme uma família se associava a uma Corte favorita e sua rival, então, adotava o ponto de vista oposto.

À medida que aumentava a tensão na década de 1620, surgiam sinais de que as classes mais baixas estavam começando a se interessar por questões políticas e, às vezes, a mostrar iniciativa independente. O número de eleições disputadas triplicou entre 1604 e 1624, e dobrou novamente por volta de 1640. O doutor Hirst escreve que

> Os homens do Parlamento do início do século XVII algumas vezes tinham profunda consciência das forças políticas que operavam fora de Westminster.[1]

De maneira geral, entretanto, a Câmara dos Comuns representava não o povo da Inglaterra, mas uma pequena fração dele – aqueles que importavam

---

1 Hirst, *The Representative of the People? Voters and Voting in England under the Early Stuarts*, p.3-7, 44-64, 111, 158 e *passim*.

ao país, aqueles que efetivamente controlavam os assuntos locais, como os juízes de paz. A Câmara Baixa falava pela pequena nobreza próspera e pelos mercadores mais ricos. "Nós somos a pequena nobreza", disse um membro em 1610. Trinta e um anos mais tarde, *sir* Thomas Aston equiparou a pequena nobreza aos "legisladores". No Parlamento, explicou ele,

> os Primazes, ou *Nobiles*, juntamente com os *minores nobiles* – a pequena no-breza –, aconselham-se e organizam as normas de governo; os plebeus se submetem a elas e as obedecem.[2]

A Câmara dos Comuns representava aqueles que tinham direito de proprie-dade nos condados e os cidadãos livres dos burgos.

Note-se o uso da palavra "livre". *Libertas* em latim medieval transmite a ideia de direito de excluir outros de sua propriedade, sua franquia. Estar livre de algo significa desfrutar de direitos e privilégios exclusivos em relação a isso. A liberdade de uma cidade é um privilégio a ser herdado ou comprado. A mesma coisa ocorre com uma propriedade por direito. Proprietários por direito e homens livres são minoria em suas comunidades. A franquia par-lamentar ao voto é um privilégio ligado a tipos especiais de propriedade. As "liberdades da Câmara dos Comuns" eram privilégios peculiares desfrutados por seus membros, como, por exemplo, imunidade à prisão, direito de dis-cussão sem censura etc. "Nossos privilégios e liberdades", disse a Câmara ao rei Jaime em 1604, "são nossos direitos genuínos e devida herança, não menos do que nossas terras e nossos bens." Da mesma forma, quando Jaime escreveu *The Trew Law of Free Monarchies*, ele desejou enfatizar que os reis, como os súditos proprietários de terras, tinham seus direitos e privilégios. O problema da política do início do século XVII era decidir onde terminavam os direitos e privilégios do rei e onde começavam os de seus súditos livres: a maior parte da população não entrava nessas considerações. As palavras que *sir* Thomas Smith havia registrado no reinado da rainha Elizabeth ainda permaneciam verdadeiras:

> Operários diaristas, lavradores pobres, até mesmo mercadores ou varejistas que não possuem terra livre, enfiteutas e todos os artífices [...] não têm voz nem autoridade em nossa comunidade; ninguém se importa com eles; eles só servem para serem comandados.

---

2 Ashton, *A Remonstrance against Presbitery*.

O *common law* era a lei dos homens livres. "Aquele que não tem um imóvel entre seus bens", disse um membro do Parlamento em 1624, "não é livre". A pequena nobreza ficava isenta da punição servil do açoitamento. "Não tem bens: deve ser açoitado" era decisão frequente dos juízes de paz nas sessões quadrimestrais dos tribunais locais. O ressentimento provocado pelas sentenças exaradas pela *Star Chamber* contra Prynne, Burton e Bastwick originou-se não tanto por sua selvageria quanto porque tal selvageria foi empregada contra nobres, membros das três profissões de letrados*. Qualquer juiz de paz impunha diariamente às classes mais baixas sentenças que variavam de açoitamento à marcação com ferro quente, além de tentar obter delas confissões lançando mão de meios que ele próprio abominava quando utilizados pelos tribunais de prerrogativas contra um membro de sua classe. Apenas os "não livres" estavam sujeitos ao alistamento. Parecia natural a Baxter que "a falta de bens materiais" devesse "manter os homens privados de liberdade na comunidade".

As palavras são enganosas porque seus significados mudam. Quando membros do Parlamento falavam em defesa da "liberdade e da propriedade", eles queriam dizer algo que se aproximava mais de "privilégio e propriedade" do que do sentido moderno que o termo liberdade transmite. O senhor Ogg, que expressa algumas palavras sábias acerca desse assunto, enfatiza que a Lei de 1711 (tornando a posse de grande extensão de terra uma condição necessária para eleição no Parlamento) foi descrita como uma Lei promulgada para "assegurar as liberdades do Parlamento". "As liberdades fundamentais e vitais," disse Edmund Walter ao *Short Parliament*, são "a propriedade de nossos bens e a liberdade de nossas pessoas". E nem todos os ingleses "nasceram livres". "Meu nascimento me identifica como alguém que também nasceu livre", afirmou Robert Heath em um poema publicado em 1650, já que "nenhum sangue camponês mancha ou congela minhas veias". Lodowick Muggleton autodenominou-se "um inglês que já nasceu livre" porque era um londrino livre por nascimento. Porém, nas bocas dos *Levellers*, as "liberdades dos ingleses" vieram a significar algo muito diferente e muito mais moderno: "John Nascido-livre" Lilburn criaria um *slogan* democrático a partir do que havia sido distinção de classes. Depois, Ireton asseguraria aos *Levellers* que, "em um sentido geral, não se pode fornecer liberdade se se pretende preservar a propriedade". Entretanto, antes da Guerra Civil, não se ouvia falar de ninguém pedindo liberdade "em sentido geral" e, assim, a antítese entre liberdade e propriedade ficou obscurecida.

A política e a constituição

Conflitos financeiros e constitucionais

Os avanços econômicos considerados no Capítulo 3 tiveram consequências políticas e constitucionais de longo alcance. O país e, sobretudo, as classes representadas pelo Parlamento enriqueciam cada vez mais; o governo tornava-se relativamente mais pobre. Como todos os proprietários de terra conservadores, o rei encontrou dificuldade para reorganizar a administração do Estado de forma a enfrentar o aumento dos preços. Além disso, para ele, não era necessariamente vantajoso fazê-lo, pois as terras da Coroa não eram apenas uma fonte de renda: elas constituíam também uma fonte de mecenato e de influência. Arrendamentos em condições favoráveis eram um meio de recompensar cortesãos e criados do rei sem custo ao Tesouro. Dessa forma, um drástico aumento nos aluguéis das terras da Coroa, embora insinuado de tempos em tempos, era sempre impopular na Corte e só poderia levar a gastos maiores em outras áreas.

Ainda assim, os gastos do governo aumentavam rapidamente. A Corte estava deixando de se deslocar pelo interior do país e vivia em parte à custa das importantes famílias aristocráticas. Os membros dessas famílias relutavam cada vez mais em servir ao Estado à sua própria custa; pelo contrário, eles tinham seus problemas econômicos e buscavam assistência financeira junto à Coroa. "A generosidade", disse até mesmo um reformador como Cecil, "é uma virtude essencial do rei". Jaime era pessoalmente extravagante; mas ele também tinha o dever de distribuir donativos a "súditos merecedores", dizia-lhe seu Conselho; essa generosidade se "multiplicaria e confirmaria afeição e dever".[3] Diferentemente de seu antecessor, Jaime tinha esposa e filhos para sustentar de acordo com os padrões luxuosos da época. Os custos das operações de mobilização para guerra aumentaram: os navios tornaram-se maiores; os canhões, mais pesados; as armas de fogo passaram a ser essenciais para as tropas militares. Tudo isso envolvia um aumento da papelada burocrática do *Whitehall*, de funcionários nos departamentos do Almirantado e do Arsenal Bélico. A guerra estava se transformando em um desastre financeiro. Essa, mais do que a "parcimônia" de Elizabeth ou a fobia que Jaime tinha de armas brancas – como espadas e baionetas –, era a explicação do desejo sensato de ambos os soberanos de permanecer em paz. Para pagar as despesas das guerras com a Espanha e a Irlanda no final

---

3 Ashton, "Deficit Finance in the Reign of James I", *Economic History Review* (*Econ. H.R.*) (2.série), p.16.

de seu reinado, Elizabeth vendeu terras da Coroa no valor de 800 mil libras; deixou, ainda, dívidas para Jaime saldar. A receita proveniente de terras no primeiro ano do reinado de Jaime foi três quartos do que havia sido doze anos antes. O rei pôs fim a ambas as guerras, mas ainda teve de vender propriedades avaliadas em 775 mil libras; portanto, a renda resultante de terras da Coroa caiu mais 25% entre 1603 e 1621, apesar da melhor administração. Quando as guerras começaram novamente na década de 1620, Carlos viu-se obrigado a vender mais terras no valor de 650 mil libras, a maior parte para a *City* como reembolso de empréstimos. Em 1639, ele somente poderia tomar dinheiro emprestado da *City* se oferecesse terras da Coroa como garantia. O que sobrou delas foi vendido pelo Parlamento depois de 1649 por menos de 2 milhões de libras.

Vender terras significava viver de capital; porém isso foi mais do que um mero desastre financeiro. A propósito das florestas reais, John Coke escrevera a Buckingham em 1623: "a Coroa ficará menor tanto em honra como em poder conforme os outros se tornem grandes". *Lord treasurer* Middlesex, o melhor consultor financeiro de Jaime,

> disse ao rei que, ao vender terras, ele não apenas vendia seu aluguel, como faziam outros homens, como também vendia sua soberania, pois os laços de obediência eram mais fortes sendo inquilino do rei do que sendo seu súdito.

Nesse ínterim, a Câmara dos Comuns conquistava mais confiança à medida que aqueles que ela representava enriqueciam e à medida que os governos se tornavam mais dependentes dos impostos que ela votava, até mesmo em tempos de paz. A Câmara era sempre sensível a qualquer sugestão acerca do direito que o rei tinha de impor tributação arbitrária. Em 1610, o advogado civil doutor Cowell e, na década de 1620, os clérigos Sibthorpe, Montagu e Mainwaring, seguidores de Laud, foram todos censurados por elevarem a prerrogativa real nesse sentido. "Os parlamentos eleitos", disse o autor de uma carta na década de 1650, "são o baluarte da propriedade."[4]

A receita oriunda de terras caiu, mas aquela proveniente de taxas aduaneiras aumentou com a expansão do comércio. A receita tributária mais do que dobrou nos primeiros dezoito anos do reinado de Jaime, e em 1621 trouxe para os cofres do reino quase três vezes mais do que as terras da Coroa. Entretanto, o controle das taxas aduaneiras estava sob disputa. Em

---

4 *Thurloe State Papers*, i, 747.

A política e a constituição

1608, Jaime expediu um novo Livro de Tarifas, revisando cuidadosamente a avaliação de certas mercadorias e incorporando encargos adicionais a novas importações ("imposições"). Em tempos de inflação, reajustes periódicos de taxas alfandegárias eram obviamente necessários, e o comércio com o Leste estava trazendo novas mercadorias para o país, como, por exemplo, a passa de Corinto. O direito que a Coroa tinha de fazer tais reajustes até então não havia sido questionado, porém, como em muitas esferas, a expansão econômica estava mudando as atitudes dos homens com relação aos direitos legais. O comércio exterior crescia em importância, a estrutura econômica do país tornava-se mais complexa; os homens proprietários de terra sentiam que deveriam se fazer ouvir quando da elaboração da política econômica. E a Câmara dos Comuns não queria que o Rei se tornasse financeiramente independente dos impostos que lá eram votados. Se Jaime estabelecesse o direito de cobrar impostos a seu critério, ele poderia logo receber uma renda muito acima de 70 mil libras por ano, à qual, de acordo com o Livro de Tarifas de 1608, ele tinha direito. Posteriormente, *sir* John Eliot indicou que a *receita* de impostos aduaneiros da Holanda era muito maior porque as *taxas* aduaneiras eram muito menores, já que lá o governo estimulava o comércio e se beneficiava de sua expansão.

Em 1605, um certo senhor Bate recusou-se a pagar um imposto maior sobre passas de Corinto, e em 1610 a Câmara dos Comuns discutiu seu caso. A decisão dos juízes havia sido contra ele, corretamente dentro da lei; mas esse veredito, afirmou a Câmara a Jaime em 1610, poderia ser ampliado "para a total ruína do [...] direito de propriedade que os súditos de Vossa Majestade têm sobre suas terras e seus bens". No final das contas, o rei concordou em remir algumas das imposições, e a Câmara dos Comuns concordou em conceder a ele o restante sob a condição de que, a partir de então, seria ilegal cobrar impostos sem a anuência do Parlamento. Contudo, o Parlamento foi dissolvido antes da conclusão da barganha. As tentativas de se definir a questão nos Parlamentos posteriores não foram bem-sucedidas. As novas imposições representaram um ônus muito pesado sobre o comércio e o contribuinte e tiveram seu papel na permissão aos mercadores holandeses de se apoderarem do comércio de transporte inglês. Essa falta de um acordo quanto à aplicação de imposições levou a Câmara a tomar, em 1625, a medida sem precedentes de se recusar a conceder os tributos sobre tonelagem e peso – os impostos aduaneiros tradicionais – a Carlos I para o resto da vida, e votou nelas por apenas um ano. Carlos dissolveu o Parlamento antes que esse projeto fosse aprovado e continuou a arrecadar os impostos sobre tonelagem e peso sem autorização parlamentar. Foi assim que se iniciaram as contendas que levaram à Petição de Direitos.

Em 1610 foi feita uma proposta para resolver os problemas financeiros do rei e reduzir os encargos dos proprietários de terras por meio da extinção dos títulos feudais de propriedade e de tutela. Quando o serviço militar havia sido o método pelo qual os que arrendavam diretamente do rei (arrendatários *in capite*) pagavam por suas terras, era natural que o rei assumisse a propriedade quando o herdeiro do arrendatário fosse menor de idade. Contudo, no século XVII, títulos de posse no sistema feudal haviam deixado de ter qualquer significação militar. O direito de tutela tornara-se pouco mais do que um sistema errático de imposto de transmissão *causa mortis*. Se acontecesse de o herdeiro ser menor de idade – e os homens morriam mais cedo do que atualmente –, ou a família teria de comprar a tutela do rei ou a propriedade ficaria passível de ser transferida para um cortesão que se beneficiaria dela o quanto pudesse durante a minoridade do herdeiro e, sem dúvida, casaria a herdeira ou o herdeiro com algum parente seu. Naqueles tempos de margens estreitas, quando a administração cuidadosa e contínua dos bens era necessária para o sucesso econômico, a minoridade poderia ser desastrosa aos bens de uma família. "Grande parte dos recursos financeiros não era levantada dessa forma", escreveu o bispo Burnet acerca do Tribunal de Tutela (na verdade, uma média aproximada de 65 mil libras por ano),

> mas, muitas vezes, as famílias ficavam à mercê e eram usadas conforme seu comportamento. Tornou-se, então, uma opressão muito rígida que levou várias famílias à ruína. Reativar o direito de posse *in capite* [disse Wentworth] foi o melhor meio de forçar os súditos a dependerem de sua majestade.

O Grande Contrato, proposto em 1610, teria também abolido o aprovisionamento – o direito que o rei tinha de adquirir suprimentos para sua enorme família abaixo do preço de mercado. O sistema do aprovisionamento surgiu nos tempos medievais, quando a família real se mudou para o campo. Era uma anomalia irritante agora que a produção para o mercado havia se tornando uma atividade normal; convertera-se em um tributo fixo, equivalente a um imposto anual de 50 mil libras, não votado pelo Parlamento. Ainda assim, menos de um quarto do que era pago em tutela e aprovisionamento chegava aos cofres do Tesouro nacional. A maior parte ia para os cortesãos.[5]

---

5 Aylmer, "The Last Years of Purveyance, 1610-60", *Econ. H.R.* (2.série), p.1.

A proposta debatida em 1610 propunha que ao rei deveria ser concedida uma renda regular anual de 200 mil libras em substituição à tutela e ao aprovisionamento. O Contrato rompeu-se porque, depois de alguma reflexão, nenhuma das partes se sentia satisfeita com ele. A Câmara dos Comuns considerou o preço alto demais e pediu, além disso, o cancelamento de todas as pensões e concessões feitas aos cortesãos, a aplicação das *recusancy laws* e a abdicação, por parte da realeza, da pretensão de fazer imposições. O rei começou a compreender que desistiria de seu poder de influência e controle sobre seus súditos maiores, um poder cujo valor não poderia ser expresso monetariamente. A abolição de títulos de propriedades, na opinião de *sir* Julius Caesar, *chancellor of the Exchequer*, facilitaria "uma passagem rápida para uma democracia, que é o inimigo mais mortal de uma monarquia".[6] O fracasso do Grande Contrato significou que as exigências do Tribunal de Tutela aumentaram. O proveito que Carlos I extraiu da tutela durante a década de 1630 foi uma das principais queixas dos proprietários de terras. Títulos de propriedade acabaram sendo extintos em 1646; porém, nesse meio-tempo, o Grande Contrato havia incutido nas mentes dos homens a noção de que a prerrogativa real poderia estar à venda.

Ainda assim, enquanto os rendimentos que a Coroa extraía das fontes tradicionais de receita mostravam dificuldade de expansão, a riqueza das classes abastadas aumentava rapidamente. O governo fez várias tentativas ineficazes de se aproveitar dessa riqueza, aumentando os tributos alfandegários e vendendo monopólios; entretanto, tornou-se essencial suplementar ainda mais a receita regular com subsídios parlamentares. Era necessário que houvesse uma renda estabelecida, garantida com tributação regular. Mas quem controlaria a arrecadação e os gastos dos fundos autorizados e concedidos? O governo? A Câmara dos Comuns, representando os contribuintes? Se fosse o governo, como seria possível, então, assegurar que sua política não entraria em conflito com os interesses econômicos do país e das classes proprietárias de terras? Em resumo, o controle das finanças, no final das contas, levantava a questão do controle do executivo: a questão da confiança.

Os problemas envolvidos no ajuste da tributação dos crescentes preços e gastos foram comuns a toda a Europa Ocidental. Entretanto, na Inglaterra, a Coroa encontrava-se em uma posição especialmente vulnerável. Na França, o valor genuíno da receita real dobrou no século antes de 1640; na Inglaterra, ele apenas se manteve no ritmo dos preços. Em 1641, o *gabelle** rendeu para

---

6 J. Hurstfield, *The Queen's Wards*, p.313.

O século das revoluções

a França aproximadamente o dobro do total da receita inglesa; na Inglaterra, esse tributo não podia ser instituído. Na França, algo entre 8 xelins e 10 xelins por cabeça da população era levantado todo ano; na Inglaterra, cerca de 2 xelins e 6 *p*. E já que na França os nobres eram isentos de impostos, a desproporção era ainda maior do que esses números sugerem. Uma tributação menor certamente contribuiu para a prosperidade da Inglaterra, bem como também para a penúria do governo.

No reinado de Jaime, houve duas tentativas sérias de lidar com o problema financeiro. A primeira foi feita por Robert Cecil, que assinou a paz em 1604, adotou uma tarifa maior e arrendou os tributos; melhorou a receita com as ordens expedidas em 1608; começou a arrecadar aluguéis de terras da Coroa, a aumentar os lucros advindos do *Court of Wards* [Tribunal de Tutelas] e depois instituiu o Grande Contrato. Essa tentativa de acordo geral foi frustrada por uma aliança entre cortesãos e a Câmara dos Comuns. A administração de Cecil chegou realmente a seu final com o fracasso do Contrato, embora ele permanecesse no cargo de *lord treasurer* até sua morte em 1612. Nos anos seguintes, a corrupção e a pilhagem estavam desenfreadas. O sucessor de Cecil no Tesouro apropriou-se de 60 mil libras do erário público e, embora tenha sido preso, ele aparentemente jamais devolveu esse valor. A última tentativa de uma solução definitiva ocorreu com Cranfield, *lord treasurer*, em 1621. Ele cortou taxas, pensões e sinecuras e estipulou que o rei não deveria fazer nenhuma concessão de terras sem seu consentimento. No entanto, os cortesãos, tendo Buckingham como líder, fizeram uma aliança com os Comuns para derrubá-lo – o mesmo arranjo que havia derrotado Cecil. Depois disso não havia mais esperança alguma de o governo solucionar seu problema financeiro com economias. Na década de 1630, Laud e Strafford empreenderam uma contínua batalha perdida contra o que chamaram de *Lady Mora* – o poder dos grupos privilegiados, agora protegidos por Henrietta Maria.

A falta de uma burocracia eficiente também significou um obstáculo. Os coletores de tributos naturalmente retinham os lucros que pudessem para si mesmos. Os tributos parlamentares eram avaliados pela pequena nobreza em seus próprios condados; o resultado era que as famílias mais abastadas pagavam muito menos do que deveriam pagar. Um fidalgo que deveria contribuir com mil libras por ano era avaliado como se sua renda fosse de apenas 20 libras, disse Cranfield em 1615. Ele próprio foi tributado em 150 libras em 1622, dois anos depois de ter avaliado o total de seus bens em 90 mil libras. O duque de Buckingham foi tributado em 400 libras; sua renda

A política e a constituição

em 1623 fora 15 mil libras. Como consequência, o valor do subsídio parlamentar de 4 xelins por libra dos rendimentos ou salários *avaliados* encolheu gradativamente em valor. No início do reinado de Elizabeth, um subsídio trazia para os cofres reais 140 mil libras; em 1628, ele havia caído para algo em torno de 55 mil libras. Em uma região de Suffolk, 66 pessoas haviam sido avaliadas, em 1557, em 67 libras referentes a terras e 454 libras referentes a bens; em 1627, apenas 37 pessoas foram avaliadas em 54 libras, referentes a terras, e 23 libras, referentes a bens. O somatório médio em que 78 famílias de Sussex foram avaliadas caiu de 48 libras cada em 1560 para 14 libras em 1626. Portanto, mais subsídios tiveram de ser votados para se levantar a mesma quantidade de dinheiro, mesmo sem considerar a depreciação de seu valor. Em uma época desprovida de teoria econômica, isso contribuiu para que o membro do Parlamento em situação mediana se sentisse ruinosamente supertributado, para que o governo fosse considerado extravagante e devedor de explicações ao público. Os ministros podem ter argumentado, com mais razão, que seus expedientes financeiros se justificavam por essa recusa da classe proprietária de terras – a mais rica do país – em pagar uma cota justa da tributação.[7]

Enquanto isso, outra fonte de conflito havia emergido. Quando os Parlamentos de 1625 e de 1626 foram dissolvidos sem terem votado suprimentos para as guerras nas quais o rei achou que eles o haviam estimulado a entrar, ele tentou levantar um empréstimo forçado. Aqueles que se recusaram a concedê-lo foram presos; homens das classes mais humildes eram recrutados para o serviço militar, sujeitos à lei marcial, ou recebiam boletos obrigando-os a fornecer alojamento a soldados do exército. Cinco nobres que, em 1627, foram presos por se recusarem a contribuir com o empréstimo abriram um processo com pedido de *habeas corpus*, cujo veredito foi devolvido com uma ordem de prisão "por determinação especial do rei". Os tribunais acataram isso e rejeitaram a fiança dos prisioneiros. Legalmente, o julgamento foi válido, mas colocou poderes absurdamente amplos nas mãos de um governo inescrupuloso. Em 1628, foi proclamada a lei marcial em vários condados do sul e do oeste, anulando a autoridade dos juízes de paz.

Todos esses clamores foram reunidos na *Petition of Rights*, em 1628. Suas quatro cláusulas estabeleciam (i)

---

7 Tawney, *Business and Politics under James I*, p.146; F. C. Dietz, *English Public Finance*, 1558-1641, p.393; Mousley, "The Fortunes of Some Gentry Families of Elizabethan Sussex", *Econ. H.R.* (2.série), p.479.

que nenhum homem doravante será forçado a fazer ou gerar qualquer donativo, empréstimo, contribuição forçada, tributo ou encargo similar, sem consentimento coletivo, expresso por Ato do Parlamento;

(ii) que nenhum homem livre será detido sem causa evidente; (iii) que soldados e marinheiros não serão alojados sem a anuência dos que os alojarão; (iv) que comissões para ações legais da lei marcial deverão ser revogadas e jamais emitidas no futuro. Assim, a Câmara dos Comuns esperava: salvaguardar a propriedade, evitando tributação e prisões arbitrárias; restabelecer a supremacia dos juízes de paz nas administrações locais; e impossibilitar o rei de formar um exército permanente para prescindir completamente do Parlamento. A Petição não fora apresentada na forma de projeto de lei parlamentar, por deferência a Carlos, mas ela foi uma petição *de direito*, pedindo a confirmação de antigas liberdades, não a concessão de novas. O rei e os lordes enfrentaram uma árdua batalha para obter a inserção de uma cláusula em que constava que a petição pretendia "deixar intacto o poder do soberano" ou "a prerrogativa real". Isso, entretanto, teria anulado a intenção dos Comuns, que era, embora apenas afirmasse a lei existente de forma ostensiva, redefinir aquela lei para o futuro. Com palavras, a Câmara dos Comuns, à sua maneira, chegou até aqui, e também forçou Carlos a aceitar a Petição com a resposta normalmente utilizada para anuência a um projeto de lei particular.

Todavia, apenas definições verbais não eram suficientes. Carlos continuou a recolher o tributo da tonelagem e do peso sem a autorização do Parlamento, argumentando que esse tributo – "ou essa espécie de encargo" – não constava da Petição, ou seja, que a tentativa de definir os limites da prerrogativa real não havia, na verdade, definido coisa alguma. Os mercadores recusaram-se a pagar e quando a Câmara dos Comuns tentou socorrê-los em 1629, Carlos decidiu dissolver o Parlamento. Em uma cena revolucionária, o orador foi segurado em sua cadeira enquanto a Câmara aprovava três resoluções. Qualquer um que aconselhasse ou instigasse a imposição do imposto sobre tonelagem e peso, a menos que fosse por parte do Parlamento, devia ser considerado como "inimigo capital do reino e da *commonwealth*"; o mesmo ocorreria com qualquer mercador que pagasse tonelagem e peso que não tivessem sido aprovadas pelo Parlamento, ou qualquer um que introduzisse uma "inovação em religião". Com essa ruptura, começaram os onze anos de governo pessoal. Os líderes desse cenário, *sir* John Eliot, Denzil Holles e Benjamin Valentine, foram presos.

A política e a constituição

Os governos da Casa Stuart sempre tiveram de ser férteis em expedientes financeiros. Jaime I criou o título de baronete, a fim de vendê-lo: 100 mil libras foram arrecadados dessa forma. Pariatos e cargos públicos também foram vendidos. Empréstimos forçados visavam, sobretudo, aos novos ricos que eram considerados como subtributados. Em 1625, tenentes adjuntos em Cheshire "informavam-se cuidadosamente acerca de homens endinheirados que empregam dinheiro na agiotagem" e impunham-lhes pesados tributos. A *sir* Richard Robartes – de Truro, na Cornualha –, cujo pai havia ganhado dinheiro emprestando a juros, foi dito, após a morte do pai, que o rei tinha o direito de "se apropriar de tudo o que fora obtido por esses meios usurários", mas que, com sua clemência, ficava satisfeito em tomar emprestadas apenas 20 mil libras sem juros. Robartes finalmente concordou em dispor de 12 mil libras. Ele ainda teve fundos suficientes para comprar um título de pariato por 10 mil libras em 1625. Seu filho, naturalmente, foi mais tarde líder da causa parlamentarista na Cornualha.

Durante o governo pessoal do rei Carlos I, todos os tipos de esquemas financeiros foram experimentados: multas por cercamentos, por invasão das florestas reais, para todos aqueles que possuíam renda acima de 40 libras por ano e que se recusavam a incorrer nas despesas inerentes ao título de cavaleiro, este último significando uma arrecadação de 150 mil libras em dois anos. Esforços prodigiosos feitos pelo *lord treasurer* Weston aumentaram a receita comum em 25%. Em 1635, o orçamento estava quase equilibrado, embora as dívidas da Coroa chegassem a 1 milhão de libras. Entre 1636 e 1641, o *lord treasurer* Juxton melhorou ainda mais a posição financeira, aumentando o arrendamento da cobrança de impostos e reduzindo pensões. A *City* foi multada por supostamente ter fracassado no cumprimento de suas obrigações na colonização de Londonderry. Porém, o maior de todos os expedientes foi o *Ship Money*, que estendeu a todo o reino a reivindicação feudal tradicional do rei de exigir navios (ou seu equivalente em dinheiro) de determinados portos – uma exigência que fora praticada nos reinados de Elizabeth e de Jaime I. Poder-se-ia argumentar de forma razoável que todo o reino, não apenas os portos, deveria pagar pela defesa nacional e pela proteção do comércio. Tecnicamente falando, de muitas maneiras o *Ship Money* significou um grande avanço. Tentou utilizar a nova riqueza comercial e profissional do país, reavaliando o "verdadeiro valor anual dos aluguéis, pensões, cargos públicos". Enquanto até então os clérigos foram tributados separadamente, o *Ship Money* passou a tributá-los juntamente com a laicidade. Havia um controle centralizado da avaliação e da arrecadação: o xerife substituiu os comissários locais, provavelmente para ser parcial, embora a falta de uma burocracia por parte da Coroa tivesse levado esse ponto ao fracasso, já que os xerifes precisavam confiar nos policiais e nos oficiais encarregados de manter a paz nas paróquias.

Entretanto, a importância do *Ship Money* para os contemporâneos da época era política, não técnica. Se ele pudesse ser instituído como um tributo regular que o rei tivesse direito de cobrar sem o consentimento do Parlamento, a questão constitucional fundamental do século seria decidida a favor da monarquia. Foi essa a questão subjacente ao *Ship Money* de 1637, não a 1 libra que o riquíssimo John Hampden se recusou a pagar. Finch, o presidente da Corte Suprema, declarou que era nulo qualquer ato do Parlamento que declarasse "que o rei não tinha a obrigação de comandar seus súditos, os cidadãos do reino e seus bens [...] e seu dinheiro também". Quando o veredito contra Hampden foi anunciado, o embaixador veneziano comentou que isso significava absolutismo por parte da realeza e o fim dos parlamentos. Foi "total repressão da liberdade dos súditos", escreveu o antiquário *sir* Simons D'Ewes. "De que forma os homens livres diferem dos antigos escravos e vilões da Inglaterra, se seus bens estão sujeitos a tributos arbitrários?".

Aos olhos da lei, os juízes tinham um caso em mãos; mas os políticos mostraram que eram mais fortes do que a lei. A Coroa conseguiu seu veredito pela menor margem possível (sete contra cinco) de uma bancada já submetida à pressão governamental. A vitória moral e política ficou com Hampden. Conforme afirmou Hyde, posteriormente, conde de Clarendon, quando os homens

> ouviram isso sendo exigido em um tribunal de justiça como um direito e viram que juízes juramentados assim decretaram, com base em razões e justificativas que qualquer um que estivesse por perto seria capaz de jurar que não era lei [...] eles não mais examinaram o assunto como o caso de um homem, mas como o caso de todo o reino.

A lógica dos juízes "não deixava a homem algum coisa alguma que ele pudesse chamar de sua"; assim, os homens "viam-se obrigados por consciência a não se submeterem à justiça pública". Hyde tornar-se-ia monarquista na Guerra Civil. Quase toda a classe dos proprietários de terras se uniu em oposição ao *Ship Money*. Em 1636, das 196.600 libras calculadas, apenas cerca de 7 mil libras, ou 3,5%, deixaram de entrar no Tesouro. No ano seguinte, esse número subiu para 11%; mas em 1638, quando os problemas escoceses deram aos homens a chance de resistir, 61% deixaram de ser pagos.

Quando não conseguiam equilibrar os orçamentos, os governos contraíam dívidas. Contas deixaram de ser pagas, e empreiteiros do governo, em vez de pressionarem pelo pagamento, triplicavam os preços. Empréstimos levavam décadas para serem quitados; o que foi feito ao rei pela *Corporation of London* em 1617, por exemplo, só foi quitado em 1628 e, mesmo assim, apenas sob a forma de terras da Coroa. Em 1640, a *City* recusou-se a conceder empréstimos ao governo por causa de ressentimentos quanto ao tratamento recebido no passado. O crédito de Carlos era tão ruim, como já vimos, que ele só podia tomar emprestado de gente como os *customs farmers* [arrendadores de impostos], sobre os quais ele podia exercer pressão e os quais esperavam obter outros favores.

Antes de surgirem os bancos (isto é, antes do estabelecimento de confiança entre o governo e a comunidade empresarial) um mercador poderia investir em terras – se enriquecesse o suficiente –, ou em lâminas de metal; mas normalmente ele emprestava seu dinheiro a terceiros ou o vinculava a bens. Assim, ele ficava muito suscetível às flutuações do mercado e ao tipo de incerteza que os primeiros governos dos Stuart muito habilidosamente criaram. Em consequência, muitas vezes ele se via sem dinheiro à mão, sobretudo naqueles tempos em que os governos se mostravam muito inclinados a exigir empréstimos forçados ou a exigir que ele fornecesse alojamento às tropas. A política errática do governo gerou a crise e, depois, as finanças governamentais arbitrárias intensificaram-na. A comunidade empresarial ansiava por estabilidade, regularidade, confiança. Um comerciante londrino queixou-se: "Não há em qualquer outra parte do mundo mercadores tão oprimidos e pressionados quanto na Inglaterra". "Nossos bens são retirados de nós à força", declarou outro. Essas lamentações não eram estritamente verdadeiras, mas representam muito bem os sentimentos dos cidadãos.

Política externa

As finanças e o comércio foram as fontes mais óbvias de desentendimento entre o rei e o Parlamento. No entanto, querelas também surgiram por causa da política externa. Na Guerra dos Trinta Anos, os Habsburgo tentavam reverter os efeitos da Reforma. Muitos ingleses temiam que, se essa política fosse bem-sucedida no continente, suas consequências seriam sentidas na Inglaterra também. Quase um século de história e propaganda estavam por trás da associação entre protestantismo e patriotismo inglês. Os hereges que foram condenados à fogueira no reinado de Maria haviam se tornado populares como vítimas da Espanha, isso graças ao livro *Book of Martyrs*, de John Foxe, do qual havia uma cópia em muitas igrejas. As torturas da Inquisição Espanhola, do Conselho de Sangue de Alva (na Holanda), do Massacre de São Bartolomeu (na França), da Armada Espanhola, do *Gunpowder Plot** [Conspiração da Pólvora], tudo havia sido habilidosamente explorado para que se pudesse construir um quadro de papistas cruéis, lutando para dominar o mundo, e de ingleses de Deus, frustrando-os bravamente. (Esse último elemento foi enfatizado também por Richard Hakluyt em seu *Principal Navigations* [...] *and Discoveries of the English Nation* [Principais Navegações [...] e Descobertas da Nação Inglesa], publicado nos anos posteriores à derrota da Armada.) Uma vitória papal, além do mais, ameaçaria aqueles que haviam adquirido terras monásticas na dissolução dos mosteiros na Inglaterra e na Alemanha. Protestantismo, patriotismo e propriedade mantinham estreitos vínculos entre si. A associação de ideias era algo forte e popular. O perigo do catolicismo era tanto real como imaginário. Poucos católicos ingleses eram quinta-colunistas espanhóis, e Cecil e o arcebispo Bancroft haviam jogado habilidosamente em suas divisões. Ainda assim, os jesuítas certamente queriam uma reconversão forçada da Inglaterra, e, se a causa católica tivesse prevalecido na Guerra dos Trinta Anos, eles poderiam tê-la conseguido.

Jaime possuía uma tendência pacifista – por temperamento e por necessidade financeira. Ele não aprovou o fato de seu genro ter aceitado a Coroa da Boêmia, uma vez que a considerava subversiva da ordem europeia e dos direitos da Casa Habsburgo. Como a rainha Elizabeth, ele sempre vira os republicanos holandeses mais como rebeldes contra a Coroa da Espanha do que como heróis protestantes. Tanto Jaime como Carlos admiravam as monarquias da Contrarreforma da Espanha e da França. O embaixador espanhol Gondomar mostrou a Jaime como governar sem o Parlamento. Ele foi muito influente na Corte e por muito tempo evitou a intervenção inglesa na Guerra dos Trinta Anos. Jaime esperava, por meio de um acordo com a Espanha, restaurar a paz na Europa – e assim evitar a convocação de um Parlamento.

Essa política encontrava forte oposição. Um grupo puritano realizou propaganda vigorosa a favor de assistência inglesa ao Eleitor Palatino. No Parlamento de 1621, vozes ergueram-se a favor de guerra com a Espanha por razões de ordem econômica, estratégica e também religiosa. Quando Jaime o dissolveu, Gondomar relatou que essa "foi a melhor coisa que aconteceu no interesse da Espanha e da religião católica desde que Lutero começou a pregar a heresia cem anos atrás". A visita do príncipe Carlos e de Buckingham a Madri em 1623 a fim de negociar um casamento com a infanta, provocou as mais

A política e a constituição

profundas apreensões na Inglaterra. Elas se justificavam, pois as negociações previam concessões aos católicos ingleses que teriam sido absolutamente inaceitáveis para o Parlamento. O retorno de Carlos em outubro de 1623 sem ter entabulado o casamento, foi motivo de regozijo em todo o reino.

No Parlamento de 1621, Jaime – à maneira de Elizabeth – se recusara a permitir que a Câmara dos Comuns discutisse política externa; porém, em 1624, Buckingham e Carlos, agora determinados a atacar a Espanha, praticamente se colocaram como líderes da oposição aos planos de Jaime. Eles forçaram uma nova política externa sobre o rei e depuseram Cranfield, que se opunha à guerra porque ela arruinaria sua política de redução de gastos. Com o que teria parecido uma insolência intolerável alguns anos antes, o Parlamento concedeu três subsídios condicionados à reversão da política externa que Jaime deveria fazer.

> Com base na declaração pública de Vossa Majestade sobre a total dissolução e anulação dos dois tratados do casamento e do Palatinato, seguindo nosso conselho lá contido, e em relação ao apoio àquela guerra que provavelmente acontecerá [...] concederemos [...] o maior subsídio que já foi concedido pelo Parlamento, a ser cobrado em tão curto espaço de tempo.

Essa concessão – apenas um quarto do que fora solicitado – deveria ir para as mãos de cidadãos londrinos, nomeados pelo Parlamento, que responderiam à Câmara dos Comuns por seus gastos.

Buckingham e Carlos haviam concedido ao Parlamento o direito de iniciar uma política externa, de controlar os gastos e de deslocar ministros. Jaime advertiu-os de estarem preparando um açoite para suas próprias costas. Essa aliança com o Parlamento, porém, teve curta duração. A expedição de Mansfeld ao Palatinato em 1624 foi um melancólico fracasso. Buckingham achava – corretamente, em termos de política de poder – que uma guerra contra a Espanha necessitava de uma aliança com a França. Assim, Carlos desposou Henrietta Maria, não menos papista do que a infanta, e, por meio de um acordo secreto, prometeu fazer concessões maiores a papistas ingleses. Pior ainda: em 1625, a Inglaterra concordou em enviar navios para ajudar Luís XIII a reprimir os protestantes de La Rochelle. Essa não era a política externa pela qual o Parlamento havia clamado; e, nesse caso, pelo menos, o Parlamento representava a opinião pública. As tripulações dos navios que seriam colocados à disposição dos franceses amotinaram-se. Buckingham, sem mostrar grandes preocupações, reverteu sua política e declarou guerra

O século das revoluções

contra a França. Mesmo assim, o fracasso na operação para render La Rochelle em 1627 foi "a maior desonra que nossa nação já sofreu". Buckingham havia, afinal, perdido a confiança da nação política. "Vejo pouca esperança de qualquer coisa boa", escreveu ele a seu primo,

> a menos que o rei e o Parlamento cheguem a um acordo, pois sem isso não haverá dinheiro algum, e sem dinheiro nada pode ser feito. Rogo a Deus que leve o coração do rei a se curvar àquilo que pode favorecer a glória de Deus [...] para que, assim, possamos desfrutar de paz e prosperidade sob seu reino. Quero dizer paz com o mundo todo, mas guerra com a Espanha.[8]

Penington achava que a guerra contra a Espanha significava prosperidade; o rei precisava se render para que a glória de Deus e a harmonia doméstica pudessem ser conquistadas. Penington foi um importante mercador, mais tarde *lord Mayor* [Prefeito] de Londres e grande aliado de Pym no *Long Parliament*. Sua opinião era ecoada por *sir* Edward Coke, decano dos juristas do *common law*: a Inglaterra "nunca prosperou tanto quanto durante a guerra com a Espanha".

Essa visão não era compartilhada pelo governo. Quando Gustavo Adolfo, da Suécia, marchou em direção à Alemanha nas batalhas do protestantismo de lá, Carlos I prometeu secretamente ao enviado espanhol em Londres 12 mil recrutas ingleses, embora nunca tenha ousado mandá-los. Em troca, quando, em 1637, Carlos propôs subjugar a Escócia à força, ele conduziu negociações secretas com a Espanha para tropas veteranas. Era pensamento natural das duas diferentes políticas externas que os reis da dinastia Stuart sempre trataram os católicos de forma complacente, ao passo que o Parlamento estava determinado a tornar mais rígida a cobrança de multas por quebra das *recusancy laws*. Essa postura do Parlamento dava-se em parte para financiar o Tesouro à custa de seus inimigos, em parte para debilitar o que ele considerava ser, em casa, um grupo hostil, de conciliação impossível. Os papistas foram, sobretudo, monarquistas na Guerra Civil. As rainhas, tanto de Jaime como de Carlos, eram católicas, e, principalmente no reinado deste último, houve numerosas conversões de figuras politicamente importantes – a mãe de Buckingham, *lord treasurer** Portland, os secretários de Estado Calvert e Windebanke, o *chancellor of the Exchequer* [ministro das Finanças]* Cottington, e muitas grandes *ladies* da Corte. Um agente papal foi recebido

---

8 Pearl, *London and the Outbreak of the Puritan Revolution*, p.178.

na Corte em 1637, pela primeira vez desde o reinado de Maria, a Sanguinária. Sabemos agora que Laud se opunha à tendência papista na Corte e recusou um galero. Entretanto, para seus contemporâneos, sua política parecia se aproximar do papismo e, afinal de contas, o papa achou que a oferta valia a pena. A acusação de papismo era danosa justamente por causa da estreita ligação entre o protestantismo e o patriotismo inglês. A *Grand Remonstrance* do Parlamento em 1641 via por trás da política real um plano maligno e pernicioso de subversão das leis e princípios fundamentais do governo inglês, cujos atores e promotores eram

(i) papistas jesuítas [...]; (ii) bispos e a seção corrupta do clérigo [...] (iii) conselheiros e cortesãos que, para fins particulares, têm se empenhado em favorecer os interesses de alguns príncipes ou estados estrangeiros.

Certamente, houve cortesãos que receberam suborno espanhol, mas a *Grand Remonstrance* foi também uma afirmação propagandística. "Acusamos o clérigo prelacial de papista para torná-los odiosos", comentou Selden, "embora saibamos que eles não são culpados de coisa desse tipo".

Soberania

O *impeachment* foi um processo do século XV, pelo qual a Câmara dos Comuns acusava um indivíduo de crimes e o apresentava para julgamento perante a Câmara dos Lordes. Em 1621, *sir* Giles Mompesson teve seu *impeachment* decretado por ser monopolista, e *lord Chancellor* Bacon, por suborno. Buckingham estava preparado para sacrificar Bacon com o intuito de ganhar popularidade; em 1624 ele organizou o *impeachment* de *lord treasurer* Cranfield. Como Jaime havia previsto, a vez de Buckingham chegou em 1626. Ele foi acusado de monopolizar cargos oficiais. Isso não era crime, mas o desastrado processo de *impeachment* era a única maneira de a Câmara dos Comuns registrar a falta de confiança em um ministro real. Foi o primeiro passo para obrigar ministros a prestarem contas ao Parlamento.

O período entre 1604 e 1629 foi descrito como o período em que a Câmara dos Comuns "conquistou iniciativa".[9] Por meio de uma série de dispositivos procedimentais, o controle de debates foi retirado dos membros

---

9 Notestein, *The Winning of the Initiative by the House of Commons.*

do *Privy Council*, constituído pelos agentes do rei na Câmara. A criação de mais comissões reduziu a formalidade dos debates e possibilitou a membros privados mostrarem sua influência. O porta-voz era invariavelmente nomeado pelo rei, e seu dever era gerenciar os debates de acordo com os interesses do governo. A criação da "comissão da Casa inteira" permitiu que os Comuns substituíssem o porta-voz por um presidente de sua própria escolha. Sessões mais longas resultaram em experiência e no hábito de trabalho em conjunto: líderes começaram a emergir, e eles não eram cortesãos; em vez de o *Privy Council*, eram eles que a Câmara seguia. Em 1604, a Câmara se opôs com sucesso à tentativa de Jaime de encaminhar ao *Court of Chancery* [Tribunal da Chancelaria]* uma disputada eleição em Buckinghamshire, e assim, a partir daí, ganhou o direito de decidir disputas eleitorais, embora a ação de Jaime tenha tido um bom precedente elizabetano. Em 1614, houve um alarido tão grande na Câmara dos Comuns por conta de alegações de que o governo havia tentado controlar a Câmara por meio de "empreendedores", que o Parlamento teve de ser dissolvido após nove semanas de inatividade litigiosa. A experiência desse "*Addled Parliament*" tornou os governos futuros muito mais cuidadosos.

Em 1621, Jaime desaprovou a pretensão da Câmara dos Comuns de discutir a política externa, perguntando: "O que foi que ficou faltando nessa vossa petição quanto às questões mais importantes da soberania, exceto o tilintar da moeda?". Ele acrescentou que os privilégios da Câmara eram "derivados da indulgência e da permissão de nossos antepassados". A Câmara respondeu com um protesto em seu Jornal da Casa, o qual o rei, enraivecido, rasgou:

> As liberdades, as concessões, os privilégios e as jurisdições do Parlamento são, sem dúvida, um direito hereditário e uma herança dos súditos da Inglaterra; [...] os assuntos complexos e prementes relativos ao rei, ao Estado e à defesa do reino e da Igreja Anglicana, e a manutenção e elaboração de leis, o reparo de males e agravos [...] são assuntos e matéria apropriada para debate no Parlamento,

ao discutirem quais discursos deveriam ser livres. As resoluções de 1629 foram uma afirmação semelhante dos direitos dos Comuns. O porta-voz teve de ser segurado em seu assento enquanto elas eram aprovadas. Entretanto, em 1642, quando Carlos I apareceu para prender cinco membros do Parlamento, o porta-voz Lenthall disse-lhe: "Não tenho nem olhos para ver nem língua para falar neste espaço, exceto para dizer como a Casa está feliz de me orientar, e

A política e a constituição

que dela sou servo". Assim, a revolução completou-se, e com ela o porta-voz deixou de ser servo do rei e tornou-se servo dos Comuns.

É importante que fique claro o que "conquistar iniciativa" significou. Às vezes, historiadores constitucionais escrevem como se os membros do Parlamento avaliassem suas "liberdades e privilégios" como coisas em si mesmas, como se eles tivessem reativado procedimentos extintos do mais genuíno passadismo como, por exemplo, o *impeachment*. Havia na Casa passadistas devotos, mas todos esses dispositivos procedimentais, antigos e novos, eram meios para um fim. Também não precisamos postular a existência de um "partido revolucionário" na Câmara dos Comuns. Havia fontes diversas de conflito quanto a questões de finanças, religião e política externa; a constituição era o campo no qual eram feitas tentativas de acomodar opiniões divergentes. Homens discutiam em termos de precedentes porque não conseguiam aceitar o fato de que estavam enfrentando problemas novos: os problemas que as mudanças econômicas do século XVI forçaram sobre os governos não eram plenamente compreendidos nem pelos ministros nem pelos membros do Parlamento. Conforme os homens se atrapalhavam e entravam em conflito, os Comuns gradativamente se organizavam para arrancar à força a iniciativa do *Privy Council*, não por qualquer desejo consciente de usurpar o poder do Estado, mas porque os membros do Parlamento queriam que políticas diferentes fossem buscadas.[10] Nesse sentido, os Comuns estavam agindo em nome daqueles que representavam. Embora os debates devessem ser secretos, os textos de discursos importantes circulavam pelo país e já havia membros recorrendo aos foros de opinião pública de uma maneira que, deliberadamente, deveria se prolongar durante o *Long Parliament*. A advertência de 1629 declarando o imposto sobre tonelagem e peso ilegais, por exemplo, pretendia encorajar os mercadores a se recusarem a pagá-lo.

Fazendo um retrospecto, descrevemos os conflitos do início do século XVII como uma luta pela soberania. Quem deveria ser o patrão: o rei e seus prediletos ou os representantes dos proprietários de terras eleitos? Os contemporâneos não viam as coisas sob esse prisma. Somente os pensadores monarquistas possuíam uma teoria clara acerca da soberania. Os parlamentaristas concordavam com Pym quanto à negação de "poder soberano" ao "nosso soberano, o Senhor Rei", mas eles não reivindicavam isso para o Parlamento. O caso mais notável é o de *sir* John Eliot. Após a dissolução do Parlamento de

---

10 Harriss, "Mediaeval Doctrines in the Debates on Supply", *Faction and Parliament*: Essays on Early Stuart History.

O século das revoluções

1629, Eliot foi preso por ordem do rei e deliberadamente esquecido na Torre de Londres, até morrer. Ele poderia ter obtido sua libertação, humilhando--se. Porém, não o fez. Era um homem de princípios e de coragem. Na Torre, ele compilou um tratado, *De Jure Majestatis* ["Dos Direitos da Soberania"]. Nem todas as ideias expressas nesse tratado são necessariamente as opiniões de Eliot, já que ele copiou algumas de outros autores, mas, aparentemente, ele o fez porque concordava com elas. Em tempos normais, escreveu Eliot, o soberano não pode tocar nenhum bem sem a anuência do proprietário; em caso de necessidade, ele pode tributar arbitrariamente. Não há contrato algum entre o rei e o povo; maus reis têm de ser obedecidos, para que não ocorram males maiores. Liberdades concedidas aos súditos não prejudicam a soberania real; em vão, Carlos havia tentado garantir que isso fosse decla-rado na Petição de Direitos. Os súditos não podem compartilhar a soberania; e na Inglaterra, já que os Parlamentos podiam ser convocados apenas pelo rei, ele é o soberano. Portanto, parece que Eliot – sendo aos poucos levado à morte na prisão –, ao agir com base no princípio de que a autoridade do Parlamento deve prevalecer sobre o rei, não conseguiu expressar teorica-mente essa ideia. Também não foi ele o único dos líderes parlamentaristas que teve um bloqueio mental quanto a essa questão. Isso pode nos ajudar a compreender por que Wentworth aceitou o cargo designado pelo rei em 1628, embora tivesse expressado anteriormente sua oposição à Corte. Pym e seus companheiros consideravam Wentworth um oportunista que havia traído seus próprios princípios. De fato, ele se beneficiou muito dos serviços prestados à realeza. Contudo, não estaria ele, na verdade, agindo com base no princípio de Eliot, ao decidir que – agora que a política externa precipitada e belicosa de Buckingham havia sido abandonada – o governo de Sua Majestade deveria prosseguir?

Sob essa perspectiva, Jaime I não parece insensato. Os historiadores inclinam-se a castigá-lo como um "escocês inepto", que não compreendeu a constituição inglesa e que, ao apresentar reivindicações radicais em nome da monarquia, suscitou contra-argumentos a favor do Parlamento. Contudo, na verdade, Jaime era um intelectual sagaz, arrogante e preguiçoso que, antes de suceder ao trono inglês, fora um grande sucesso na difícil tarefa de governar a Escócia. Suas ideias acerca da prerrogativa ou do direito divino não foram mais radicais do que as de Elizabeth. Jaime as expressava com mais frequên-cia e mais força, mas talvez houvesse razão para isso. No fim do reinado de Elizabeth, o Parlamento já estava começando a desafiar a autoridade real; mas na teoria e na prática a Coroa era, sem dúvida, a mais forte. O rei havia sido

A política e a constituição

o foco da lei e da ordem na Inglaterra dos Tudor. As lealdades emocionais dos ingleses protestantes estavam centralizadas no chefe de sua Igreja. As peças históricas de Shakespeare ilustram o sentido elizabetano de que uma monarquia forte era essencial para a defesa da unidade nacional contra invasores estrangeiros e a anarquia interna. Do ponto de vista da monarquia, o perigo era de que a posição lhe pudesse escapar por negligência. Jaime tinha a vantagem de poder definir sua posição e desafiar o Parlamento a contestá-la. O "bloqueio mental" garantia que seus críticos não conseguiriam ir além de falar acerca da soberania do rei no Parlamento, ou, com mais frequência, de uma monarquia mista, uma constituição equilibrada. No caso de um conflito, era difícil – história, legal e emocionalmente – para qualquer um negar a autoridade derradeira do rei. E muito do que nos parece ofensivo quanto à maneira de Jaime expressar a teoria do direito divino não teria chocado seus contemporâneos. Certa ocasião, um membro do *Privy Council* disse na *Star Chamber*, a propósito de um fidalgo que havia processado um policial de uma aldeia – o policial de patente mais baixa na hierarquia de um vilarejo: "Que, por este instrumento, todos os homens atentem para a maneira como eles se queixam em palavras de qualquer magistrado, pois eles são deuses". Chamar um direito de divino no século XVII não significava nada mais do que dizer que se dava importância a ele. A teoria de Jaime sobre a prerrogativa real tinha muito para merecer o respeito da lei, da lógica e do bom-senso.

Todos concordavam que o rei tinha certos direitos de prerrogativa, tais como o de cunhar moedas ou de instituir títulos de nobreza. O que Jaime e Carlos também reivindicavam era o direito de prerrogativa absoluto de tomar, a seu critério, qualquer decisão fora do âmbito da lei, se a considerassem necessária para a defesa ou para a segurança nacional. Essa prerrogativa a Câmara dos Comuns e os advogados do povo negaram ao governo, mas é um direito que o Parlamento exerce atualmente. É o direito supremo da soberania que, em qualquer Estado, alguma autoridade deve exercer. O Parlamento e os advogados do *common law* não negavam a existência da prerrogativa real, mas, já que ela estava sendo utilizada para resolver problemas novos, eles corretamente achavam que o rei e seus prediletos a estavam ampliando de forma sem precedentes. Do ponto de vista do rei, seus críticos pareciam estar simplesmente agindo de forma negativa e obstrutiva e, para justificar sua posição, eles eram forçados a recorrer a ficções legais refutáveis.

Daí a percepção legal passadista de *sir* Edward Coke e de tantos líderes do Parlamento. Se eles tivessem reconhecido que enfrentavam uma situação sem precedentes, então eles poderiam ter dito:

O século das revoluções

Desejamos forçar tais e tais atos sobre o governo porque acreditamos que são do interesse do país, e porque nós, representantes dos contribuintes, somos fortes o bastante para insistir que nossas ideias prevaleçam.

Em vez disso, eles tiveram de argumentar que estavam apenas exercendo direitos imemoriais dos Comuns; aqueles que aconselhavam o rei de forma diferente eram os inovadores. Então, o *Long Parliament* manteve *sir* Simonds D'Ewes como seu passadista submisso, enviando-o, de tempos em tempos, para os arquivos da Torre a fim de "procurar precedentes" que justificassem o que a Casa queria fazer. Foi bem triste o dia em que *sir* Simonds informou que não conseguira achar qualquer precedente. Isso não impediu a Casa de agir como desejava, mas ajudou os homens a superarem o "bloqueio mental" e desenvolverem uma teoria de soberania que contestasse aquela do direito divino dos reis.

A constituição balanceada ou mista foi uma teoria apresentada como uma forma de burlar a questão da soberania. Rei, Lordes e Comuns eram, conjuntamente, soberanos; e, assim, seria possível esperar que a Câmara Alta sustentasse o equilíbrio entre as duas rivais. Essa teoria, contudo, estava indo a pique quando se pôde dizer que a Câmara dos Comuns poderia comprar a Câmara dos Lordes por seu valor triplo. Durante as disputas relativas à Petição de Direitos, Eliot disse que acreditava que, "se os lordes nos desertarem, devemos, ainda assim, continuar florescentes e viçosos". Além disso, as questões que levaram a maioria dos Comuns à oposição também dividiram a Câmara Alta. "Em 1621", escreve o senhor Manning, "o conde de Southampton foi o verdadeiro líder da oposição na Casa Baixa; em 1626, o conde de Pembroke estava atrás do ataque parlamentar ao duque de Buckingham." O governo pessoal de onze anos foi não menor afronta aos Lordes do que o foi para os Comuns. A Coroa podia confiar nos Lordes apenas por causa do sólido bloco de votos episcopais que lá havia. Foi com referência à teoria da constituição balanceada que Jaime Harrington fez seu famoso comentário:

Uma monarquia despida de sua nobreza não tem refúgio em lugar algum do mundo, a não ser no exército. Por conseguinte, foi a dissolução deste governo que causou a Guerra [Civil], e não a guerra que causou a dissolução deste governo.

Outra teoria antissoberania era o conceito de lei fundamental. Em algum lugar – no peito de juízes, na Magna Carta ou nas liberdades do Parlamento –

A política e a constituição

as leis eram tão sagradas, tão essenciais à estabilidade social que nenhum governo conseguia vetá-las. (Para Jean Bodin, um dos pensadores políticos mais influentes do século XVI, tais leis eram aquelas que protegiam a propriedade e a família.) A beleza do conceito de lei fundamental estava precisamente em sua vagueza e na suposição de que ela era uma verdade axiomática. Todos podiam concordar acerca da importância de algo que jamais foi definido. Em 1641, Strafford sofreu, além de outras acusações, um *impeachment* por subverter as leis fundamentais do reino. Os Comuns estavam a ponto de votar a acusação quando o sagaz e vingativo Edmundo Waller se levantou e, aparentando inocência, perguntou quais eram as leis fundamentais do reino. Seguiu-se um silêncio constrangedor. Ninguém ousou tentar uma definição que certamente teria dividido a heterogênea maioria, concordando apenas com a ideia de que, para Strafford, "a mortos e a idos não há amigos". A situação foi salva por um advogado que se levantou de um salto para dizer que se o senhor Waller não sabia quais eram as leis fundamentais do reino, ele nada tinha a fazer na Casa. Por aquele momento, tudo deu certo. A teoria da lei fundamental foi a única resposta dos Comuns às reivindicações reais de prerrogativa absoluta, enquanto eles não pudessem reivindicar soberania para si mesmos; e a adesão à lei fundamental ampliou a possibilidade de se pensar em termos de soberania.

Até este ponto, discutimos os conflitos constitucionais com poucas referências ao *common law*. Isso teria parecido incompreensível aos cidadãos do século XVII, cuja dificuldade de perceber a questão da soberania adveio principalmente do fato de que eles pensavam em termos legais. Um estatuto declarava o que era a lei; não a criava. O Parlamento era um Tribunal Superior. Os problemas da época eram vistos como assuntos que pediam uma decisão entre direitos e privilégios, liberdades e prerrogativas. *Sir* Edward Coke, advogado profissional que se tornou líder da oposição na Câmara dos Comuns, gostava de pensar que era tarefa dos juízes do *common law* agir como o derradeiro tribunal de apelação em questões constitucionais, como um tribunal superior. A própria lei era soberana; e somente os juízes compreendiam os mistérios que ela escondia. Sob o comando de Coke, os advogados do *common law* tentaram cercar a prerrogativa real, para restringir a jurisdição de tribunais de prerrogativas e eclesiásticos que derivavam sua autoridade diretamente da Coroa.

Coke acreditava que o *common law* havia sobrevivido desde os tempos dos antigos bretões e que as conquistas romana, anglo-saxônica e normanda o haviam deixado virtualmente inalterado. Mesmo assim, a lei estava passando por mudanças radicais na época do próprio Coke, e ele mesmo foi o principal instrumento de mudança. É a ele, mais do que a qualquer outro advogado, que os historiadores legais atribuem a adaptação da lei medieval às necessidades de uma sociedade comercial. Em 1621, um membro do Parlamento pôde até mesmo fazer a afirmação historicamente absurda de que "o *common law* sempre permitiu o livre comércio". Quando, em 1624, ao declarar os monopólios ilegais, o Parlamento insistiu que eles deveriam ser "julgados e definidos somente de acordo com as leis comuns deste reino". De forma semelhante, o Ato que aboliu a *Star Chamber* em 1641, também declarava que todos os casos que envolviam propriedade deveriam ser julgados de acordo com o *common law*. O *common law* era a lei de homens livres. "Todos os súditos livres nascem com direito a herdarem suas terras e também ao livre exercício de seus negócios", disse *sir* Edwin Sandys na Câmara dos Comuns em 1604. O custo de um litígio nos tribunais reais significava que apenas os abastados poderiam desfrutar desse direito adquirido pelo nascimento.

Portanto, não havia meramente um "conflito de tribunais", no sentido de que os advogados do *common law* se indignavam com relação aos negócios e taxas para a Igreja ou tribunais de prerrogativas, embora isso fizesse parte; o mais importante era o tipo de justiça que os tribunais aplicavam. Os tribunais do *common law* – o Tribunal do Rei e o Tribunal de Ações do Direito Comum – cada vez mais defendiam direitos absolutos de propriedade, o direito que cada homem tinha de fazer o que quisesse consigo mesmo. Cada vez mais, os tribunais de prerrogativas se tornavam órgãos do governo. Durante o governo pessoal de Carlos I, eles colocaram em vigor as leis de monopólios e ignoraram completamente os direitos de propriedade privada dos senhores que praticavam cercamentos. Assim, a aliança entre a Câmara dos Comuns e os advogados do *common law* foi algo natural. A lei, declarou o Parlamento em agosto de 1642, era aquela por meio da qual

> a nobreza e a principal pequena nobreza deste reino [...] desfrutam de seus bens, são protegidas de qualquer sorte de violência e poder e diferenciadas do tipo mais inferior de gente, do qual elas, de outra forma, seriam apenas servos companheiros de trabalho.

Considerando que a maior parte dos membros do Parlamento tinha ideias ultrapassadas e que eles recorriam ao *common law* e formavam alianças com advogados que se valiam dele, os primeiros governos dos Stuart precisaram de juízes que aceitassem as linhas gerais da política real. Em 1616, o juiz presi-

A política e a constituição

dente da Corte Suprema, Coke, foi destituído do cargo por se recusar a ceder a Jaime I a decisão de um julgamento. Dez anos mais tarde, Carlos exonerou Crew, outro juiz presidente da Corte Suprema, por ele ter se recusado a admitir a legalidade de um empréstimo forçado. Em 1628, a propósito do veredito no *Five Knights' Case*, Wentworth, em sua fase de oposição, queixou-se de que os juízes estavam "destruindo as raízes de toda propriedade". Durante o governo pessoal de Carlos I, seguidas exonerações reduziram os juízes a uma situação tal que eles fizeram vigorar monopólios, abandonaram a tentativa de Coke de restringir a jurisdição dos tribunais da Igreja e declararam legal o *Ship Money*. Entretanto, a perda da reputação que o Tribunal do Rei sofreu em consequência disso, provavelmente fez, no longo prazo, mal ainda maior ao governo.

A corte e o país

No decorrer desse período, temos consciência de uma crescente divergência entre os padrões da Corte e os do conjunto da classe proprietária. Jaime I era uma pessoa pedante e pouco digna, com hábitos pessoais grosseiros e inconvenientes. Era pródigo na distribuição de riquezas e honrarias, primeiro aos escoceses favoritos, depois à tribo de novos-ricos do formoso George Villiers. A bebedeira na Corte, os sórdidos escândalos do divórcio de Essex e o assassinato de Overbury refletiram pessoalmente no rei, já que a condessa de Essex se divorciara para se casar com um favorito real, o conde de Somerset. Tais acontecimentos eram um ultraje ao senso de decência da crescente pequena nobreza puritana e dos mercadores. No reinado de Carlos I, o comportamento exterior da Corte melhorou, mas o controle persistente de Buckingham ofendia a velha aristocracia, a influência de suas relações católicas chocava a opinião puritana, e, depois de seu assassinato em 1628, o partido de Henrietta Maria tornou-se mais ostensivamente católico do que fora o de Buckingham. Em 1640, quase um em cada cinco dos pares do reino era papista. O melhor tom moral da Corte tinha como acompanhamento a supremacia de Laud, cujas inovações teológicas pareciam menos chocantes e cujos capangas eram "prelados arrogantes alçados da estrumeira", "iguais por nascimento aos camponeses mais baixos". Os bispos, acrescenta Hyde, que não eram inimigos do episcopado,

> por falta de temperamento ou por falta de linhagem, em seus debates não se comportam em relação aos homens mais importantes do reino com a decência que discretamente deveriam mostrar.

O século das revoluções

E, dessa forma, eles incorreram "na inveja universal de toda a nobreza". Em 1640, a *Root and Branch Petition* [Petição de Erradicação Total]* condenou "o encorajamento dos ministros ao desprezo da magistratura temporal, da alta sociedade e da pequena nobreza da nação". Muitos londrinos assinaram-na.

Portanto, havia uma profunda cisão entre "Corte" e "país". Isso teve consequências constitucionais, pois aqueles que eram instados a pagar tributos sentiam que o dinheiro era gasto principalmente nas pompas e extravagâncias da Corte. Em 1610, um membro do Parlamento disse que jamais "consentiria que alguém tirasse dinheiro de um colete de tecido rústico para engalanar (*i.e.* adornar) o cavalo de um cortesão". As influências do catolicismo na Corte significaram fracasso nas multas aos dissidentes, conforme exigia a lei. O "país" via isso como uma fonte perdida de receita, o que eles precisavam consertar, bem como uma clemência a uma potencial quinta coluna em tempos de perigo nacional.

Durante mais de uma década, Buckingham personificou esses males que o "país" via na Corte. Ele foi um novo-rico que promoveu a própria família e tirou da velha aristocracia os cargos e a concessão de mecenato a que eles achavam que tinham direito, além de ter protegido monopolistas e papistas. Como lorde almirante, Buckingham fracassou na proteção ao comércio; sua política externa foi imoral, vacilante e desastrosa; ele se tornou tão megalomaníaco que, de fato, pensou em se estabelecer como soberano independente de uma ilha nas *West Indies*, que – acreditava-se – possuía uma mina de ouro.[11] Sob seu comando, a venda de cargos e honrarias foi sistematizada. Era possível defender a venda de títulos de pariato, de baronato e de cargos como uma forma de tributação, utilizando a fortuna dos elementos mais ricos e dos mais subavaliados da população. Essa foi uma fonte de renda significativa, mesmo que incalculável, pela qual os cortesãos podiam ser gratificados sem despesa ao governo e que lhes concedia "as qualidades de um cavaleiro". Porém, considerada como um imposto, era uma fonte extremamente inábil e inadequada, além de provocar graves desvantagens sociais. O objetivo do governo era manter estável a sociedade hierárquica de níveis; não obstante, a venda de títulos honoríficos o solapou. A inflação desses títulos diminuiu o respeito pelo pariato, enfureceu os pares mais velhos – e reduziu progressivamente o valor da *commodity* vendida. Em 1640, havia mais do que o

---

11 Roberts, *Gustavus Adolphus*, p.376.

A política e a constituição

dobro de pares leigos ingleses do que em 1603, quatro vezes mais do que pares irlandeses.

Também não havia muita gratidão por parte daqueles que tinham de pagar muito caro para ter um título. A venda de cargos trouxe homens novos para o governo, mas resultou em incompetência e corrupção. Alguém que comprasse seu cargo dificilmente conseguia servir diretamente ao público; primeiro, ele tinha de se recompensar recebendo taxas e subornos. Seu cargo significava que ele tinha um direito de propriedade de imóvel, e, portanto, os governos tinham pouco ou nenhum controle sobre ele. Na década de 1630, é possível que ocupantes de cargos do governo tenham recebido 300 mil libras e 400 mil libras por ano – metade da receita real total. Quando uma comissão foi instituída para investigar o recebimento de taxas excessivas, dois dos funcionários e o mensageiro tiveram de ser destituídos ou repreendidos por suborno, chantagem ou ofensas semelhantes.[12] Não havia posições suficientes na Corte e no governo para satisfazer às aspirações de todos aqueles recém--agraciados com o título de nobre ou cavaleiro; e a venda de cargos reduzia a oferta conforme a venda de títulos honoríficos aumentava a demanda. Assim, também a pequena nobreza foi isolada. "Quando chegavam grandes favoritos", disse o duque de Newscastle, eles "empurravam para fora" a pequena nobreza. Em 1626, a Câmara dos Comuns fez do "negócio e comércio de títulos honoríficos" de Buckingham uma das principais razões para seu *impeachment*, o que não impediu que ele financiasse a expedição para La Rochelle no ano seguinte, recorrendo aos mesmos métodos.

O que o governo poderia fazer? Dois dos períodos em que títulos honoríficos foram mais vendidos (1608-12 e 1618-24) foram períodos de "reforma", em que sérias tentativas estavam sendo feitas para equilibrar o orçamento. Carlos I percebeu as objeções sociais à venda de títulos e, depois do assassinato de Buckingham, abandonou esta prática. Sua receita, porém, continuava inadequada; o rei simplesmente precisava chegar até a riqueza de seus súditos valendo-se de outros métodos, como, por exemplo, reativando uma antiquada pretensão de multar aqueles que se recusassem a comprar o título de cavaleiro, que havia sido degradado por seu pai. Até mesmo uma Comissão de Taxas foi utilizada para arrecadar dinheiro, multando aqueles que exageravam na extorsão. Não podia haver solução permanente enquanto faltasse confiança

---

12 Para esses parágrafos, ver Stone, *The Crisis of the Aristocracy*, p.65-128; Mayes, "The Sale of Peerages in Early Stuart England", *Journal of Modern History*, XXIX; Aylmer, *The King's Servants: the Civil Service of Charles I* (1961).

entre "Corte" e "país", entre a Coroa e o Parlamento, enquanto a Corte não parasse de ser parasita do país.

Para os príncipes, "era tão necessário ter cargos honoríficos para promover servidores de mérito quanto ter dinheiro em seu Tesouro", disse Richard Lloyd em 1641, defendendo o Conselho no País de Gales. A habilidade na distribuição de cargos era um meio essencial de governar o país. No decorrer de todo o século, uma importante razão para se desejar ocupar um posto de alto nível era o dinheiro que se obtinha disso. Até mesmo um homem como Strafford, que foi um grande crítico da corrupção de outros, aumentou sua renda em quase 17 mil anuais, em onze anos de serviços prestados à realeza.[13] Talvez com exceção do período do interregno, não podemos nos esquecer jamais desse aspecto econômico subjacente às brigas políticas. Os conflitos do século almejavam, entre outras coisas, controlar a distribuição dos espólios dos cargos oficiais e transferir esse mecenato lucrativo do rei para aqueles que se consideravam dirigentes naturais do país. Da mesma forma como a concentração excessiva de poder nas mãos de Wolsey contribuiu para provocar a Reforma, também a monopolização do mecenato por parte de Buckingham contribuiu em muito para provocar a divisão entre a Corte e o país, a divisão da classe dominante, o que possibilitou a Guerra Civil.

Quando falamos de "país" a que nos referimos? Referimo-nos àqueles "livres" que não ocuparam cargos na Corte ou no governo, o grupo principal da pequena nobreza. Dela dependia a estabilidade maior do governo. Nenhuma política doméstica poderia ter sucesso a longo prazo sem a cooperação de juízes de paz não remunerados que controlavam os governos locais. Os conflitos constitucionais do século não foram apenas uma batalha entre a Coroa e os maiores latifundiários para a eliminação da patronagem do governo; eles foram também uma luta de proprietários menores para escapar do controle do *Whitehall*. A patente de licenciamento de cervejarias mantida por Mitchell e Mompesson ameaçou a influência local de juízes de paz; foi derrubada pela Câmara dos Comuns em 1621. A lei marcial ignorou os poderes dos juízes de paz. Foi proibida pela Petição de Direitos. Na década de 1630, o Conselho Privado tentou impor aos juízes de paz uma política mais rígida de regulamentações econômicas e de assistência aos destituídos. Em 1640-1, eles retaliaram. Desafios semelhantes feitos à autoridade local dos governantes naturais de regiões do interior, efetuados posteriormente pelos

---

13 Williams, *The Council in the Marches of Wales under Elizabeth I*, p.148; H. F. Kearney, *Strafford in Ireland*, cap.12.

A política e a constituição

Levellers, pelos majores-generais de Cromwell e por Jaime II, também não tiveram sucesso. Juízes de paz realmente desfrutavam de poder e de patronato em suas localidades, além de terem a chance de impor e manter o tipo de disciplina social que melhor lhes aprouvesse. Conforme estabelecida em 1714, a liberdade britânica significava, entre outras coisas, o direito que tinham os juízes de paz de regular, sem qualquer impedimento e nos mínimos detalhes, as vidas de seus subordinados sociais.

Assim, os reinados dos dois primeiros Stuart ensinaram várias lições àqueles ingleses que realmente contavam na política. A primeira foi que uma administração poderia ser levada adiante, e o orçamento real (apenas), equilibrado, sem tributação parlamentar, se o governo se abstivesse de guerra com outro país. Isso havia sido demonstrado durante os dois períodos de onze anos – 1610-21 e 1629-40 – em que nenhuma concessão parlamentar havia sido votada. O conflito que se seguiu à década de 1620 e após a invasão escocesa necessitou da convocação de Parlamentos. O corolário foi que não seria possível embarcar em nenhuma política externa expansionista – o que muitos dos que pertenciam às classes abastadas imaginavam ser o melhor interesse do país – sem que houvesse sessões regulares do Parlamento. Ingleses patriotas nos anos 1630 cobriram-se de vergonha quando viram protestantes alemães resgatados por Gustavo Adolfo, enquanto seu governo continuava a negociar com a Espanha; ou quando, em 1639, as frotas espanhola e holandesa se defrontaram em águas inglesas, enquanto a frota inglesa observava, impotente. No mesmo ano, o lorde Almirante Northumberland escreveu ao embaixador inglês em Paris, dizendo que Laud, Wentworth e o escocês Marquês Hamilton, "as pessoas que, de fato e sem dúvida alguma, governam, são tão espanholas quanto Olivares", o primeiro ministro espanhol.

Uma segunda lição – mais sinistra – foi que, por meio do controle da bancada judicial, o rei havia garantido com o *Ship Money* uma fonte de tributação regular, que com o tempo poderia lhe permitir prescindir de Parlamentos; e no *Privy Council* e na *Star Chamber* ele possuía os meios para fazer vigorar a vontade do governo. Somente as circunstâncias excepcionais da invasão escocesa em 1639, em acordo com uma importante seção da oposição inglesa, acabaram com o poder do governo.

Uma terceira lição, ou melhor, apreensão, foi que, para prescindir totalmente de Parlamentos e estabelecer uma monarquia à moda francesa, um exército teria de ser organizado. Os ingleses do século XVII estavam muito conscientes de que as instituições representativas estavam chegando ao fim em toda a Europa. Na França, a Assembleia dos Estados Gerais* foi convo-

O século das revoluções

cada pela última vez em 1614, antes de 1789. "O que no passado havia sido contribuições voluntárias em Nápoles e na Espanha agora se tornou correto e incontestável", disse um membro do Parlamento de 1625, argumentando que a mesma coisa poderia acontecer com a tonelagem e o peso. "A Inglaterra é a última monarquia que ainda retém suas liberdades", acrescentou *sir* Robert Phelips. Carlos pensou muito na questão e informou ao Parlamento seguinte: "está em meu poder convocar, presidir e dissolver todos os Parlamentos. Portanto, conforme eu achar seus frutos bons ou maus, eles continuarão ou não a existir". A posição insular da Grã-Bretanha havia permitido ao país prosperar em paz durante o século e meio anteriores a 1640. Isso também significou que a Coroa não possuía nenhuma força militar independente que pudesse utilizar contra seus súditos; ela poderia agir apenas em acordo com a pequena nobreza que governava as localidades. A marinha não tem utilidade em uma repressão interna. Porém, na década de 1630, acreditava-se que Wentworth, como *lord Lieutenant* [representante real] na Irlanda, estava organizando um exército que pudesse ser usado na Grã-Bretanha, um exército composto sobretudo de papistas. Novamente, aqui, a intervenção escocesa foi decisiva, uma vez que ela supriu a oposição com uma força militar organizada antes que o exército irlandês pudesse ser utilizado. A acusação mais séria contra Strafford em seu *impeachment* esteve provavelmente relacionada com suas palavras no *Privy Council*: "Os senhores têm um exército na Irlanda que pode ser empregado aqui para reduzir este reino". Strafford afirmou que "este reino" significava a Escócia, não a Inglaterra. Mas isso pouco melhorou as coisas, pois, se a revolta escocesa tivesse sido suprimida por força militar, teria havido poucas perspectivas de uma sessão do Parlamento na Inglaterra.

Entre as causas da Guerra Civil precisamos incluir o temperamento de Carlos I. Muito mais obtuso do que seu pai ou seu filho mais velho, Carlos foi governado primeiro pelo desastrosamente fútil e incompetente Buckingham, e depois pela desastrosamente papista e arbitrária Henrietta Maria. Ele nunca depositou confiança total nos homens que melhor o serviram, Laud e Strafford. Sua prontidão em permitir que o partido laudiano dominasse a Igreja Anglicana, sem dúvida, derivou de sincera convicção religiosa, mas isso foi politicamente desastroso, pois adicionou protestantes conscienciosos àqueles alienados por outros aspectos de seu comando pessoal. Bacon achava que "puritanos" eram a maioria dos súditos. Se compartilhamos dos preconceitos de Carlos, é possível afirmar que ele foi motivado a agir por devoção a princípios tão nobres que ignoram princípios morais comuns; se

A política e a constituição

não compartilhamos de seus preconceitos, parece mais tratar-se da petulante teimosia de um fraco. De qualquer forma, a ideia grandiosa que o rei tinha de seu próprio *status*, sua férrea inabilidade de se comprometer ao longo do tempo e sua evidente desonestidade impediram-no totalmente de funcionar como um monarca constitucional. Repetidamente, na década de 1640, ele deu provas de que não se podia confiar em sua palavra. Sua execução, nas palavras supostamente atribuídas a Oliver Cromwell, tornou-se uma "cruel necessidade".

5
A religião e as ideias

Os Arcebispos e os Reverendos Bispos [...] afirmam que foram chamados diretamente pelo Senhor Jesus Cristo, e isso é contra as leis deste reino.

The Root and Branch Petition (dez. 1640)

A igreja nacional

A Guerra Civil costumava ser chamada de "Revolução Puritana". Recentemente, a tendência dos historiadores tem sido por enfatizar suas causas sociais e políticas, algumas vezes quase excluindo a religião. Ainda assim, questões de religião e comando da Igreja persistiam de forma poderosa para os contemporâneos, mesmo em territórios que hoje não devemos considerar como religiosos de maneira alguma. Em sua obra *Religion and the Rise of Capitalism* – que todo estudioso do período deveria ler –, o professor Tawney indica que as formas de pensamento puritano contribuíram para o desenvolvimento de uma perspectiva capitalista; a maioria dos historiadores concordaria que há alguma conexão entre as virtudes puritanas e as virtudes *bourgeoises*. A própria ideia de uma Revolução Puritana é mais complexa do que costumávamos pensar.

"Não há nenhum homem da Igreja Anglicana", escreveu Richard Hooker, seu defensor mais arguto, "que não seja também membro da *commonwealth*, e não há nenhum membro da *commonwealth* que não seja também membro da

Igreja Anglicana". A Igreja desempenhou um papel muito maior na vida dos ingleses e inglesas do século XVII do que o faz atualmente. Todos tinham de participar dos cultos de sua paróquia todo domingo, e quem não o fizesse estava sujeito a penalidades legais. Todos tinham de pagar o dízimo – um décimo de sua produção ou de seu lucro – a um clérigo que não lhes cabia escolher e contra o qual podiam ter sérias restrições. Todos estavam sujeitos à jurisdição dos tribunais da Igreja, que os punia não apenas por "heresia", por não participarem dos cultos religiosos ou por imoralidade sexual, mas também por trabalharem aos domingos ou nos dias de santos, pelo não pagamento do dízimo e, algumas vezes, até mesmo por emprestarem dinheiro a juros. Os tribunais da Igreja eram igualmente irritantes porque seus castigos eram frequentemente ineficazes. Os ricos podiam se livrar deles por meio de suborno, e muitas pessoas perdiam tempo e dinheiro satisfazendo-os.

Nas aldeias remotas, a paróquia era uma verdadeira unidade social. Para todos, com exceção, talvez, aos muito mais pobres, a Igreja era o centro da vida pública e de entretenimento, bem como da administração local e da tributação. Vestígios discretos disso ainda permanecem nas notas que podem ser vistas tremulando nos pórticos de igrejas. O treinamento militar era feito no pátio das igrejas; armazéns de equipamentos militares e evidências de títulos de propriedade eram mantidos nas igrejas. Servidores das paróquias eram servidores do governo local, responsáveis pela assistência e auxílio financeiro aos pobres; também eram os encarregados de açoitar os vadios ou as vadias "até que o corpo dele ou dela sangrasse". O púlpito era utilizado para editais do governo, e os ministros eram amiúde orientados pelo governo a pregar sermões tendenciosos de alguma forma particular. Assim, em 1620, Jaime I deu ordens ao bispo de Londres para que orientasse seu clero a pregar contra a "insolência de nossas mulheres, que estão usando chapéu de aba larga, gibão, cabelos curtos ou cabeça raspada". Duas semanas mais tarde, um boletim informativo registra: "Nossos púlpitos ressoam continuamente a insolência e o descaramento das mulheres". Sob o reinado de Carlos I foram frequentes as tentativas positivas de ditar os conteúdos dos sermões. Por exemplo, em 1626, o clero foi orientado a pregar que a recusa em fornecer apoio financeiro ao rei era pecado.

Em uma época na qual não havia jornais, nem rádio ou televisão, dificilmente cometeríamos um exagero ao tratar da influência do pároco na formação da perspectiva política, econômica e moral de seus paroquianos. Os livros eram rigidamente censurados, e essa função ficava nas mãos dos bispos. A educação era monopólio eclesiástico. Confrarias em Oxford e Cambridge eram, com

A religião e as ideias

poucas exceções, restritas ao clero; e, na década de 1630, Laud intensificou o controle do pensamento nas universidades. Ninguém poderia ensinar em uma escola ou em casas de família, a menos que obtivesse licença do bispo de sua paróquia. O pastor era quem mais provavelmente tinha a melhor educação em sua paróquia, com a possível remota exceção do fidalgo rural. Além disso, o cristianismo era a crença real (mesmo que convencional) de quase todos. Acreditava-se universalmente que a Bíblia era um texto inspirado, oferecendo aconselhamento para todos os problemas da vida. Portanto, as opiniões incontestáveis dos explanadores autorizados do cristianismo pesavam muito mais para os ouvintes incultos do que, digamos, as opiniões dos lordes da imprensa pesam para seus leitores de hoje. A concorrência ainda não havia pulverizado a opinião que os homens tinham do valor da *commodity* fornecida. Nos anos de 1640, os radicais atacaram ao mesmo tempo o monopólio de exportação dos *Merchant Adventurers*, o monopólio da imprensa da *Stationers' Company* o monopólio da Igreja para pregação.

Os políticos recoheciam plenamente a significância política da Igreja. "Em tempos de paz, as pessoas são governadas mais pelo púlpito do que pela espada", dizia Carlos I. "É a religião que mantém os súditos obedientes", concordava *sir* John Eliot. Alega-se que o próprio Oliver Cromwell tenha dito, após ter se tornado Lorde Protetor, que "nenhum governo temporal poderia ter apoio seguro sem uma igreja nacional que aderisse a ele". Tais expressões de opinião precisam ser consideradas, quando tentamos avaliar o elemento religioso dos conflitos do século XVII.

O vigário era uma peça-chave nas pelejas daquela época. Portanto, é importante saber quem o nomeava. A resposta é reveladora da natureza da sociedade do século XVII. Com exceção de um punhado de paróquias, onde a congregação, uma corporação da cidade ou uma companhia de Londres detinha a patronagem, a indicação ficava invariavelmente a cargo de um membro da oligarquia dominante. Com frequência, este era um leigo – o rei, um grande latinfundiário local ou uma pessoa importante como o conde de Warwick. Porém, o alto clero – bispos, reitores, membros de ordens monásticas ou congregações, as faculdades de Oxford e Cambridge – também desfrutava de patronagem. Os 150 benefícios eclesiásticos do bispo de Lincoln foram, na maior parte, muito precários, mas eles o tornaram poderoso na Terra. "Se o patrono é categórico", escreveu Robert Burton em *The Anatomy of Melancholy*, "também o capelão deve ser categórico; se for papista, seu funcionário também deve ser papista; se for diferente, deve ser rejeitado". O bispo tinha o compromisso legal de aceitar o candidato nomeado por um patrono, a menos que ele fosse manifestamente escandaloso em termos morais ou quanto a seus conhecimentos. John Earle, que posteriormente se tornou bispo, achava normal que, para o aldeão, "sua religião é parte de sua posse por enfiteuse, que ele recebe de seu senhorio e a aplica inteiramente a seu critério".

Assim, a patronagem produzia a maior parte de ministros religiosos cujos pontos de vista políticos, se eles tivessem um, eram conservadores. "Sem bispo, não há rei, não há nobreza"; essa versão do famoso epigrama do Rei Jaime foi registrada por um bispo. Ou os três ficavam juntos ou os três caíam juntos. Patronos puritanos poderiam nomear ministros puritanos, mas seu puritanismo seria moderado. Quando o autêntico radicalismo religioso surgiu nos anos de 1640, ele foi encontrado entre homens que rejeitavam totalmente o sistema de patronato e se recusavam a pagar dízimos aos ministros, os quais, achavam eles, deveriam ser eleitos por suas congregações. Uma verdadeira revolução social estava envolvida nessa questão de consciência aparentemente simples.

Portanto, antes de 1640, os clamores por democracia na Igreja eram tão difíceis de se fazerem ouvir quanto os clamores por democracia no Estado. Apenas uma diminuta minoria de sectários que haviam buscado refúgio na Holanda ou na Nova Inglaterra conseguiu atacar o conceito de uma Igreja Nacional como tal. Os conflitos anteriores à Guerra Civil explodiram entre visões opostas sobre o que a Igreja estabelecida deveria significar. Os bispos deram à Coroa 26 votos seguros na Câmara dos Lordes. A Assembleia da Igreja Anglicana tributava o clero separadamente dos leigos e era muito mais generosa em seus subsídios do que a Câmara dos Comuns. Independentemente do Parlamento, ela legislava da mesma forma, tanto para os leigos como para o clero. Em 1604, ela publicou cânones impostos pelos seus tribunais, cuja autoridade se assentava apenas em uma proclamação do rei.

Os bispos também eram servidores e administradores públicos. Em 1649, Gerrard Winstanley falou de "reis, bispos e outros servidores do Estado". Eles dependiam da Coroa para proteção e promoção; portanto, como um grupo, eles tendiam naturalmente a elevar a prerrogativa real. Sob o comando de Laud, crescia cada vez mais o número de eclesiásticos no governo civil. Consideremos o excerto adiante, extraído do diário do arcebispo, datado de 6 de março de 1636:

> William Juxon, lorde bispo de Londres, nomeado alto tesoureiro da Inglaterra. Nenhum outro membro da Igreja obteve esse cargo desde os tempos de

A religião e as ideias

Henrique VII. [...] E agora, se a Igreja não se mantiver sob o reino de Deus, nada mais posso fazer.

(A nomeação de Juxon objetivava, entre outras coisas, aumentar a pressão sobre os londrinos, cujo pagamento de dízimos Laud estava, então, tentando aumentar.) John Robinson, pastor dos *Pilgrim Fathers* [Pais Peregrinos] antes de eles partirem para a América, descreveu com precisão a Igreja como "eclesiástico-estatal".

A *High Commission** [Alta Comissão], o poder supremo da Igreja, era um órgão de burocracia real tanto quanto a *Star Chamber*. Sua censura de livros foi com propósitos políticos e religiosos. A excomunhão era utilizada da mesma forma, tanto em casos de ofensas políticas como em casos de ofensas técnicas e procedimentais, contra grandes e pequenos, com uma imparcialidade que nos parece uma de suas virtudes, mas que não impressionou muito a maioria de seus contemporâneos. O sacerdote presbiteriano Thomas Edwards em 1646 perguntou:

> O que foi que arruinou os bispos e aquele grupo, senão o fato de que eles apreenderam e se intrometeram em tudo ao mesmo tempo, tanto na Igreja como na *commonwealth*, afrontando também toda a sorte de pessoas, a alta sociedade, a pequena nobreza, a *City*, os ministros, a gente comum [...]?

Essa fusão dos serviços civis seculares e eclesiásticos levou a uma união de oposições e deu significação política ao que parecia, na superfície, tratar-se de questões puramente religiosas. Muitos membros sensatos da Igreja Anglicana, como Pym e *sir* Simonds D'Ewes, "aceitavam bispos idosos e devotos", mas "não gostavam de suas baronias, de seus títulos honoríficos e cargos temporais".

Em 1610, o Parlamento pediu uma drástica redução dos poderes da *High Commission*, além de restrições nas atividades dos tribunais eclesiásticos. Os tribunais da Igreja eram nominalmente supervisionados por bispos, mas, na verdade, administrados por seus servidores leigos. Esses tribunais eram uma parte impessoal da máquina estatal, implacavelmente criticados por seus atrasos e pela cobrança de taxas exorbitantes. Muitos puritanos queriam substituí-los por uma disciplina paroquiana, administrada de uma maneira mais paternalista e familiar pelo ministro, assistido por presbíteros eleitos pela congregação. Supunha-se que os presbíteros normalmente viessem das classes abastadas; o código puritano de disciplina tinha partidários entre a

O século das revoluções

laicidade endinheirada, que se via desempenhando um papel mais importante no controle da Igreja, e substituindo os servidores nomeados para os tribunais dos bispados, que deviam tudo à hierarquia e à Coroa. Este é um elemento essencial na aliança com os puritanos – aqueles leigos da classe proprietária (incluindo advogados do *common law*) que faziam objeção aos poderes políticos e administrativos dos bispos e de seus tribunais, e que estavam começando a rejeitar toda a ideia de punir o "pecado" cometido. A ênfase protestante na consciência individual, em oposição a cerimônias externas, na penitência mais do que em *mea culpa*, também operou contra os tribunais da Igreja. Tais indivíduos expressavam sua aversão aos tribunais da Igreja pelas mesmas razões por que eles tinham aversão aos tribunais de prerrogativa. Eles desejavam subordiná-los ao Parlamento como centro e, nas paróquias, aos presbíteros, a partir da classe que o Parlamento representava. Esse elemento leigo poderia expressar suas opiniões tanto na forma "puritana" como na forma "erastiana", isto é, poderia enfatizar ou a reforma da Igreja ou subordiná-la ao Estado. Ele estava fortemente representado na Câmara dos Comuns.

Mais uma vez, trata-se de mais do que um mero "conflito de tribunais". O tipo de justiça variava de acordo com o tribunal em que o caso era julgado. Um júri de vizinhos pagantes do dízimo em um tribunal de *common law* seria mais solidário com um homem acusado de sonegar os pagamentos do que seria o representante do bispo. Foi, então, uma questão bastante importante quando, no reinado de Jaime, Coke, presidente da Corte Suprema, começou a tentar levar para os tribunais do *common law* todos os casos de dízimo, decretando "proibições" para impedir que a Igreja cuidasse deles. Na década de 1630, os tribunais da Igreja tentaram insistir que, como dízimo, fossem pagos razoáveis 10% da produção obtida; os tribunais do *common law* argumentavam que se fosse possível provar que menos tivesse sido aceito no passado, a importância total não precisaria ser paga. Assim, a tentativa obstinada de Laud de trazer os tribunais do *common law* para dentro do controle do governo foi crucial para o sucesso de sua política. A resistência a ela fazia parte da determinação dos "dirigentes naturais" em serem deixados livres para gerir suas próprias localidades à sua própria maneira.

O puritanismo

Para a Igreja, o programa puritano integral envolvia uma revolução administrativa com consequências de longo alcance para o Estado. A supressão dos

A religião e as ideias

bispos ou sua remoção da Câmara dos Lordes, além da supressão de reitores, colegiados religiosos e tribunais da Igreja, teria posto um fim "à dependência da Igreja com relação à Coroa", que, conforme Carlos I disse a seu filho, "é o suporte mais importante da autoridade régia". Na conferência de Hampton Court, em 1604, embora as exigências apresentadas pelos porta-vozes dos ministros puritanos fossem muito moderadas, Jaime sentiu que, atrás delas, se insinuava o sistema presbiteriano que ele havia enfrentado na Escócia. Isso, pensou ele,

> combina tão bem com a monarquia como Deus combina com o demônio. Então, Fulano, Beltrano e Sicrano se reunirão e, a seu bel-prazer, censurarão a mim, ao meu conselho e a todas as nossas ações.

Jaime exagerou no elemento democrático do presbiterianismo, mas seu comentário acerca dos bispos fazia sentido: "se alguma vez estivésseis fora e eles [os presbiterianos] estivessem em vosso lugar normal, sei muito bem o que aconteceria com minha supremacia". Isso encorajou os bispos a sabotarem as concessões sensatas que Jaime estivera disposto a fazer. Como na esfera da teoria política, nesse ponto Jaime estava simplesmente afirmando os princípios de acordo com os quais Elizabeth havia agido. À luz da história subsequente, quem poderá dizer que ele estava errado? Sua afirmação "Sem bispo, não há rei, não há nobreza", comprovou-se verdadeira: a monarquia e a Câmara dos Lordes foram abolidas em 1649, três anos depois do episcopado.

No reinado de Elizabeth, uma tentativa de trazer a Igreja para uma forma de organização presbiteriana fora derrotada, e uma repressão selvagem na década de 1590 havia arruinado o partido presbiteriano. Entretanto, o presbiterianismo, com sua ênfase especial na igualdade de ministros, é uma teoria clerical. O que sobreviveu à sua supressão foi um tipo mais amplo, mais livre de puritanismo, que agradava tanto à laicidade como ao clero. A escola associada ao nome de William Perkins (morto em 1602) forneceu o material principal do clero puritano no início do século XVII. Ela teve grande influência em um importante segmento de leigos que haviam estado em Cambridge ou recebido algum tipo de educação legal em um dos albergues da Corte. A escola de Perkins foi analisada na obra do professor Haller, *The Rise of Puritanism*: usarei o termo "puritano" no sentido que lhe é dado por Haller. A essência dos ensinamentos puritanos estava na distinção entre as ovelhas e os bodes. As primeiras cooperam com os propósitos de Deus e se esforçam para realizar Seu reino; os últimos servem ao mundo. As primeiras são a minoria séria, consciensiosa; a atitude dos últimos é irresponsável. Os puritanos viam um drama cósmico desenrolando-se ao seu redor. No continente, a causa de Deus estava sendo posta em risco pelo avanço do catolicismo, e a Inglaterra estava fracassando por não desempenhar sua parte nessa grande batalha, porque os conselheiros do rei eram, na melhor das hipóteses, indolentes, e na pior delas, papistas ou "arminianos", nome dado aos laudianos que rejeitavam a teologia calvinista. No país como um todo, havia pregação insuficiente, sobretudo nas áreas que não haviam sido corretamente protestantizadas: o norte, o sudoeste e o País de Gales; foi também insuficiente a tentativa de educar e disciplinar a massa da população.

Os puritanos possuíam ideais elevados de integridade e de serviço à comunidade. Seus pregadores ensinavam uma doutrina de igualdade espiritual: um homem bom era tão bom quanto outro, e melhor do que um nobre, um bispo ou rei iníquos. Se os homens estudassem honestamente a Sagrada Escritura e consultassem honestamente sua consciência, eles, sem dúvida, concordariam quanto à vontade de Deus (da mesma forma como os advogados parlamentaristas achavam que os homens não poderiam discordar quanto ao direito fundamental). Sem esforço, sem sacrifício seria difícil demais realizar os desígnios de Deus. Nada mais importava, literalmente nada mais importava no mundo. Esta era, como afirma o professor Haller, uma doutrina que dava aos homens coragem para lutar com tenacidade e, se necessário, sozinhos. O puritanismo forneceu um espírito de luta extraordinário. Ele agradava aos homens com consciência social, aqueles que sentiam que os tempos estavam fora de sintonia (como realmente estavam) e que eles poderiam e, portanto, deveriam ajudar a colocá-los no lugar certo. Thomas Taylor resumiu muito bem a distinção entre a justificativa pela fé e a justificativa pelas ações – conforme viam os puritanos – usando palavras que iluminam o contexto social das duas doutrinas:

> Ensinamos que apenas os fazedores serão salvos, e será, no entanto, por aquilo que fazem e não porque o fizeram [...]. Professar a religião não é viver essa vida refinada ou ter um negócio cujos lucros chegam – estejam os donos dormindo ou acordados, trabalhando ou divertindo-se – por meio dos seus intendentes.

O puritanismo era para fazedores, apenas: para aqueles que, com frequência, examinam seus livros de balanço e lançam seus cálculos. "Mas uma bancarrota não tem compaixão por esse negócio".

A religião e as ideias

Dos muitos aspectos do Puritanismo, apenas três podem ser discutidos aqui, porque têm relação com nosso tema principal: pregação, disciplina e sabatismo. A ênfase na pregação, no elemento intelectual da religião, em oposição ao sacramental e litúrgico, remonta aos tempos da Reforma. Está revelada na arquitetura: igrejas protestantes não eram mais principalmente locais em que se realizavam procissões; elas eram auditórios para o púlpito. As capelas dos dissidentes nem sempre eram diferentes de salões de conferência. O sermão dirigia-se à compreensão das pessoas; a música e o ritual, às suas emoções. Daí a rejeição de muitos puritanos a hinos, polifonia e música de órgão nas igrejas. O canto congregacional de salmos, acompanhado de música como meramente um acompanhamento edificante da Palavra de Deus, era diferente. O objetivo do culto era estimular os homens a pensar e agir com relação aos problemas deste mundo. A pregação da Palavra de Deus, disse Stephen Marshall na Câmara dos Comuns em novembro de 1640, era a carruagem na qual chegava a salvação, cavalgando até o coração dos homens.

Um monarquista como o duque de Newscastle discordava: "Deve haver mais prece e menos pregação", escreveu ele, "pois muita pregação gera facção, e muita prece gera devoção". Em 1622 foram expedidas instruções para que os pregadores se ativessem estritamente a seu texto, e que os sermões do período da tarde se limitassem a exposições do catecismo, do credo e dos dez mandamentos, ou à Oração do Senhor. Em 1626, escrever ou pregar acerca de assuntos polêmicos em religião tornou-se proibido. Isso calou os puritanos quanto aos assuntos que eles mais desejavam discutir. Não obstante, sua devoção às pregações deu-lhes vantagem sobre seus opositores, pois a demanda por sermões e discussão religiosa era quase insaciável, tão conscientes estavam os homens de uma crise espiritual em sua sociedade. Em 1607, a Câmara dos Comuns encaminhou a Jaime uma petição pelo retorno dos ministros silenciados, tendo em vista a grande escassez de pregadores; e este permaneceu o desejo consistente dos Comuns.

Àqueles que se sentiam como os puritanos, a ênfase de Laud sobre o ritual e a cerimônia, sobre "a beleza da santidade", parecia pouco melhor do que o papismo. Algumas das inovações feitas por Laud – a separação do altar com grade, por exemplo, e a insistência para que os fiéis se ajoelhassem durante a comunhão – sugeriam aos puritanos a doutrina da presença real do corpo e do sangue de Cristo no sacramento, e, portanto, parecia estar deliberadamente revertendo a Reforma, onde ela mais profundamente interessava aos leigos, pois a doutrina de Lutero do "sacerdócio de todos os crentes" havia negado a necessidade de um mediador entre o homem e Deus, que, sozinho,

O século das revoluções

podia realizar o milagre das massas; e, assim, havia equiparado o sacerdócio ao laicismo. Restituir aos sacerdotes uma posição de privilégio e poder na sociedade, o que Laud certamente pretendia, *significava* papismo para a maioria dos leigos ingleses; daí a referência que Milton faz ao altar separado por grades como "uma mesa de desunião"; daí o fato de que, em 1639, no exército organizado com dificuldade para lutar contra os escoceses, quando as tropas se embebedaram na noite de um sábado, elas descarregaram as energias derrubando e queimando as grades. A diferença que Laud via entre sua própria teologia e a de Roma não estava muito clara para esses homens. Os ideais do arcebispo não foram muito bem reconhecidos por seus contemporâneos; eles tinham mais consciência, de fato, de seu temperamento explosivo e da perseguição feroz que ele empreendeu contra seus opositores.

Graças ao protestantismo e, especialmente, ao puritanismo, os bem-nascidos estavam se tornando mais sensíveis ao velho problema do pauperismo. Quanto à relação entre a disciplina presbiteriana e a possibilidade de superação total da miséria, ficarei limitado a duas citações – uma delas, remontando a tempos anteriores ao nosso período de estudo, é de *sir* Francis Walsingham:

> Porque a miséria e uma multidão de trapaceiros eram uma monstruosidade aos olhos e causavam repulsa a todos, portanto, eles [os puritanos] incutiram na mente das pessoas que, se fosse sedimentada uma disciplina de vida, não haveria nem pedintes nem vagabundos: algo muito plausível;

a outra é de um sermão que Hugh Peter, trazido de volta da Nova Inglaterra no início da Guerra Civil, pregou diante do Parlamento e da Assembleia de Sacerdotes em 1645:

> Vivi em um país [disse ele] onde durante sete anos jamais vi um pedinte, jamais ouvi uma blasfêmia, jamais vi um bêbado. Por que deveria haver pedintes em seu Israel onde há tanto trabalho a ser feito?

(Note-se a atitude em relação à Nova Inglaterra, comum na época, que era como uma espécie de laboratório onde eram realizados experimentos para uso subsequente na Inglaterra. Era dessa forma que os *Pilgrim Fathers* a consideravam.) Aqui, sem dúvida, encontrava-se um elemento atrativo do pensamento puritano – a ideia de que uma disciplina paroquialista, supervisionada por presbíteros e sustentada pela possibilidade de excomunhão, seria eficaz na solução do problema do desemprego na Inglaterra. Esse comportamento

A religião e as ideias

forneceria assistência aos miseráveis desprotegidos, trabalho aos sadios e fortes e punição aos ociosos. A disciplina era algo que tinha relação com este mundo e também com o próximo. Trata-se de um dos principais pontos em que o puritanismo parece atender às necessidades do capitalismo incipiente. Aqueles a quem ele mais atraía eram os pequenos empregadores: o puritanismo era sempre mais forte nas áreas economicamente avançadas da Inglaterra – em Londres, nos *Home Counties* (as áreas do sudeste, no entorno londrino), na região da *East Anglia*, nas cidades e, de maneira geral, nas áreas de confecção de tecidos. Uma parte, mas apenas parte, do atrativo oferecido pelo puritanismo às classes urbanas abastadas derivava da ênfase na obrigação de trabalhar com afinco na vocação escolhida. Os homens serviam a Deus aqui na Terra por meio do trabalho produtivo, para o bem-estar da comunidade.

O sabatismo puritano é muitas vezes considerado como mera bibliolatria irracional, mas parecia muito diferente aos contemporâneos da época, pois estava associado com a exigência de que os dias de santos não mais deveriam ser feriados. Na Inglaterra medieval e em países católicos do século XVII, o ano era marcado por mais de cem dias santos, em que não se trabalhava. Além dos puritanos, muitos consideravam um descanso semanal regular mais apropriado para os ritmos constantes da sociedade industrial. Não deveria haver tantos dias santos, escreveu Nicholas Bownde, o grande sabatiano puritano,

> por receio de que, assim, os homens sejam impedidos de realizar as obras necessárias de suas vocações, o que levou as igrejas reformadas [...] a cortar muitos que foram utilizados em tempos de papismo.

Mesmo assim, no decorrer dos reinados de Jaime e Carlos, os tribunais da Igreja ainda instauravam processos contra aqueles que trabalhavam em dias de santos.

Para os puritanos, a importância do sabatismo estava em sua associação com a pregação, a leitura da Bíblia e preces feitas em casa; daí o fato de eles desaprovarem os esportes tradicionais de domingo, que mantinham os homens longe dos sermões vespertinos. Porém, os juízes de paz da maioria dos condados onde havia indústrias têxteis e de muitas cidades também estavam adotando medidas para obrigar a observância do descanso dominical. Em 1618, Jaime I e, em 1633, seu filho, ao autorizarem a prática de esportes aos domingos, foram totalmente contra a opinião da respeitável classe média, apelando para tudo o que era imoral, desregrado e papista nos homens. Quando Jaime justificou sua Declaração de Esportes, suas razões foram: (i) os esportes tradicionais estavam associados com o papismo, e as pessoas ficariam insatisfeitas com a Igreja estabelecida se fossem privadas deles; (ii) "as classes mais inferiores e mais humildes" se tornariam impróprias para o serviço militar; (iii) desgostosos, eles iriam para cervejarias e lá se entregariam a "muitas conversas fúteis e infelizes". Alguns anos mais tarde, o bispo laudiano, Pierce, acrescentou uma quarta objeção: se os homens não praticassem esportes para se ocuparem aos domingos, havia o risco de eles se reunirem ilegalmente para discutir religião. Pierce tornou-se figura notória por criticar os sermões, porque eles atrapalhavam as cervejadas – a desenfreada pândega na qual se arrecadava fundos para o caixa da paróquia.

William Kiffin conta-nos como ele e seus companheiros aprendizes "não tinham nenhuma chance de conversar senão no Dia do Senhor". Eles costumavam se encontrar antes das seis horas da manhã para discussões religiosas. O governo temia que homens desocupados falassem de insurreições, fossem em cervejarias ou em reuniões secretas. Os esportes tradicionais, afirmou mais tarde o duque de Newcastle a Carlos II, "divertirão as pessoas e as manterão ocupadas com coisas inofensivas, o que livrará Vossa Majestade de facções e tumultos". Assim, os empregadores que desejassem garantir trabalho regular, os aprendizes que quisessem uma chance de discutir teologia e política e os juízes de paz e outros juízes que não gostassem de rixas e de bastardos produzidos pelas cervejadas nas igrejas poderiam unir-se aos puritanos que seguiam a Bíblia ao pé da letra. Quando os ministros receberam ordem de ler a Declaração de Esportes editada por Carlos, um deles leu em seguida os Dez Mandamentos e disse à sua congregação: "Os senhores ouviram agora os mandamentos de Deus e do homem. Obedeçam àquilo que quiserem". O encorajamento da prática de esportes aos domingos pelos bispos e pela corte, diz o historiador oficial do *Long Parliament*, fez muitos homens não muito piedosos perceberem virtudes insuspeitadas no puritanismo, além de ter aumentado a divergência entre "Corte" e "país".

Problemas econômicos da Igreja

A exigência que os puritanos faziam para que houvesse um clero pregador leva-nos a outra zona de conflito: a pobreza do clero. O aumento dos preços havia intensificado as divisões econômicas na Igreja. Alguns reitores, recebendo o total de seu dízimo em espécie, estavam relativamente em melhores condições financeiras em 1640 do que seus precedessores de três gerações anteriores. Muitos párocos, sobretudo aqueles das cidades onde arrecadar

A religião e as ideias

os 10% integrais dos lucros dos artesãos e dos comerciantes era impossível, encontravam-se em situação muito pior. Todavia, desde a Reforma, o pároco tinha permissão para se casar e, assim, poderia ter uma família para sustentar; os padrões de vida de leigos das classes média e profissional haviam melhorado. Para que homens com cultura e educação fossem atraídos para o ministério religioso, era necessário enfatizar as recompensas. Um sentido de premência nessa questão era comum tanto à hierarquia como aos puritanos; mas as soluções foram diferentes. Em 1610, o arcebispo Bancroft apresentou à Camara dos Lordes um programa ambicioso. Todos os dízimos deveriam ser pagos em espécie (muitos haviam sido substituídos, em face da inflação, pelo que agora se tornara meramente uma quantia simbólica); os poderes dos tribunais eclesiásticos deveriam ser fortalecidos nos casos de dízimo, e todas as isenções de dízimos, abolidas; impostos feudais (a serem pagos à Igreja, com a morte do servo) e outras taxas devidas à Igreja deveriam ser restaurados. Um total de 3.849 paróquias (mais de 40%) foram "apropriadas", isto é, o direito aos dízimos e à patronagem foi transferido para leigos. Bancroft desejava que um fundo fosse levantado por meio de tributação parlamentar para comprar os direitos desses leigos, e o direito de nomear clérigos a receberem benefícios fosse concedido aos bispos. Se isso não fosse possível, os bispos deveriam ter autorização para forçar apropriações e, assim, aumentar os pagamentos efetuados aos párocos.

Esse amplo programa teria resolvido os problemas econômicos da Igreja. Teria dado aos beneficiados do clero algo em torno de um décimo da produção agrícola do país e, assim, permitido a abolição do pluralismo (um clérigo recebendo vários benefícios) e o pagamento de estipêndios suficientes para atrair um ministério letrado. Isso, porém, teria implicado não apenas um ataque frontal, por anexação de propriedade eclesiástica, aos direitos de aproximadamente 4 mil cidadãos fortemente representados no Parlamento, mas também representaria um golpe nos direitos adquiridos de quase todos os contribuintes do dízimo, isto é, qualquer proprietário rural do país. O esquema foi descartado. A hierarquia continuou a autorizar o pluralismo. Com isso, uma minoria privilegiada do clero, inclusive a maioria dos bispos, desfrutava de polpudas receitas; mas isso tinha seu preço: deixava algumas congregações totalmente sem recursos, ou com apenas um vigário que não fazia pregações e era muito mal pago. Em 1603, com base nos números dos próprios bispos, havia apenas 3.804 pregadores licenciados e com titulação para as 9.244 paróquias da Inglaterra. Quase 60% das posições eclesiásticas remuneradas eram ocupadas por pessoas estúpidas demais ou politicamente não confiáveis para receberem permissão para pregar. O pluralismo intensificou as desigualdades e os ciúmes entre "Corte" e "país" dentro da Igreja. Os piores pluralistas eram os bispos e a catedral, a universidade e o clero de tribunais. Coke foi exonerado de sua judicatura em 1616 por causa de um caso em que o rei autorizou o pluralismo a um bispo.

Com frequência, havia a insinuação de que as terras com as quais o alto clero fora agraciado deveriam ser confiscadas e utilizadas, como as propriedades monásticas do reinado de Henrique VIII, para resolver os problemas financeiros do governo e para enriquecer cortesãos. Os puritanos queriam que a receita de bispos, reitores e colegiados da Igreja financiasse um ministério de pregação em cada paróquia e, com isso, abolisse o pluralismo, bem como estabelecesse escolas e prestasse assistência aos necessitados. Uma aliança entre os sacerdotes e os usurpadores de terras parecia possível quando, em 1624, o líder puritano, John Preston, insistiu com Buckingham no confisco de terras de reitores e colegiados congregacionais, e o predileto, que tinha outras razões para flertar com os puritanos naquela época, pensou seriamente na ideia antes de rejeitá-la. Em cada Parlamento desse período foram apresentadas propostas para aumentar a renda de ministros religiosos, geralmente à custa da hierarquia. Os bispos conseguiram derrotá-las, mas nenhuma de suas políticas alternativas foi aprovada no Parlamento. Enquanto isso, a penúria dos ministros continuava. Um estudo meticuloso do Novo Testamento feito por puritanos não conseguiu mostrar qualquer justificativa para o tipo de desigualdade que prevalecia entre os membros do clero na Igreja Anglicana. Nenhum dos apóstolos era chamado de "meu Senhor". O movimento presbiteriano foi em parte uma tendência igualitária entre os membros do baixo clero.

Fracassando em seu programa pleno, os puritanos tentaram soluções gradativas. Um grupo de doze feudatários (quatro advogados, quatro comerciantes e quatro ministros – uma combinação significativa) foi instituído em Londres para arrecadar fundos para simonias. Em oito anos eles levantaram mais de 6 mil libras e conseguiram fazer que terras anexadas lhes fossem legadas. Em 1633, eles haviam instalado pelo menos dezoito ministros em moradias das quais detinham a patronagem, e suas atividades estavam se expandindo. Sua tendência era por nomear homens com visões religiosas radicais, e – desventuradamente – eles se especializaram em fornecer pregadores para burgos representados na Câmara dos Comuns. Laud assustou-se. Ele achava que os feudatários pretendiam "derrubar o comando da Igreja, trazendo o clero para seu poder e tornando-o mais dependente de si do que

A religião e as ideias

do rei e de todos os pares e todos os bispos". Portanto, os feudatários foram reprimidos, e seus bens, confiscados. Laud, observou Prynne, "preferia manter as pessoas na ignorância a vê-las instruídas com a luz do Evangelho". Laud acreditava que os feudatários estavam difundindo oposição política mais do que a luz do Evangelho. A reconstrução da Igreja levantou toda a questão do poder nas mãos do Estado. Ambos os lados concordavam com a necessidade de reforma. Mas nenhum lado podia permitir ao outro garantir a ampla aquisição da força política que viria da reforma por suas próprias condições. Não obstante, uma vez que Laud teve mais sucesso frustrando os outros do que realizando seus próprios planos, a acusação de Prynne atingiu plenamente o alvo. A repressão de Laud a esse esquema forçou aqueles que queriam um clero pregador bem pago a buscá-lo no Parlamento.

Nesse ínterim, havia duas outras soluções gradativas que a laicidade puritana poderia adotar. Uma era aumentar os estipêndios com contribuições voluntárias. Isso inevitavelmente mostrava uma tendência por conferir a congregações ou a seus membros mais ricos poder sobre seus ministros. As doações poderiam ser retidas se os contribuintes não gostassem dos pontos de vista políticos ou teológicos do ministro. Em 1625, *sir* John Eliot escreveu a seu bispo pedindo-lhe que apresentasse um indivíduo designado para receber os benefícios eclasiásticos na paróquia em que residia. "O estipêndio correspondente é pequeno e nem é digno de um erudito e nem pode mantê-lo sem ajuda". Essa ajuda, porém, "vem sendo até o momento garantida por alguns particulares (isto é, indivíduos) e acredito que continuará a ser garantida a um homem da escolha e da afeição deles". Assim, com efeito, a paróquia escolhia seu próprio ministro, pois o bispo tinha de concordar. Isso estava ocorrendo em muitas paróquias, sobretudo nas cidades, onde a assistência era especialmente inadequada. Foi um grande passo em direção à independência congregacional. Essa foi uma prática que Laud fez o possível para desencorajar.

As congregações também podiam ter o tipo de pregação que desejassem, apesar da hierarquia, criando o título de leitor. Um leitor recebia remuneração para pregar um determinado número de sermões por ano. Ele não estava sujeito ao mesmo controle pelo bispo como um ministro que se ocupava com a cura das almas. Quando os ricos – em pequeno número – que "cantam de galo" não conseguiam que seu candidato fosse indicado para receber o benefício eclesiástico, escreveu Thomas Powell em 1636, "aposto dez contra um que eles se envidarão em fazer dele um leitor, algo que eles reverenciam muito mais do que o vigário da paróquia". O leitor poderia pregar no período da tarde uma teologia totalmente diferente daquela que pregara pela manhã. Os leitorados davam àqueles que os financiavam uma grande medida de controle, já que o estipêndio podia ser suspenso, aumentado ou reduzido a critério dos contribuintes. Frequentemente, os leitores recebiam a dotação de mercadores londrinos ou de corporações municipais. Havia leitores em pelo menos 74 dos 201 burgos que elegiam membros do Parlamento; a grande maioria desses membros e residentes desses burgos apoiou o Parlamento na Guerra Civil. Hull, a primeira cidade a se opor a Carlos I na Guerra Civil, havia sido "corrompida", segundo o bispo Hacket, por seus leitores. Já que o grupo dominante na maioria das cidades tendia a ser de puritanos, havia contínuas polêmicas com a hierarquia sobre os leitores que eles nomeavam. Os leitores eram especialmente importantes em Londres, onde três quartos dos benefícios paroquiais eram doações de eclesiásticos, de pares e da Coroa. Em retrospecto, depois de 1660, o arcebispo Sheldon achava que "nada prejudicou tanto os assuntos do falecido rei quanto o crédito que os leitores facciosos tinham junto a todas as corporações", por causa de sua influência nas eleições parlamentares. "Para haver um bom Parlamento" era necessário – assegurou ele a Carlos II – "que todo o clero seja composto de conformistas leais".

Os leitores, afirmou Laud em 1629, "por causa de sua remuneração, são criaturas do povo e sopram o fole de sua sedição". Sob a influência de Laud, o governo fez tentativas desesperadas de pôr um fim definitivo aos leitorados. Por volta de 1638, essa política havia sido muito bem-sucedida, sobretudo em Londres. Muitos leitores haviam sido forçados a emigrar, alguns levando consigo suas congregações. Nas paróquias de toda a Inglaterra, principalmente nas cidades, deve ter havido um pesaroso sentimento de que os homens jamais poderiam ter a pregação que desejassem, mesmo que pagassem para isso, enquanto a hierarquia se mantivesse no poder. Lorde Falkland, que nada tinha de puritano e que fora monarquista na Guerra Civil, disse na Câmara dos Comuns, em fevereiro de 1641, que os bispos haviam

> depreciado a pregação de sermões [...] ou porque a laboriosidade de outros homens nesse dever [pregação] parecia uma censura de sua negligência a respeito dele [...] ou havia a intenção de se trazer para a escuridão aquilo que, durante a noite, eles podem com mais facilidade semear: suas ervas daninhas.

Laud humilhou os leitores. Ele deu ordens aos ministros para que não pregassem sobre assuntos polêmicos, para catequizarem em vez de pregarem.

A religião e as ideias

Reprimiu os feudatários por suas anexações. Interrompeu o uso de proibições pelos tribunais do *common law*, desacreditou publicamente Richardson, presidente da Suprema Corte, e reverteu várias decisões legais anteriores, dessa forma – citando Falkland novamente –, "agindo como se se tratasse de uma conquista do *common law* do país". Ele apoquentou refugiados protestantes estrangeiros até que deixassem o país; mas precisamos também nos lembrar dos aspectos mais positivos de sua política. Laud aplicou multas à *High Commission* na reconstrução da Catedral de St. Paul; começou a colocar em vigor o plano de Bancroft, autorizando os bispos a aumentarem os valores que os que anexavam terra da Igreja eram legalmente obrigados a pagar a seus vigários; persuadiu indivíduos a devolver anexações e disse a *sir* Arthur Haslerig que esperava "em breve não deixar mais do que o nome de um imposto laico [isto é, anexação] na Inglaterra"; conduziu uma campanha para aumentar os pagamentos do dízimo em Londres e em outras cidades e, nesse ponto também, estava começando a ter sucesso, quando o exército escocês veio em socorro dos anexadores e mercadores da *City*.

E, assim, voltamos aos escoceses. A política que Laud praticou na Inglaterra havia sido praticada mais amplamente na Escócia. Em 1625, o *Scottish Act of Revocation* [Ato Escocês de Revogação] tentou reaver todas as propriedades da Igreja, as quais haviam sido adquiridas por leigos desde a Reforma. Foi oferecida indenização, mas muito longe daquilo que os proprietários achavam razoável. Simultaneamente, foi estabelecida uma comissão para adquirir a parte dos anexadores, novamente a preços que pareceram inadequados. A oposição da nobreza, unida, levou a uma modificação de ambos os planos, mas todos os observadores da época concordavam que essas medidas foram decisivas para persuadir a aristocracia escocesa quanto às virtudes do presbiterianismo. Quando o novo *Prayer Book* [Livro de Orações], de 1637, despertou a hostilidade do povo, a nobreza colocou-se à frente do movimento contra Laud. A maneira como ela se comportou nessa ocasião convenceu Carlos e Laud de que a reforma religiosa era meramente um grito popular de protesto, usado cinicamente por homens com queixumes de ordem econômica. Assim, o rei deixou de reconhecer o apoio genuinamente religioso e de massa a favor do presbiterianismo e da independência nacional da Escócia, além de cometer erros e mais erros até a derrota, enquanto, da Inglaterra, observadores das atitudes de Carlos na Escócia perceberam que a defesa da propriedade e a do protestantismo caminhavam juntas. Na Irlanda, os eventos foram igualmente alarmantes. Dizia-se que, sob a patronagem de Wentworth, o bispo Bramhall havia recuperado anexações no valor entre 30 mil libras e

40 mil libras. Porém, ele o fez promovendo um ataque aberto aos direitos de propriedade.

O clero laudiano desviou-se de seu caminho para conduzir os grandes proprietários e os puritanos aos braços uns dos outros. O alto clero também apoiava a monarquia pessoal. Uma brincadeira bem conhecida relatava como Jaime I havia perguntado a alguns bispos se ele poderia cobrar impostos sem o consentimento de seus súditos. Neile disse que sim. Lancelot Andrewes disse que Jaime poderia tomar a propriedade de Neile, desde que ele consentisse. Neile era patrono de Laud, e por meio dele foi nomeado arcebispo de York. Robert Sibthorpe ensinou que "se um príncipe impõe um tributo excessivo, mesmo que injusto, ainda assim o súdito [...] é obrigado a se submeter". Roger Mainwaring pregava que "nenhum súdito poderá, sem risco de sua própria danação ao se rebelar contra Deus, questionar ou desobedecer à vontade e ao prazer de seu soberano". Essas não foram opiniões de pessoas irresponsáveis. Sibthorpe foi promovido por Carlos I. Mainwaring, embora condenado pela Câmara dos Comuns, tornou-se bispo sob o comando de Laud e foi ardente defensor de sua política. Os cânones votados por *Convocation* em 1640 exigiam que, uma vez por ano, cada ministro deveria explicar à sua congregação que "a ordem mais alta e sagrada de reis é de direito divino [...] Um poder supremo é outorgado a essa ordem mais excelsa pelo próprio Deus". A Câmara dos Comuns decidiu em novembro de 1640 que esses cânones continham "muitas questões contrárias às [...] leis orgânicas e às liberdades do reino, ao direito dos Parlamentos, aos bens e à liberdade do súditos". Uma das poucas ocasiões no ano de 1641 em que a Câmara dos Comuns foi unânime deu-se quando da formulação da acusação contra Laud.

Protestantismo e ciência

Formas protestantes de pensamento exerceram influência muito além do âmbito das ideias religiosas. Religiosos protestantes insistiam no dever de servir ativamente a Deus, à humanidade, à *Commonwealth* – trabalhando lealmente no próprio ofício. A ideia é absolutamente tradicional. Os títulos são preservados, somos mantidos em nossa posição social apropriada, porém o trabalho árduo nos séculos XVI e XVII fez muitos homens prosperarem. Isso, sem dúvida, era sinal de um favor divino, da recompensa de Deus ao homem diligente. À medida que prosperavam, entretanto, os homens tendiam a se elevar acima da posição social que havia originalmente agradado a Deus e O feito chamá-los. Portanto, a sanção divina era concedida a um determinado

A religião e as ideias

grau de mobilidade social. A doutrina protestante do chamado deixou de manter o "grau" e tornou-se seu oposto, uma doutrina do individualismo.

O calvinismo liberou do senso de pecado, de desamparo, aqueles que se acreditavam os eleitos; encorajou o esforço, o trabalho, o estudo, um sentido de propósito. Preparou o caminho para a ciência moderna. Os historiadores registraram a origem protestante de muitos dos primeiros cientistas. Pregadores puritanos insistiam que o universo cumpria leis. Em 1627, o reverendo George Hakewill publicou *An Apologie or Declaration of the Power and Providence of God in the Government of the World* [Uma apologia ou declaração do poder e da providência de Deus no comando do mundo], em que elevou o padrão dos modernos em relação aos antigos e afirmou que a observação científica era mais importante do que a autoridade tradicional. Era dever do homem estudar o universo e descobrir suas leis. Isso ajudaria a devolver à mente humana o vigor primitivo de que o homem desfrutara antes da Queda. Decorrido um ano da publicação, o livro de Hakewill foi estabelecido como tema de disputa em Cambridge e gerou um poema em latim, escrito por John Milton, então com vinte anos de idade, que, evidentemente, estava do lado dos modernos.

Olhando do foco errado do telescópio, podemos imaginar que as novas ideias científicas foram um grande e fácil sucesso. Entretanto, não foi mais fácil para os homens fugirem da tirania das ideias antigas acerca do mundo do que o foi escapar de ideias antigas acerca de política. Encontramos muitos "bloqueios mentais". Todos eles podem se resumir em respeito pela autoridade e receio de razões independentes. Em cada esfera havia uma autoridade – Aristóteles, na filosofia, Galeno, na medicina, Ptolomeu, na geografia e na astronomia. A Reforma demoliu uma autoridade, a do papa, mas o fez elevando outros à posição de autoridade – o direito divino dos reis, a autoridade da Sagrada Escritura. Os homens sempre precisaram de uma autoridade na qual pudessem se apoiar. Contra o rei se podiam estabelecer estatutos parlamentaristas, o *common law*, precedente medieval; contra bispos, os homens recorriam ao Novo Testamento, à Igreja primitiva. A vida dos homens era dominada pelo passado. Em decorrência do pecado de Adão no Paraíso, todos os homens e mulheres corriam o risco de sofrer tormentos sem fim, pois todos herdaram a marca do pecado original. Os homens voltaram-se à Bíblia para a solução de problemas morais e econômicos, e aos anglo-saxões para a solução de seus problemas políticos.

O desafio inicial à autoridade veio do apelo protestante à consciência individual. "Aqui estou; que Deus me ajude; não há como ser outro", gritou Lutero, embora ele se recusasse a permitir que anabatistas, os quais ele considerava heréticos antissociais, apelassem às suas consciências contra o luteranismo. O individualismo econômico na sociedade (a ruptura da comunidade de aldeias e de guildas, a emergência do capitalismo) combinou com o individualismo na religião para gerar uma autoridade bastante nova, contida dentro do peito de cada homem. Um bom tempo se passou antes que até mesmo os pensadores mais radicais reconhecessem isto: os homens diziam que estavam recorrendo à Sagrada Escritura, quando, na verdade, estavam recorrendo à sua própria interpretação da Sagrada Escritura; porém, eles eram contrários a qualquer autoridade que fosse meramente tradicional. Depois de refutar a infalibilidade papal, o puritano John Preston explicou em um sermão diante de Carlos I: "Portanto, podemos aprender a não tomar nada em confiança, nem a pensar que as coisas são assim como são, apenas porque a Igreja afirmou isso". Se Laud ouvisse esse comentário, dificilmente ele o aceitaria. "Eles acreditam apenas naquilo que veem", foi dito mais tarde acerca dos independentes. A mãe de Francis Bacon era profundamente puritana. O projeto dele de coletar diligentemente fatos com o objetivo de, em última análise, construir um *corpus* de conhecimento que ajudasse a melhorar a condição do homem na Terra estava inteiramente afinado com a tradição protestante. Ele sugere também um dos muitos elos entre o protestantismo e as necessidades produtivas de uma sociedade industrial em expansão.

Bacon convidou os homens a estudarem o mundo ao seu redor, as atividades dos artesãos mais do que as especulações dos filósofos. Ele se referia especificamente às novas indústrias – tingimento, fabricação de vidro, pólvora, fabrico de papel, agricultura – como objetos próprios de investigação científica. Ele pleiteou a restauração do "comércio entre a mente e as coisas". "A supremacia do homem sobre as coisas depende inteiramente das artes e da ciência, pois só podemos comandar a natureza obedecendo a ela". Sua crença de que o conhecimento se desenvolve por acréscimo e, portanto, que os modernos podem avançar para além dos antigos, contribuiu para tornar possível uma teoria de progresso, uma confiança otimista no homem, para as quais o puritanismo, paradoxalmente, já havia preparado. Ele fez os homens se voltarem para o futuro. Como Hakewill, ele previu um retorno ao passado, antes da Queda, alargando as fronteiras do saber. O desespero, achava ele, era o maior dos obstáculos ao progresso da ciência. Até mesmo o método de Bacon tinha implicações orientadas para o futuro. "Minha maneira de descobrir as ciências vai longe para poder se equiparar à inteligência humana": ela dependia da atividade colaborativa de muitos pesquisadores. A finalidade do conhecimento era oferecer "consolo à condição humana", "dominar e superar as necessidades e tristezas da humanidade", "dotar as condições e a vida do

A religião e as ideias

homem de novos poderes e obras". Conhecimento e poder significavam a mesma coisa. A aceitação dessa doutrina inovadora constituiu a maior revolução intelectual do século. Jaime I fez pouco uso da filosofia de seu *lord chancellor*. Quase todos os baconianos foram parlamentaristas.

Os conservadores assustaram-se com as implicações duvidosas do novo método científico, com sua recusa em aceitar a autoridade tradicional, com sua disposição de testar tudo pela razão e pelo experimento. Se a Terra não era mais o centro do universo, isso teve desdobramentos que foram muito além da ciência da astronomia. Nas palavras famosas de Donne:

> [A] nova filosofia agora tudo indaga;
> o elemento do fogo agora quase se apaga;
> foram-se o sol e a Terra, e homem algum pode dizer
> como e onde tudo pode voltar a ser.
> livremente os homens confessam: o mundo foi proscrito
> quando nos planetas e no espaço infinito
> buscam tantos outros apenas para ver
> tudo em átomos novamente se estabelecer
> tudo esfacelado, nenhuma união;
> tudo apenas provimento e tudo relação
> príncipe, súdito, pai, filho – tudo passado,
> pois cada homem sozinho tem pensado
> Fênix se transformar e então perceber
> que nada além de si mesmo ele pode ser.

Dessa forma, Donne associou a nova filosofia ao individualismo atômico e à subversão política. Contrastemos a confiança de *sir* John Eliot, um homem que aceitou o novo espírito:

> Tudo está sujeito à Mente. [...] Ela mede em um único pensamento toda a circunferência do paraíso, e na mesma linha considera a geografia da Terra. Os mares, o ar, o fogo – tudo o que pertence a qualquer um desses está inserido na compreensão da mente. Ela tem influência sobre todos eles, de onde ela toma tudo que possa ser útil, tudo que possa ser proveitoso em seu comando. Não há qualquer limitação a ela prescrita, qualquer restrição a ela imposta, mas de livre escopo ela tem liberdade sobre tudo. E nessa liberdade está a excelência da mente; nesse poder e composição da mente está a perfeição de um homem [...]. O homem é dono absoluto de si mesmo;

sua própria segurança e tranquilidade concedidas por Deus [...] tornam-se dependentes dele próprio.

Talvez não seja por acaso que Donne tivesse uma bem-sucedida carreira política na Corte e que Eliot estivesse na prisão quando escreveu essas palavras. Poderíamos também ter utilizado uma citação de *History of the World*, que Ralegh compôs na prisão e que foi quase uma segunda Bíblia para os puritanos, pois o novo otimismo científico (como o puritanismo) instilou uma confiança e uma coragem no futuro que não poderiam ser intimidadas por infortúnio; e aqueles que aceitavam essa filosofia tinham pouca probabilidade de serem bem-sucedidos nas Cortes dos Stuart.

Conflito nas artes

A justaposição das passagens de Donne e Eliot faz lembrar alguns dos grandes nomes dos antigos teatros elizabetano e jacobino. O individualismo sem limites dos heróis de Marlowe, ou de Macbeth, seus ilimitados desejos e ambições de poder além do poder, colocou-os em conflito com os padrões da sociedade existente. Ainda assim, seu próprio mundo perdeu a estabilidade. A autoridade se foi; nada pode ser tomado como certo. "O que é a verdade? disse Pilatos em tom de zombaria; e não esperaria a resposta". Todas as velhas convenções estão sendo desafiadas. Lendo a literatura da época, poderíamos simplesmente dizer que dois conjuntos de padrões estavam em conflito. Em *Rei Lear*, as lealdades feudais tradicionais e patriarcais são contestadas pelo individualismo cego de Goneril, Regan e Edmund: os temas de *O Mercador de Veneza* e *Coriolano* são semelhantes. Em *Hamlet,* o conflito adentra a alma do herói, que sabe que há algo de putrefato no Estado, que os tempos estão fora de compasso, embora ele possa apenas lamentar o amaldiçoado rancor que o conclamou para colocá-los em ordem. No teatro jacobino e carolino, a tensão poética se perde. Sempre houve uma profunda divergência de compreensão entre a Corte e o teatro da *City*: Jonson e Fletcher, de um lado, Shakespeare e Heywood, de outro, escreveram diferentes tipos de peças e adotaram diferentes atitudes sociais. Entretanto, após a primeira década do reinado de Jaime I, quando os conflitos sociais se tornaram mais acirrados, quando a censura se tornou mais rígida e o puritanismo estendeu sua influência, também o teatro popular sofreu um declínio. Shakespeare parou de escrever para o palco, embora ainda tivesse pouco mais de quarenta anos. A maioria dos dramaturgos jacobinos e carolinos posteriores lembrados hoje escreveram para uma roda

A religião e as ideias

de cortesãos e intelectuais entre os quais o pessimismo e a melancolia se tornaram a atitude em voga. Suas peças tornaram-se mais irreverentes e mais assustadoras (embora ainda com Webster e Tourneur contivessem o tema central do lobo solitário contra sua sociedade). A era dourada do teatro já havia terminado muito antes de o Parlamento fechar os teatros em 1642. Foi somente no Castelo de Ludlow que um Milton pôde mostrar um ser finalmente triunfando sobre seu ambiente mundano, porque ela – a personagem *the Lady*, em *Comus* – havia se submetido à disciplina divina. Explorar a força turbulenta do individualismo não foi função social menos importante do puritanismo.

Em 1611, foi publicada a versão autorizada da Bíblia, o livro mais popular e influente desse ou de qualquer outro século. Ela se valeu de muitas traduções anteriores para o inglês, e mostrou grande esforço na padronização da fala popular e das formas de pensamento. A necessidade de uma nova tradução havia sido apontada pelos puritanos na Conferência de Hampton Court, e os religiosos puritanos desempenharam um papel importante no trabalho feito em conjunto com membros da hierarquia. Portanto, de muitas maneiras, a versão autorizada, simultânea ao afastamento de Shakespeare, que deixara de produzir peças, pode ser vista como simbólica do último momento de unidade nacional. Conforme os homens compreendiam claramente o conflito, conforme ele se tornava intensamente pessoal demais para ser representado no palco censurado, passou a ser cada vez mais exprimido naquilo que chamamos de poesia metafísica. A essência da lírica metafísica está em seu paradoxo, em suas antíteses caprichosas, na apreensão de conexões entre objetos aparentemente muito incongruentes, nas agonizantes indagações da alma e na busca de salvação, no senso do contraste entre o subjetivo e o objetivo, o desejo e a possibilidade. Donne suplicava a Deus:

> Levai-me até vós, aprisionai-me, pois
> não terei se não me cativardes
> nem casto serei, se não me violardes.

George Wither, outro homem que foi preso durante o domínio dos Stuart, mas que sobreviveu para lutar a favor do Parlamento, escreveu:

> Mas, oh Deus! Embora humilde eu me apresente
> sobre este solo (e tenha uma raiz não recente
> que me arrasta para o fundo), meu intenso desejo
> é o de poder estar lá no alto benfazejo.

O século das revoluções

Henry Vaughan, natural de uma das regiões afastadas, como tantos dos poetas *cavalier* via o mesmo contraste:

> Aqui no pó e na terra, oh! cá neste lugar
> estão os lírios de seu amor a brotar.

E com Marvel não foi diferente:

> Oh! Quem irá desta masmorra erguer
> uma alma de tantas maneiras a sofrer? ...
> Uma alma suspensa como se em correntes
> de nervos e artérias e veias ardentes
> torturada, além de cada outro fator
> na cabeça inconstante e coração traidor.

As décadas imediatamente anteriores à Guerra Civil foram um divisor de águas literário e econômico. George Herbert e Nicholas Ferrar viram a tempestade se aproximando e buscaram abrigo, retirando-se da vida pública. Burton anatomizou a melancolia característica dos intelectuais de sua sociedade. Milton, "expulso da igreja por prelados", abordou de forma obscura os conflitos em *Comus* e em *Lycidas*: somente em 1641 ele pôde denunciar livremente "esse jugo impertinente da prelazia, sob cuja estupidez inquisitorial nenhum talento livre e gênio brilhante consegue florescer". A censura, concordava Wither, submeteu "autores, na verdade, sim, toda a *commonwealth* e todas as ciências liberais à servidão". Entre aqueles que sofreram com a censura podemos mencionar Chapman, Drayton, Ben Jonson, Donne, Ralegh, Fletcher, Massinger, Middleton, Burton, Joseph Hall, Fulke Greville, Selden, Coke, bem como o próprio Wither, que disse a John Taylor que ele precisava escrever contra o governo e ser preso, se quisesse que seus livros fossem vendidos. A ideia de que a patronagem na Corte beneficiou a literatura no reinado de Carlos I é absolutamente ridícula. À medida que a revolução se aproximava, aumentava a censura. Em 1633, o *Master of the Revels** [Mestre da Folia] até estabeleceu que peças antigas que fossem reencenadas deveriam ser recensuradas, "já que elas podem estar repletas de ofensas à Igreja e ao Estado, uma vez que em tempos passados os poetas tomavam maior liberdade do que posso permitir".[1] Todas as peças tinham que ser autorizadas duas vezes – para encenação e para a imprensa.

---

1 Adams, *The Dramatic Records of Sir Henry Herbert*, p.21.

A religião e as ideias

Até 1641 (como também aconteceu após 1660), a publicação de notícias nacionais de qualquer espécie era ofensa à lei. Não havia jornais impressos, apenas boletins informativos de circulação privada, que ninguém, exceto os endinheirados, tinha condições de adquirir. Isso aumentava a importância política do púlpito. Em 1637, por decreto da *Star Chamber*, o número de tipógrafos autorizados em Londres foi reduzido para vinte, e penalidades corporais cruéis eram aplicadas contra aqueles que praticavam a imprensa ilegalmente. Todos os livros estrangeiros importados deviam ser rigorosamente examinados pelos bispos antes de serem colocados à venda. John Lilburne, posteriormente líder dos *Levellers*, foi chicoteado nas ruas de Londres por ter quebrado essa regra. Nenhum livro deveria ser reimpresso, mesmo se previamente autorizado, sem uma nova licença. Dizem que Laud se recusou a conceder licença para a impressão de *Table Talk*, de Lutero, *Book of Martyrs*, de Foxe, *Works*, do bispo Jewell, e *Practice of Piety*, do bispo Bayley. A *Bíblia* de Genebra, com suas notas marginais antiautoridade, teve de ser contrabandeada da Holanda. A biblioteca de *sir* Robert Cotton foi invadida. *Sir* Simonds D'Ewes decidiu não escrever para publicação. Mesmo o virtuoso e conservador Nicholas Ferrar teve sua tradução de um texto devocional suprimida pelo censor; e ele teve longas discussões políticas antes de conseguir publicar o aparentemente inócuo *The Temple*, de George Herbert. "Se a imprensa estivesse aberta para nós", declarou Bastwick no pelourinho, "nós expandiríamos o reino [de Anticristo]". Ele acabou provando que estava certo.

Houve conflitos semelhantes em outras artes. Na música, a era dourada de William Byrd, John Bull, Thomas Morley e Orlando Gibbons chegava ao fim na década de 1620. A Igreja ainda era o grande patrono da música, e um novo entusiasmo pela polifonia era o acompanhamento estilístico do laudianismo. Isso reforçou as tendências em relação ao intelectualismo e à complexidade em voga nos círculos da Corte. Artistas como, por exemplo, os poetas metafísicos buscavam o novo e o surpreendente por seus próprios fins, o subjetivo e o introspectivo. Assim, uma clivagem desenvolveu-se entre a música dos poucos e a música dos muitos, do profissional e do amador. A polifonia estava associada ao catolicismo, ao ornamento, às cerimônias, ao luxo: os puritanos reagiam ao simples som de uma melodia, ao utilitarismo nas artes e na ciência. Na década de 1640, eles cantavam salmos e removeram órgãos de igrejas.[2] A família real e alguns poucos cortesãos detinham o monopólio na patronagem da pintura. Carlos I foi um patrono criterioso; ele

---

2 Meyer, *English Chamber Music, passim.*

O século das revoluções

conferiu o título de cavaleiro a Rubens e a Van Dick, mas ignorou artistas nativos. Van Dick é descrito como um consciente

> propagandista da causa do absolutismo, [que] falsificou a verdade das aparências e corrompeu de forma irremediável uma honesta tradição britânica na arte de composição de retratos que estava começando a se formar.

Seus retratos lisonjeiros de Carlos I, de sua rainha e de seus cortesãos contribuíram para uma visão romântica dos Stuart, da qual seus contemporâneos não compartilharam. A sobrinha de Carlos ficou

> surpresa de ver que a rainha, que parecia tão bonita no quadro de Van Dyck, era uma mulher baixinha [...] com braços longos e magros e dentes que pareciam equipamentos de defesa projetando-se da boca.[3]

Houve uma divisão ainda mais acentuada entre a Corte e o gosto do país em relação à arquitetura. Inigo Jones, o maior nome, foi agrimensor da Coroa – 1615-1642. Todo o seu melhor trabalho foi feito para a família real (a Mansão da Rainha em Greenwich, a Casa dos Banquetes, no *Whitehall*). Ele introduziu os estilos italianos de construção na Inglaterra e, no final da década de 1630, foi contratado para projetar um palácio cuja concepção geral "reflete de maneira bastante clara os ideais absolutistas do rei". A multa imposta à *City* pelo fracasso na colonização de Londonderry objetivava esse projeto; as multas nos tribunais de prerrogativa ajudaram a pagar a restauração que Jones fez da Catedral de St. Paul. É reflexo das divisões culturais e políticas na sociedade inglesa o fato de que os projetos mais ambiciosos de Carlos foram financiados por abusos que contribuíram para as causas da Guerra Civil. A patronagem da Corte significava que o primeiro arquiteto de sua época teve de gastar muito de seu tempo em trabalhos de rotina como topógrafo ou como projetista de conjuntos e de maquinário para efêmeros bailes de máscaras da Corte. Como consequência desse isolamento, Inigo Jones, como Van Dyck, foi o maior, mas não o mais influente em sua área.

As construções inglesas continuaram em seu próprio ritmo e, bastante independentes de Inigo Jones, sofreram influências do exterior, incorporando-as

---

3 Waterhouse, *Painting in Britain, 1530-1790*, sobretudo p.46, 49; Whinney; Millar, *English Art, 1625-1714*, sobretudo cap.4.

em um estilo que não apenas sobreviveu aos projetos topográficos de Jones e desfrutou de um relativo triunfo na *Commonwealth*, como também persistiu até o último quarto do século.[4]

Pós-escrito

Desde 1961, nossa compreensão do pensamento do século XVII tem sido muito enriquecida por uma série de estudos acerca do local de ideias mágicas, não apenas quanto à vida das pessoas comuns como também quanto à filosofia química que foi quase uma alternativa ao baconianismo, favorecida, sobretudo, por radicais religiosos e políticos. Estou pensando especificamente em K. V. Thomas e seu *Religion and the Decline of Magic* (Penguin), F. Yates e seu *Giordano Bruno and the Hermetic Tradition* (1964) e *The Rosicrucian Enlightenment* (1972), C. Webster, com *The Great Instauration: Science, Medicine and Reform, 1626-1660* (1975), e A. G. Debus e seu *The Chemical Philosophy: Paracelsian Science and Medicine in the sixteenth and seventeenth centuries* (1977).

---

4 Summerson, *Architecture in Britain, 1530-1840*; Whinney; Millar, op. cit.; Shankland, "A Study of the History of Architecture in Society", *The Architectural Association Journal*; Mercer, "The Houses of the Gentry", *Passado e Presente* (*P. e P.*). Minhas observações breves e unilaterais sobre as artes apenas pretendem sugerir algumas ideias sobre as relações entre arte e sociedade, que devem ser complementadas com as referências fornecidas. Ver, especialmente, Thomas, "Two Cultures? Court and Country under Charles I", in Russell, *The Origins of the English Civil War*, p.168-93.

6
Conclusão, 1603-40

> *Miesta:*   *Religião*
> *E liberdade (palavras das mais singulares) – elas instigam;*
> *como os anúncios de charlatões astutos,*
> *repletas de promessas de cura para todos, embora*
> *pelos sábios ignoradas como trapaça prosaica,*
> *no entanto, para a turba inculta elas ainda são*
> *admiradas e a elas todos afluem.*
> *Rei:*   *Não há alguma forma*
> *de desiludi-las?*
> *Miesta:*   *Tudo agora é tarde demais.*
>
> *Sir* John Suckling,
> *The Tragedy of Brennoralt* (1639, III, i)

Nos três capítulos anteriores, nossa divisão arbitrária entre economia e ideias foi continuamente fragmentada. Os monopólios têm implicações constitucionais e políticas. A política externa envolve considerações econômicas e religiosas, além de políticas. A Igreja é uma organização política e religiosa e uma grande proprietária de terras; disputas pelo dízimo envolvem questões religiosas, legais e econômicas. A ciência baconiana está associada a ideias do puritanismo e às necessidades da economia em expansão: seus defensores eram, sobretudo, parlamentaristas. Essa impossibilidade de isolar as causas "religiosas", "constitucionais" e "econômicas" da Guerra Civil corresponde à complexidade da vida na Inglaterra do século XVII e à confusão mental dos homens que nele viveram. Conceitos comerciais como "contrato" e "balanço" abundam no pensamento político e até mesmo no religioso e econômico (contrato social; teologia do pacto; balança comercial, bens imóveis, poder, constituição). A *Root and Branch Petition*, listando os "múltiplos males [...] gerados pelos prelados e seus dependentes", ensanduichou monopólios e o *Ship Money* entre o crescimento do papismo e o uso de agentes papistas para defender o episcopado. Precisamos ter muita cautela para não forçar nossas categorias posteriores de análise sobre os eventos do século XVII.

Com frequência, a Revolução Inglesa do século XVII é – muito produtivamente – comparada com a Revolução Francesa de 1789; porém, há uma diferença importante. Na França, as divisões econômicas e políticas correspondiam mais ou menos às divisões sociais: o Terceiro Estado, desfavorecido, era oposto à aristocracia e à monarquia; a aristocracia não teve parttticipação no comércio e na indústria. Na Inglaterra, entretanto, a lã, os tecidos e a produção agrícola para o mercado provocaram uma divisão na própria classe dominante: muitos fidalgos e até mesmo pares envolveram-se em atividades econômicas que teriam sido impraticáveis para um nobre francês. O professor Tawney conclui que

> o proprietário de terras, vivendo dos lucros e do arrendamento de agricultura comercial e o mercador ou banqueiro, que também era proprietário de terras, representavam não duas classses, mas uma. Tanto os aristocratas como os novos-ricos deveram sua ascensão a causas da mesma ordem. A julgar pela fonte de suas rendas, ambos eram igualmente burgueses.

A divisão na Inglaterra não é Terceiro Estado *versus* a pequena nobreza e o pariato, mas país *versus* Corte. A Corte e o governo ofereciam vantagens econômicas a alguns comerciantes (monopolistas, arrendadores de impostos, oligarquias dominantes em Londres e em outras cidades) e a muitos membros da classe proprietária de terras. De outro lado, os fidalgos e mercadores excluídos do privilégio econômico – e entre eles alguns dos membros mais ricos e mais prósperos desses grupos sociais, bem como dos homens de classe mediana – achavam que maior liberdade de desenvolvimento econômico seria vantajosa para eles próprios e para o país. Eles esperavam que o Parlamento e os advogados do *common law* pudessem ajudá-los a chegar lá. Buscaram liderança junto a um grupo de pares excluídos das benesses da Corte. No século XVII, a venda de cargos na França desviou capital do investimento produtivo, o que atrasou o desenvolvimento do comércio e da indústria e ampliou o fosso

Conclusão, 1603-40

entre a nobreza e a burguesia. Consequências sociais semelhantes poderiam ser percebidas na Inglaterra, se o Antigo Regime tivesse sobrevivido.

Porém, a cisão entre a Corte e o país era mais do que uma mera questão de acesso a privilégios econômicos. Sob o reinando dos Tudor, a classe latifundiária havia conquistado uma posição rara na Europa. Como juízes de paz, por meio do controle de salários e assistência aos necessitados, eles desfrutavam de grande poder sobre a massa da população que "existia unicamente para ser governada", e esse poder era praticamente independente de um governo que não possuía exército permanente nem burocracia. Os Stuart nunca tiveram poder suficiente para manter o setor capitalista da economia sob controle, para reduzi-lo a um comando central. As tentativas por parte do *Whitehall* de gerenciar os governos locais só exasperou os "governantes naturais" do país, muitos dos quais sentiam que a interferência do governo central, mesmo que bem-intencionada, tinha um efeito prejudicial na economia.

Entre 1601 e 1630, mercadores e nobres de dez condados contribuíram volutariamente com 500 mil para projetos elaborados e controlados por eles, visando à assistência aos necessitados; lutaram com unhas e dentes contra qualquer tentativa de imposição sobre eles de uma taxa local para esse fim, de modo que "em nenhum ano anterior a 1660, mais de 7% de toda a vasta quantia derivada da tributação foi gasto na assistência aos necessitados". Da mesma forma, eles contribuíram generosamente para um leitor – designado por eles – e resistiram bravamente a tentativas de imposição de um aumento, por meios legais, dos pagamentos do dízimo. Os esforços feitos por Laud e Wentworth para impor seu programa sobre esses homens redundaram em fracasso total: "a estrutura da soberania na Inglaterra havia desmoronado bem antes da convenção do *Long Parliament*". Os mercadores e a pequena nobreza puritana, subsidiando escolas e bolsas de estudo, garantindo assistência a aprendizes e oferecendo outras benemerências analisadas pelo professor Jordan estavam construindo uma sociedade em que as carreiras estavam muito mais abertas ao talento do que ocorria na sociedade hierárquica tradicional que a Coroa e o clero laudiano desejavam preservar. (É significativo notar que o pariato desempenhou um papel muito menor do que os mercadores nessas dotações.) "O poder", conclui o professor Jordan, "como a história demonstra com tanta frequência, flui inevitavelmente para aqueles que não temem assumir os encargos da responsabilidade".[1] O instrumento de transmissão de

---

1 Jordan, *Philanthropy in England*, p.131-40, 151. Ver Apêndice D. Em *The Causes of the English Revolution, 1529-1642*, o professor Stone sugere algumas dúvidas acerca da estatística do professor Jordan quanto à assistência aos necessitados.

113

O século das revoluções

poder na Guerra Civil foi o Novo Exército-Modelo, um exército de carreira, aberto ao talento.

Até mesmo reformadores como Laud e Wentworth perseguiram uma política que ultrajou amplos segmentos da população. Eles dispensaram o Parlamento e claramente teriam, por preferência, convocado um apenas quando o rei tivesse se tornado financeiramente independente – talvez depois que o exército de Wentworth na Irlanda e a remodelação de corporações na Inglaterra tivessem privado o Parlamento de qualquer poder independente. Um abismo moral estendia-se entre a Corte e a massa de protestantes ingleses respeitáveis. O governo protegeu os monopolistas e perseguiu os que praticavam cercamentos; tentou aumentar a receita da Igreja e ampliar os poderes do clero; reprimiu não conformistas protestantes, embora não tenha desencorajado os papistas; em sua política externa, alienou potenciais aliados protestantes e não se interessou em promover os interesses do comércio inglês.

Então, quando o Parlamento finalmente se reuniu em 1640, a classe abastada estava quase totalmente excluída do governo. "A facção mais frágil na Corte sempre lutou muito para destruir a mais forte por meio de um Parlamento", conforme comentou o duque de Newcastle. Como na revolta da Holanda e na Revolução Francesa, a revolução na Inglaterra foi precipitada por uma "revolta dos nobres". Uma revolução acontece somente quando o governo perde a confiança de um segmento importante da classe dominante. Na França, porém, em 1789, a aristocracia rapidamente se mobilizou em defesa da Coroa, uma vez que o Terceiro Estado apresentou exigências revolucionárias; na Inglaterra, a Câmara dos Comuns se dividiu e até mesmo na Câmara dos Lordes houve uma considerável minoria que levou a oposição ao ponto da guerra civil. Essa diferença pode ser parcialmente explicada pela importância de questões religiosas e comando da Igreja na Revolução Inglesa.

Havia, então, três concorrentes em todas as três esferas que estamos examinando. Monopolistas favorecidos pela Corte eram atacados por comerciantes livres que contavam com o Parlamento e o *common law*; porém, abaixo deles havia a massa de consumidores e artesãos, que também se opunham aos monopólios, mas tinham pouca coisa em comum com os mercadores de Londres e os senhores fabricantes de tecidos. Novamente, havia rivalidade entre aqueles que lucravam com o *Court of Wards* e aqueles que sofriam com ele, entre aqueles que praticavam o cercamento e o governo que os multava; mas abaixo disso ficava a massa de arrendatários que queriam estabilidade em seus títulos de propriedade e a abertura de todos os cercamentos. Conside-

Conclusão, 1603-40

rando, ainda, outra esfera, havia rivalidade entre os tribunais de prerrogativa e os da Igreja, de um lado, e, de outro, os tribunais do *common law* contando com o Parlamento; mas, porta-vozes daqueles que existiam apenas para serem governados logo surgiriam, declarando que o inimigo era a própria lei. Quanto à religião, havia rivalidade entre laudianos e puritanos moderados que desejavam subordinar a Igreja ao Parlamento e aos presbíteros; porém, abaixo deles havia sectários que herdaram uma tradição de hostilidade a qualquer igreja oficial, uma tradição que remonta pelo menos a Lollardy, no século XV.[2] Havia rivalidade entre aqueles que queriam preservar a sociedade hierárquica estática e aqueles que se ocupavam em modelar uma sociedade mais fluida, na qual os homens com capacidade e meios pudessem abrir seu próprio caminho até o topo; abaixo de ambos os grupos ficavam aqueles cuja miséria os impedia, em tempos normais, de sequer imaginar a possibilidade de modificar o mundo em que viviam. Em resumo, havia uma contenda entre dois grupos da classe dominante, mas, observando tudo, lá estava o monstro de muitas cabeças, que ainda poderia ser *tertius gaudens**. Uma vez quebrada a unidade da classe parlamentarista, seria possível a revolução social. É por essa razão que os líderes responsáveis de ambos os lados estavam tão ansiosos para conseguir o que queriam de forma pacífica, isto é, sem a necessidade de uma guerra.

Quando os membros do *Long Parliament* quiseram uma expressão simplificada que resumisse sua causa, disseram que estavam defendendo a "religião, a liberdade e a propriedade". Podemos agora ver a abrangência dessas palavras. Religião poderia cobrir as várias emoções associando protestantismo e patriotismo, as ansiedades estratégicas estimuladas pela Guerra dos Trinta Anos, o desejo de uma política externa expansionista e anti-Espanha; poderia cobrir o temor tradicional quanto à segurança de terras monásticas e as ansiedades mais recentes causadas pelas atividades econômicas de Laud; poderia cobrir a rejeição aos bispos em cargos oficiais, às cruéis sentenças da *High Commission*, às múltiplas atividades inquisitoriais dos tribunais da Igreja; poderia cobrir o estudo intenso da Sagrada Escritura e o recurso à Bíblia para criticar as instituições existentes e a prática exercida; poderia cobrir o sentido puritano de igualdade espiritual e dignidade humana, bem como o apelo à consciência individual com todas as suas possibilidades anarquistas;

---

2 Discuti esse tópico mais amplamente em *Antichrist in Seventeenth-Century England*; *The World Turned Upside Down*; e "From Lollards to Levellers", *Rebels and their Causes: Essays presented to A. L. Morton*.

poderia cobrir a demanda por mais liberdade de expressão, de publicação, de reunião e de discussão.

A senhora Hutchinson, esposa de um coronel do Exército Parlamentarista, ilustrou os possíveis significados do termo "puritano":

> Se alguém estivesse acabrunhado com a degradação do reino, ou com as lamúrias dos pobres, ou com as opressões injustas impostas aos súditos por mil maneiras inventadas para sustentar os tumultos dos cortesãos e das multidões de escoceses carentes que o rei tivesse trazido para cá, como gafanhotos para devorar a fartura desta terra, esse alguém era um puritano; [...] se qualquer fidalgo deste país mantivesse as boas leis da terra, ou se ele se levantasse para defender qualquer interesse público, [...] a boa ordem ou o governo, ele era um puritano. Em resumo, tudo o que estivesse no caminho dos cortesãos necessitados, dos orgulhosos padres usurpadores, dos projetistas desonestos, da nobreza e pequena nobreza safadas [...] todos esses eram puritanos.

Os exportadores de carvão de Newcastle referiam-se aos mercadores londrinos que se opunham ao seu monopólio como "puritanos".

Acima de tudo, a religião foi um grito de guerra útil. Não podemos exagerar sua importância intrínseca. No Parlamento de 1621, de 105 projetos de lei preparados, apenas dez se relacionavam com questões religiosas (incluindo economia eclesiástica); quarenta tinham a ver com comércio. "A religião não era a coisa a ser debatida em primeiro lugar", disse Cromwell, provavelmente o líder parlamentar para quem questões religiosas significavam muito; "mas, finalmente, Deus a trouxe para esse ponto". O grito do protestantismo em perigo fomentava profundos sentimentos de patriotismo – e era agradavelmente vago. Muitos dos que concordavam em denunciar o laudianismo como papismo, discordariam violentamente quando se tratasse de colocar alguma coisa em seu lugar. "Posso lhes dizer, senhores", disse Cromwell a dois companheiros, membros do Parlamento, "o que eu não aceitaria, embora não possa dizer o que aceitaria". Selden foi mais cético e mais intelectual do que a maioria dos parlamentaristas, mas suas palavras demonstram que alguns, pelo menos, estavam bem conscientes do uso a que a religião poderia ser colocada.

> O próprio *arcanum* de fantasiar que a religião está em todas as guerras significa que se pode descobrir alguma coisa na qual todos os homens possam estar interessados. Nesse sentido, o cavalariço tem tanto interesse quanto o

lorde. Fosse pela terra – um tem mil acres, e o outro, apenas um –, [aquele não se aventuraria tanto quanto este] que tem mil; mas a religião é igual para ambos. Se todos os homens tivessem quantidade igual de terra [...] então todos os homens diriam que lutavam por terras.

"Liberdade e propriedade" eram também palavras com significados amplos. Elas podiam sugerir o direito de cada homem de fazer o que quisesse, sem qualquer impedimento por parte da Igreja ou de tribunais de prerrogativa; elas incluíam a possibilidade de um comércio mais livre, de expansão industrial e agrícola; poderiam sugerir a supremacia de um *common law* liberalizado e controle da economia pelo Parlamento, no lugar da incompetente interferência régia e da corrupção dos favoritos e monopolistas; elas podiam sugerir o direito de a classe abastada se autotributar e fiscalizar a forma como seu dinheiro era gasto, incluindo o controle da política externa; poderiam sugerir liberdade para juízes de paz e corporações gerenciarem seus negócios locais conforme achassem melhor, sem serem importunados pelo *Privy Council* ou pela *Star Chamber*.

O governo pessoal de Carlos I ruiu após onze anos durante os quais teve todas as oportunidades de ser bem-sucedido; ele ruiu porque perdeu a confiança das classes abastadas. Não havia quaisquer investimentos seguros no *ancien régime* inglês. O alvará da *City* para colonizar Londonderry foi revogado depois que 50 mil se perderam em um projeto que a Coroa havia intimidado os cidadãos a implementarem – e eles foram multados em 12 mil adicionais (originalmente, 70 mil). Em 1635, Carlos licenciou uma segunda Companhia das Índias Orientais, para grande prejuízo dos acionistas da companhia já existente, que haviam pago um preço muito alto para terem seu monopólio. Em 1640, o governo recorreu às medidas desesperadas de uma falência fraudulenta. Comprou pimenta a crédito por 63 mil e a vendeu imediatamente por 50 mil à vista. O propósito era desvalorizar a cunhagem de moedas. Em julho, o governo confiscou 130 mil em lingotes de ouro que mercadores particulares haviam guardado na Torre por questões de segurança, provocando muitas bancarrotas. *Sir* John Davies havia dito em um trabalho dedicado a Jaime I: "A primeira e principal razão para a existência de reis foi para que a propriedade e os contratos, o tráfego e o comércio entre os homens fossem assegurados". O filho de Jaime mal exerceu essa função.

O governo foi derrubado por obra de uma rebelião dos contribuintes. Em 1639, estimulado pela presença do exército escocês, eles continuaram em greve; e isso mostrou que o governo não conseguia existir sem a boa vontade deles.

A *City* recusou um empréstimo, até mesmo para ter os lingotes devolvidos; a colonização de Londonderry havia "consumido seus estoques", explicaram secamente. O empréstimo ficou disponível somente depois que a paz foi assinada com os escoceses. Mesmo assim, os pares tiveram de subscrevê-la, o que mostra o quão baixo estava o crédito real; e o governo conseguiu apenas um quarto do que havia solicitado. Tudo dependia do Parlamento, que, por volta de 1640, havia se tornado o símbolo da defesa da religião, da liberdade e da propriedade.

Parte II
1640-60

7
Narrativa dos eventos

> *De que meios dispunha ele [Carlos I] para pagar, de que suprimentos dispunha ele para armar, ou melhor, para recrutar, um exército capaz de resistir ao exército do Parlamento, sustentado pela ampla bolsa da cidade de Londres e por contribuições de todas as cidades corporativas da Inglaterra? [...] Foram apenas os lordes e os fidalgos que assistiram o rei dessa maneira.*
>
> Thomas Hobbes, *Behemoth*

Quando o *Long Parliament* se reuniu, a Câmara dos Comuns imediatamente decretou o *impeachment* de Strafford e Laud. Outros ministros fugiram do país. Strafford foi executado em maio de 1641, sob um *Act of Attainder* [Lei de Proscrição de Direitos Civis]*, que havia substituído o *impeachment*. Um Ato Trienal estabelecia reuniões regulares do Parlamento, com procedimento automático, caso o rei deixasse de convocá-las. Foi promulgado um decreto contra a dissolução desse Parlamento sem sua própria anuência. Pela primeira vez, esse decreto tornou-se parte permanente da constituição. Essa inovação revolucionária foi necessária para que empréstimos pudessem ser levantados, já que apenas o Parlamento podia inspirar confiança. A arrecadação dos impostos de tonelagem e peso foi proibida, a menos que fosse autorizada pelo Parlamento; o veredito contra Hampden e a imposição do *Ship Money* foram declarados ilegais, juntamente com os outros tributos não parlamentares dos onze anos de governo pessoal. Os tribunais de prerrogativa – a *Star Chamber*, o Conselho do Norte e do País de Gales – e a *High Commission* foram abolidos.

Prynne, Burton, Bastwick, Lilburne e outras vítimas do governo pessoal foram libertados e indenizados.

Em outubro de 1641, ocorreu uma rebelião na Irlanda, agora finalmente livre da mão de ferro de Strafford. Muitas centenas, provavelmente muitos milhares de ingleses, foram mortos. O grupo de oposição no Parlamento recusou-se a confiar a um candidato indicado pelo rei o comando de um exército para reconquistar a Irlanda. Assim, levantou-se a questão de poder último do Estado. No pânico causado pela notícia a respeito da rebelião irlandesa, foi adotada a *Grand Remonstrance*, uma denúncia ampla da política real. Passou na Câmara dos Comuns por apenas onze votos, porque agora haviam se formado partidos. Carlos reagiu, trazendo até a Câmara um grupo de homens armados, na tentativa de prender Pym, Hampden e três outros líderes do grupo de oposição. Eles se refugiaram na *City*, e resoluções em apoio a eles jorraram de todo o país. Carlos abandonou Londres, cujo controle ele havia perdido; os "Cinco Membros" retornaram triunfantes. Concordar com a exclusão dos bispos da Câmara dos Lordes (fevereiro de 1642) e com um projeto de lei para criar um exército para a Irlanda foi quase o último ato do rei. O conflito havia agora se estendido de Westminster para o país em geral, e a guerra civil tornava-se inevitável. Negociações fortuitas ocorreram conforme Carlos vagava pelo norte da Inglaterra. Em abril, *sir* John Hotham recusou-se a admiti-lo em Hull; e, em agosto, o rei levantou seu estandarte em Nottingham. O conde de Essex foi designado para comandar o exército parlamentarista – os partidários do Parlamento, em oposição ao rei.

O primeiro combate da Guerra Civil foi uma batalha sem vencedores em Edgehill (23 de outubro). Carlos avançava para Londres, mas, defrontando--se com as tropas treinadas em Turnham Green, em novembro, recuou para Oxford. Enquanto isso, o marquês de Newscastle garantia o norte da Inglaterra para o rei, e *sir* Ralph Hopton garantia o sudoeste. Em 1643, foi feita uma tentativa de avançar sobre Londres a partir desses dois centros e de Oxford. Isso foi refreado pela resistência em Hull, Plymouth e Gloucester, bem como pela marcha das tropas de Londres, treinadas para render Gloucester. No caminho de volta, eles se enfrentaram em outra batalha – sem vencedores – em Newbury.

Em setembro, na esperança de resolver o impasse militar, o Parlamento assinou a *Solemn League and Covenant* [Liga Solene e Pacto] com os escoceses, e, em janeiro de 1644, um exército escocês cruzou a fronteira novamente. Em julho, a Batalha de Marston Moor foi vencida pelos exércitos combinados da Escócia, de Yorkshire (*sir* Thomas Fairfax) e da Associação Leste (o conde

Narrativa dos eventos

de Manchester e Oliver Cromwell). O controle do norte passou para o Parlamento. Porém, o Parlamento, sem um comando unido, não se preocupou com o período pós-vitória. O conde de Essex ficou ilhado no sudoeste, e seu exército se rendeu em Lostwithiel em setembro. Essa e a inconclusa Batalha de Newbury (25 de outubro) fortaleceram as mãos daqueles que exigiam a eliminação de oficiais apáticos e a formação de um comando unificado. O Novo Exército-Modelo foi organizado, tendo Fairfax como general, e a *Self--Denying Ordinance** [Lei da Abnegação] (abril de 1645) privou todos os pares e membros do Parlamento de suas credenciais. O resultado imediato foi a decisiva debandada dos monarquistas em Naseby (14 de junho). O período restante da guerra foi uma série de operações de eliminação ou prisão de soldados inimigos, culminando na capitulação de Oxford em junho de 1646, depois de Carlos ter se rendido aos escoceses, que o entregaram ao Parlamento inglês em 30 de janeiro de 1647. Nesse ínterim, o arcebispo Laud foi executado – em janeiro de 1645 –, e o episcopado foi extinto em outubro de 1646. A mesma lei colocou as terras dos bispos à venda.

As controvérsias acerca do Novo Exército-Modelo e do *Self-Denying Ordinance* testemunharam a criação de dois partidos entre os parlamentaristas. A esses geralmente chamamos de presbiterianos e independentes, os conservadores e os radicais. Uma vez finda a guerra, a maioria presbiteriana no Parlamento, que há muito tempo demonstrava ojeriza e temor pelo Novo Exército-Modelo, propôs a dispensa das tropas sem pagar os salários devidos, oferecendo à soldadesca a chance de se apresentar para serviço voluntário na Irlanda. Isso levou os regimentos a organizar um motim e eleger "agitadores" – também conhecidos como Novos Agentes. Depois de alguma hesitação, Cromwell e a maior parte dos oficiais resolveram compartilhar da sorte desses homens. Aqueles que não o fizeram foram privados de seus postos. Cornet Joyce recebeu ordens para retirar o prisioneiro real do controle do Parlamento e passá-lo para o controle do exército. Foi constituído um Conselho Geral do Exército, composto dos generais e representantes dos outros militares e da soldadesca. O exército, recém-unificado, expediu um manifesto declarando que não faria dispensas ou divisões até que suas reclamações fossem resolvidas. Exigiam-se um expurgo no Parlamento, sua dissolução tão logo fosse possível e novas eleições. Depois do *impeachment* de onze líderes presbiterianos, o exército ocupou Londres e obrigou-os a se retirarem da Câmara dos Comuns (agosto de 1647); agora, porém, surgiram discórdias entre os independentes. Foram entabuladas negociações entre Carlos e os generais para estabelecer uma monarquia limitada com base no manifesto *Heads of Proposals*). Esses últimos despertaram as suspeitas de radicais em Londres (os *Levellers*) e no exército, os quais produziram uma constituição rival, mais democrática, o *Agreement of People* [Pacto do Povo]. Em outubro, as duas constituições foram discutidas no Conselho do Exército, em Putney, entre porta-vozes dos generais e dos agitadores. Criou-se um impasse e finalmente Cromwell forçou um fim às discussões. Os agitadores foram obrigados a retornar aos seus regimentos (15 de novembro). Um deles foi morto, e os regimentos recalcitrantes foram reprimidos.

Cromwell conseguiu fazer isso porque em 11 de novembro o rei havia escapado da custódia do exército, fugindo para a Ilha de Wight. Diante do iminente recrudescimento da guerra civil, o exército precisou se reunificar. Em dezembro, Carlos assinou em Londres um acordo com os oficiais escoceses; como resultado, um exército escocês entrou na Inglaterra em julho de 1648. Entretanto, era um exército liderado por Hamilton e pela nobreza, não o exército disciplinado do Pacto. Em Preston, foi derrotado sem dificuldade por Cromwell, que, anteriormente, havia se livrado de uma revolta "presbiteriano--monarquista" no sul do País de Gales, enquanto Fairfax reduzia uma força monarquista em Colchester.

Os "presbiterianos" do Parlamento haviam, nesse meio-tempo, entrado em negociações com o rei (o Tratado de Newport), mas agora os generais achavam que o rei não merecia confiança e decidiram ajustar contas com ele. Ressuscitaram sua aliança com os *Levellers*. Londres foi novamente ocupada, algumas centenas de membros do Parlamento foram expulsos pelo coronel Pride, e um tribunal foi formado para julgar o rei. Em 30 de outubro de 1649, ele foi executado como traidor do bondoso povo da Inglaterra. A monarquia e a Câmara dos Lordes foram abolidas, mas não houve quaisquer reformas democráticas, e o governo republicano logo perdeu o apoio dos *Levellers*. Houve protestos públicos contra isso, e em março, os líderes dos *Levellers* foram presos. Houve também motins no exército – o mais sério dos quais foi abafado em Burford, em maio. Daí em diante, o governo teve de enfrentar oposição tanto da esquerda como da direita.

Não obstante, as realizações foram consideráveis. A revolta irlandesa, que se arrastava de forma lastimável desde 1641, foi esmagada por Cromwell em uma operação-relâmpago; ele a iniciou com o ataque a Drogheda e o massacre da guarnição militar lá estacionada. Um Ato de Assentamento da Irlanda (12 de agosto de 1652) determinou a desapropriação de dois terços das terras dos proprietários e a transferência da maioria da população irlandesa para Connaught, na região noroeste. Isso nunca se concretizou plenamente,

Narrativa dos eventos

mas grande parte das terras irlandesas passou para as mãos de mercadores londrinos que haviam concedido empréstimos ao Parlamento e a soldados em lugar de seus soldos. Em 1650, a Escócia, onde Carlos II havia sido reconhecido, foi invadida. Cromwell, sucessor de Fairfax como comandante em chefe, venceu a Batalha de Dunbar em 3 de setembro. Exatamente um ano depois, Carlos e um exército escocês invasor foram derrotados em Worcester. A Escócia, como a Irlanda, foi unificada à Inglaterra e ocupada por uma guarnição militar. Durante esse período, a *Commonwealth* afirmara sua autoridade sobre as colônias. Os Atos de Navegação de outubro de 1650 e outubro de 1651 visavam a tirar à força o comércio de transporte dos holandeses. Eles resultaram na Primeira Guerra Anglo-Holandesa – chamada na Inglaterra de Primeira Guerra Holandesa (1652-4).

Os remanescentes do *Long Parliament* foram expulsos por Cromwell em abril de 1653. Eles haviam vendido terras da Coroa, de reitores e de colegiados religiosos, além das terras de cerca de setecentos monarquistas, e produziram poucas reformas domésticas. Em julho, uma assembleia foi convocada por Cromwell, composta de 140 homens selecionados pelos líderes do exército, em parte indicados das congregações de independentes. Essa assembleia passou a ser conhecida como o *Barebones Parliament* [Parlamento de Barebones]*, uma zombaria social dirigida a Praise-God Barbon, um de seus membros, vendedor de couro. Propostas para uma reforma radical assustaram os conservadores nessa assembleia, e em dezembro eles tramaram sua dissolução. O poder foi devolvido ao lorde general – isto é, ao exército. Os oficiais elaboraram uma nova constituição, o Instrumento de Governo, provavelmente preparado pelo major-general Lambert, de quem Cromwell ganhou o posto de Lorde Protetor.

O direito a voto foi redistribuído, mas, quando o Parlamento se formou, em setembro de 1654, ele se recusou a aceitar a ascendência do exército – e estava preparando uma nova constituição quando Cromwell o dissolveu em janeiro de 1655. Em março, houve um pequeno levante de monarquistas, e essa oportunidade foi usada para aumentar o mecanismo do domínio militar. A Inglaterra foi dividida em onze regiões e um major-general, com amplos poderes, inclusive de comando da milícia, foi nomeado para cada uma. Foi introduzido um tributo de dízimo sobre os monarquistas, que – esperava-se – pudesse subvencionar o novo sistema, mas ele não chegou nem perto de fazê-lo. Em novembro de 1654, um mercador chamado Cony desafiou o direito do protetor de arrecadar o imposto previsto no *Instrument of Government* [Instrumento do Governo]. Cromwell conseguiu obter um veredito favorável somente depois de exonerar um juiz e processar o advogado de Cony de uma

O século das revoluções

maneira reminiscente a Carlos I. Recursos financeiros eram uma necessidade premente, e outro Parlamento foi convocado para setembro de 1656.

Uma razão para se convocar um Parlamento foi a situação externa. Em 1654, Cromwell havia acordado a paz com a Holanda em condições favoráveis. Ele havia assinado um acordo que abria o império português para o comércio inglês e havia estabelecido relações amistosas com a Suécia; havia também equipado uma expedição para atacar as Índias Ocidentais Espanholas (as colônias espanholas no Caribe). Conquistar Hispaniola, o objetivo principal, fracassou, mas eles ocuparam a Jamaica. Em 1655, uma frota espanhola repleta de tesouros foi interceptada, e, em 1657, outra foi destruída. Em 1655, a Inglaterra assinou um acordo com a França, pelo qual a Corte exilada de Carlos Stuart foi expulsa daquele país. Isso se estendeu a um tratado, celebrado em março de 1657; o protetor concordou em ajudar a França a derrotar a Espanha na Europa. Dunquerque foi capturada na Batalha das Dunas (junho de 1658) e entregue à Inglaterra.

O governo tinha esperança de usar a guerra contra o tradicional inimigo espanhol a fim de recuperar o apoio do Parlamento de 1656. Recursos financeiros foram, de fato, votados para a guerra, mas, mesmo depois que muitos membros do Parlamento foram excluídos, a Câmara rejeitou um projeto de lei para a milícia continuar sob as ordens dos majores-generais. Os membros do Parlamento demonstraram sua hostilidade à política de tolerância do governo, perseguindo ferozmente o quacre James Nayler. Cromwell não conseguiu intervir para salvá-lo; porém, depois que Nayler foi açoitado, marcado a ferro e teve a língua perfurada, o protetor imediatamente questionou à Câmara a partir de qual autoridade eles haviam agido. Isso, juntamente com as discussões que, sem dúvida, estavam ocorrendo às escondidas desde a rejeição da *Militia Bill* [Projeto de Lei para a Milícia], em janeiro de 1657, levou a um debate constitucional e à elaboração da *Humble Petition and Advice* [Modesta Petição e Exortação]. Tratava-se de uma nova versão da constituição parlamentar de 1654-5. A Coroa foi oferecida a Cromwell, e o controle do executivo foi transferido para o Parlamento, que deveria consistir de duas Câmaras. O novo sistema de sufrágio instituído sob o *Instrument of Government* foi descartado. A Petição encontrou forte oposição por parte de líderes do exército, e, depois de longa hesitação, Cromwell finalmente recusou a Coroa, mas aceitou o restante da constituição com modificações. Lambert, cuja influência já estava declinando há algum tempo, foi dispensado de todos os seus serviços; porém, quando o Parlamento se reuniu novamente, em janeiro de 1658, os membros até então excluídos foram admitidos com a condição de

Narrativa dos eventos

prestarem juramento de lealdade ao protetor. Como consequência, opositores da constituição adquiriram o controle da Câmara dos Comuns, e, em fevereiro, Cromwell dissolveu o Parlamento. Sete meses mais tarde, ele morreu. A *Humble Petition and Advice* o havia autorizado a nomear seu sucessor; assim, Richard, seu filho mais velho, sucedeu-lhe.

Richard ficou longe de ter o mesmo prestígio do pai junto ao exército. Um Parlamento (eleito com base no antigo sistema de sufrágio) reuniu-se em 1658 e reconheceu oficialmente o novo protetor. A Câmara dos Comuns também aceitou a Outra Casa, embora reservasse o direito dos pares que haviam sido leais ao Parlamento de terem lá uma cadeira. Entretanto, os desafetos republicanos reativaram sua aliança com os desafetos do exército, e os últimos agora incluíam muitos oficiais de patente superior. Em abril de 1659, o Parlamento tentou afirmar seu controle sobre o exército; os generais retorquiram, forçando o protetor a dissolvê-lo. O poder reverteu para o exército. Em 5 de maio, os generais recuperaram o remanescente do *Rump Parliament* [Parlamento Coto]*, e Richard retirou-se e caiu no esquecimento. Uma revolta "presbiteriano"-monarquista, de âmbito nacional, planejada para agosto de 1659, aconteceu apenas em Cheshire – e foi reprimida por Lambert. Todavia, as relações entre o *Rump* e o exército deterioraram quando o primeiro tentou subordinar o último ao seu comando, e em outubro o Parlamento foi mais uma vez banido; porém, provou-se impossível impor tributos, exceto recorrendo-se à violência militar. A *City* de Londres recusou-se a cooperar com o governo militar, e o general Monck, comandante do exército na Escócia, foi autorizado por alguns membros do Conselho de Estado deposto a tomar medidas militares em seu nome. Ele avançou em direção à fronteira. Um exército sob o comando de Lambert foi enviado para enfrentá-lo. Uma vez que isso envolvia pagamento, houve mais deserções da soldadesca de Monck para Lambert do que de Lambert para Monck. Monck, contudo, tinha mais reservas financeiras, e o exército de Lambert gradativamente se extinguiu. Em Londres, os generais capitularam e reconvocaram o *Rump* em dezembro; mas Monck cruzou a fronteira e entrou na Inglaterra.

Ele foi recebido a caminho do sul com petições organizadas a favor de um "Parlamento livre", mas manteve seus próprios planos de ação até chegar à capital (3 de fevereiro de 1660). A primeira tarefa que o Parlamento lhe deu foi destruir as defesas e os elos do governo de Londres e prender os seus líderes. Monck obedeceu, mas imediatamente depois bateu em retirada para a *City* e enviou ao Parlamento um ultimato para uma dissolução. A rendição de Monck à *City* garantiu a queda do *Rump Parliament*. Ele abriu as portas

O século das revoluções

do Parlamento para os membros excluídos em 1648, e estes assumiram um compromisso com Monck de se dissolverem em 16 de março, depois de proverem medidas para um novo Parlamento, cuja sessão aconteceu em 25 de abril. Em sua composição, ele era "presbiteriano"-monarquista. A Câmara dos Lordes foi restaurada (embora os pares monarquistas estivessem ainda excluídos), e o Parlamento aceitou a Declaração que Carlos II havia emitido de Breda em 4 de abril. Nela, Carlos propôs uma indenização, o acerto de disputas sobre vendas de terras, o pagamento de atrasados ao exército e liberdade de expressão – tudo sujeito a ratificação pelo Parlamento. Em 25 de maio, Carlos II retornou à Inglaterra.

8
A política e a constituição

*Ninguém é mais amigo do rei do que os ingleses; ainda assim,
eles o abandonaram para aliviar seus bolsos e suas consciências.*

Peter Chamberlen, *The Poor Man's Advocate* (1649)

*A guerra teve início em nossas ruas antes que o rei
ou o Parlamento tivessem um exército.*

Ricard Baxter, *The Holy Commonwealth* (1659)

Tomando partido

Ao estudarmos o período anterior a 1640, examinamos a economia em detrimento da política, mas nas décadas da revolução precisamos dar prioridade à política.

A Câmara dos Comuns no *Long Parliament* representava, como sempre, uma fatia significativa da classe dominante. Compunha-se de membros da pequena nobreza, mercadores e advogados; no entanto, as circunstâncias em que ela foi eleita geraram características novas. Em um nível sem precedentes, as eleições foram contestadas com base em questões políticas. Muitos membros foram eleitos não apenas por causa de sua posição social, mas porque se sabia que eles adotavam uma atitude política definida. Em Great Marlow, todos os candidatos concorrentes eram *gentlemen* [fidalgos];

um deles, entretanto, era um grande latifundiário local que, tendo como sogro o procurador-geral, se colocou a favor dos interesses da Corte. Os dois candidatos da oposição "se colocaram a favor da liberdade dos Comuns na eleição", com o apoio dos comerciantes e operários. A vitória deles foi não apenas uma derrota para a Corte, mas também uma demonstração de que "o tipo de gente comum" se sentia livre, pelo menos uma vez, para poder votar contra seu poderoso senhorio, apesar de suas ameaças de represálias econômicas. Em Leicester, a competição pareceu muito um exemplo daquela rivalidade entre as duas poderosas famílias locais, os Greys e os Hastings, que havia tipificado sua política desde o século XV. Sabemos, porém, que os citadinos comuns estavam se tornando impacientes com o domínio das famílias poderosas, cujos privilégios o *Privy Council* mantinha. Na eleição de 1640, o lorde Grey, da aldeia de Groby, recebeu apoio da plebe. Em 1649, ele foi um dos que assinaram a sentença de morte do rei; mais tarde, ele se tornou membro da Quinta Monarquia*. Portanto, podemos perceber que essa rivalidade tradicional entre famílias, como muitas outras, havia se modificado por meio de alinhamentos políticos.

Onde quer que tenhamos evidência de eleições disputadas em burgos (e isso vale também para as eleições anteriores a 1640), parece que a Corte normalmente defendia a restrição do voto à oligarquia dominante; a partir de 1621, a maioria na Câmara dos Comuns quis estender isso a todos os *freemen*. Apenas ocasionalmente os monarquistas desejavam que o voto se estendesse a todos os habitantes em um burgo com amplo direito a voto.[1] A força do Parlamento estava com os homens de posição mediana. Por meio de várias resoluções os Comuns tentaram evitar que os nobres interferissem nas eleições.

Historiadores analisaram os componentes da Câmara dos Comuns de 1640,[2] embora ainda não tenha havido nenhuma investigação profunda das afiliações políticas e econômicas de membros que poderiam, como ocorreu com os Greys and Hastings, ser mais importantes do que sua posição social. Alguns pontos, contudo, estão claros. Entre 507 membros, foram eleitos 22 mercadores londrinos. Doze monopolistas foram expulsos da Casa; eles eram naturalmente monarquistas. Dos dez mercadores londrinos restantes, nove eram parlamentaristas. Parece que os poucos mercadores monarquistas de

---

1 Hirst, op. cit., p.66-7, 78-93.

2 Brunton; Pennington, *Members of the Long Parliament*; Keeler, *The Long Parliament*.

A política e a constituição

cidades provincianas representavam as oligarquias dominantes, formadas por mercadores. Entre os membros da pequena nobreza com conexões comerciais, havia mais membros parlamentaristas do que membros monarquistas. Não devemos, contudo, em nenhum sentido, pensar que a Câmara dos Comuns gerou a Guerra Civil. Havia monarquistas de princípios e parlamentaristas de princípios na Casa, mas a evidência sugere que a maioria dos membros teria preferido a neutralidade e estava mais preocupada em preservar suas próprias terras do que em ser mártires de uma causa. Cerca de cem membros que se opuseram à Corte em 1641, mas que no final lutaram a favor do rei, tinham propriedades em áreas controladas pelos exércitos reais.

Um problema é decidir como o rei acabou conseguindo um partido. Em maio de 1641, apenas 59 membros votaram contra o *Act of Attainder* imposto a Strafford; seis meses mais tarde, 148 votaram contra a *Grand Remonstrance*; e 236 engajaram-se em maior ou menor grau ao lado do rei na Guerra Civil. Houve um grupo na Câmara dos Comuns, liderado com grande habilidade e elegância por Pym e Hampden, determinado a forçar o rei a se render ao controle do Parlamento; e houve um grupo menor de republicanos, unido a Henry Marten; porém, a força verdadeira, até mesmo do partido de Pym, veio de fora da Casa. Ela veio principalmente de Londres, que, em 1640, elegera quatro radicais ao Parlamento, e onde, em dezembro de 1641, a panelinha monarquista foi ejetada de sua posição no governo, exatamente a tempo de tornar a *City* um refúgio seguro para os Cinco Membros em janeiro de 1642. Pym, com suas conexões comerciais e sua aparência de burguês astuto, era o mediador ideal entre a Câmara dos Comuns e a *City*. Com frequência, havia pressão de cidadãos londrinos sobre o Parlamento: queriam que Strafford fosse condenado; eram contra os bispos. Laud escreveu que

> quando quer que houvesse qualquer proposta na Câmara dos Comuns, à qual se pensava que os lordes se ateriam, ou o rei não autorizaria, não tardava muito e a plebe aparecia e exigia por essa ou aquela justiça, conforme se sentiam instigados.

Entretanto, também houve pressão de fora – dos proprietários de terras em Buckinghamshire, que cavalgaram até Londres para proteger Hampden, quando os Cinco Membros foram presos, dos 2 mil marujos que se mobilizaram entre os 140 mil londrinos para defender, na mesma ocasião, o privilégio parlamentarista e o protestantismo, de membros de congregações sectárias em Londres, nos *Home Counties*, e em *East Anglia*, que jamais fariam acordo com o episcopado. Igualmente, a formação de um partido real deveu-se mais a mudanças de opinião entre a classe proprietária em todo o país do que a eventos na Câmara dos Comuns na qual os historiadores normalmente fixam sua atenção.

Se quisermos entender a Guerra Civil, um mero olhar de relance nos mapas apresentados adiante é mais importante do que a mais elaborada análise dos membros do Parlamento. O apoio ao Parlamento veio do sul e do leste da Inglaterra, mais economicamente desenvolvidos; o suporte ao rei veio das áreas economicamente mais atrasadas do norte e do oeste. Em Yorkshire, Lancashire e Sussex, havia uma clara divisão entre áreas parlamentaristas industriais e áreas agrícolas monarquistas. Em Yorkshire, a cidade têxtil de Bradford, sem qualquer apoio da pequena nobreza, convocou a população do interior e forçou Fairfax a liderá-los em uma ação contra o rei. Em Staffordshire, um grupo de *Moorlanders* [pantaneiros], liderados por "uma pessoa de nível inferior" teve de aguentar o rojão dos combates iniciais. "Um espírito faccioso [...] tomou conta da maioria das corporações", disse Clarendon, e levou-os a se oporem ao rei, embora muitas vezes, como ocorreu em Londres, as oligarquias urbanas fossem monarquistas e tivessem de ser derrubadas antes que os sentimentos parlamentaristas da maioria dos cidadãos pudessem se expressar. Muitas cidades na área controlada pelo rei resistiram por longo tempo ao Parlamento. Em 1642-1643, 20 mil voluntários londrinos, incluindo muitas mulheres e crianças, trabalharam desesperadamente para construir uma muralha defensiva de aproximadamente três metros de espessura, cinco metros de altura e 28 quilômetros de comprimento, para estupefação de observadores estrangeiros.[3] A defesa de Gloucester, Hull e Plymouth frustrou o avanço das tropas reais em direção a Londres em 1643; porém apenas cidades episcopais como Oxford e Chester eram monarquistas. Fortalezas monarquistas eram mansões aristocráticas como a Basing House, do marquês de Winchester, e a Lathom House, do conde de Derby. O Castelo de Raglan foi o último forte a se render. A favor do Parlamento estavam a maioria dos portos e a marinha. Uns poucos capitães fidalgos escolheram apoiar o rei quando a guerra começou, mas foram facilmente substituídos por "marujos" profissionais. A defecção da frota e dos portos significava que o rei não poderia nem pôr um fim à guerra bloqueando Londres nem obter a ajuda externa pela qual tanto lutou.

---

3 Para mais detalhes, ver Manning, *The English People and the English Revolution*, p.217-8.

A política e a constituição

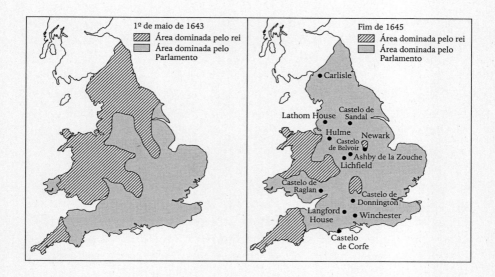

Os próprios nomes *"Cavalier"* [oficial aventureiro] e *"Roundhead"* [cabeça redonda]* sugerem zombaria social: as classes superiores (incluindo a maioria dos líderes parlamentaristas) usavam cabelos longos. As gangues ou milícias de Londres, que Carlos I quis desarmar em 1640, foram, nos estágios iniciais da guerra, as tropas parlamentaristas mais confiáveis. A permanência delas em Turnham Green levou Carlos a se decidir por não atacar Londres. Em 1643 eles atravessaram a Inglaterra para liberar Gloucester. Na Batalha de Newbury, em seu caminho de volta, as gangues treinadas "foram [...] a preservação daquele exército [...] pois elas se postaram como um baluarte e uma muralha para defender o restante", e frustraram até mesmo o elegante *Prince* Rupert, depois de ele ter dispersado a cavalaria. Posteriormente, o cavalariano pequeno proprietário rural voluntário passou a ser tão típico no lado dos parlamentaristas como eram no outro os *"Whitecoats"* do marquês de Newscastle, seus arrendatários e serviçais, ou os católicos dependentes do monarquista conde de Worcester, que, segundo se dizia, mesmo antes de a guerra começar, possuía armas para 2 mil homens.

Essas distinções sociais eram muito claras para os contemporâneos. A duquesa de Newcastle, escrevendo a respeito da região de West Riding, em Yorkshire, referiu-se "àquelas partes do reino que eram populosas, ricas e rebeldes".[4] Clarendon disse que "Leeds, Halifax e Bradford, três cidades

---

[4] Fontes para a maior parte das citações neste e nos três parágrafos seguintes serão encontradas em meu *Puritanism and Revolution*, caps.1, 6.

muito ricas e populosas [...] dependendo inteiramente da indústria têxtil, naturalmente difamaram a pequena nobreza" e se colocaram totalmente à disposição do Parlamento. Em Wiltshire,

> fidalgos de antigas famílias e de muitas posses eram, em sua maioria, afeiçoados ao rei, enquanto pessoas de grau inferior que, graças à boa agricultura, ao fabrico de têxteis e a outras artes florescentes haviam obtido grandes fortunas [...] eram amigos leais do Parlamento.

É o que tais fragmentos fazem supor, bem como o que eles realmente dizem, que é revelador. Chamberlayne, escrevendo após a Restauração, chamou de parlamentaristas alguns membros da pequena nobreza, diferentes do baixo clero, a maioria comerciantes e muitos do campesinato. A riqueza, a insolência e o orgulho da espécie de gente mais comum os fez perder aquele respeito humilde e extrema reverência que, em outros reinos, são geralmente dispensados à nobreza, à pequena nobreza e ao clero.

A análise criteriosa de Baxter não foi diferente.

> Uma enorme parte dos cavaleiros e fidalgos [...] aderiu ao rei [...]. A maioria dos arrendatários desses fidalgos e também a maioria da gente mais pobre, que os outros chamavam de plebe, seguiram a pequena nobreza e foram a favor do rei. Do lado do Parlamento ficou [...] a parte menor (como pensavam alguns) da pequena nobreza na maioria dos condados, a maior parte dos comerciantes e proprietários de terras e a classe intermediária, sobretudo naquelas corporações e condados que dependem de têxteis e manufaturas correlatas. Se desejarmos saber a razão dessa diferença, devemos perguntar também por que na França não era comum encontrar protestantes nem entre os membros da nobreza, nem entre os indigentes, mas sim entre os comerciantes e as classes intermediárias. As duas razões que as próprias partes forneciam eram porque (dizem elas) os comerciantes têm uma correlação com Londres, e se tornam tipos muito mais inteligentes de homens do que os camponeses ignorantes. [...] E os proprietários de terras, dizem eles, não foram escravizados aos seus senhorios como ocorreu com os arrendatários. A pequena nobreza (dizem eles), por suas posses e ambição, depende, como um todo, muito mais do rei do que os arrendatários dependem da nobreza. Proprietários e comerciantes são a força da religião e da urbanidade no país; e os fidalgos e indigentes e arrendatários servis são a força da iniquidade. Muitos da alta e pequena nobreza [concordava Edmund Ludlow] sentiam-se

A política e a constituição

contentes em servir seus planos arbitrários [do rei], se eles pudessem ter licença para tratar com insolência gente de classe inferior.

Em Gloucestershire, os parlamentaristas eram "uma geração de homens verdadeiramente laboriosos, zelosos de seus bens, cujos objetivos principais são a liberdade e a abundância". A pequena nobreza, "que, por detestar um estilo de vida espartano, acanhado e voltado ao trabalho árduo, come seu pão à custa do suor de outros homens", era sobretudo monarquista.

Esses relatos ajudam a explicar por que tantos fidalgos lutaram a favor do rei quando, até mesmo em 1642, muitos, como o republicano Ludlow, esperavam encontrar pouco apoio. Nessa época, grande parte dos proprietários abastados estava alarmada e começando a bater em retirada. Essa ruptura ocorreu não por questões religiosas, mas pela questão crucial do poder político, do controle das forças armadas. Foi necessário formar um exército para reprimir a insurreição irlandesa. A oposição no Parlamento acreditava, ou professava acreditar, que o rei estava por trás dessa revolta. Aqui eles viram a confirmação do Plano Papista internacional contra as liberdades dos ingleses protestantes, de que eles sempre haviam suspeitado. Eles se recusaram a confiar o comando do exército a Carlos. Ele não o entregaria ao Parlamento. Então, os Comuns recorreram à opinião pública na *Grand Remonstrance*, uma declaração propagandística da oposição, cuidadosamente preparada contra Carlos. "Pensei em mostrar ao rei os conselhos nefandos de conselheiros perniciosos", disse o conservador *sir* Edward Dering acerca desse documento; "Não sonhei que devíamos protestar de cima para baixo, contar histórias ao povo e falar do rei como se fosse uma terceira pessoa". Foi por causa da questão da impressão gráfica da *Grand Remonstrance* que, pela primeira vez, espadas foram sacadas na Câmara.

Esse apelo à opinião fora da "nação política" ocorreu em um momento nefasto. Em 1641-2, houve muitos conflitos contra os cercamentos; houve recusa de pagamento de dízimos e arrrendamentos. "Homens de posse ou em situação mediana" estavam se tornando politicamente ativos em Londres, tanto que poucos "fidalgos, sobretudo cortesãos [...] não ousavam vir à *City*; ou, se o fizessem, eles estavam certos de que sofreriam afrontas". "A pequena nobreza", diziam as pessoas comuns, "tem sido nosso patrão há muito tempo, e agora temos a chance de ser seus patrões". "Agora que eles conhecem sua força", acrescentou o autor da carta que relatou tal ponto de vista no outono de 1642, "será difícil, mas eles a usarão". Em novembro, o xerife-mor de Lancashire incitou nobres a portarem armas contra seus ar-

135

rendatários e servos, "para garantir nossas vidas e nossas propriedades, que estão agora prontas para serem surpreendidas por uma turba impetuosa".[5] O monarquista *sir* John Oglander acreditava que

> tempos como esse jamais foram vistos na Inglaterra, quando a nobreza se tornou escrava da plebe, a qual agora tinha o poder de não apenas abusar, mas de pilhar qualquer fidalgo.

A abolição da *Star Chamber* e da *High Commission*, o colapso da censura, a impotência do governo, permitiram que seitas religiosas emergissem do subterrâneo. Pregações eram feitas "por comerciantes e pessoas analfabetas da mais baixa classe". Suas discussões, não confinadas a assuntos estritamente religiosos, atraíam grandes plateias. Aos conservadores parecia que nada de sagrado sobraria. "Espíritos turbulentos, apoiados por pessoas vulgares, rudes e revoltosas, [...] podem provocar a subversão total do governo do Estado".[6] Hyde defendia o episcopado porque "não podia conceber como o comando do Estado poderia subsistir de forma adequada se o governo da Igreja fosse modificado"; a abolição do episcopado significou "a remoção de um ponto de referência e a ruína das próprias bases do governo". Outro membro do Parlamento disse em 1641 que, "se fizermos uma paridade na Igreja, devemos finalmente chegar a uma paridade na *commonwealth*". Sem bispo, não há nobreza: conservadores sociais mobilizaram-se em defesa da Coroa. Contra esse pano de fundo, a determinação da maioria dos Comuns para levar a querela para fora da Casa, para quebrar o tradicional sigilo de debate em um apelo deliberado ao povo, parecia torpeza máxima e insana irresponsabilidade.

Assim, houve forte pressão por um acordo de paz. John Hotham, que, com seu pai, manteve Hull contra o rei em 1642, mas mudou de lado no ano seguinte, explicou em termos sociais por que agira daquela maneira:

> Nenhum homem que tenha qualquer participação razoável na *commonwealth* pode desejar que qualquer um dos lados seja o vencedor [...]. A tentação é grande demais para planos de violência. [Ele temia que] as pessoas necessi-

---

5 Lilly, *The True History of King James I and Charles I*, p.55-6; *Verney Memoirs*, p.69; *Farrington Papers*, p.88.

6 Citado por Manning, "The Nobles, the People and the Constitution", *Passado e Presente* (*P. e P.*), v.9, p.61.

tadas de todo o reino logo se levantarão em números assustadores e [...] se estabelecerão para a absoluta ruína de toda a alta e baixa nobrezas.

"Presbiterianos" e "independentes"

Quando se trata de guerra civil, isso explica não apenas por que muitos fidalgos se mobilizaram em favor do rei, mas também por que muitos homens de alta posição social no lado parlamentarista temiam uma vitória decisiva demais. No início da guerra, o Parlamento estabeleceu comissões jurisdicionais em todas as áreas sob seu controle, nas quais naturalmente colocou a sociedade mais importante dos condados. O comando das milícias municipais também seguiu a posição social da maneira tradicional. Contudo, gradativamente, no decorrer da batalha, dois partidos surgiram nas comissões de todos os condados até agora investigados. Um grupo conservador, de posição social mais alta, era a favor de uma guerra defensiva e uma paz negociada, enquanto o partido do "vamos ganhar a guerra" achava que seu principal apoio era proveniente de grupos sociais mais baixos. "Foi bom que homens honrados e de berço tivessem entrado nesses cargos militares", disse Oliver Cromwell em setembro de 1643.

> Mas como era necessário que o trabalho continuasse, melhor homens comuns do que nenhum homem. Prefiro ter um capitão de casaco de tecido grosseiro castanho-avermelhado que sabe por que está lutando e gosta do que sabe, do que um capitão que chamamos de 'fidalgo' e não é nada além disso.

(O vira-casaca John Hotham foi um dos que não aceitavam camponeses como oficiais do Exército.) *Sir* William Brereton achava que devia substituir o governante de Stafford, mesmo que ele tivesse vindo de uma das melhores famílias do condado, por um mercador rico que, por acaso, era mais eficiente e entusiasmado. Fox, o "Funileiro" de Walsall, de origem humilde, que levantou um pelotão entre os pequenos artesãos do distrito de Birmingham, resistiu à autoridade de seus oficiais superiores e da comissão do condado, até que sua eficiência o confirmasse como coronel pelo conde de Denbigh. Em Kent, Staffordshire, Somerset e na maioria dos condados analisados até o momento, membros das velhas famílias dominantes gradativamente deixaram a comissão ou foram retirados de seus postos de comando. O partido do "vamos ganhar a guerra" de todas as partes esperava liderança e organização vindas de Londres e apoio da classe mediana do interior do país.

O século das revoluções

Essa é a base local para o que vemos em Westminster como um conflito entre "presbiterianos" e "independentes". Os "independentes" eram aqueles que queriam guerra total, visando a uma conclusão decisiva. Eles perceberam que isso significava abandonar a unidade do condado e recrutar e pagar as forças armadas, bem como livrar-se de oficiais que não demonstravam disposição para liderar suas tropas fora das áreas em que suas propriedades se localizavam. Eles queriam nomeação por mérito, independente de posição social e a completa mobilização dos vastos recursos do Parlamento em relação a homens e fundos. As duas posições foram declaradas em uma conversa entre Cromwell e seu general, o conde de Manchester, em novembro de 1644. "Se derrotarmos o rei 99 vezes", disse o conde, "ele continuará a ser rei; [...] mas se o rei nos derrotar uma única vez, seremos todos enforcados e nossos descendentes serão escravos [...]". "Meu senhor", disse Cromwell, "se for assim, por que pegamos em armas no início? Isso vai contra qualquer luta doravante". Portanto, a *Self-Denying Ordinance* e o Novo Exército-Modelo estavam inextricavelmente ligados. A questão principal da primeira era liberar os pares de seus cargos, para que pudesse ser organizado um exército de carreira aberto a talentos. Não foi por acaso que Manchester acusou Cromwell de dizer que "ele esperava viver para jamais ver um nobre na Inglaterra". (Cromwell e *sir* William Brereton estavam entre os poucos membros do Parlamento que foram renomeados para postos de comando após a *Self-Denying Ordinance*. Mais tarde, os *Levellers* gabaram-se do "Novo Modelo, no qual não há um único lorde". Nesse sentido, era um novo tipo de exército.)

A promoção por mérito era acompanhada de tolerância religiosa. Se era necessário fazer um apelo às pessoas que até então haviam "existido apenas para serem governadas", elas precisavam de liberdade de discussão e de organização e deviam ser nomeadas por sua eficiência independentemente de suas ideias. Ao escolher homens para servi-lo, "o Estado não leva em conta suas opiniões", Cromwell escreveu a um major-general em março de 1644. "Se eles estão dispostos a servir com lealdade, isso é suficiente." Ele estava discutindo a promoção de um homem que se supunha ser anabatista, alguém com visões religiosas e sociais que proprietários de terras respeitáveis haviam aprendido a considerar com verdadeiro horror. Cromwell selecionava seus próprios oficiais e homens entre aqueles que "tinham alguma consciência do que faziam", independente de rotulações; essa foi uma razão para seu precoce sucesso militar e sua reputação de homem perigoso.

De outro lado, os membros da classe governante da *City* de Londres eram "presbiterianos". Eles desprezavam "a parcimônia, a sordidez e a má-criação afetada dos independentes", diz-nos Clarendon, e não tinham qualquer desejo de ver a revolução social ir muito além. O conde de Essex perguntou em 1644: "É essa a liberdade que pretendemos justificar derramando nosso sangue? [...] A posteridade dirá que, ao livrá-los do jugo do rei, nós os subtemos ao jugo da gente comum". O comandante em chefe dos exércitos parlamentaristas estava levantando os mesmos pontos de John Hotham, que logo depois foi executado por desertar para o outro lado.

O major-general a quem Cromwell escreveu era um escocês, e aqui se encontrava outra diferença entre "presbiterianos" e "independentes". Ambos haviam concordado em pedir a assistência de um exército escocês. Como preço dessa aliança, os escoceses exigiram a introdução na Inglaterra de um sistema religioso semelhante ao deles, além da caça aos sectários. Os parlamentaristas conservadores aceitaram, satisfeitos, uma igreja presbiteriana nacional, embora ela fosse de um tipo mais erastiano do que o modelo escocês; os independentes, por razões religiosas, políticas e militares, defendiam a tolerância religiosa. Em 1640, um exército escocês havia levado a oposição a impor condições ao rei. Os "presbiterianos" esperavam, em 1644, usar o exército escocês para impor suas visões sobre o rei, o Parlamento e os "independentes" do Exército. A correspondência de Robert Baillie, representante da Escócia em Londres, mostra que "não tínhamos qualquer esperança de progresso aqui", ao impor uma instituição presbiteriana, "até que Deus concedeu vitórias [ao exército escocês]". O triunfo do Exército nacional independente significou que a Igreja Presbiteriana nacional era natimorta.

Os *Levellers*

Entretanto, da mesma forma como a oposição "presbiteriana" aos monarquistas havia sido uma coalizão, também o foi a oposição dos "independentes" aos "presbiterianos"; e essa também se desintegrou após a vitória. Em 1646, um grupo de democratas em Londres afirmou que a soberania do Parlamento e sua resistência ao rei só poderiam se justificar teoricamente se essa soberania derivasse do povo. Porém, se o povo era soberano, então o Parlamento teria de se fazer representante do povo. "O mais pobre dos indivíduos tem tanto direito de votar quanto o mais rico e o mais importante deles" – dessa maneira se expressou um *Leveller*. Essa teoria democrática fundiu-se às exigências de toda uma série de reformas: redistribuição do direito ao voto, abolição da monarquia e da Câmara dos Lordes, eleição de delegados jurisdicionais e juízes de paz, reforma das leis, garantia do título de ocupação de terras para os enfiteutas, abertura dos cercamentos, abolição do dízimo e, com isso, da Igreja nacional, abolição de recrutamento militar, do imposto de consumo e dos privilégios dos pares, das corporações e das companhias de comércio. Seu projeto, dizia um panfletista provocador era "incitar o servo contra o patrão, o arrendatário contra o senhorio, o comprador contra o vendedor, o mutuário contra o mutuante, o pobre contra o rico".

Os *Levellers* contavam com bastante apoio entre aprendizes e patrões de pequenas posses em Londres. Em 1647, eles se juntaram à soldadesca do exército nas exigências relativas a atraso nos pagamentos e indenizações e rapidamente ganharam muita influência entre os agitadores. "O que os agitadores arquitetaram", escreveu Baxter, "foi uma democracia herética". Essa frase reflete acuradamente a confusão entre religião e política naquela época. A detenção do rei, por Cornet Joyce em 1647, forçou os generais a cooperarem com a soldadesca. Os agitadores disseram a Cromwell que, "se ele não viesse imediatamente e os liderasse, eles seguiriam adiante à sua própria maneira, sem ele". Cromwell foi. No dia seguinte ao da captura do rei, os generais concordaram com a criação de um Conselho do Exército em que todas as patentes seriam representadas. A Declaração de 14 de junho de 1647 foi uma aceitação por parte dos generais das atitudes dos *Levellers*.

> Não fomos um exército de meros mercenários, contratados para servir qualquer poder arbitrário de um Estado, mas soldados provocados e incitados pelas várias declarações do Parlamento, à defesa de nossos próprios e justos direitos e liberdade e os direitos e liberdades do povo. E, assim, pegamos em armas com ponderação e consciência [...] estamos decididos [...] a afirmar e reivindicar os justos direitos e poder desse reino perante o Parlamento, para aqueles fins comuns preestabelecidos, contra toda forma de poder arbitrário, de violência e de opressão.

Assim o exército justificou sua intervenção na política contra a maioria "presbiteriana" na Câmara dos Comuns. Os soldados eram cidadãos em uniformes, que haviam reconquistado os direitos de ingleses nascidos livres.

Em Putney, em outubro de 1647, o *Agreement of the People* [Pacto do Povo], a constituição-rascunho dos *Levellers*, foi debatida no Conselho do Exército. Para os *Levellers*, a guerra civil significava que a constituição havia falhado. Eles ofereceram o Pacto como um contrato social fundando novamente o Estado. O direito ao voto deveria ser concedido a todo homem livre que aceitasse o Pacto; ele exigia a dissolução do Parlamento existente, a redistribuição do

A política e a constituição

sufrágio, Parlamentos bienais e a total soberania da Câmara dos Comuns, limitada apenas pela restrição da tolerância religiosa e isenção de recrutamento militar como direitos absolutos. Deveria haver completa igualdade perante a lei, reforma das leis e indenização para todos os que haviam participado da Guerra Civil.

Os Debates de Putney giraram principalmente sobre o alcance do sufrágio. Alguns *Levellers* falavam como se estivessem a favor do sufrágio para todos os homens. O coronel Rainborough afirmou, em palavras que se tornaram famosas:

> O homem mais pobre da Inglaterra tem uma vida para viver tanto quanto o mais rico e, portanto, [...] cada homem que vive sob um governo deve primeiro submeter-se a esse governo de livre e espontânea vontade.

Entretanto, floreios retóricos à parte, a maioria dos líderes dos *Levellers* desejava que o voto fosse dado apenas aos "ingleses nascidos livres". A menos que tivessem lutado a favor do Parlamento, os servos e aqueles que recebiam esmolas – isto é, operários e indigentes – foram excluídos da franquia ao voto, porque esses dois grupos não eram economicamente independentes. Pensando em termos de pequenas unidades industriais e agricultoras domésticas, esses *Levellers* argumentavam que os servos – aprendizes e operários, bem como criados domésticos – eram representados pelo chefe da casa tanto quanto o eram o mulherio e as crianças. Ingleses "livres" eram aqueles que podiam dispor livremente de sua mão de obra, de seus próprios bens. (A análise dos *Levellers* é confirmada pelo fato de que a soldadesca dos regimentos de cavalaria – que fornecia seus próprios cavalos e, portanto, tratava-se de homens com alguma posição social – era mais radical politicamente do que a soldadesca de infantaria, constituída em grande parte de homens oprimidos e, portanto, por definição, não livres).[7]

Dessa forma, a ideia que os *Levellers* tinham de "inglês livre" era ainda restrita, mesmo que fosse muito mais ampla do que aquilo que estava incorporado ao direito de voto existente. Suas propostas teriam talvez dobrado o número de homens com direito a voto. Contudo, o sufrágio para os homens o teria quadruplicado. Os generais, genuinamente horrorizados, fizeram supor em Putney que os *Levellers* eram mais democráticos do que seus porta-

---

7 Para este e o parágrafo seguinte, Macpherson, *The Political Theory of Possessive Individualism*.

-vozes principais. Ao defender o sufrágio existente, o genro de Cromwell, Ireton, rejeitou a ideia de que "pelo fato de um homem ter nascido aqui ele terá uma parte nesse poder e disporá das terras daqui e de todas as coisas daqui". O voto era corretamente restrito àqueles que têm um interesse fixo e permanente neste reino, isto é, as pessoas a quem todas as terras pertencem e aquelas em corporações às quais todo comércio pertence. A Câmara dos Comuns dessa época os representava. Ireton perguntou também com que direito era exigido o voto de todos os ingleses livres. Se por direito natural – aceitando o ponto dos *Levellers* de que deveriam ser livres todos aqueles que pudessem dispor livremente de sua própria mão de obra –, então Ireton não via razão para os homens não terem direito natural tanto à propriedade como ao voto (pois o voto estivera, até então, associado com formas especiais de propriedade; a extensão do sufrágio, com efeito, expropriaria os eleitores existentes).

> A liberdade de todos aqueles que têm o interesse permanente [...] *que* é previsto. E, se o objetivo é preservar a propriedade, a liberdade não pode ser concedida em sentido geral.

Uma teoria de direitos naturais levaria ao comunismo.

Esse argumento desconcertou os *Levellers* em Putney, pois eles estavam longe de ser comunistas. Pelo contrário, expressavam a perspectiva de pequenos proprietários de terras, de artesãos, de lavradores e da maioria dos agricultores da população. Eles se distinguiam claramente dos *Diggers*, que defendiam um programa comunista e, em 1649, começaram o cultivo comunitário de terras em St. George's Hill, próximo a Londres. Gerrard Winstanley, o líder dos *Diggers*, ampliou a concepção de liberdade dos *Levellers*, afirmando: "Liberdade verdadeira existe quando um homem recebe seu alimento e sua subsistência, e isso está no uso da terra". Os *Diggers* concordavam com os *Levellers* que trabalhadores que recebiam salários não eram livres; e eles chegaram à conclusão de que o trabalho assalariado deveria ser abolido. Os generais podem ter acreditado que, logicamente, não havia nada para impedir uma ampliação tão grande da franquia ao voto quanto os *Levellers* defendiam, levando ao direito de voto todos os homens e até mesmo ao comunismo. Como o coronel Rich disse:

> Cinco contra um não têm qualquer interesse permanente neste reino [...]
> Se o patrão e o servo forem igualmente eleitores, então é claro que aqueles

A política e a constituição

que não têm interesse no reino terão interesse em escolher aqueles que não têm interesse. [...] Poderá ser instituída uma lei estabelecendo igualdade de bens e de propriedade.

O generais temiam que os *Levellers* pudessem capturar o exército; então, o monstro de muitas cabeças teria uma única cabeça. Daí o fato de eles terem sido forçados a dissolver o Conselho do Exército.

Em novembro de 1648, Cromwell advertiu um correspondente contra o perigo de debandada em direção ao rei e aos "presbiterianos" por causa do medo infundado de que os *Levellers* pudessem derrubar a nobreza e a pequena nobreza; entretanto, quatro meses mais tarde, ele disse ao Conselho de Estado: "Não há outra maneira de os senhores lidarem com esses homens senão quebrando-os em pedaços [...] Se os senhores não os quebrarem, eles os quebrarão". O medo de revolta popular em 1642 havia desintegrado o unido partido parlamentarista; em 1645, o medo das consequências sociais da tolerância religiosa tinha colocado os "presbiterianos" contra os "independentes" e o exército; e agora, os *Levellers* estavam começando a expandir suas atividades de propaganda política para além de Londres e do exército. Havia muito em seu programa para agradar aos pequenos proprietários. A menos que a disciplina militar "normal" pudesse ser introduzida, o exército, que havia sido chamado à existência para estabelecer a supremacia dos homens de posse, poderia ameaçar essa supremacia de forma ainda mais vital do que a *Star Chamber* e o *Ship Money* haviam feito. Então, Cromwell seguiu em frente para eliminar os *Levellers* de Londres e pôr fim aos motins por eles liderados no exército.

Após sufocar a mais perigosa dessas revoltas em Burford, em maio de 1649, Fairfax e Cromwell receberam títulos honorários da universidade tradicionalmente monarquista de Oxford. Ao chegarem em Londres, eles foram recebidos com festa pelos padres "presbiterianos" da *City*. Essa foi, de fato, uma separação de caminhos. Daí em diante, a Revolução se tornava conservadora. O retorno de Carlos II ao trono certamente não era o que esperavam aqueles que executaram Carlos I em 1649, mas o *Rump* fez propostas aos "presbiterianos" dois dias após a execução do rei. Considerando que os "independentes" abastados haviam decidido que os arrendatários não poderiam ser iguais aos seus senhorios, era apenas uma questão de tempo antes que os escalões da pequena nobreza pudessem se unir novamente. O conservadorismo social levou a políticas conservadoras.

A *Commonwealth* e o protetorado

Não obstante, no caminho de Burford a Breda há algumas paradas interessantes. O efeito imediato do *Pride's Purge* [Expurgo de Pride]* e a execução do rei foi que muitas "pessoas com condições" se retiraram do governo local e foram sucedidas por uma "espécie de gente comum, mais inferior". Clarendon exagerou quando escreveu que "aqueles que nada mais eram além de policiais medíocres e inferiores seis ou sete anos atrás, são agora juízes de paz, sequestrantes e servidores do governo". O médico monarquista George Bate exagerou quando disse que em Londres "os homens mais sórdidos e mais vis" substituíram "os cidadãos mais ricos e mais austeros"; porém, era dessa forma que os monarquistas viam a situação.

De 1649 até 1653, o governo republicano viveu um período de aparente abundância – uma época única na Inglaterra do século XVII. As vendas de terras confiscadas e multas impostas aos monarquistas resultaram em mais de 7 milhões de libras. Boa parte dessa importância foi para os credores da Guerra Civil, mas também contribuiu para financiar a conquista da Irlanda e da Escócia, as batalhas da Guerra Anglo-Holandesa e a construção da frota de Blake. Além disso, ao pagarem mais regularmente os homens, enviarem regimentos de desafetos para a Irlanda e Escócia e, posteriormente, para a Jamaica, e ao efetuarem expurgos sensatos e promoções de líderes radicais, os cidadãos hostis foram reduzidos a algo como um exército profissional. O movimento dos *Levellers* talvez tenha parecido mais forte no exército do que realmente era: a surpreendente sofisticação dos líderes não pode ter se refletido tão amplamente na soldadesca, para a qual, sem dúvida, a exigência de pagamento de salários atrasados era o item mais popular da plataforma dos *Levellers*.

Viver de capital é uma solução a curto prazo. À medida que o fundo de terras se exauria, começaram a surgir divergências entre os "independentes" parlamentaristas e os líderes militares. Os membros do *Rump* depois do *Pride's Purge* formavam uma curiosa mistura. Alguns eram homens de altos princípios – ou partidários da tolerância religiosa, ou republicanos convictos, ou defensores da supremacia constitucional dos Comuns. Outros aderiram na última hora para poderem compartilhar as benesses do sistema. Eles estavam unidos apenas no sentido de que se opunham à dissolução do Parlamento – o segundo grupo, por razões óbvias; o primeiro, porque sabia que o eleitorado jamais manifestaria maioria de votos a favor, fosse da tolerância religiosa, fosse de uma república. Portanto, eles desejavam prolongar o governo do

A política e a constituição

Rump indefinidamente ou, se tivesse que haver uma dissolução, manipular as eleições para garantir seu próprio retorno no Parlamento seguinte. A posição dos líderes do exército era diferente. Teoricamente menos ligados a uma república, eles queriam uma assembleia mais representativa que votasse impostos regulares de forma a conceder ao exército uma posição estável na constituição. De modo diferente dos membros civis do *Rump*, eles não temiam uma dissolução, pois enquanto o exército existisse, seus generais não podiam ser ignorados. Ainda assim, também eles estavam divididos. Os mais conservadores, liderados por Lambert, queriam chegar a um acordo com os "governantes naturais do país", fazer um acordo parlamentar mesmo se tivesse que haver "algo de monárquico nele"; outro grupo, liderado pelo major-general Harrison, estava preparado para impor uma ditadura militar como teste de uma política mais radical, incluindo reforma das leis e a separação entre Igreja e Estado.

Depois da dissolução do *Rump*, a assembleia do *Barebones* foi um ajuste provisório entre esses dois pontos de vista. Aparentemente, seu objetivo original era se tornar um conselho consultivo, um congresso de partidos, em que alguns dos membros fossem nomeados pelas células locais do partido – as igrejas independentes. Entretanto, essa assembleia deu-se o título de Parlamento, e os radicais avançaram com seu programa. Esse não foi, como frequentemente se supõe, um ato irresponsável. Boa parte de sua base foi retirada de projetos de leis que o *Rump* havia começado a preparar, mas que era radical demais para os homens de posses. Houve votação para reforma das leis, para a abolição do *Chancery* e patronato laico, para o estabelecimento de casamento civil sem cerimônia religiosa e para mais vendas de terras cujo pagamento do arrendamento estava em atraso e de terras de dissidentes; a cobrança do dízimo foi questionada. Direitos adquiridos, o que Ludlow chamava de interesses corruptos dos advogados e do clero, bem como da pequena nobreza, sentiram-se ameaçados. Eles foram desafiados diretamente por Lilburne, líder dos *Levellers* – que havia sido exilado pelo *Rump*, sob risco de morte se voltasse à Inglaterra, mas ele argumentou, com base na sua dissolução, que a sentença era inválida, e retornou. Foi levado a julgamento durante as sessões do *Barebones Parliament*, mas não foi possível encontrar em Londres nenhum corpo de jurados que o condenasse. Ele foi declarado "inocente de qualquer crime passível de pena de morte" e em Londres foi alvo de demonstrações de regozijo, das quais as tropas que protegiam Lilburne participaram. No Parlamento, os radicais selaram seu destino, pois não tomaram qualquer medida com relação a Lilburne. Seu programa não

O século das revoluções

sugeria qualquer esperança de concretização sem o apoio popular. O *Barebones Parliament* foi dissolvido sem incidentes.

O Instrumento de governo foi a tentativa dos generais mais conservadores de encontrar um *modus vivendi* entre o exército e o eleitorado. O direito a voto foi modificado em dois aspectos. Primeiro, ele foi redistribuído, de forma a aumentar o número de cadeiras dos condados e a privar do direito de voto um grande número de pequenos burgos, cuja representação era monopolizada por uma única família. A Câmara dos Comuns tornou-se mais representativa de novos centros populacionais e de riqueza. Pela primeira vez, Leeds e Manchester foram emancipadas, ou seja, ganharam seus direitos civis e políticos. Segundo, de acordo com um esquema esboçado no *Rump*, a franquia de 40 xelins de uma propriedade livre e alodial foi substituída como uma qualificação por posse de bem real ou pessoal avaliado em 200 libras. O efeito foi a cassação dos direitos de muitos proprietários menores (aqueles que mais dependiam dos senhorios) e a concessão do direito ao voto a homens com sólidos bens, entre enfiteutas, arrendatários, fabricantes de tecidos, mercadores etc. Não foi a reforma democrática que os *Levellers* desejavam ver, por isso mesmo restringiram, em vez de ampliar, o número de eleitores; foi uma tentativa de criar um eleitorado independente, originário da classe média, mais ou menos como aquele de 1832. Nesse sentido, a reforma foi relativamente bem-sucedida. Os majores-generais conseguiram influenciar alguns burgos nas eleições de 1656, mas não havia burgos suficientes para criar uma maioria parlamentarista, como eles teriam sido sob o antigo sistema de franquia dos direitos civis e políticos.

Não obstante, a constituição cuidou dos interesses dos generais também. Primeiro, grande parte do poder concentrava-se nas mãos do Executivo, e para este (o Conselho) o Instrumento designou uma maioria decisiva dos generais e seus amigos. Não houve qualquer processo para remoção, exceto em caso de morte; portanto, embora o Parlamento devesse se reunir a cada três anos, ele foi efetivamente privado do controle do Executivo. Cromwell foi designado "protetor vitalício" Segundo, o controle financeiro da Câmara dos Comuns ficou muito limitado com a inserção na Constituição de um exército de 30 mil homens, como um primeiro encargo que devia ser satisfeito. Terceiro, um nível considerável de tolerância religiosa ficou expressamente garantido. Nenhuma dessas provisões se revelou do agrado do Parlamento quando este se reuniu em setembro de 1654, mesmo depois de alguns membros terem sido excluídos por se recusarem a assinar um compromisso aceitando o

A política e a constituição

governo de uma única pessoa e o Parlamento – e outros haviam se retirado por desgosto profundo.

Uma ponta do dilema do Protetorado era agora óbvia. Nenhum Parlamento eleito com base em qualquer franquia relativa a bens imóveis desistiria da reivindicação de exercer controle financeiro sobre o Executivo ou de restringir a liberdade de expressão, perseguindo sectários considerados socialmente subversivos. Além disso, nenhum Parlamento representante das classes abastadas seria tolerante com as despesas do vasto exército, que agora existia apenas como força policial para manter sob controle seus inimigos de direita e de esquerda – bem como para arrecadar o dinheiro para seu próprio pagamento. O Parlamento mostrou os dentes na primeira edição do controle de pensamento, prendendo John Bidle, partidário do unitarismo, e continuou a esboçar uma nova constituição em que sua própria supremacia sobre o Executivo, o exército, a tributação e a Igreja deveria ser claramente estabelecida.

A dissolução do Parlamento em janeiro de 1655 meramente empalou o governo na outra ponta do dilema. A governança dos majores-generais foi honesta e eficiente. Eles preencheram uma lacuna deixada após a abolição de prerrogativas e dos tribunais de Igreja, o colapso do sistema presbiteriano e a recusa da pequena nobreza dirigente em atuar como juízes de paz. Eles começaram a dirigir a máquina administrativa, que estava emperrada havia muito tempo; porém, contaram com pouca cooperação dos "governantes naturais" na cidade e no condado. Tiveram muita dificuldade de encontrar xerifes, juízes de paz e jurados. Majores-generais foram colocados no comando da milícia, tradicionalmente controlada pela pequena nobreza. Eles expurgaram corporações municipais; restauraram os fundos de assistência aos carentes, dos quais as oligarquias urbanas haviam se apoderado; puseram em vigor a política da tolerância religiosa, e alguns deles até mesmo tentaram controlar os cercamentos; eles exortavam, intimidavam e supervisionavam os juízes de paz. Pela última vez na história da Inglaterra antes do século XIX, o governo local foi administrado do *Whitehall*. Foi pior do que nos tempos de Laud, pois agora os representantes da autoridade central eram intrusos da classe baixa que adentraram o círculo encantado da política dos condados – e eles possuíam tropas de cavalaria sob seu comando para fazer valer suas ordens. Os opositores da política do "total" não haviam lutado na Guerra Civil para *fortalecer* o governo central. "Amo muito a velha Inglaterra", suspirou Ralph Verney em 1655, "mas a julgar pela maneira como as coisas estão sendo conduzidas aqui, a pequena nobreza não deve se sentir muito feliz por viver nela".

O século das revoluções

Os "governantes naturais" abominavam essas políticas radicais; mesmo assim, os generais haviam rompido irrecuperavelmente com aqueles da esquerda radical que poderiam tê-los apoiado. *Rumpers* como *sir* Henry Vane e Ludlow, *Levellers* como Sexby and Wildman, ou radicais religiosos como Harrison e Vavasor Powell, achavam a ditadura militar simplesmente detestável. O protetorado estava sentado sobre baionetas e praticamente em nada mais. O próprio exército não era mais uma força revolucionária unida. Ele havia sido expurgado de radicais; assembleias representativas das massas haviam sido esquecidas muito tempo atrás. Muitos oficiais especulavam em "debêntures" (vales em reconhecimento de dívida, com os quais as tropas eram frequentemente pagas), comprando-as a um preço baixo e usando-as para investir em terras. Se o governo local devesse ser gerenciado *contra* os "governantes naturais", o dispendioso exército tinha de ser mantido. A tentativa de financiar os majores-generais com um imposto de dízimo sobre os monarquistas foi um grande fracasso. Um tributo sobre a propriedade, não votado pelo Parlamento, era visto com antipatia por todas as classes contribuintes; e, com esse outro fracasso, os homens passaram a temer que pudessem ocorrer mais confiscos de terras. Pouco a pouco, a lógica dos eventos levou os proprietários de terra a se unirem novamente. Apesar de todos os esforços para influenciar as eleições e a decisão de excluir quase uma centena de membros após sua realização, os generais não conseguiram produzir um Parlamento que tolerasse a continuidade de seu comando. Os mais perseverantes opositores do protetorado eram originários do sudeste e do leste da Inglaterra, as principais fortalezas do Parlamento na Guerra Civil. Foi somente nas áreas monarquistas conquistadas, onde os partidários da Coroa perderam seus direitos civis e políticos (e nas recém-emancipadas Escócia e Irlanda), que membros obedientes foram reeleitos.

Quando o Parlamento se reuniu e uma proposta de continuidade do imposto do dízimo foi derrotada, chegou o momento decisivo. Era um voto de não confiança nos majores-generais, apoiados, segundo comentou um membro do Parlamento, por aqueles que "eram a favor da hierarquia hereditária". A *Humble Petition and Advice* foi uma tentativa de estabelecer uma monarquia parlamentar limitada na Casa Cromwell e de devolver os governos locais baratos aos "governantes naturais". Foi proposta a reorganização de uma câmara superior, com os membros a serem aprovados pela Câmara dos Comuns. O Executivo e as Forças Armadas deveriam se reportar a um Parlamento eleito com base no velho direito a voto controlado pela pequena nobreza. Um limite mais alto foi aplicado aos tributos, e seu controle foi de-

A política e a constituição

volvido ao Parlamento. Sob pressão dos generais, Oliver rejeitou a coroa, mas aceitou uma *Petition and Advice* revisada, o que deixou a indicação da câmara superior a seu critério. Quando o Parlamento se reuniu novamente, a Outra Casa continha apenas dois dos antigos pares e estava lotada de generais e de seus amigos e parentes. Eles haviam sido removidos do Conselho, mas ainda conseguiriam vetar qualquer legislação de que não gostassem. O controle parlamentar verdadeiro do Executivo nunca parecera tão distante.

Uma monarquia cromwelliana limitada era impossível, porque Oliver era criação do exército e não ousava dissolvê-lo. Ninguém poderia ter sucesso onde ele havia falhado, nem Richard Cromwell, nem Lambert, nem Fleetwood, nem Monck. A Inglaterra mergulhou na anarquia. Dois temas podem ser ouvidos em meio ao caos. Primeiro, à esquerda, súplicas desesperadas para que republicanos, democratas e sectários voltassem a se unir ao exército para defender a "velha e boa causa". Mas a história dos doze anos anteriores havia dividido os radicais de forma irreparável; entre eles, ninguém confiava em ninguém. Os generais ainda queriam um "senado seleto", composto deles próprios, que pudesse vetar a legislação; apavorava-os pensar no ressurgimento da democracia do exército. Os *Levellers* eram uma força já exaurida. Muito idealismo havia sido derramado, muitos já haviam decidido que uma vitória política era impossível.

O outro tema insistente é a gradativa polarização no extremo oposto: os "livres" novamente unidos contra aqueles que existiam apenas para serem governados. Sem o exército, monarquistas e episcopalianos não poderiam ser mantidos sob sujeição forçada; contudo, enquanto o exército existisse, perspectivas sem fim de aboletamento, de confisco, de reativação do radicalismo, de mais confiscos de terras, assomavam para aterrorizar os homens de posse. No inverno de 1659-60, os contribuintes, liderados pela cidade de Londres, mais uma vez entraram em greve. Tendo em vista que Monck havia se identificado claramente com a *City*, os cordões da bolsa foram afrouxados. O lema dos endinheirados, com o qual eles haviam saudado Monck nas regiões por que passou em sua marcha desde a Escócia, era "um Parlamento livre", o que significava Parlamento dos homens livres.

Mudanças administrativas

É importante enfatizar um aspecto antes de deixarmos que o exército se desintegre: o quão plenamente ele realizou sua tarefa. O poder econômico e militar do catolicismo irlandês, tão amendrontador nas décadas de 1630 e

149

O século das revoluções

1640, fora neutralizado. Assim, um grande bastião da monarquia desaparecera, e até mesmo Jaime II deu provas de sua incapacidade de restaurá-lo. Em segundo lugar, na própria Inglaterra, a artilharia parlamentarista havia destruído fortalezas como Basing House e Lathom House, depois que os castelos de guerra foram, por sua vez, "desprezados". Tratou-se de uma destruição simbólica do feudalismo militar, e isso tornou muito mais difícil para a Coroa impor novamente sua vontade sobre o país por meio de força militar. Em terceiro lugar, a união da Inglaterra e da Escócia, embora não popular nessa última, estabeleceu livre comércio entre os dois países, e as *Lowlands* – as terras baixas do centro-sul da Escócia –, pelo menos, permaneceram dentro do âmbito da civilização inglesa. A conquista do País de Gales (monarquista) da Cornualha e do Norte, as atividades das Comissões para a Propagação do Evangelho no País de Gales e nas Regiões Setentrionais, seguidas do movimento quacre, que evangelizou a Inglaterra e o País de Gales a partir do norte, e o estabelecimento de elos entre outras igrejas – tudo isso ajudou a tornar a Grã-Bretanha mais consciente de sua unidade. Essa unidade tinha Londres como foco; as *Highlands* – as terras altas do centro-norte da Escócia – e as áreas católicas da Irlanda foram excluídas. Essas, as únicas regiões em que a causa Stuart posterior desfrutou de algum apoio das massas, haviam sido isoladas e derrotadas de antemão.

Antes de 1640, o centro do governo havia sido a Corte, a casa real. Servidores do Estado possuíam uma relação pessoal com o rei; seus subordinados eram seus dependentes pessoais. Em 1642, a Corte deixou Londres. Em seguida, a maioria dos grandes lordes fez a mesma coisa. *Customs farmers* e monopolistas perderam seus privilégios. O Parlamento, agora o foco permanente do governo, teve de construir uma nova máquina administrativa lado a lado com o que restou da antiga. O governo foi forçosamente despersonalizado. Novos departamentos financeiros foram formados e, significativamente, localizavam-se nos *halls* de companhias da *City*. Foram estabelecidas comissões de comércio, de venda de terras confiscadas, de administração da alfândega e do imposto indireto – sobre produção e venda. O *Committee for Plundered Ministers* [Comissão para Ministros Espoliados] administrava a Igreja. O *Committee of Both Kingdoms* [Comissão para os Dois Reinos, também conhecido como *Derby House Commitee*] tornou-se o Executivo supremo, dependente do Parlamento, prenunciando o *Cabinet* [Gabinete]. Estabeleceu-se no Parlamento um hábito de comando. Servidores civis semiprofissionais, que não deviam sua posição à patronagem ou aquisição, começaram a estabelecer uma nova tradição de serviço público. Lodlow diz que *sir* Henry Vane, como tesoureiro da Mari-

A política e a constituição

nha, levou os homens a "compreender que eles não foram colocados em um cargo para servir a si mesmos, mas para servir ao público". Essa nova ética lutou para sobreviver à Restauração, mas um servidor civil ex-cromwelliano como Pepys levou um pouco dela para o mundo de Carlos II. A emergência de novos grupos para governar os condados também contribuiu para acabar com a suposição de que um comando precisa inevitavelmente depender de posição social. Promoções eram feitas por mérito tanto na marinha como no exército. A surpreendente eficiência de ambas as forças nesses anos deveu muito às novas atitudes daqueles que as administraram com um senso de dever público. Os marinheiros recebiam seus salários de forma mais regular, os doentes e feridos recebiam melhores cuidados do que sob o reinado de Carlos I ou Carlos II.

Os juízes ganharam estabilidade legal no exercício do cargo, o que os tornou menos sujeitos a pressões do governo. Em 1652, eles contavam com um salário de mil libras e eram proibidos de ganhar gratificações ou recompensas. Tentativas semelhantes foram feitas para substituir o imposto indireto, alfandegário e naval por salários. Em outros departamentos, as taxas foram limitadas e controladas. Não obstante, a longo prazo, os direitos adquiridos de advogados e detentores de cargos oficiais acabaram dando provas de serem resistentes demais tanto para os reformadores parlamentaristas como para Wentworth. Com o crescente conservadorismo sob o protetorado, o *Exchequer* foi restaurado e, com ele, as taxas tradicionais. Não obstante, a venda de cargos foi proibida e não parece ter sido restabelecida até 1660. A abolição dos Conselhos do Norte e no País de Gales, juntamente com o *Privy Council*, provocaram mudanças nos governos locais e maior independência para juízes de paz. Na década de 1640, a cooperação estreita entre membros do Parlamento e comissões de condados conferiu aos primeiros uma nova importância. O Parlamento não era mais um tribunal: foi reconhecido como o representante central dos interesses do "país". Esse *status* não se perdeu depois de 1660. "Membro do Parlamento", a partir daí significa membro da Câmara dos Comuns.

A restauração

Estamos agora em melhor posição para compreendermos como ocorreu a Restauração. Carlos I, cuja existência quase arruinou a monarquia, contribuiu muito para salvá-la com sua morte. Durante a Guerra Civil, ele não havia aceitado plenamente – exceto para efeitos propagandísticos – a visão de Edward

O século das revoluções

Hyde e dos monarquistas constitucionais de que a função da monarquia era proteger a lei, a ordem e a propriedade contra as pretensões arbitrárias do Parlamento, apoiadas pela violência popular. No entanto, em seu julgamento ele não apenas se apresentou como mártir da Igreja Anglicana, como também afirmou que não poderia haver garantia de vida ou propriedade para ninguém, se até ele próprio – o rei – era submetido à violência ilegítima. Qualquer um que se lembrasse da carreira anterior de Carlos deve ter achado difícil aceitar isso naquela época; porém, na década de 1650, um desejo nostálgico de "normalidade" e uma sincera ojeriza por domínio militar espalharam-se entre os nobres, que começaram a ver uma Igreja nacional como o baluarte da lei, da ordem e da estabilidade. A fraudulenta, mas sagaz, *Eikon Basilike* – a autobiogragia espiritual de Carlos I, escrita em seus últimos meses de vida –, com a pretensão de ser as meditações do próprio Carlos na prisão, ajudaram a popularizar a lenda do rei martirizado. Com grande perspicácia, o exilado Carlos II havia escolhido Hyde – que personificou a oposição constitucionalista de 1640-1 – como seu ministro principal e havia se mantido ao lado dele a despeito de todas as intrigas de seus rivais. A insistência de Hyde de que o rei não poderia ser reconduzido ao trono pela força, mas apenas por meio de uma reviravolta a seu favor dentro da Inglaterra, agora começava a pagar os dividendos.

Em agosto de 1659, *sir* George Booth publicou um manifesto justificando por que pegou em armas em nome de Carlos II. Como em 1642, *sir* George sacou a espada em defesa de liberdade e da propriedade, embora, nessa época – pensara ele – a ameaça viesse de um "partido medíocre e faccioso". Em 1659, Booth foi derrotado, mas sobreviveu para conseguir um título de nobre na Restauração, juntamente com muitos outros "presbiterianos". Seus partidários haviam afirmado que estavam começando a entrar em hostilidade com os quacres. Já então os primeiros quacres não eram pacifistas. Dizia-se que os líderes do exército pretendiam fornecer-lhes armas em 1659-60. Contudo, o termo "quacre" era utilizado de forma genérica como um termo ofensivo para descrever radicais religiosos e políticos; as classes endinheiradas temiam um retorno à política de aliança de 1647-9, entre os líderes do exército e esses radicais. Como alternativa, um exército não remunerado poderia fugir totalmente ao controle e levar a uma situação de anarquia, e o monstro de muitas cabeças poderia se aproveitar dessa situação. No final de 1659, os estabelecimentos comerciais não mais abriam com segurança. Os tribunais legais deixaram de funcionar. O exército teve de passar a viver de aboletamentos, e daí para pilhagens sem limites foi apenas um pequeno

A política e a constituição

passo. Em 1659-60, com a censura novamente não sendo exequível, foram publicados panfletos exigindo reforma das leis, enfiteuses estáveis e outros objetivos especificados pelos *Levellers*.

O reverendo Henry Newcombe deu seu apoio à Restauração, mas foi ejetado de seus benefícios como presbiteriano em 1662. Posteriormente, em retrospecto, ele se perguntou se havia valido a pena. Concluiu que sim.

> Embora logo após o estabelecimento da nação tenhamos nos visto como a parte desprezada e enganada [...] ainda assim, com tudo o que sofri desde então, vejo o que ocorreu como menor do que os temores que tive na época. Eles [as forças dominantes antes da Restauração] não me fizeram qualquer mal; nada tiraram de mim. Estes [os governos pós-restauração] tiraram tudo de mim; e, ainda assim, eu não sinto, comparativamente falando, o que senti com meus temores então; e eu não mudaria as condições [...] para sentir como me senti então, tão mal quanto as coisas são agora. (i) A maldade e o ódio deles eram tão desesperados, e fúteis, e anárquicos. Agonia por lei é coisa conhecida, e é possível se enquadrar nela, porém, não se pode inflingir mais do que aquilo que é lícito. Então, tornamo-nos vítimas do impulso e ficamos à mercê de uma multidão fútil, intensa, sanguinária; (ii) escapamos de uma anarquia[8] münsteriana, muito mais triste do que uma perseguição pessoal. [...] Se, então, nos tivessem dito 'bem, você será aliviado desse poder e libertado dos malditos anabatistas, mas você precisa ter bispos e cerimônias novamente', teríamos então dito isso com todas as nossas forças.

Assim, os presbiterianos sacrificaram a religião em nome da ordem social. Em abril de 1660, Milton havia advertido contra o perigo de que a religião e a liberdade se prostituíssem ao ponto da "vã e infundada apreensão de que nada, exceto a realeza, pode restaurar o comércio".

"É possível reprimir os sectários e manter o rei fora do trono ao mesmo tempo?", perguntou um panfleteiro monarquista; sua resposta foi "não". A eleição no condado de Buckinghamshire, em 1659, foi descrita como sendo entre "os nobres" e o "partido dos anabatistas". Os nobres venceram. O momento decisivo foi em um dia em fevereiro de 1660, quando o comando de "pessoas sem nível ou qualidade" foi retirado da milícia e devolvido ao

---

8 O regime anabatista em Münster em 1535 teve curta existência porque foi reprimido com ferocidade absoluta, mas foi usado por muito tempo como uma história de horror para sugerir que todos os sectários eram revolucionários cruéis.

"governo da nobreza e pequena nobreza importante".[9] Pepys declarou as alternativas com precisão em seu *Diary*, na data de 18 de abril de 1660: "Ou os fanáticos são agora destruídos, ou a pequena nobreza e os cidadãos em toda a Inglatera, e o clero, cairão, apesar de sua milícia e de seu exército". A pequena nobreza e os cidadãos, os livres, encontravam oposição junto aos fanáticos, republicanos – o monstro de muitas cabeças. O temor dos últimos levou os livres a contar com Carlos Stuart "por amor a si mesmos, não por amor a ele", anotou Ralph Josselin em seu diário. "Também não desejamos desfrutar do que é nosso mais do que desejamos que todos os nossos súditos desfrutem do que por lei lhes pertence", disse Carlos II em sua Declaração de Breda, que encaminhou todas as questões controversas a "um Parlamento livre que, sob a palavra de um rei, nos aconselhará".

O regozijo popular com a Restauração não deve nos iludir. Homens de posses sentiram-se felizes ao ver as leis, a ordem e a estabilidade social, a liberdade e propriedade sendo restauradas com o rei, e a disciplina com os bispos. Eles compraram carne para a plebe assar, exatamente como em 1623 eles haviam feito para celebrar o retorno do príncipe Carlos, que estivera na Espanha. Entretanto, como Cromwell dissera a Lambert em 1650, "essas mesmas pessoas gritariam da mesma forma se eu ou o senhor estivéssemos indo para o cadafalso". Aqueles que não estavam contentes com a Restauração, comentou de modo sagaz *sir* John Reresby, "não ousam se opor ao que está ocorrendo, aparentando outra coisa". Não sabemos o que os não livres achavam, pois em 1660 as persianas se fecham. A partir daí, eles novamente existem apenas para serem governados, e ouvimos seus protestos desarticulados apenas pelo meio distorcido de julgamentos e de relatórios de juízes de paz.

Pós-escrito

Desde que este livro foi escrito, nossa compreensão das origens da Guerra Civil e de como ela se transformou na Revolução Inglesa foi muitíssimo ampliada com *The English People and the English Revolution* (Penguin), de Brian Manning, e também com dois artigos escritos por ele, "The Aristocracy and the Downfall of Charles I" e "Religion and Politics: the Godly People", em *Politics, Religion and the English Civil War* (B. Manning, 1973). Os três são leitura essencial para quem deseja compreender aquele período. Manning estabelece

---

9 *A Coffin for the Good Old Cause*; *Verney Memoirs*, p.444; Clarendon, *History of the Rebellion*, p.176.

A política e a constituição

a importância das ansiedades sociais que provocam o alinhamento dos dois lados a favor da Guerra Civil: os monarquistas eram o "partido da ordem", que se voltou ao rei com receio de que as classes inferiores fugissem do controle. Líderes parlamentaristas, como Oliver Cromwell, *sir* William Brereton e *sir* Thomas Fairfax, acreditavam que o radicalismo popular poderia ser utilizado sem pôr em risco a autoridade da nobreza. O trabalho de Derek Hirst ajusta-se muito bem ao de Manning e Clive Holmes, com seu *The Eastern Association in the Civil War* (Oxford University Press, 1974) – faz um estudo de caso que ilustra a validade da tese; mas, na East Anglia parlamentarista, o temor de um levante social levou conservadores a se unirem e a buscarem proteção em Westminster.

9
A economia

Alguns bradam, "a terra é pobre; não pode frutificar".
É pobre, de fato; ainda assim, prefiro acreditar
poucos reinos são tão ricos [...]
Sim, ela é pobre, se nossos olhos repousamos
naqueles cujo labor neste reino reclamamos;
aqueles que nossos grandes e abastados senhores
têm extorquido, oprimido e submetido a temores
para garantir seu viver e adornar suas carcaças [...]
Ainda assim, nada fazemos que possa contribuir
na guerra ou na paz, para bem usufruir [...]
pudéssemos [...] se pudéssemos concordar
reino que tão carente parece estar
poderia com suas veleidades manter
exércitos maiores do que o Rei da Espanha possa ter.

George Wither, *Brittans Remembrancer* (1628)

Aquele que comanda os mares comanda os negócios; aquele que comanda os negócios do mundo
comanda as riquezas do mundo e, consequentemente, comanda o próprio mundo.

Sir Walter Ralegh, *A Discourse of the Invention of Ships*

Um ponto de inflexão

Cada vez mais claramente os historiadores vêm reconhecendo o significado decisivo dessas décadas na história econômica da Inglaterra. Doutor Corfield escreve que

O século das revoluções

depois das guerras civis governos sucessivos, do *Rump* em diante, independentemente de sua compleição política, dedicaram muito mais atenção aos interesses do comércio e do desenvolvimento das colônias em sua política externa.[1]

Restrições que haviam obstruído o crescimento da atividade econômica capitalista foram removidas e nunca mais foram retomadas. "A primeira condição para um crescimento industrial saudável", escreveu o professor Hughes a propósito da indústria de sal, "foi a supressão da *entourage* parasítica da Corte".

Após 1640, empregadores e *entrepeneurs* foram liberados de regulamentações e do controle do governo de várias maneiras. Tentativas de supervisionar a qualidade dos produtos manufaturados e de fixar preços foram abandonadas; monopólios industriais foram abolidos. Maior liberdade foi estabelecida nas relações entre empregadores e trabalhadores. O governo parou de tentar regular salários, de forçar os empregadores a manter seus empregados no trabalho em tempos de depressão. A tributação, mesmo que pesada, tornou-se regular e (exceto sob o controle do exército) era controlada por representantes dos contribuintes. A partir daí, os empregadores limitaram-se a expandir ou contrair seus negócios unicamente com base em considerações de ordem econômica. "A relação entre patrões e servos", escreveu Clarendon nostalgicamente, foi "dissolvida pelo Parlamento, para que o seu exército pudesse aumentar por meio de aprendizes contra o consentimento de seus patrões". O Ato de 1563, insistindo em um período de aprendizado de sete anos, e excluindo dele todos, exceto os filhos dos proprietários absolutos de terras, não entrou em vigor. O *common law*, tão favorável aos direitos absolutos de propriedade, triunfou sobre os tribunais de prerrogativas.

As terras

Durante essas décadas, arrendamentos e terras da Coroa foram vendidos ao preço de quase 2 milhões de libras. Estima-se que o montante do capital relativo à venda das terras da Igreja tenha sido também de quase 2 milhões de libras. Os bens de quase todos os monarquistas mais poderosos foram sequestrados, isto é, passaram para o controle de comissões dos condados, que recolhiam alugueis e multas, e fixavam o valor das locações. As terras de mais de setecentos monarquistas foram confiscadas e vendidas por um valor

---

1 Corfield, "Economic Issues and Ideologies", *The Origins of the English Civil War*, p.215; cf. Stone, *The Causes of the English Revolution*, p.71.

A economia

acima de 1,5 milhão de libras, e, com quase absoluta certeza, os monarquistas dispuseram, privadamente, de muito mais terras. Tratou-se de um tumulto comparável à dissolução dos mosteiros. Os monarquistas que o desejassem, poderiam fazer um "ajuste" em relação às suas propriedades – isto é, comprá--las de volta pagando uma multa, avaliada em relação a seu grau de inadimplência, variando de metade a um décimo do valor capitalizado. Arrendatários que haviam se recusado a pagar o aluguel aos senhorios "inadimplentes", ou que haviam cooperado com muita avidez com as comissões de confisco parlamentaristas, estavam à mercê dos proprietários que haviam "ajustado". John Cook, o advogado que apresentou o caso do Parlamento contra o rei em 1649, representou dramaticamente a atitude de tais monarquistas.

> Diz o velho avarento, "Preciso pagar muitos milhares de libras ao Parlamento e preciso ter isso novamente!" [...] "Oh", diz ele, "tenho certeza de que me vingarei daquele Cabeça-Redonda".

Os compradores de terras confiscadas estavam ansiosos para garantir um retorno rápido. Seus arrendatários que não pudessem produzir evidência por escrito comprovando seus direitos eram passíveis de expulsão. Os arrendatários de terras que antes pertenciam à Igreja e à Coroa, escreveu um monarquista em 1653,

> odeiam do mais fundo do coração aqueles que as compraram, pois esses homens são os maiores tiranos do mundo, pois eles arrancam violentamente dos arrendatários todas as imunidades e liberdades de que eles antes desfrutavam.

As transferências de terras devem ter tido o efeito de quebrar as relações tradicionais entre o proprietário e o arrendatário, de substituí-las por ligações puramente monetárias.

É difícil avaliar os efeitos que essas transações tiveram sobre os proprietários monarquistas. Homens importantes como o duque de Newcastle e o conde de Worcester alegaram ter perdido um pouco aquém de 1 milhão de libras na causa real. Essas eram estimativas infladas, incluindo as despesas para levantar tropas para o rei e a perda de aluguéis por quase vinte anos; ainda assim, nenhum desses nobres mergulhou na miséria depois da Restauração. Outros monarquistas, que não foram para o exílio, mas "ajustaram" e conseguiram suas propriedades de volta, puderam se devotar à administração dos bens durante seus quinze anos de exclusão da política, sem qualquer tri-

O século das revoluções

bunal para forçar sobre eles gastos extravagantes. Muitos monarquistas, por meio de agentes ou de gente de suas relações, compraram suas propriedades de volta antes de 1660, embora alguns deles tenham incorrido em dívida ao fazê-lo; porém, muitos monarquistas menores devem ter enfrentado sérias dificuldades financeiras. Quase 1,5 milhão de libras foram levantados de mais de 3 mil monarquistas pela *Commission for Compounding* [Comissão de Ajuste], e também 350 mil libras em aluguéis e lucros por suas propriedades. Inadimplentes submetidos ao Parlamento também tiveram de pagar um imposto de 1% de suas propriedades e um quinto de seus bens pessoais. No topo disso veio uma tributação pesada, culminando com o imposto do dízimo de 1655.

Para pagar multas do ajuste depois de um longo período sem receberem aluguel, os monarquistas foram autorizados a vender parte de suas terras. Não temos qualquer ideia de quanto foi vendido, mas a quantidade deve ter sido enorme; essas terras não foram devolvidas em 1660. Aparentemente, fidalgos decadentes, cuja situação financeira era muito precária, formaram a espinha dorsal do partido de ação monarquista na década de 1660, fomentando um complô militar que os proprietários de terras mais importantes do partido desaprovavam. A menos que tais homens tivessem muita sorte em garantir favores da Corte após a Restauração, suas famílias lutaram com muita dificuldade para se manterem livres de dívidas. Ainda assim, a maioria dos proprietários monarquistas mantinha sua posição. Não houve revolução social no país comparável com a que ocorreu durante a Revolução Francesa, embora as mudanças que estavam ocorrendo a longo tempo possam ter acelerado seu ritmo.[2] Estimava-se que metade das terras de Staffordshire teria ido para as mãos de novos proprietários entre 1609 e 1669. Em 1609, havia apenas três "cidadãos proprietários" no condado; em 1669 havia três pares, quatro baronetes e vinte fidalgos rurais que haviam adquirido terras com a fortuna feita no comércio.

Em 1646, a Tutela e o Tribunal de Tutela foram abolidos por ordem das duas Câmaras e, em 1656, por um Ato do Parlamento. Todas as terras anteriormente mantidas fora da alçada do rei por direito de ocupação foram convertidas em posse absoluta. A confirmação dessa legislação foi a primeira questão que a Câmara dos Comuns discutiu em 1660 após ouvir a Declaração de Breda, tal era a importância a ela atribuída. O professor Perkin afirmou que essa foi "a mudança decisiva na história da Inglatera, o que a tornou diferente do continente; dela derivaram todas as outras diferenças na sociedade

---

2 Underdown, *Royalist Conspiracy in England, passim*.

inglesa".[3] Seu efeito foi privar a Coroa de um meio vital para manter seus súditos mais importantes adequadamente subordinados; liberar a classe proprietária dos irritantes e erráticos impostos sobre a transmissão *causa mortis* que a tutela havia imposto; e dar aos proprietários de terras, cujos direitos sobre suas propriedades até então haviam sido limitados, poder absoluto para fazerem o que quisessem com elas, inclusive o direito de dispor da herança de suas terras por testamento. O direito à propriedade incondicional e à transmissão de bens imóveis foi crucial para o investimento planejado de capital a longo prazo em melhorias na agricultura. Outro aspecto fundamental estava relacionado com os enfiteutas (a maioria pequenos arrendatários sem qualquer garantia de seu título de propriedade): eles *não* deveriam ganhar direitos absolutos sobre suas propriedades, especialmente o direito de herança, mas poderiam ser despejados pelos proprietários que desejassem fazer cercamento ou fusão.

Portanto, há três estágios na vitória relativa à questão do sistema de senhorio. Primeiro, a abolição do regime laudiano e dos tribunais de prerrogativas, que haviam tentado controlar os cercamentos e proteger pequenos proprietários. Segundo, a abolição da tutela e do direito de ocupação. Terceiro, a derrota do movimento para conquista da independência econômica (e, portanto, política) para os enfiteutas, a fim de proteger direitos comuns contra o cercamento e reformar a lei em nome dos pequenos proprietários. Winstanley estava apelando a ouvidos moucos quando, em 1649, pediu à Câmara dos Comuns:

> deixem a pequena nobreza ter seus cercamentos livres de todo e qualquer entrave normando escravizante, deixem o cidadão comum ter suas terras comunais e receber gratuitamente as terras improdutivas, livres de todos os escravizadores normandos, proprietários de grandes mansões. [...] Se os senhores acharam que o Tribunal de Tutela era um peso e isentaram todos os latifundiários e a pequena nobreza do pagamento de multas ao rei [...] que isentem também o cidadão comum de prestar homenagem aos grandes senhores.

O Parlamento de 1656, que aboliu o direito de ocupação, rejeitou um projeto de lei para estabelecer um limite máximo para as multas de acesso à propriedade que poderiam ser impostas aos enfiteutas (deixando, assim, os

---

3 Perkin, "The Social Causes of the British Industrial Revolution", *Transactions of the Royal Historical Society* (*T.r.H.s.*), p.135.

proprietários livres para expulsar aqueles que não pudessem pagar). O mesmo Parlamento rejeitou outro projeto de lei – introduzido, curiosamente, por um major-general – que, pela última vez, tentou frear os cercamentos. Esses projetos "destruiriam a propriedade", disseram; somente a propriedade dos livres parecia contar. O Ato de 1660, confirmando a extinção dos direitos de ocupação, previa especificamente que não deveria beneficiar enfiteutas. No século XVIII, Blackstone achou esse Ato uma dádiva maior aos proprietários do que a própria Magna Carta. Em nenhum outro âmbito houve uma derrota do movimento radical mais decisiva do que essa. O século de prosperidade agrícola que se seguiu às vitórias da cavalaria de lavradores de Cromwell na Guerra Civil foi também o século do "desaparecimento do pequeno proprietário de terras".

É, portanto, a partir do Interregno que novas possibilidades de extensão da área cultivada se abrem. Algumas florestas reais foram vendidas; florestas pertencentes a latifundiários monarquistas também foram utilizadas para lavoura, fosse por arrestantes, fosse por compradores, ou pelos próprios monarquistas necessitados. Durante a Guerra Civil, protestos populares inibiram o cercamento de florestas, terras comuns e improdutivas; mas a restauração de uma autoridade central e a derrota dos movimentos radicais, juntamente com o fato de que grandes lotes de terras confiscadas foram vendidos pelo Parlamento, garantiram que as grandes novas áreas agora disponíveis para cultivo fossem para as mãos de homens com capital suficiente para melhorá-las. Quando o Parlamento mapeava terras para venda, ocupantes ilegais de terras comuns eram sempre marcados para expulsão. A partir daí, o encorajamento de melhorias na agricultura foi o objetivo principal da política do governo; foram abandonadas as tentativas de evitar o cercamento. A prosperidade agrícola aconteceu de uma forma que beneficiou os proprietários mais ricos e prejudicou seus arrendatários. Em 1649, Peter Chamberlen, protestando contra isso, defendeu a nacionalização de terras confiscadas, de terras comunais e de pântanos; e Gerrard Winstanley e os *Diggers* começaram a tomar posse de terras improdutivas para lavoura coletiva. Tais esquemas foram inevitavelmente frustrados. O Parlamento aprovou um Ato para drenagem da região pantanosa dos Fens no mesmo mês em que os *Levellers* foram reprimidos em Burford. Taxas de juros mais baixas (facilitando empréstimos financeiros) também contribuíram para que programas de recuperação de propriedades improdutivas e cultivo de terras comunais fossem adiante – mas não para benefício dos pobres, que então usavam os pântanos e mansos comuns para pesca, caça, pastagem e suprimento de combustível.

A economia

Por volta de 1650, sementes de trevo estavam à venda em Londres. Seu uso, recomendado por autores que escreviam sobre agricultura, revolucionou o cultivo de terras áridas. Charles Davenant acreditava que o trevo havia sido introduzido especialmente nas terras da Coroa durante o Interregno. Uma melhor rotação de plantações permitia que animais sobrevivessem ao inverno. Isso, por sua vez, aumentava o suprimento de fertilizantes. Enquanto isso, o poder aquisitivo aumentava, graças aos gastos do governo e à elevação das taxas salariais. Maior poder aquisitivo significava que os homens podiam se alimentar melhor, o que, por sua vez, era um grande estímulo à agricultura. A produção agrícola deu um enorme salto; a Inglaterra deixou de importar milho e logo começou a exportá-lo. Milho e carne mais baratos significavam custos de mão de obra relativamente mais baixos, sobretudo nas áreas de fronteira do norte e do oeste, até então menos desenvolvidas, em que tanto a produção agrícola como a industrial expandiam com muita rapidez. Paradoxalmente, a vitória do sul e do leste na Guerra Civil trouxe prosperidade para Liverpool e fez renascer a economia de Bristol e Exeter.

A opinião pública também se modificou. Os *Levellers* protestavam contra os cercamentos, mas os autores de assuntos agrícolas eram invariavelmente a favor dele, e, depois da restauração da censura na década de 1650, a nota de desaprovação moral é menos frequente. A tradicional rima podia circular verbalmente:

> A lei encarcera o homem ou a mulher
> que rouba o ganso de um pobre qualquer
> deixa em liberdade o grande vilão
> que rouba do ganso seu próprio chão.

Entretanto, o reverendo Joseph Lee afirmava que o jogo livre do mercado teria sucesso onde as regulamentações do governo haviam fracassado. Se acontecer de o suprimento de milho estar baixo, "os homens vão arar as terras de seu cercamento para seu próprio lucro; trata-se de uma máxima inegável que todos [...] farão o que for necessário para seu maior proveito". O desenvolvimento agrícola tornava-se cada vez mais uma questão de investimento de capital, o que apenas os proprietários ou locatários abastados tinham condições financeiras de fazer. "Qualquer terra", escreveu Blyth em 1652, com despesas e ônus pode tornar-se rica, e tão rica quanto as terras podem ser. Com despesas e ônus – essa era a questão. Em 1657, no Parlamento, o coronel Sydenham disse acerca da soldadesca: Eles são pobres, e,

O século das revoluções

se os senhores designarem terras a eles, eles as venderão novamente. Os ricos herdaram a terra.

A indústria e os pobres

O Interregno presenciou um avanço nas comunicações que facilitou uma especialização da produção agrícola e industrial em diferentes regiões. Antes de 1640, a oposição (baseada em direitos adquiridos) a melhorias na navegação fluvial podia ser satisfeita apenas por meio de um poder prevalente obtido por uma carta de patente: esta era sujeita a todos os custos e riscos de negociações em tribunal. Depois de 1640, a iniciativa passou para o Parlamento, mais liberal em tais questões. O transporte por cabotagem triplicou entre 1628 e 1683. Em 1654, por Ato do Parlamento, foram contratados pesquisadores para avaliarem os habitantes de uma paróquia e contratar mão de obra e carroças para o conserto das estradas. Foi o início do reconhecimento do dever do Estado em sua competência, antecipando a primeira Lei do Pedágio, de 1663. Necessidades militares e administrativas levaram a uma forte aceleração das comunicações postais. Em 1656, cartas de Londres eram entregues em Winchester no dia seguinte. Sob a administração do secretário Thurloe, os correios desenvolveram-se como uma instituição nacional, atendendo tanto a clientes particulares como públicos. Os primeiros serviços postais regulares por meio de carruagem remontam ao Interregno.

No comércio e na indústria, as décadas revolucionárias não foram menos decisivas. O aprovisionamento para o rei foi abolido, a autoridade do servidor do mercado, cuja fiscalização dos pesos e das medidas havia frequentemente sido utilizada para fins de extorsão, foi transferida para a magistratura local. Os privilégios de monopólios locais e o sistema de aprendizado ficaram seriamente abalados. Até 1640, a Inglaterra e a França haviam se movimentado ao longo de linhas paralelas de regulamentações industriais; após essa data elas se separaram completamente. O aumento nos preços, que havia criado condições de prosperidade há tanto tempo, chegara ao fim: a devastação resultante da Guerra dos Trinta Anos levou a uma drástica redução na demanda europeia. Crises políticas em 1649-60 provocaram depressão industrial e comercial. E os encargos de tributação e de aboletamento foram onerosos no decorrer de todo o período; entretanto, o comércio interno livre foi o pré-requitiso essencial para o avanço industrial. Os salários – seguindo a lei da oferta e da demanda – subiam com regularidade: os valores pagos pelo exército ajudaram a fazê-lo subir. A tendência continuou até o final de nosso período de estudo.

A economia

Nas minas de estanho da Cormualha, o total *laissez-faire* criou condições de muita prosperidade. Os mineradores que, por conta da depressão causada pelo monopólio praticado pela dinastia Stuart, haviam deixado sua indústria, voltaram em massa; novas minas foram abertas, a produção expandiu-se, e os salários subiram, mas caíram novamente quando o monopólio foi restabelecido em 1660.[4] Na indústria têxtil, John Aubrey escreveu acerca de 1685:

> A arte da fiação desenvolveu-se tanto dentro desses últimos quarenta anos que com meio quilo de lã se faz o dobro de tecido que se podia fazer antes das guerras civis.

Os gastos do governo, financiados por confiscos, tributos e impostos alfandegários sobre esse mercado mais fortalecido, subiram consideravelmente. É difícil avaliar o efeito que compras a granel – que, nessa escala, eram novidade – tiveram no sentido de encorajar a produção de armamentos, a construção naval, a indústria têxtil e as indústrias de couro, para não mencionar outras. O mais importante de tudo foi a mudança na atmosfera intelectual e moral. Em 1641, quando os Comuns discutiram juros, eles tiveram de ser chamados de "indenização". Ideias medievais sobre empréstimo financeiro ainda prevaleciam, e "juros" era um termo grosseiro. Em 1660, tais preconceitos foram extintos. Em 1651, a taxa de juros foi reduzida para 6%, dando um novo estímulo à indústria.

Antes de 1640, muitos operários não podiam sair legalmente de seus locais de trabalho sem uma carta de recomendação; porém, entre o colapso do governo conciliar e o estabelecimento de novas e mais drásticas restrições pelo *Act of Settlement* [Lei de Colonização] em 1662, houve um período de maior mobilidade. O recrutamento militar forçado retirou os homens de seus ofícios e da pecuária; por insistência do exército, as regulamentações quanto ao aprendizado de um ofício foram deixadas de lado em nome de soldados licenciados. Operações militares e aboletamento de tropas em residências particulares (que continuou por muito tempo após o final da guerra) ajudaram a misturar a população, a trazer as ideias do sul e do leste para as áreas isoladas do norte e do oeste. Escoceses e irlandeses lutaram na Inglaterra; ingleses, na Escócia, na Irlanda, nas Índias Ocidentais e na região de Flandres – ao norte da Bélgica. Em geral, o período foi de grande mobilidade. Às marchas dos exércitos seguiram-se aquelas de soldados desmobilizados buscando trabalho

---

4 Lewis, *The Stannaries*, p.220-1.

O século das revoluções

e de quacres itinerantes buscando salvar almas. As unidades autônomas em todos os níveis da sociedade inglesa entraram em colapso. O Regulamento dos Aprendizes, que excluía da indústria têxtil três quartos da população rural, deixou de vigorar. Depois de 1660, o desemprego diminuiu. Não se falava mais em superpovoamento na Inglaterra.

Os serviços de assistência aos destituídos continuaram no decorrer das décadas revolucionárias, e não houve interrupção na prestação de beneficência privada. Em 1647, uma Corporação para os Necessitados foi instituída em Londres. Tratava-se de um projeto especial e, na verdade, parece que os pobres viviam em melhores condições na década de 1660 do que na década precedente.[5] Os anos de crise – 1649 e 1659 – produziram uma variedade de folhetos, fazendo propostas generosas e criativas para a extinção do pauperismo; entretanto, a derrota dos radicais indicou que tais esquemas não foram colocados em prática. A ênfase dos puritanos no dever de servir a Deus por meio do trabalho árduo na vocação de cada um havia fornecido justificativa teórica para a distinção legal entre os pobres fisicamente aptos, que eram malvados e deveriam ser forçados a trabalhar, e os pobres idosos e debilitados, que deveriam ser assistidos pela Igreja. Considerando que havia um grande número de desempregados sem condições de encontrar trabalho, essa visão acabou se revelando pouco convincente; tampouco foram bem-sucedidas as primeiras tentativas dos Stuart de intimidar as paróquias e forçá-las a fazer os pobres trabalharem. No entanto, o período com taxa mais elevada de emprego que se seguiu ao estabelecimento do livre comércio interno tornou mais aceitável a ideia de que os indigentes eram preguiçosos e pecadores. O ano de 1640 marca o fim do período em que o governo central tentou colocar em vigor um sistema nacional de administração do pauperismo. A partir daí, até o século XIX, cada paróquia cuidava de seus próprios desempregados. O paternalismo do Estado chegava ao fim, fracassado; vagarosamente – e dolorosamente – começava a surgir o sindicalismo comercial.

As companhias comerciais e a *City*

O *Long Parliament* aboliu os monopólios industriais; ele não aboliu o direito dos comerciantes de formarem companhias comerciais privilegiadas às quais o acesso era restrito. As grandes companhias londrinas faziam empréstimos financeiros ao Parlamento, e houve, nas palavras do senhor Scott, uma "ten-

---

5 Jordan, *Philanthropy in England*, p.137, 198-9, 206-9, 369.

A economia

dência ao fortalecimento da posição das companhias muito além do que se pode explicar por motivos de cunho exclusivamente político". Contudo, após 1647, os privilégios das companhias começaram a sofrer crescentes críticas. Durante três anos, o comércio das Índias Orientais ficou aberto a comerciantes ilegais. A *Levant Company* sofreu sérios prejuízos com rivais comerciais não autorizados.[6] Os *Levellers* se fizeram a ponta de lança desse ataque, exigindo que todas as restrições impostas à produção e venda concorrentes fossem anuladas e que o pequeno produtor tivesse garantido o direito de dispensar o intermediário, o qual levava grande parte dos lucros. Esse foi, com efeito, um apelo à intervenção do Estado em nome dos pequenos patrões artesãos contra os grandes capitalistas comerciais e, também, contra os privilégios locais e de monopólios.

Em Londres, houve um movimento, paralelo àquele da revolta política, contra o sistema oligárquico de governo em companhias e na *City*. Os pequenos patrões tentaram reconquistar uma parcela ativa do controle das companhias, para se protegerem e não serem oprimidos à condição de assalariados. Dessa maneira, "homens livres pobres e artesãos gráficos qualificados" queixavam-se, afirmando que haviam se transformado em "servos perpétuos, obrigados a servir durante toda a vida a uns poucos ricos sob as condições, o salário e no período de tempo que os patrões achassem convenientes".[7] Em pelo menos onze companhias londrinas a massa de trabalhadores participou de um movimento desse tipo em escala inédita. Houve confrontos violentos. A simultaneidade com que eles ocorreram sugere a influência de teorias democráticas gerais bem como de descontentamentos específicos. Os *Levellers* também tiveram influência nesse movimento. Com frequência, os pequenos padrões solicitavam o apoio do Parlamento, alegando que as oligarquias que controlavam as companhias eram monarquistas. Houve algum sucesso. A comunidade dos tecelões ganhou o poder de eleger um órgão representativo de 140 membros. O direito de impressão de Bíblias e de Testamentos, até então monopolizado, foi ampliado para todo o grupo de impressores gráficos.

Todavia, o movimento democrático entre as guildas não teve sucesso duradouro nem substancial. Chegou ao fim em 1656. Nesse mesmo ano, o governo ratificou os privilégios da *Merchant Adventurers* e, com isso, foi

---

6 Margaret James, *Social Policy during the Puritan Revolution*, p.207, 211.

7 Scott, *The Constitution and Finance of English, Scottish and Irish Joint-Stock Companies to 1720*, caps.xii e xiii.

restaurado o semimonopólio de uma das companhias mais poderosas de exportação de tecidos. Em 1657, Packe, um dos membros da *Merchant Adventurers*, juntou-se ao movimento daqueles que estavam oferecendo a Coroa a Cromwell. Também nesse ano, a Companhia das Índias Orientais recuperou seu alvará. O governo do Protetor estava abandonando seus aliados radicais anteriores e ligando-se novamente a homens de grandes posses, a favor dos quais os "presbiterianos" haviam se pronunciado anteriormente. Portanto, nessa área também estava preparado o caminho para a Restauração. "Não há, na verdade", lembra-nos o doutor Corfield, "qualquer motivo para supormos que uma economia em desenvolvimento gere automaticamente a exigência de uma política de *laissez-faire*".

Em 1649-50, houve uma tentativa, novamente com o apoio dos *Levellers*, de democratizar o governo da própria *City* de Londres. Em fevereiro, o Parlamento, que havia acabado de abolir a monarquia, autorizou a convocação de um Conselho dos Comuns sem a presença do *Lord Mayor*, cujo veto, juntamente com o dos edis, fora abolido. Essa, no entanto, foi apenas uma forma de burlar o controle que os "presbiterianos" tinham da *City*; isso não produziu qualquer efeito duradouro na democratização da administração da cidade. Movimentos de democratização semelhantes foram adotados em outras cidades, embora, até o momento, poucas tenham sido estudadas adequadamente.

Comércio e política externa

No final do período de revolução de preços, a Europa entrava em uma fase protecionista e em uma época de guerras comerciais. Foi propício para os mercadores ingleses que o poder passasse, no momento exato, a homens mais receptivos aos interesses do comércio. Havia duas linhas possíveis de expansão do mercado externo. Alguns – por exemplo, os mercadores ligados ao comércio com as *West Indies* – viam como seu principal inimigo o poder dos Habsburgo, monopolizando o mercado americano e tentando estabelecer controle político e econômico sobre o Báltico. Contra a Áustria e a Espanha dos Habsburgo, a República Protestante da Holanda era um aliado em potencial. A *Merchant Adventurers* era a favor de relações amistosas com os Países Baixos, consignatários de suas exportações de tecidos. Outros, mais interessados no comércio com as Índias Orientais, na exportação de novos tipos de tecidos, na pesca, ou no comércio europeu de transporte (especialmente os não licenciados), viam os Países Baixos como seus maiores rivais. Os holandeses estavam superando os mercadores ingleses nos mercados

A economia

europeus e coloniais; estavam estabelecendo um monopólio de materiais de construção naval e de suprimento de escravos africanos. Os anos anteriores a 1646 e posteriores a 1656, quando "presbiterianos" e companhias da *City* tiveram maior influência, foram os anos de política externa pró-França, pró--Holanda e anti-Espanha; a política do *Rump* foi pró-Espanha e anti-Holanda. A indústria têxtil da região de Yorkshire, quer fosse representada no governo por Wentworth ou por Lambert, era consistentemente pró-Espanha. A antítese entre as duas políticas era permanente, variando conforme a ênfase estivesse sobre a Europa, onde o apoio holandês poderia ser necessário, ou sobre as colônias, onde holandeses e ingleses eram concorrentes comerciais; essa antítese não se resolveu senão três anos mais tarde, quando os holandeses aceitaram a posição de subordinação à Inglaterra – e dependência dela –, que havia sido oferecida e rejeitada em 1651.

O ano de 1651 representou um ponto de inflexão na política colonial. Durante a Guerra Civil, a preocupação maior do Parlamento nessa área havia sido conquistar as colônias negociando privilégios e tarifas favoráveis e, assim, privar a frota monarquista de suas bases. Muitos dos pares, proeminentes figuras na colonização, como Warwick e Saye and Sele, apoiavam o Parlamento e, portanto, não podiam ser ofendidos. Contudo, depois do *Pride's Purge*, o comando dos assuntos coloniais foi retirado de Warwick e transferido a "cidadãos e pessoas de nível inferior" (palavras de Clarendon); Blake escorraçou a frota do príncipe Rupert dos mares, e uma nova política foi adotada. Isso envolveu uma atitude muito mais positiva do que aquela adotada pelos Stuart. Foi feita uma tentativa de construção harmônica de uma unidade imperial. A legislação parlamentar, colocada em vigor pela marinha, objetivava aumentar a produção das colônias de forma a suprir a Inglaterra com tudo aquilo de que ela necessitava. Foram introduzidos prêmios para a produção de suprimentos navais, a fim de livrar os ingleses da dependência dos suprimentos transportados por carregadores holandeses do Báltico. O comércio com os estrangeiros – e isso significava principalmente os holandeses – foi proibido aos colonos. Dessa forma, foi inaugurado o "velho sistema colonial" que duraria bem mais de um século.

Por volta de 1640, produtos das colônias re-exportados de Londres igualavam, em valor, a todas as exportações inglesas, com exceção dos têxteis. Daí o interesse de Londres na expansão colonial, na reorientação do comércio das colônias, em fazer de Londres um *entrepôt* de reexportação da produção das colônias. Foi essa a maneira encontrada para deslocar de Amsterdam para Londres o centro comercial do mundo. Isso envolveu uma revolução comer-

O século das revoluções

cial. Nesse sentido, foram cruciais os Atos de Navegação de 1650 e 1651, que desafiaram os holandeses a lutarem pelo comércio do mundo. Um Ato de Navegação havia sido introduzido no Parlamento de 1621, e frequentes sugestões foram feitas nas décadas seguintes para que as mercadorias fossem importadas e exportadas apenas em navios ingleses. Porém, submetidos à monarquia, os mercadores não tiveram influência suficiente para forçar essa política sobre o governo, nem qualquer governo teve a força naval para levá-la a cabo, mesmo que o desejasse. Agora, pela primeira vez o Estado desempenhava o papel principal, integrando o comércio do país em um único monopólio nacional. A adoção dessa política pelo *Rump* não foi o triunfo de nenhum grupo especial de pressão: foi uma vitória em um novo sentido – o de que um avanço agressivo dos interesses comerciais da Inglaterra deveria ser a principal preocupação dos governos.[8] Em 1648, os holandeses haviam garantido o direito de livre passagem de seus navios no Báltico, enquanto os navios ingleses precisavam pagar: somente a intervenção do poder estatal pôde reverter essa derrota. Entre 1651 e 1660, mais de duzentos navios foram acrescentados à marinha inglesa, graças tanto a capturas como à construção de mais embarcações, em comparação com as quatro décadas de domínio dos Stuart. Essa vasta frota foi usada deliberadamente para conquistar vantagens comerciais. Durante a guerra holandesa de 1652-4, 1.700 capturas de navios fortaleceram muito a marinha mercante inglesa. Os holandeses concordaram em pagar compensação pelo massacre de Amboyna*, ocorrido em 1623, uma concessão que nenhum governo inglês anterior conseguira garantir.

A partir do final da década de 1630, quando os holandeses expulsaram os navios portugueses dos mares do leste, os mercadores ingleses aspiravam assumir o papel de transportadores para os portugueses. A proteção do império português oferecida pela Inglaterra contribuiu para a Guerra Anglo-Holandesa de 1652. A conclusão bem-sucedida da guerra possibilitou a assinatura de um tratado anglo-português em 1654, que transferia o monopólio do comércio com o império português de mercadores holandeses para mercadores ingleses e permitia aos últimos comercializarem com Brasil, Bengala e África Ocidental em condições mais favoráveis do que aquelas dos próprios mercadores portugueses. Houve um acentuado renascimento do comércio anglo-português, o que se esperava que fossem, em 1656, "notícias bem-vindas para nossas

---

8 Hinton, *The Eastland Company and the Common Weal*, cap.7; Farnell, "The Navigation Act of 1651, the First Duth War and the London Merchant Company", *Economic History Review* (*Econ. H.R.*) (2.série), p.439-54.

A economia

cidades têxteis, agora que o comércio delas com a Espanha está fechado".[9] Em 1660, dizia-se que havia sessenta casas de mercadores ingleses em Lisboa e duas na Espanha. A conexão portuguesa estava estabelecida.

A partir de meados da década de 1650, com o retorno da influência de Warwick e dos "presbiterianos", houve uma mudança na direção da política externa, mas nenhuma mudança no uso consciente do poder do Estado para fins comerciais. A Guerra Anglo-Espanhola, sem dúvida, acentuou a rivalidade anglo-holandesa, pelo fato de os mercadores holandeses tentarem monopolizar o comércio com a Espanha. No *Western Design* [Projeto para o Ocidente]*, de 1655, Cromwell pôs em vigor a política com que uma parte da opinião inglesa havia sonhado desde os tempos de Hakluyt, a política de Ralegh e da *Providence Island Company*. O sucesso não foi imediato, pois a tentativa de conquista de Hispaniola falhou, e o império espanhol deu provas de ainda ser bastante forte. Entretanto, pela primeira vez, o *Western Design* fez do Caribe o palco da política de poder da Europa, o que duraria 150 anos. A conquista da Jamaica teve consequências de longo alcance; foi a primeira das Grandes Antilhas* a ser perdida para a Espanha, e sua conquista inaugurou uma nova época na política comercial inglesa. Entre 1640 – quando o cultivo de cana-de-açúcar foi introduzido – e 1651, a população de escravos de Barbados cresceu de mil para 20 mil, suprida principalmente pelos holandeses. Em 1673, ela havia duplicado novamente, mas nessa época os escravos vinham da Jamaica. Após 1640, a emigração política e religiosa para as plantações inglesas da América do Norte sofreu desaceleração, lá criando outra fonte de demanda de mão de obra escrava. A Jamaica também substituiu a base holandesa em Curaçao como *entrepôt* para terras hispano-americanas do continente. A prosperidade de Liverpool e de Bristol no decorrer dos 150 anos seguintes baseou-se no comércio de escravos.

A importância nacional do comércio foi reconhecida quando a marinha começou a fornecer escolta regular a partir de 1649. Depois que navios monarquistas de guerra foram destruídos, piratas da Berbéria* foram rendidos e a velha base de pirataria de Dunquerque foi anexada, a marinha inglesa começou efetivamente a policiar os mares. Navios mercantes não precisavam mais se armar até os dentes. Assim, os fretes começaram a se reduzir ao nível holandês. A frota de Blake foi usada como um instrumento de política decisivo. O poder inglês surgiu no Mediterrâneo para dar a proteção que os mercadores haviam buscado em vão junto aos dois reinados dos Stuart: os efeitos foram imediatos e duradouros. Tratados com Tetuan e Tânger resultaram em bases

---

9 *Thurloe State Papers.*

navais lá. Já nessa época, o governo estava de olho em Gibraltar (ou Minorca) como base permanente. A Inglaterra também exerceu poder no Báltico, ainda uma fonte essencial de apetrechos navais e de milho. Os tratados de 1654 e de 1656 deram aos mercadores ingleses permissão para entrar em portos suecos em condições de igualdade com os holandeses, que, até então, haviam monopolizado as exportações no Báltico. A frota de Goodson no estreito de Sound em 1658 espera ansiosamente o século XVIII.

Foi assim que se modificou a política externa inglesa. Em vez da política débil e pró-Espanha praticada por Jaime e Carlos, houve uma concentração deliberada de forças por parte da Inglaterra quanto à utilização da potência marítima para uma política externa agressiva. O Interregno testemunhou a aquisição da Jamaica, Santa Helena, Ilha de Run, Suriname, Dunquerque, Nova Escócia e Nova Brunswick; iniciou-se o comércio com a China. A grandeza de Cromwell dentro da Inglaterra era apenas uma sombra de sua glória no exterior, disse Clarendon. Embora Oliver falasse de uma Cruzada Protestante e tenha, de fato, estendido a proteção aos membros Vaudois e a outras vítimas de perseguição, sua política externa foi dominada por considerações econômicas. Até mesmo a Suécia protestante foi rechaçada quando, aparentemente, ameaçou os interesses ingleses no Báltico. No final da década de 1650, a tradicional política contra a Espanha – em parte econômica, em parte religiosa – havia alcançado seus propósitos. A derrota da Espanha na Guerra dos Trinta Anos e a preponderância de motivos comerciais sobre motivos religiosos na política externa significavam que, a partir de então, os holandeses eram rivais imediatos. Thurloe considerava Dunquerque, conquistada da Espanha, como "um freio aos holandeses". Teria também sido um freio aos franceses se, em seguida, Carlos II não a tivesse vendido e licenciado o exército de Cromwell. Como consequência, a França sucedeu a Espanha como a mais perigosa potência europeia, contra a qual a luta pelo Novo Mundo e pela Índia teve, em última análise, que ser travada. A partir do Interregno, os interesses comerciais adquiriram primazia na formação da política externa que seria mantida.

Finanças

Essa política externa grandiosa teve seu preço. Calcula-se que durante o Interregno mais de 80 milhões de libras foram levantadas na Inglaterra – uma média de mais de 4 milhões de libras por ano. Para pagar a Guerra Civil, o Parlamento impôs novos impostos, notadamente a taxação sobre ativos e o

A economia

imposto sobre produção, venda e consumo. O primeiro incidia sobre terras e bens, modelado com base no *Ship Money* e aplicado sobre o "valor anual real dos arrendamentos, pensão anual e ofícios". Foi introduzido por iniciativa dos radicais da *City* em 1643. Até então, o principal encargo tributário havia recaído sobre os mercadores e os pequenos proprietários de terras. Agora, pela primeira vez, a pequena nobreza foi obrigada a pagar uma proporção substancial. Entre 1643 e 1646, uma família proprietária de terras pagava um quarto de sua renda em impostos, e, na década de 1660, pagava um oitavo.[10] Ao mesmo tempo, a taxação sobre consumo recaiu nos pobres. Os impostos poderiam ser considerados como um substituto racionalizado e mais eficiente para os monopólios (em seu aspecto fiscal), já que incidiam principalmente em artigos de consumo popular – cerveja, carne, sal, amido, sabão, papel.

Assim, as décadas revolucionárias marcaram um ponto de inflexão no campo tributário. As mudanças operaram a favor dos homens em situação mediana, mercadores e industrialistas, e contra as classes abastadas e aquelas que não possuíam terras. Essa tributação pesada se sobrepôs ao confisco e aquartelamento (que atingiu ricos e pobres), e ao serviço militar obrigatório (que atingiu os muito pobres). Em combinação com contratos, empréstimos e concessões do Estado aos mais afortunados entre os parlamentaristas bem-nascidos, e com os lucros obtidos com empréstimos financeiros e especulação com terras, o sistema de tributação ajudou a ampliar o abismo entre ricos e pobres e a exacerbar as relações entre proprietários de terras e cidadãos endinheirados. Muitos daqueles que pertenciam à pequena nobreza e que antes de 1640 estavam atolados em dívidas, que eram partidários do Parlamento e não menos monarquistas, podem ter achado o ônus da tributação insuportável.[11] Entre os membros da classe mediana, do campesinato e dos artesãos, os desafortunados seriam destruídos – como aconteceu com Gerrard Winstanley; os poucos afortunados, incluindo alguns oficiais do exército, prosperaram. Juntamente com a venda de terras – que só fez acelerar um processo contínuo no decorrer de todo o século –, chapas de metal eram fundidas. Eram roubadas chapas de chumbo de residências, além do roubo de madeira de muitas propriedades. Os puritanos, escreveu Cowley em 1643, "transformam o ouro do reino em ferro e aço". Bens até então congelados tornaram-se disponíveis para investimento produtivo. Davenant viu o período entre 1630 e 1660 como

---

10 Habakkuk, "English Landownership, 1680-1740", *Econ. H.R.*, p.8-9.

11 Board, "Gentry Finance and the Civil War; The Case of the Buckinghamshire Verneys", *Econ. H.R.* (2.série), p.183-201.

O século das revoluções

os anos em que o estoque inglês aumentou mais rapidamente no século XVII. Essa transferência e concentração da riqueza pelo uso do poder estatal nunca foram devidamente analisadas; esse fenômeno pode dar provas de ter sido um salto adiante, paralelo àquele dado na agricultura, como resultado da disponibilidade de novas terras para cultivo. Novamente, os beneficiários foram os homens endinheirados.

As vendas de terras ajudaram a subvencionar a guerra contra os holandeses, mas depois que as terras confiscadas foram vendidas os governos continuaram a gastar por ano aproximadamente quatro vezes o que havia sido considerado impraticável no reinado de Carlos I. O dinheiro do contribuinte valia muito mais do que nos tempos da monarquia. Não obstante, não houve nenhum Parlamento disposto a votar as quantias necessárias, pois grande parte dos gastos era para sustentar o impopular exército. Assim, cada Parlamento sob o Protetorado tentou reduzir os gastos militares e estabelecer o princípio de que todo tributo deveria ser votado por representantes daqueles que o pagavam. Talvez as palavras mais significativas na *Humble Petition and Advice* foram aquelas da Cláusula 7, relativas à receita: "Nenhuma porção dela a ser arrecadada por imposto territorial", pois o imposto territorial, a taxação sobre ativos, pagava o exército. Combinados, o imposto sobre o consumo e o imposto alfandegário arrecadavam menos de 1 milhão de libras, o que não cobria outros gastos do governo.

Tendo em vista uma atitude relutante por parte das classes contribuintes, o governo só conseguia levantar empréstimos a curto prazo. O Protetorado nunca conseguiu estabelecer uma dívida pública fundada, isto é, uma dívida que os credores pudessem considerar como um investimento permanente, a juros. O governo de Carlos I fora derrubado quando a invasão da Escócia e a greve contra impostos na Inglaterra, que ocorreram simultaneamente, forçaram a convocação de um Parlamento. De maneira semelhante, a *Commonwealth* desintegrou-se diante do exército de Monck, a única força disciplinada e paga do país, juntamente com a recusa em se pagarem impostos. Em cada caso, a força invasora, procedente do norte, permitiu que a esmagadora força conjunta da cidade de Londres e da pequena nobreza estabelecesse sua supremacia natural. O exército de Monck era pago porque uma assembleia escocesa havia votado em novembro de 1659 uma concessão de 50 mil libras a ele, o que lhe deu condições de sobreviver até fevereiro, quando ele chegou a um acordo com a *City*. Com isso, ele não poderia ter determinado um acordo, da mesma forma como os escoceses poderiam ter feito em 1640. Era um homem prudente demais para tentar; em vez disso, ele aceitou um ducado.

10
A religião e as ideias

Mansoul – foi a própria sede de guerra.
Bunyan, *The Holy War*

Até aproximadamente o ano de 1649, considerava-se excêntrica a pretensão
do homem de buscar uma inovação em seu conhecimento.
Aubrey, *Natural History of Wiltshire*

Se houvesse níveis de alto e baixo no tempo e no espaço, creio verdadeiramente
que o tempo mais alto seria aquele que transcorreu entre 1640 e 1660.
Thomas Hobbes

A Igreja oficial estabelecida

Em setembro de 1641, a Câmara dos Comuns votou:

> Será lícito que os fiéis de qualquer paróquia [...] estabeleçam uma roti-
> na de leitura para pregação e, à sua própria custa, mantenham um ministro
> ortodoxo encarregado de pregar todo Dia do Senhor onde não haja pregação,
> e que haja pregação um dia por semana onde não houver pregação semanal.

Essa foi uma faca de dois gumes, objetivando, em parte, permitir que os
paroquianos forçassem leitores de sermões – leitores que eles próprios es-

colhiam – sobre os beneficiados eclesiásticos de Laud, ou "cães estúpidos"; e, em parte, objetivando roubar a cena dos "pregadores mecânicos", não autorizados, que estavam reunindo multidões fora das igrejas paroquiais. Muitas paróquias se aproveitaram da ordem, muitas vezes depois de intensos conflitos, nos quais a Câmara dos Comuns tinha de intervir para insistir que ministros religiosos deveriam permitir o livre uso dos púlpitos para os leitores. "Promotores violentos das inovações mais perigosas", como Carlos I se referiu aos leitores/pregadores; suas preces e sermões "atiçam e estimulam a rebelião contra mim". Leitores e ministros religiosos frequentemente atuavam como agentes de recrutamento e propagadores da fé. Em agosto de 1643, a Câmara dos Comuns determinou que "diversos ministros religiosos" fossem "para diferentes condados [...] para transmitir ao povo a verdade e a justiça da causa do Parlamento ao pegar em armas defensivas". Nesse ínterim, os Comuns expulsaram vários "ministros escandalosos", muitos por razões que os tornaram escandalosos no sentido moderno, mas outros por causa de sua atitude política. Clérigos expulsos tinham permissão para receber um quinto da receita da paróquia, à custa de seus sucessores. Conforme avançavam os exércitos parlamentaristas, com eles também avançava o expurgo; até que, finalmente, com as Comissões para a Propagação do Evangelho no País de Gales e nas Regiões do Norte, foram instituídos grupos de ministros itinerantes para levar o Evangelho puritano aos até então "recantos negros" do território. Portanto, o Estado assumiu a tarefa que os *Feofees for Impropriations* [Feudatários da Secularização] haviam começado 25 anos antes. A construção de igrejas, negligenciada por um século e meio, recomeçou na década de 1650 – sobretudo no norte e no oeste – à custa do governo.

O outro aspecto do trabalho dos feudatários – aumento dos benefícios clericais – foi retomado em uma escala muito maior. Terras de bispos foram vendidas sob uma regulamentação de 1646; as de reitores e colegiados religiosos, em 1649. A esperança puritana original de dedicar toda a renda à propagação da religião e do conhecimento não se concretizou. As exigências do exército eram grandes demais. Não obstante, mais de 30 mil libras por ano, provenientes das terras de reitores e colegiados, destinavam-se ao aumento dos estipêndios de ministros e diretores de escolas; e o mais importante: os monarquistas tinham permissão para redimir parte de suas multas, estabelecendo dízimos secularizados (se eles possuíssem algum) sobre o vigário da paróquia. Com essas duas fontes, e de somas muito maiores provenientes da generosidade municipal e privada, grande parte do clérigo inglês deve ter desfrutado de rendas ainda muito mais substanciais do que antes de 1640 ou após 1660.

A religião e as ideias

Antes de 1640, houve profundo ressentimento em relação à tentativa laudiana de aumentar os pagamentos do dízimo. Agora, todo o princípio do dízimo era contestado. Afirmava-se que o ministro deveria depender das contribuições voluntárias de seus paroquianos; caso contrário, ele seria um "mercenário". Se as contribuições voluntárias não fossem suficientes, por que não poderia o ministro trabalhar como qualquer outro? A doutrina do sacerdócio de todos os fiéis, implícita na Reforma, seria levada à sua conclusão lógica com a abolição de uma casta privilegiada do clero.

Esses argumentos acarretaram enormes consequências políticas e econômicas. O senhor Maning escreve que

> a questão do dízimo foi, potencialmente, o tópico mais revolucionário da Guerra Civil inglesa, porque ela conseguiu atrelar as queixas de ordem econômica da massa de pequenos agricultores ao programa religioso dos separatistas.

Se o dízimo não fosse pago aos ministros, então eles também não seriam pagos aos leigos que praticavam a secularização. Esses proprietários leigos receberiam compensação? Em caso de resposta afirmativa, quem os pagaria? Ou seriam eles meramente desapropriados? Poucos dentre os proprietários de terras consideravam qualquer uma das propostas como, no mínimo, alarmantes. Uma igreja estabelecida se manteria ou ruiria por causa de dízimos. A eleição e o pagamento de ministros, ficando a cargo das congregações, significariam o fim de qualquer igreja controlada e disciplinada em âmbito nacional. Isso faria que a tolerância religiosa total fosse praticamente impossível. As razões para a preservação de uma Igreja nacional eram não apenas sociais, mas também religiosas. Assim, em 1650, o conselheiro municipal Violet, em um relatório à comissão parlamentar sobre o declínio do comércio, propôs como solução:

> Primeiro, nomear ministros religiosos competentes em todas as igrejas do país, para que possam ensinar as pessoas a temerem a Deus, a obedecerem a seus superiores e a viverem em paz uns com os outros, garantindo a todos esses ministros meios de subsistência adequados.

A função social da religião nem sempre era honestamente expressa, mas muitos homens, sem dúvida, concordaram com o vereador Violet. A abolição de uma Igreja estabelecida seria um ato de desapropriação. Muitos milhares de membros da pequena nobreza desfrutavam do direito a benefícios concedidos por patronagem, para a qual eles ou seus antepassados haviam pagado em dinheiro vivo. Eles não queriam perder o direito de indicar para esses benefícios seus filhos mais jovens, irmãos, tutores, capelães ou outros dependentes; da mesma forma, também não queriam ser privados do aliado leal do fidalgo rural: o pároco. *Sir* William Strickland falou por muitos dos envolvidos na secularização, quando disse no Parlamento em junho de 1657: "O mesmo princípio nivelador acabará com as propriedades e negará arrendamentos, pelo mesmo motivo por que o fazem os dízimos". Os dízimos, lia-se em um folheto de 1641, eram pagos principalmente pelas "pessoas mais insignificantes e pobres"; "o cidadão mais rico em Londres mal paga tanto quanto um compatriota que ganha apenas entre 20 libras ou 10 libras por ano em sua ocupação". Aqueles que se opunham aos dízimos vinham das classes mediana e mais pobre; os ricos sofriam comparativamente pouco e poderiam até mesmo receber dízimos. Essas são algumas das razões por que a questão dos dízimos provocou as mais violentas paixões e deu mostras de ser a mais amarga de todas as questões que dividiam os parlamentaristas radicais dos conservadores.

A ameaça dos dízimos deve ter parecido algo muito real. A eles se opunham não só os *Levellers*, o *Barebones Parliament* e as seitas mais radicais, como também – e com insistência – um respeitável servidor público como Milton, como o tenente-general na Irlanda Edmund Ludlow e muitos do exército. Alegava-se que o próprio Cromwell havia prometido em Dunbar que, se Deus lhe desse a vitória, ele aboliria os dízimos. Os dízimos sobreviveram, mas os ministros abandonaram a pretensão de arrecadá-los por direito divino. A lei da propriedade era um argumento mais seguro. Uma razão para a sobrevivência dos dízimos era a ideia – aceita por todos – de que poucos ministros seriam sustentados com contribuições voluntárias se a coação legal fosse removida. "O ministro", escreveu Blyth em 1652, "pode acabar descalço, e sua família, passar a pedir esmola, a considerar o que os homens darão de contribuição para sua subsistência". Devemos nos lembrar de comentários semelhantes (e muitos outros poderiam ser citados) sempre que nos sentirmos tentados a achar que o século XVII foi uma "época mais religiosa" do que a atual.

Presbiterianos, independentes e sectários

Os historiadores do presente são cautelosos quanto à aplicação de rótulos como "presbiteriano" e "independente". Em novembro de 1641, depois de ocupar uma cadeira na Câmara dos Comuns por um ano, *sir* Edward Dering disse: "Até o momento, não vi um único fidalgo neste recinto se levantar

A religião e as ideias

e defender sua ideia por uma dessas vias", presbiteriano ou independente. Muitos membros "independentes" do Parlamento tornaram-se deões quando o presbiterianismo era a Igreja estabelecida; muitos que votaram pela instituição presbiteriana em 1646 eram episcopalianos ou erastianos conservadores, escolhendo dos males o menor. Haslerig, um dos líderes dos "independentes" era, nas palavras de Clarendon, "um perfeito presbiteriano no que diz respeito à religião". Em seu uso político, o termo "presbiteriano" significava parlamentarista conservador; "independente", aquele que era a favor da tolerância religiosa; ou, como um panfleteiro monarquista anônimo colocou: "Quem quiser entendê-los corretamente deve ler aristocracia em vez de presbitério e democracia em vez de independência".

A instituição presbiteriana foi praticamente uma instituição natimorta. Quando ela entrou na legislação (1646), o poder estava sendo transferido para o exército "independente". Somente em Londres e na região de Lancashire houve apoio das camadas mais baixas ao sistema presbiteriano. O Parlamento foi cauteloso quando insistiu em seu próprio e absoluto controle da Igreja a partir de um centro, e havia nomeado os deões-administradores, que deveriam atuar localmente. Quando a Assembleia de Eclesiásticos proclamou que os ministros e deões recebiam seu poder de Jesus Cristo, a Câmara dos Comuns rapidamente assinalou que, pelo contrário, eles o recebiam do Parlamento. Doutrinas *jure divino* eram tão indesejáveis em um padre novo quanto haviam sido no arcebispo Laud. Aqui havia pouco perigo na ideia de "um papa em cada paróquia". Os "independentes" também privilegiavam uma Igreja estabelecida, mas uma Igreja que tivesse uma doutrina definida de maneira muito vaga, com os dízimos mantidos ou substituídos por algum meio de garantir o sustento dos ministros, e tolerante com seitas cumpridoras das leis. A tolerância religiosa, que hoje é entendida como a marca de "independência", foi imposta aos membros "independentes" do Parlamento por necessidade política. As igrejas independentes da Nova Inglaterra estavam muito longe de merecer o termo "tolerante". Porém, as seitas incluíam os opositores mais radicais e determinados do rei e dos bispos. Cromwell achava que tolerância (para aqueles que tinham dentro de si a "raiz da questão") criava o melhor moral possível para um combate; os membros do Parlamento que forçaram a aprovação do *Self-Denying Ordinance* e o Novo Exército-Modelo precisaram do apoio político dos sectários.

Para os conservadores, a tolerância religiosa era um anátema. Significava que as ordens inferiores poderiam se reunir e discutir o que lhes conviesse, sem qualquer controle superior. O professor Notestein é da opinião que os sectários trouxeram o cristianismo até as classes mais carentes, as quais jamais haviam frequentado uma igreja; entretanto, foi entre os membros da classe média urbana que eles tiveram maior influência. Publicado em 1646, *Grangraena*, de Thomas Edward, é uma denúncia histérica, mas relativamente acurada, dos erros dos sectários. Muitas das heresias que ele ridicularizou são tão políticas quanto "Outro erro – n. 52 – Por natureza, todos os homens nasceram da mesma forma e, da mesma forma, gostam de bens, de liberdade e de independência". A ideia de uma única Igreja estabelecida estava tão profundamente enraizada no pensamento dos proprietários de terras que a liberdade de escolher a própria religião parecia, em si, subversiva. Todos os cidadãos respeitáveis sabiam que era dever dos chefes de família educar seus servos dentro de sólidos princípios religiosos. No entanto, se aprendizes e trabalhadores qualificados pudessem frequentar uma igreja diferente daquela que seus patrões frequentavam, quem saberia dizer quantas noções absurdas eles não poderiam ouvir ou até mesmo pregar? Não poderia haver ordem alguma sob tal sistema. A maioria das seitas elegia seus próprios ministros e discutia assuntos da Igreja de forma democrática; elas criaram linhas de pensamento sobre autogoverno. O ponto de partida teológico, digamos, dos batistas, era subversivo com relação a uma Igreja nacional, pois o batismo em idade adulta significava que cada indivíduo, quando atingisse a idade da razão, decidia por si próprio a que Igreja pertenceria; ele negava que cada criança nascida na Inglaterra se tornava automaticamente membro de Igreja Anglicana. Portanto, nenhum batista poderia, pela lógica, pagar dízimos voluntariamente. Em geral, parece que as seitas agradaram sobretudo às mulheres, a quem algumas das seitas concediam direitos iguais. Novamente, para os conservadores, isso parecia perturbar a subordinação natural, além de causar discórdia em família. Nesse período, as mulheres ganharam muito em *status*, graças não apenas à maior igualdade de que desfrutavam em congregações sectárias, mas também às atividades econômicas impostas a elas pela ausência dos maridos, que cumpriam suas obrigações militares ou estavam no exílio.

A ideia de que o fim do mundo estava se aproximando, que era havia muito tempo popular entre os radicais da classe inferior, ganhou nova ênfase quando foi associada com a lenda patriótica promulgada no livro de John Foxe, *Book of Martyrs*. Os ingleses de Deus estavam na vanguarda da batalha contra o anticristo, que era o papa de Roma e seus agentes na Inglaterra. Propagandistas parlamentaristas salientavam – injustamente – que Carlos I dependia de apoio católico externo e encorajavam os ingleses comuns a acreditarem que, ao apoiar o Parlamento, eles estavam acelerando a chegada do reino de

A religião e as ideias

Deus à Terra. "A questão na Inglaterra", disse o eclesiástico puritano Stephen Marshall em 1644, "é se Cristo ou o anticristo será senhor ou rei". Não era difícil saber qual deveria ser a resposta à questão. Eruditos respeitáveis como Thomas Brightman e Joseph Mede, com base em seus estudos de profecia bíblica, concluíram que era provável que o milênio ocorreria na década de 1650. Imaginemos o efeito disso quando divulgado por pregadores habilidosos a congregações desesperadas, buscando fugir da crise em que se encontravam! John Milton acreditava que Jesus Cristo era "o rei aguardado para breve", cuja chegada poria um fim a todas as tiranias terrenas. Para muitos, a execução de Carlos I em 1649 se justificava, porque abrira caminho para o rei Jesus. O sentido da iminência de uma nova época espiritual, em que o povo de Deus se libertaria de uma nova maneira, foi um dos muitos conceitos milenares que os quacres adotaram. A "segunda vinda de Cristo" tornou-se um símbolo para o estabelecimento da Utopia na terra. Também podemos imaginar a desilusão que se seguiu quando a Utopia não se materializou.

Na década de 1640, a tolerância religiosa permitiu o surgimento de profetas excêntricos, que se autodefiniam como Messias, a exemplo de John Reeve e Lodowick Muggleton, que condenavam seus rivais com muito entusiasmo, e John Robins, que acreditava que ele próprio era Deus Todo-Poderoso e se propôs a conduzir 144 mil homens na reconquista da Terra Santa. Havia os *Ranters* [Arengadores], alguns dos quais acreditavam que a graça de Deus os tinha tornado imunes ao pecado – e agiam conforme essa crença. Entretanto, havia também muitos que se descreviam como *Seekers* [Buscadores], que experimentaram todas as Igrejas e não encontraram satisfação em nenhuma delas; e outros, como o *Leveller* William Walwyin, que se especializou no método socrático de investigação. *Seekers* e *Ranters* não eram muito numerosos fora de Londres e do exército, mas eles pareciam comprovar o ponto pelo qual os conservadores tanto haviam labutado: que a tolerância religiosa somente leva ao ceticismo, ao ateísmo e à dissipação. A teologia calvinista ensinava que a massa da humanidade era pecadora; se não recebessem pregação e não fossem disciplinados por seus superiores, eles certamente se desencaminhariam. A democracia deve levar à heresia. "Que o voto principal do povo deve normalmente ser justo e bom é quase uma impossibilidade", escreveu Richard Baxter em 1659. "Toda essa agitação dos republicanos é apenas para transformar a semente da serpente nos governantes soberanos da Terra". A maior heresia de todas foi que Cristo morreu por toda a humanidade, que todos os homens têm dentro de si uma centelha do divino e, portanto, que todos os homens são iguais. Os quacres estavam mais interessados em religião do que em política, mas qualquer juiz de paz ou membro do Parlamento poderia perceber que dizer "vós" para quem estivesse em posição social superior, ou recusar-se a tirar o chapéu à autoridade constituída não era nem *meramente* religioso nem uma excentricidade inócua na explosiva atmosfera política da década de 1650. "Os princípios dele são perigosos", escreveu um major acerca de um oficial de outro grau, "mantendo a perfeição nesta vida".[1] Somente depois de 1660, pacifismo e abstenção de política tornaram-se dominantes no movimento quacre.

O grupo religioso mais ostensivamente político foi o do grupo *Fifth Monarchists* [Quinta Monarquia], que, na década de 1660, tentou criar, por meio de revolta militar, o reino de Cristo, previsto havia muito. Para os leigos com pouca instrução, diante da pressão econômica das décadas revolucionárias, sobretudo depois da derrota dos *Levellers* e da dissolução do *Barebones Parliament*, a *Fifth Monarchy* tornou-se uma esperança desesperadamente acalentada. Somente a "segunda vinda" poderia realizar o que a ação política não havia conseguido. O dever do eleito era eliminar os obstáculos ao domínio de Cristo sobre a Terra. Com frequência, em termos políticos, isso se tornou "derrube, derrube, derrube" – doutrina do anarquismo. O Estado existente e seus governantes eram ruins e precisavam ser rejeitados. Em dezembro de 1653, Vavasor Powell pediu a seus fiéis que fossem para casa e rezassem "Senhor, escolhereis Oliver Cromwell ou Jesus Cristo para nos governar?". Em 1657 e 1661, protestos dos membros da *Fifth Monarchy*, liderados pelo tanoeiro Thomas Venner, ameaçaram derrubar o governo.

Nem todos os puritanos esperavam o milênio no futuro imediato, mas a essência do puritanismo radical estava na crença de que Deus pretendia melhorar a existência do homem na Terra, que os homens poderiam compreender os propósitos de Deus e cooperar com Ele em Seu desejo de lhes trazer fruição. Portanto, era possível acreditar que os desejos mais íntimos dos homens, se sentidos profundamente, expressavam a vontade de Deus. Por uma dialética natural, aqueles que estavam mais convencidos de que estavam lutando batalhas de Deus se revelaram os combatentes mais hábeis: porque confiavam em Deus, eles tomavam o maior cuidado para se manterem alerta para qualquer eventualidade e estavam prontos para aceitar uma disciplina que era efetiva porque era autoimposta.

"Os piedosos, aliados a Deus", escreveu com toda a simplicidade o puritano Thomas Gataker em 1626, "poderão contar com todas as Suas forças e

---

1 *Thurloe State Papers*, p.162.

A religião e as ideias

Seus exércitos para assisti-los e ajudá-los, sempre que necessidade houver". "Nosso dever", registrou Hugh Peter vinte anos mais tarde, "será apenas o de cuidar daquilo que precisamos fazer e deixar os eventos para Deus, a quem eles pertencem".[2] "Não podemos circunscrever Deus a isso ou àquilo", admitiu Ireton, "mas, certamente, se tomarmos o caminho mais provável de acordo com a luz que nos guia, Deus fará essas coisas" acontecerem com sucesso. Assim, os homens agiam de acordo com sua consciência, com uma convicção inabalável. Muitos concordavam que era seu dever de consciência opor-se a Carlos I e aos bispos; e esse consenso aumentava-lhes a confiança de que sua causa era a causa de Deus. Porém, "a liberdade tem dois gumes muito afiados e só pode ser apropriadamente utilizada por homens justos e virtuosos", dizia Milton. "As Providências divinas são como uma espada de dois gumes, que pode ser usada de ambos os lados", concordou um membro do Parlamento em 1654. Depois da vitória, o consenso entre os devotos chegou ao fim. "Todas as comunicações [de Deus] são razoáveis e justas", disse o *Leveller* Overton; mas essas comunicações pareciam diferentes para os ricos e para os pobres. Os distúrbios de seitas em conflito dão a medida de quanto a ênfase que os protestantes davam à consciência individual tendia a degenerar-se em anarquia.

Há outro elemento paradoxal na compulsão moral dos puritanos. Os homens lutavam pela causa de Deus e esperavam que ela prevalecesse porque era de Deus. Essa confiança ajudava a garantir a vitória, e a vitória reforçava a convicção de que a causa era, de fato, Dele. Quanto mais humildes fossem os agentes da Providência divina, mais manifesta era a solidariedade de Deus pelo sucesso deles. As implicações democráticas disso são claras, mas a doutrina poderia se transformar em uma doutrina de justificação pelo sucesso; algumas vezes, Cromwell e Milton chegaram perto dessa ideia. Conforme divergências se estabeleciam, nem todas eram igualmente bem-sucedidas; conforme as divergências aumentavam, no final das contas, a causa por inteiro caía por terra. Portanto, primeiro os radicais e, em seguida, todos os puritanos, tiveram de se perguntar se a justificativa do sucesso também significava condenação pela derrota. Depois do fracasso dos *Levellers*, as seitas radicais, em desespero, primeiro se tornaram mais violentas e mais milenaristas (A *Fifth Monarchy*, os primeiros quacres), e depois, gradualmente, concluíram que o reino de Cristo não era deste mundo.

---

2 Gataker, *Certaine Sermons*, p.33; Peter, *Gods Doings and Mans Duty*, p.6.

O século das revoluções

Depois de 1660, a tendência quietista e pacifista aumentou à medida que o puritanismo se transformava em não conformismo. Ao ver fracassarem todas as suas esperanças, Milton viu-se forçado a lutar com Deus na tentativa de justificar Seus caminhos até o homem. Os produtos dessa angústia foram o *Paraíso Perdido* e *Samson Agonistes*. O primeiro, enfatizando a justiça de Deus, apesar de tudo, parece terminar com uma nota de quietismo e resignação: "Um Paraíso dentro de vós, muito mais feliz" era um objetivo moral, não político. Entretanto, *Samson Agonistes*, com sua ênfase na integridade do homem, lança um desafio a Deus por deserdar Seu povo e termina em reconciliação somente depois que Deus ajuda Sansão a se vingar dos filisteus em defesa dos oprimidos. "Paz mental, toda a paixão consumida" só se obtém depois que tivermos contemplado a causa de Deus (e de Milton) como uma fênix imortal.

Tolerância ou disciplina?

A maioria dos ministros puritanos havia adotado a visão tradicional de que os eleitos de Deus eram uma minoria e que a massa de seres humanos estava predestinada à danação eterna. Havia um Estado coercivo para manter os réprobos sob sujeição. Porém, com o intuito de estimular suas congregações e poupá-las do desespero, eles também haviam ensinado que qualquer um que se preocupasse seriamente com sua salvação provavelmente já tinha fagulhas da graça divina em operação dentro de si. Esse foi um passo pequeno, mas muito relevante – e, para os ministros calvinistas, um passo gigantesco –, para que se proclamasse que todos os homens são igualmente candidatos à graça divina. Walwyn e Winstanley, como Bacon, achavam que a Queda era recuperável na Terra se o homem se esforçasse por dominar seu destino: a conclusão de *Paraíso Perdido* sugere que o homem poderia se erguer a alturas maiores aqui do que Adão antes da Queda. Homens de posses haviam até então assumido tacitamente que as leis que reprimiam os ímpios haviam sido esboçadas por homens piedosos e eram administradas por homens piedosos. Porém, os *Levellers* e os *Diggers* achavam que a corrupção dos pecadores era especialmente óbvia nas velhas classes dominantes e naquelas que as substituíram durante a Guerra Civil. O direito mais amplo ao voto, eleições anuais e os inalteráveis "princípios fundamentais" do *Agreement of the People* tinham como objetivo preservar os governantes da tendência que o poder tem de corromper.

Seguiram-se consequências de longo alcance. Se há uma fagulha do divino em cada homem, a pregação não deve ser monopólio do clero. Nenhuma

A religião e as ideias

palavra falada ou impressa deve ser suprimida, para que não se perca a verdade de Deus. Se todos os homens eram iguais perante Cristo, não deveriam eles também ser iguais perante a lei? Não deveriam ter direito ao voto? O Parlamento havia recorrido à opinião pública na *Grand Remonstrance* em 1641; os irmãos independentes não conformistas na Assembleia de Westminster haviam usado a imprensa para apelar ao Parlamento e ao povo em 1644; três anos mais tarde, os *Levellers*, do "degenerado corpo representativo, os Comuns da Inglaterra [...]" apelaram "ao corpo representado, o povo livre". Onde isso pararia? A tolerância se ampliaria para "anular qualquer tipo de restrição sobre qualquer coisa que qualquer pessoa possa chamar de religião?", perguntou Ireton. Em caso negativo, quem decidiria onde estabelecer o limite? Quando os *Ranters* defenderam a promiscuidade sexual como um dever religioso, essa foi mais do que simplesmente uma pergunta retórica.

O poder da Igreja havia se desmoronado com a abolição da *High Commission*. As terras da Igreja foram tributadas da mesma forma como as terras laicas. Os tribunais da Igreja pararam de funcionar. Em 1650, a frequência compulsória às paróquias locais foi oficialmente abolida, desde que o cidadão frequentasse algum local de culto religioso. A condição era inexequível. Isso sancionou uma importante conquista: livrou o homem comum do pároco e do fidalgo rural. Marcou um novo tipo de liberdade para aqueles que até então estavam desacostumados à liberdade de qualquer espécie. Era bom demais para durar.

A tolerância religiosa, então, colocou de uma nova maneira o problema da disciplina. Os presbiterianos e seus partidários não haviam abolido os tribunais da Igreja para deixar o homem natural livre para seguir seus impulsos pecaminosos, mas para submetê-lo a um controle mais efetivo. Ainda assim, o sistema disciplinar presbiteriano não foi eficaz. A Igreja nacional de Cromwell possuía um sistema de *Triers and Ejectors* [Avaliadores e Ejetores]*, de ministros que, conforme disse Baxter, "salvou muitas congregações de professores ignorantes, ímpios e bêbados." Entretanto, ela não tinha qualquer disciplina, qualquer tribunal. Permanecia um enorme vácuo. Havia o grave risco de que as classes inferiores fizessem o que bem entendessem, dentro dos limites do *common law*. Quando os bispos haviam estabelecido estreitas ligações com o governo nos tempos de Laud, a hierarquia dos tribunais da Igreja atuara como um elo entre o governo central e o governo local. Os majores-generais restauraram tal elo, tentaram preencher o vácuo e restabelecer alguns padrões de conduta. Não devemos exagerar aqui quanto às atividades deles: eles estavam muito mais preocupados com segurança do que com devoção quando proibiam encontros entre etnias diferentes ou brigas de galo, em que

O século das revoluções

monarquistas *Cavaliers* poderiam se reunir, ou quando fechavam cervejarias turbulentas. Quando fizeram vigorar, por exemplo, a observância do descanso no domingo, eles estavam apenas colocando em vigor legislação parlamentar da década de 1620 que o governo da dinastia Stuart havia ignorado. A ideia de que eles impunham uma piedade sombria em uma nação feliz é um mito da pós-Restauração.

No entanto, havia um vácuo. Por volta de 1650, grupos de ministros reuniram-se para construir um sistema presbiteriano da base, dentro da estrutura da Igreja cromwelliana estabelecida. Aprendemos com Richard Baxter, o comovente espírito de Worcestershire, que, para eles, o maior motivo de tais iniciativas era a preocupação com o comportamento das classes inferiores; mas um sistema disciplinar sem poder de Estado atrás era tão eficaz quanto sustentar ministros voluntariamente. Aqui se encontra uma forte razão do por que os conservadores apoiaram o retorno do episcopado em 1660. Bunyan aprendeu com os juízes e juízes de paz em 1660 que, para eles, a Restauração significava que os funileiros e outros leigos que faziam trabalhos mecânicos deveriam retornar aos seus ofícios e deixar a religião e a teologia para o clero. Em 1640, Baxter havia proposto que o episcopado fosse abolido, mas em abril de 1660 ele disse à Câmara dos Comuns: "A questão não é se deve haver bispos ou não, mas se deve haver disciplina ou não". Nesse sentido ele não estava sozinho. No decorrer de todo esse período, os Comuns sempre se opuseram ferozmente à tolerância. Em 1656, quando o quacre James Nayler simbolicamente entrou cavalgando em Bristol – as mulheres batendo palmas diante dele –, o Parlamento impôs-lhe penalidades severas. Não apenas Naylor, não apenas os quacres, mas a própria ideia de tolerância (e governança dos majores-generais) estava sob julgamento. O episódio foi uma preliminar essencial para a restrição da tolerância e para a restauração da monarquia parlamentarista por meio da *Petition and Advice*.

Tolerância até mesmo de um Cromwell ou de um Milton não se estende aos papistas; quanto a isso, as razões foram principalmente políticas. Os papistas eram considerados como agentes de um poder externo. Muitos deles haviam apoiado Carlos na Guerra Civil, e, depois da apreensão dos papéis do rei em Naseby, soube-se que ele havia planejado uma intervenção em larga escala na Irlanda. Isso ajuda a explicar – mas não a justificar – a política ferozmente repressiva na Irlanda, a que apenas os *Levellers* se opunham. A hostilidade aos papistas não era monopólio dos puritanos. Em 1640, um grupo de condenados na prisão de Newgate mostrou escrúpulo de consciência quanto a serem enforcados, a menos que sete padres condenados que o rei estava tentando salvar fossem enforcados juntamente com eles.[3] Por razões semelhantes, os parlamentares também rejeitaram a tolerância aos "prelaciais". A grande maioria dos ministros aceitou as mudanças eclesiásticas e garantiu seus benefícios eclesiásticos durante todo o período de 1640 e 1650; uma pequena minoria do clero laudiano formou um dos principais grupos monarquistas de resistência. O futuro bispo Jeremy Taylor escreveu, em 1647, uma comovente petição por tolerância, mas essa doutrina não foi implementada quando a hierarquia anglicana foi restaurada em 1660.

Ideias políticas

A influência da tradição protestante radical espalhou-se para muito além dos círculos que, em qualquer sentido doutrinário, pudessem ser chamados de puritanos. O recurso à Sagrada Escritura ou à consciência podia ser usado para questionar qualquer autoridade. Hobbes escreveu que

> cada homem, ou melhor, cada servo ou camponesa que pudesse ler em inglês, achava que estava falando com Deus Todo-Poderoso e que compreendia o que ele dizia, quando, após a leitura de determinado número de capítulos por dia, eles liam as Escrituras uma ou duas vezes novamente [...] Essa licença de interpretação da Bíblia foi a causa de tantas e variadas seitas que haviam ficado escondidas até o início do reino do falecido rei (Carlos I) e que então emergiram para perturbar a *commonwealth*.

A Bíblia podia ser invocada para infindáveis usos destrutivos. Seu texto era inspirado; continha tudo o que era necessário para a salvação; portanto, qualquer coisa que não estivesse especificamente mencionada lá, era, na melhor das hipóteses, insignificante e, na pior, pecaminosa. Os presbiterianos não encontraram nenhum bispo na Bíblia. Milton escreveu:

> Que eles entoem cantos de prerrogativas enquanto podem; nós lhes falaremos da Escritura; de costumes, nós, da Escritura; de atos e estatutos, e nós, ainda, da Escritura.

O coronel Rainborough comentou em Putney: "Nada encontro na lei de Deus que indique que um nobre escolherá vinte cidadãos, um fidalgo, apenas dois,

---

3 Wedgwood, *The King's War*, p.44.

O século das revoluções

e um pobre não escolherá nenhum". Portanto, concluiu ele, Deus quis uma extensão dos direitos civis. Foi na Bíblia que Milton encontrou os argumentos que o levaram a justificar a execução de Carlos I.

Os conservadores não deixaram de indicar que não havia distinção verdadeira entre o apelo à Escritura e o apelo à consciência. A Bíblia é um livro extenso, em que os homens podem encontrar um texto para provar o que quiserem. Depois que a censura caiu, juntamente com a hierarquia, na década de 1640, os ingleses das classes inferiores descobriram na Bíblia e em suas consciências coisas que assustaram eclesiásticos preparados em universidades. Os anos após 1641 foram singulares no sentido de terem testemunhado a publicação de jornais precários de toda a espécie de orientação política. Em 1645, havia 722 deles. Houve também uma fantástica onda de publicação de panfletos sobre todo e qualquer assunto, a uma média de três por dia durante vinte anos, embora com muito maior velocidade entre 1642 e 1649.[4] Milton viu nisso um sinal de revitalização nacional; a abolição da persuasão coercitiva liberaria as energias dos homens e levaria a um grande salto intelectual.

> Uma nação que não é morosa nem entorpecida, mas que tem um espírito ativo, engenhoso e penetrante, perspicaz para criar, sutil e vigorosa para discorrer, não abaixo do alcance de qualquer ponto mais alto a que a capacidade humana pode se erguer [...] Penso que vejo em minha mente uma nação nobre e potente, erguendo-se a si própria como se ergue um homem forte após o sono, e agitando seus cachos formidáveis.

Foi só com muita dificuldade que a censura foi restaurada por volta de 1650.

O Interregno testemunhou um grande avanço no pensamento político. A ideia de um governo pela maioria ganhava terreno. Antes de 1640, embora as votações fossem feitas na Câmara dos Comuns, os membros da Casa sempre desejaram falar com o mundo de fora em uma única voz. Lá dentro, foram sacadas espadas em virtude da impressão gráfica da *Grand Remonstrance*, até mesmo porque a falsa pretensão de unanimidade estava sendo abandonada, e a maioria estava forçando sua vontade sobre a minoria. William Chillingworth, protegido de Laud, foi levado para a Torre por "relatar que temos facetas e partidos na Casa, que era apenas um único órgão, para, assim, nos dividir", mas, conforme o Parlamento se tornava uma assembleia soberana efetiva, a decisão da maioria era um meio necessário de resolver disputas. As divisões

---

4 Siebert, *Freedom of the Press in England, 1476-1776*, p.191, 203.

A religião e as ideias

nas linhas dos partidos nos anos de 1640 anunciaram o surgimento de um sistema de partidos na geração posterior. O governo da maioria – como a tolerância religiosa e a teoria política de Hobbes – reconhece que a sociedade é um grupo de átomos: ela abandona a ficção de uma comunidade que pensa de forma igual.

A concepção de soberania do Parlamento (mesmo sem o rei) emergiu somente depois do início da Guerra Civil. O Parlamento comunicou ao conde de Essex que ele estava comandando os exércitos a fim de "proteger a pessoa de Sua Majestade [...] das mãos daquelas pessoas desesperadas" que, de alguma forma, o haviam sequestrado. Essa alegação enfureceu Carlos, que sabia que não havia sido sequestrado, mas ela talvez simbolicamente reconhecesse o fato de que o que estava em jogo eram mais do mais questões pessoais. Somente um revolucionário desesperado como Oliver Cromwell poderia ter declarado que se ele encontrasse o rei no campo de batalha, ele o alvejaria como faria com qualquer outro. Porém, conforme a guerra prosseguia, pensadores políticos como Prynne, Hunton e Parker, gradativamente elaboravam uma teoria de soberania parlamentar. Se aos homens fosse pedido que lutassem e morressem na luta contra o rei, eles precisavam ter uma autoridade rival respeitável. Eles lutaram, evidentemente, pela religião, mas também foram instados a lutar pelo rei e pelo Parlamento, ou até mesmo apenas pelo Parlamento. Thomas Hobbes havia publicado seus primeiros escritos políticos no período entre as sessões do *Long Parliament* e a eclosão da Guerra Civil, e esses escritos claramente encontraram leitores muito atentos. Quando, em 1651, Hobbes publicou em inglês a formulação final de sua teoria da soberania, *Leviatã*, eventos políticos haviam predisposto os homens a aceitá-la. A soberania, afirmava Hobbes, precisa ser absoluta e ilimitada. O soberano pode ser um homem ou uma organização; seu direito pode derivar da antiguidade remota ou de conquista recente; tudo o que importa é que ele possa proteger seus súditos e que sua autoridade seja reconhecida por todos. Hobbes seguiu a lógica de sua própria teoria, retornando do exílio e aceitando a autoridade da *commonwealth*. Em 1653, o republicano Albertus Warren pôde de fato declarar: "A questão nunca foi se devemos ser governados por um poder arbitrário, mas nas mãos de quem ele deve ficar". Soberania e obrigação política baseavam-se em conveniência. O direito divino estava morto.

Durante a Guerra Civil, os homens naturalmente queriam saber de onde se havia derivado a autoridade do Parlamento. Uma resposta fácil era: "O Parlamento representa o povo da Inglaterra". Entretanto, era fácil demais. O monarquista *sir* Robert Filmer divertiu-se muito demonstrando que a Câmara dos Comuns foi eleita por menos de um décimo do povo da Inglaterra; mas na ala oposta, os *Levellers* insinuaram que o Parlamento deveria ser representativo de todas as pessoas livres e de todos aqueles que haviam lutado a favor dele. Portanto, a soberania do Parlamento levou à proclamação da soberania do povo. Os *Levellers* que proclamaram isso foram reprimidos, mas a ideia viera para ficar. Conforme já vimos, alguns *Levellers* excluíam pobres e assalariados das "pessoas livres", com base na justificativa de que sua dependência econômica impedia a independência política. Essa visão tinha algo a seu favor, considerando uma grande população analfabeta, que necessariamente extraía suas ideias políticas de párocos e grandes proprietários de terras, e, considerando votação em aberto, levantando as mãos. Não obstante, o fato de que o partido político mais radical, até mesmo nas décadas da revolução, excluía mais da metade da população masculina (e todas as mulheres) da vida política nos diz muito sobre a sociedade inglesa do século XVII. Em uso normal, "o povo" não incluía os pobres.

Um percurso paralelo pode ser observado em atitudes concernentes à lei. Coke, Pym e outros líderes parlamentaristas haviam ensinado que o *common law* fora a base da liberdade inglesa e que sua origem, como a do Parlamento, remontava aos tempos dos anglo-saxões. Depois da conquista normanda, os maus reis haviam tentado ignorar a lei e as instituições representativas; os ingleses haviam se defendido, lutando em nome de suas liberdades e haviam obtido a confirmação delas na Magna Carta e em outros documentos institucionais. A teoria fora útil na luta pela independência de juízes em relação à Coroa e pela supremacia do *common law* e do Parlamento sobre a prerrogativa e seus tribunais. Tornou-se uma ortodoxia que sustentou a confiança do Parlamento em precedentes históricos e legais contra Jaime e Carlos. A sabedoria dos antepassados havia estabelecido uma constituição perfeitamente equilibrada, da qual a prática poderia se desviar, mas que poderia ser constatada e restituída. A legislação de 1641 foi elaborada para liberar o Parlamento e o *common law* das então recentes ingerências dos Stuart; assim, a liberdade estaria permanentemente assegurada.

A complexidade dos procedimentos legais no século XVII significava que "uma quantidade assustadora de injustiça deve ter sido infligida [...] a pessoas das quais ninguém jamais ouviu falar".[5] Para os *Levellers* e os *Diggers*, o

---

5 Stephen, *History of Criminal Law in England*, p.402; Veall, *Popular Movements for Law Reform, 1640-1660, passim*. Para outras citações nesse e nos parágrafos seguintes, ver meu *Puritanism and Revolution*, p.73-92.

A religião e as ideias

"jugo normando" não era apenas o governo arbitrário dos reis. Guilherme, o Conquistador, mandou fazer as leis em francês para que "os pobres, os pobres coitados, pudessem ser ludibriados e enganados, massacrados e destruídos". Os processos nos tribunais de direito eram ainda "resguardados, deixados longe da capacidade de compreensão das mentes comuns, pois eram nas línguas latina e francesa". Na Reforma, a Bíblia fora traduzida para o inglês, e os religiosos, desencorajados de sua posição de poder. Agora, os radicais exigiam que todos os processos legais fossem em inglês e que reformas legais fossem introduzidas para expulsar advogados que impusessem um ritual caro e incompreensível entre a gente comum e a justiça. Entre 1651 e 1660, todos os tribunais registraram seus processos em inglês; o francês e o latim retornaram com Carlos II.

Os *Levellers* e os *Diggers* foram além. "Nossos próprios advogados foram feitos por nossos conquistadores", queixou-se John Wildman em Putney. A "principal corrente do *common law*" era corrupta, achava Lilburne. Até mesmo a Magna Carta era "apenas uma coisa desprezível, contendo muitas marcas intoleráveis de servidão". Winstanley escreveu que

> as leis dos reis sempre foram feitas contra as ações para as quais as pessoas comuns mais se inclinam. As melhores leis que a Inglaterra tem são a do jugo e das algemas, amarrando um tipo de gente para ser escrava de outro.

E ele ainda perguntou:

> todas as leis que não estão fundadas na equidade e na razão, não dando liberdade universal para todos, mas respeitando as pessoas, não deveriam ser cortadas juntamente com a cabeça do rei?

Assim, os radicais extremos viam a lei como o inimigo, da mesma maneira como os homens abastados viam nela sua proteção. A crítica que os extremistas faziam das leis ajuda a explicar o fracasso de projetos mais moderados (e deveras necessários) a favor da reforma das leis, como se viu em muitos panfletos e foi seriamente debatido nos Parlamentos *Rump* e *Barebones*. Não há dúvida de que houve algumas reformas, além do uso de inglês em tribunais e de livros sobre direito. Aparentemente, a tortura judicial cessou após 1640. Os juízes mantinham-se no cargo enquanto mostrassem bom comportamento. Foi estabelecida a igualdade genuína diante da lei. A *"High Court of Chivalry"* [Alta Ordem da Cavalaria], que costumava punir aqueles que pronunciassem

O século das revoluções

"palavras escandalosas" contra um nobre, foi abolida. (Em 1640, um alfaiate que havia dito que ele era uma pessoa tão boa quanto o fidalgo que se recusou a pagar sua conta foi multado em um valor equivalente ao que o cliente lhe devia.). No Supremo Tribunal de Justiça da *Commonwealth*, queixava-se Clarendon, "o lorde mais importante e o camponês mais humilde se submetem à mesma judicatura e à mesma forma de julgamento". A modernização da lei da dívida e do contrato foi proposta no *Barebones Parliament*; foi igualmente proposto que punguistas, sendo réus primários, não deveriam sofrer execução; que a provocação para duelos deveria ser penalizada; que maridos assassinos não deveriam ser mortos na fogueira; que aqueles que se recusassem a responder em juízo não mais deveriam ser pressionados até a morte; que homicídios justificáveis deveriam ser perdoados; que as pessoas absolvidas não deveriam pagar qualquer taxa. Todavia, os advogados conseguiram derrotar todos os movimentos para a reforma e também a proposta de que o direito inglês deveria ser codificado com base no modelo holandês. Nenhum "Código Cromwell" emergiu da Revolução Inglesa. Na década de 1650, os radicais chegaram a ver "os interesses corruptos dos advogados e do clero" como seus maiores inimigos, a reforma das leis e a abolição dos dízimos e da patronagem como suas maiores aspirações. Os conservadores mobilizaram-se para defender a Igreja nacional estabelecida e a lei que protegia seus bens, da mesma forma como advogados se mobilizaram para defender os modelos legais que eles haviam dominado com tanto esforço e sabiam como explorar. No que diz respeito às modificações do *common law*, elas foram feitas com a aceitação da autoridade dos escritos de Coke e com os precedentes que gradativamente foram se formando em sucessivas decisões judiciais.

Os *Levellers* recorreram ao precedente anglo-saxão em oposição à prática do século XVII. Em Putney, eles foram desafiados em sua história e, aos poucos, abandonaram o argumento de que estavam meramente reafirmando as liberdades dos anglo-saxões. Em vez disso, eles exigiram os direitos inalienáveis do homem.

> Independentemente do que nossos antepassados foram ou fizeram ou sofreram, ou o seja lá o que for a que eles tiveram que se render, somos homens da era presente e devemos ser completamente livres de todo e qualquer tipo de exorbitância, de molestamento ou de poder arbitrário.

Assim, os precedentes foram lançados ao mar: "a razão não tem precedente, pois a razão é a fonte de todos os precedentes justos". (Jaime I, sabiamente, havia dito em 1621: "A razão é grande demais. Encontrem-me um precedente que eu o acatarei".) A falsa história foi abandonada em favor de uma teoria política baseada em direitos naturais: trata-se de um deslocamento momentâneo.

O triunfo da ciência

Nessa inebriante era de livre debate e livre especulação, nada sobrou para o sagrado. "E por que não deveria aquele pote de estanho sobre a mesa ser Deus?", ouvimos um cavaleiro bêbado perguntar. O céu e o inferno foram declarados como sendo estados de espírito, não lugares. A imortalidade da alma passou a ser questionada. O colapso da censura permitiu que certos assuntos, antes raramente impressos, fossem discutidos em público. Memórias até então impublicáveis expunham os escândalos das cortes dos Stuart. Milton defendeu o divórcio e o regicídio e atacou todas as formas de censura. Em seus escritos, Francis Osborn revelou sua simpatia pelo maometismo. Clement Writer e o quacre Samuel Fisher afirmaram que a Bíblia não era a palavra infalível de Deus, mas um documento histórico a ser estudado e analisado como qualquer outro. Hobbes criticou a atribuição de autoria de livros da Bíblia e a crença em milagres. Não foi muito depois que *lady* Brute*, de John Vanbrugh, quando confrontada com a adjuração bíblica de devolver o bem pelo mal, respondeu brandamente: "Pode ser um erro de tradução". Os conflitos e as controvérsias, a variedade infindável de opiniões expressas acabaram produzindo um ceticismo histórico.

Foi nesse clima que a ciência baconiana obteve seu reconhecimento. A descoberta de Harvey acerca da circulação sanguínea, embora publicada em 1628, só ganhou proeminência depois de 1640. Noah Biggs acusou os galenistas do Colégio de Médicos de demonstrarem "antipatia" pela *Commonwealth*. Todo o caráter dos almanaques populares – diz-nos a senhorita Nicolson – mudou depois, e em consequência da Guerra Civil. Na década de 1650, as ideias de Ptolomeu estavam mortas, embora as de Copérnico e de Tycho Brahe ainda lutassem para sucedê-las.[6] "O período final da guerra civil", escreveu Thomas Sprat mais tarde, "[...] trouxe esta vantagem com ele: estimulou a mente dos homens, depois de um longo período de inatividade, [...] e os tornou ativos, industriosos e inquisidores". Isso levou a "um desejo

---

6 Debus, *The English Paracelsians*, p.182; Nicolson, "English Almanacs and the 'New Learning'", *Annals of Science*; Capp, *Astrology and the Popular Press: English Almanacs 1500-1800*, p.194.

e apetite universais por conhecimento". Monarquistas foram removidos de Oxford, e um grupo de baconianos – o núcleo da *Royal Society* [Real Sociedade], que surgiu posteriormente – mudou-se para a universidade. John Wilkins, cunhado de Cromwell, tornou-se diretor do Wadham College; Jonathan Goddard, médico de Cromwell, ocupou o posto de diretor do Merton College; Wallis, que havia decodificado mensagens monarquistas durante a Guerra Civil, ganhou o cargo de professor de Geometria; Petty, topógrafo da *Commonwealth* na Irlanda, foi professor de Anatomia. Pela primeira vez em sua história (e pela última, até muito recentemente), Oxford tornou-se o principal centro de atividades científicas. Esses intelectuais, que só valorizavam "o conhecimento que fosse propenso ao uso", atraíram para Oxford homens que posteriormente se tornaram famosos, como Christopher Wren, Thomas Sydenham, Thomas Sprat, Robert Boyle, Robert Hooke, John Locke. Até mesmo Clarendon teve de admitir que a revolucionária Oxford "produziu uma extraordinária safra de conhecimentos sólidos em todas as áreas do saber".

A partir de 1650, a "ciência autoconsciente começou a determinar a principal direção da tecnologia".[7] Robert Boyle transmutou as teorias mágicas dos alquimistas e fundou a ciência moderna da Química. Considerando que, antes de 1640, a voz de Bacon fora uma voz clamando no deserto, em 1660 ela se tornou a influência intelectual dominante. Para isso, dada a liberdade de discussão, o puritanismo havia continuado a dar sua contribuição. A busca de *experiência* religiosa pessoal, a que tantos diários e autobiografias puritanos se dedicam, é muito análoga ao espírito experimental na ciência. Muitos, como o *Leveller* Walwyn ou o *Digger* Winstanley, que eram *Seekers* [que buscavam] em religião, expandiram suas inquirições para cada esfera da existência humana. Os radicais, abandonando o dogma da propensão humana para o pecado, contribuíram para a esperança baconiana de fazer avançar as fronteiras do saber, de fazer os homens olharem para o futuro. Os projetos dos puritanos de aplicar os espólios da Igreja no avanço do conhecimento (a frase baconiana era regularmente usada) nunca se realizaram plenamente; não obstante, as universidades foram liberadas de tributação, diretores de faculdades em Oxford e Cambridge receberam aumentos em seus estipêndios, novas escolas foram fundadas.

O professor Jordan comenta que, "em 1660, as oportunidades educacionais estavam mais difundidas e mais fortes do que jamais haviam sido antes

---

7 Singer, *Technology and History*, p.6, 16.

A religião e as ideias

ou que seriam novamente até boa parte do século XIX". As décadas 1601-60 haviam sido decisivas no estabelecimento dessas oportunidades. Por volta de 1660, nos dez condados que o professor Jordan estudou, havia uma escola para cada 4.400 pessoas e, na verdade, poucos garotos viviam há mais de vinte quilômetros de uma escola que oferecesse educação gratuita. Essa grande expansão educacional fora conseguida com muito pouco encorajamento positivo por parte da monarquia; mas a atitude do Estado mudou durante a era revolucionária. "O primeiro movimento organizado a favor de um sistema de educação nacional no País de Gales" data da *Commonwealth*, quando ela era um "empreendimento estatal". Pelo menos 55 escolas foram estabelecidas lá entre 1651 e 1653.[8] Reformadores educacionais como Dury, Hartlib e Winstanley pretendiam liberar as escolas da tirania do grego e do latim, tornar os currículos mais modernos e utilitários. Uma discussão entusiasmada antecipou muitas ideias que precisaram ser dolorosamente redescobertas mais tarde. Em 1648, Petty aplicou a filosofia do Novo Exército-Modelo à educação, desejando que ninguém

> fosse excluído por motivo de pobreza e impossibilidade por parte dos pais; pois então eis que aconteceu que muitos dos que agora manejam o arado, podem ter sido feitos para manejar o Estado.

Descobertas nas áreas de anatomia e astronomia deram cabo de ideias tradicionais de que o coração é "mais nobre" do que o sangue, que o sol é "mais nobre" do que os planetas, ao mesmo tempo que a revolução política deu cabo de ideias de hierarquia nas leis e na política. Ainda assim, os problemas continuaram. Em uma sociedade hierárquica, cada homem tinha seu lugar e era punido se o deixasse. Como poderia uma sociedade de átomos iguais e concorrentes se manter em paz? A questão foi primeiramente colocada de forma clara por Hobbes, que havia sido amanuense de Bacon e se via como o Euclides de uma nova ciência da política.

> A geometria é demonstrável, pois as linhas e figuras a partir das quais raciocinamos são desenhadas e descritas por nós mesmos; e a filosofia civil é demonstrável porque nós mesmos compomos a *commonwealth*.

---

8 Jordan, *Philanthropy in England*, p.48, 283-91, 385-7; Vincent, *State and Education under the Commonwealth*, p.21, 135.

O século das revoluções

Deus fez o universo, mas o homem fez o Estado; então, a política foi retirada dos teólogos e tornou-se uma questão de investigação empírica e de discussão racional. Nos debates sobre o *Agreement of the People,* a frase singular "fazer uma nova constituição" foi de fato utilizada; e, na prática, foram feitas constituições em abundância. Era impossível retornar à crença de que cada detalhe da ordem estabelecida tivesse sido ordem de Deus desde o início.

James Harrington, cujo irmão mercador se tornou membro da *Royal Society,* também foi profundamente influenciado pelo movimento científico e esperava basear uma ciência da política no estudo da História. A partir da História, pensou ele, poderíamos derivar leis relativas ao comportamento dos seres humanos na massa e extrair conclusões como a que ele expressa em sua teoria do equilíbrio da propriedade. Quando a posse do poder político coincide com a posse de bens, o governo está "legitimamente fundado"; quando esse equilíbrio é perturbado, "o governo [...] deve, por necessidade, basear-se na força, ou em um exército permanente", e não pode ser estável. Na Inglaterra, ele afirmou, o tradicional equilíbrio entre a Coroa, a aristocracia e o "povo" havia se modificado por transferências de terras dos dois primeiros para o terceiro; essa foi a causa definitiva da Guerra Civil. A guerra havia, então, transferido o poder político para aqueles que já possuíam poder econômico (a quem James Harrington chama de "o povo", embora ele queira dizer os plebeus proprietários de terras comuns). Essa transferência, achava ele, não poderia se reverter; nem mesmo uma restauração da monarquia seria uma restauração do regime pré-1640. Seja o que for que pensemos da explicação de Harrington acerca da Guerra Civil, ele fez um avanço enorme na direção do que podemos começar a chamar de ciência social: um estudo da sociedade baseado no método baconiano de observação, coleta de dados e análise de fatos, cujo objetivo derradeiro é fazer generalizações que possam ser aplicadas na prática e, portanto, sujeitas a prova experimental. Juntamente com *sir* William Petty, fundador da ciência da Estatística, Harrington pode ser considerado um dos antepassados de Adam Smith e da ciência da economia política.

As artes

A crença filosófica de Bacon de que as coisas são mais importantes do que as palavras, sua suspeita de uma controvérsia lógica que não tinha qualquer correspondência na realidade tangível, implicava uma teoria de estilo em prosa: ele deveria ser tão concreto quanto possível. Tendências no puritanismo operavam na mesma direção. As batalhas da Guerra Civil estavam prefiguradas em uma rivalidade entre estilos de sermões. O bispo Lancelot Andrewes e seus correligionários preferiam um estilo elaborado, escolástico, erudito e altamente adornado; os puritanos exigiam sermões em estilo despojado, endereçados à compreensão, não dos eruditos, mas das pessoas comuns. O objetivo dos pregadores puritanos não era impressionar, nem agradar, mas convencer. Nas décadas da revolução, panfletistas políticos escreviam para um público novo, de curiosidade insaciável, mas ao qual faltavam os padrões intelectuais e culturais – e pedantismo – da seleta e privativa audiência da prosa dos períodos jacobino e carolino. O público dos panfletistas era o público para o qual até então foram suficientes o cartaz e a balada, e seu enfoque tinha a vivacidade dessa literatura popular.

Tanto na eloquência sagrada como na panfletagem política, portanto, era necessário cultivar as virtudes da clareza e do imediatismo, da franqueza e da simplicidade. A prosa desses oradores era funcional, em vez de erudita e alusiva; seu objeto não poderia mais ser a escrita sofisticada pelo mero prazer da sofisticação. A prosa foi podada de seus floreados, e um estilo direto, atrevido, sinuoso, coloquial começou a emergir. Primeiro, a Bíblia em inglês, depois as leis em inglês; em seguida, a prosa em inglês. A educação universitária, como diria Defoe, arruinou a prosa inglesa, fazendo os homens pensarem em latim; a fala da gente comum precisou romper essa barreira acadêmica, o que foi feito no Interregno. Nos períodos da Guerra Civil, Thomas Sprat comentou em 1667:

> todas as línguas [...] crescem a um nível extraordinário; pois nesses tempos tão ativos e dinâmicos surgem homens com novos pensamentos que precisam ser expressos e diversificados com novas expressões.

Assim, durante o Interregno, a língua inglesa "expandiu-se de muitas maneiras e estilos sólidos e necessários dos quais ela antes carecia".[9] Algumas histórias da Literatura exageram um pouco quando falam da "purificação" de estilo na prosa inglesa por meio de "influências francesas". A pequena nobreza monarquista *émigré* pode ter aprendido em francês como escrever sua própria língua com a elegante simplicidade que encontramos nas comédias da Restauração, mas esses nobres poderiam ter descoberto como escrever igualmente bem com Pepys, Dryden e Marvell, se tivessem permanecido em casa e testemunhado a incursão da fala comum na prosa escrita.

---

9 Esse ponto é elaborado por F. W. Bateson em *English Poetry*: A Critical Introduction, caps.3, 8.

O século das revoluções

Um fenômeno econômico acrescenta-se à significância do Interregno como divisor de águas na história literária. Antes de 1640 e, quase na mesma proporção, depois de 1660, a esperança de um escritor em início de carreira sem meios de se sustentar era conseguir a patronagem de algum aristocrata, ser admitido em sua casa como tutor ou capelão, ser presenteado com benefícios ou, pelo menos, desfrutar de uma generosidade financeira em troca de dedicatórias lisonjeiras. Exceto no período de apogeu do teatro popular, não havia como garantir o sustento apenas por meio da escrita. Até mesmo Ben Jonson disse a Drummond of Hawthornden que a poesia o tornara um mendigo; muito melhor abraçar o direito, a medicina ou o comércio. Porém, depois de 1642, muitos patronos encontravam-se no exílio. A família Cavendish deixara de sustentar Hobbes. Dos aristocratas que permaneceram na Inglaterra, muitos enfrentaram dificuldades financeiras. Assim, o patrono, embora não tivesse absolutamente deixado de existir, não mais ocupava o centro da atenção do escritor. "Dedicatórias", observou Thomas Fuller em 1647, "começam a cair de moda". Entretanto, os autores tinham de continuar a viver, e muitos escritores monarquistas haviam perdido seus meios independentes por causa de sua lealdade política.

Duas alternativas se apresentavam. Uma era garantir o sustento como escritor *freelance* – uma possibilidade aberta pelo relaxamento da censura e pela expansão do mercado literário. Um jornalista como James Howell ou um escritor de almanaques como William Lilly podem ter conseguido isso. A profissão das letras estava apenas começando, mas oferecia novas perspectivas de liberdade para o autor que conseguisse agradar ao público. Foram desenvolvidas novas formas de patronagem coletiva. John Taylor, o Poeta das Águas, achando, em 1649, que "patrões demais acabaram me deixando sem patrão", recolhia assinaturas antes de escrever seus versos burlescos. Entre 1644 e 1658, surgiu a Bíblia poliglota, o primeiro livro sério a ser publicado na Inglaterra por meio de assinatura. A segunda alternativa era mais útil: entrar no serviço público, cuja expansão oferecia novas oportunidades para homens capazes.

> O jovem impetuoso que agora aparecer
> deve imediatamente suas Musas esquecer,
> e deixar de cantar na noite sombria
> suas notas de intensa melancolia.

Marvell trocou o posto de tutor para o de servidor do Estado como assistente de Milton. Dryden foi secretário do chefe de Gabinete de Cromwell.

A religião e as ideias

Marchamont Nedham foi jornalista da *Commonwealth*. George Wither ocupou vários cargos no governo do Parlamento. Edmund Waller foi comissário do Comércio. Samuel Pepys entrou para o serviço público antes da Restauração. O novo serviço público estava em processo de formação, e seu dialeto ainda não sofrera a interferência desordenada do jargão. Também nesse sentido, Marvell, Dryden e Pepys podem ter aprendido a escrever prosa funcional, com o objetivo de persuadir.

Os historiadores estão agora começando a compreender que o Interregno não foi um período de esterilidade artística. Música e livros sobre teoria da música foram publicados em uma profusão muito maior do que anteriormente ou depois; as primeiras apresentações de ópera em inglês e a primeira vez em que mulheres aparecem no palco público datam do final da década de 1610. Cromwell foi patrono e grande apreciador de música; e foi pintado "tal e qual" – isto é, em um estilo deliberadamente diferente daquele do palaciano *sir* Anthony van Dyck. De fato, esses anos presenciaram o reflorescimento da tradição nacional na pintura, então submersa nas obras dos estrangeiros mais famosos, aos quais a Corte havia garantido patronato. Um pintor "monarquista" como William Dobson ("o pintor de maior excelência que a Inglaterra já produziu", como Aubrey, corretamente, a ele se referiu) revela com clareza um estilo inglês e insular, não menos do que Robert Walker, o retratista favorito dos parlamentaristas. Foi durante o Interregno que Samuel Cooper começou a alcançar a fama que mais tarde o transformou no "artista mais respeitado da Europa" como pintor de miniaturas. Os artistas também compartilhavam das oportunidades oferecidas pelo mercado literário em expansão; a partir da década de 1650, livros com placas gravadas começaram a ser publicados em maior quantidade. Também durante o Interregno, *sir* Roger Pratt construiu em Coleshill uma das casas de campo mais bonitas da Inglaterra, em uma versão insular do estilo clássico de Inigo Jones*. (Ela foi destruída em um incêndio em 1952.) O estilo palladiano* de casas com átrio interno, que haviam sido as preferidas daqueles que esperavam entreter a realeza, não sobreviveu ao desaparecimento dessa Corte. Em seu lugar surgiram casas construídas em sólidos blocos quadrados ou retangulares por nobres que não desejavam pagar tanto por favores da Corte. Tais casas se projetavam em direção aos vastos acres de terra que seus proprietários dominavam – ou desejavam dominar. O novo "maneirismo dos artesãos", que triunfou durante o Interregno, é descrito como "o último estilo inglês em que influências circularam na impenetrável anonimidade dos pátios de alvaneis e oficinas de marceneiros".[10]

---

10 Summerson, *Architecture in Britain, 1530-1840*, p.97.

O século das revoluções

A Restauração trouxe de volta o domínio dos pintores estrangeiros. Na verdade, Lely viera a Londres na década de 1640, mas, sob o reinado de Carlos II (que outorgou a ele o título de cavaleiro), sua fama na Corte levou praticantes nativos como John Riley e seus discípulos a operar "em um nível inferior ao dos grandes rivais estrangeiros". Edward Pierce, que fez bustos de Cromwell e de Milton, precisou trabalhar principalmente como pedreiro e escultor depois de 1660. A crescente demanda por monumentos religiosos e cornijas pode ter dado aos artífices uma chance de independência econômica; porém, em um nível superior, a Restauração foi desastrosa para a tradição nativa das artes. Em arquitetura, o que estava em voga na Corte importava menos; era o gosto da classe abastada que importava mais; os grandes arquitetos da segunda metade do século são todos britânicos – Pratt, Wren, Hawsmoor e Vanbrugh (um inglês, embora seu pai fosse flamengo).[11]

---

11 Whinney; Millar, *English Art, 1625-1714*, p.188, 253-5.

11
Conclusão, 1640-60

*Os homens mais mesquinhos, a nação mais desprezível e mais ordinária,
o povo mais baixo, têm o poder nas mãos; pisotearam a Coroa;
enganaram o Parlamento e abusaram dele; violaram as leis; destruíram
ou reprimiram a aristocracia e a pequena nobreza do reino.*

Denzil, *lord* Holles, *Memoirs* (1649, publicado em 1699)

*Quando o povo luta pela liberdade, raramente
obtém algo com a vitória, além de novos patrões.*

George Savile, marquês de Halifax

Se tentamos resumir os efeitos das décadas 1640-60, dois pontos aparentemente contraditórios precisam ser discutidos. Primeiro, o de que ocorreu uma grande revolução, comparável em muitos aspectos com a Revolução Francesa de 1789; segundo, o de que foi uma revolução muito incompleta, como se pode notar tão logo se considere o paralelo com 1789.

Uma grande revolução. Uma monarquia absoluta, com base no modelo francês, nunca mais foi possível. Os instrumentos de despotismo, a *Star Chamber* e a *High Commission*, foram banidos para sempre. Strafford tem sido descrito como um Richelieu frustrado; a frustração de tudo o que Strafford representou foi completa e definitiva. Nem mesmo Jaime II, em seus momentos mais selvagens, jamais se esqueceu do que aconteceu em 30 de janeiro de 1649; nem seus ministros, nem seus súditos. O controle do Parlamento sobre a tributação foi estabelecido até onde a legislação podia estabelecer. Os tribunais eclesiásticos tiveram suas garras cortadas. O *Clarendon Code* [Código Clarendon], depois de 1660, não conseguiu destruir as seitas dissidentes. Os bispos deixaram para sempre de ter controle sobre os governos. O país havia conseguido avançar sem rei, sem lordes e sem bispos; entretanto, jamais poderia, a partir de então, ser governado sem a pronta cooperação daqueles que a Câmara dos Comuns representava. Depois de 1640, era impossível ignorar suas opiniões por muito tempo, fosse sobre religião, fosse sobre política externa, tributação ou governança local. Não obstante, a revolução ficou incompleta. Em 1644, George Wither havia recomendado o confisco indiscriminado das terras dos monarquistas, com o fim deliberado de "torná-los camponeses". Nada disso, entretanto, aconteceu. E nem foi o exército utilizado, como desejava Hugh Peter, "para ensinar os camponeses a compreenderem a liberdade". Não se estabeleceu uma sociedade de carreira aberta para talentos. Não houve qualquer ampliação duradoura ou redistribuição do direito a voto, qualquer reforma legal significativa. As transferências de propriedade não beneficiaram os homens de menos posse, e os movimentos de defesa de sua posição econômica em nada redundaram. Os dízimos e uma Igreja estabelecida sobreviveram; a tolerância religiosa acabou (temporariamente) em 1660. Os dissidentes foram afastados da vida política por um século e meio.

Entre 1640 e 1660 houve duas revoluções, apenas uma das quais foi bem-sucedida. Em 1641, *sir* Thomas Aston definiu que "liberdade genuína" significava

> que sabemos por determinada lei que nossas esposas, nossos filhos, nossos servos, nossos bens, são nossos; que construímos, aramos, plantamos, colhemos para nosso próprio sustento.

Isso significava a asserção da regra dos "livres" contra ameaças tanto de pretensos absolutistas como de "nossos servos", os democratas. E isso se realizou. Em governos locais, juízes de paz não apenas se livraram da interferência paternalista de cima, como também derrotaram tentativas por parte dos *Levellers* de tornar seus cargos eletivos democraticamente. Da mesma forma, o *common law* triunfou sobre a prerrogativa e os tribunais da Igreja e sobre tentativas por parte de radicais de reformá-la e racionalizá-la. A ocupação de propriedades feudais foi abolida; ainda assim, o movimento para proteger enfiteutas e fiscalizar cercamentos foi derrotado. O século seguinte testemunha a prosperidade agrícola e a expansão da área cultivada; teste-

Conclusão, 1640-60

munha também o desaparecimento do pequeno agricultor trabalhando em sua própria terra. Na indústria, os monopólios e a interferência do governo tiveram seu fim decretado; os artesãos ficaram à mercê dos patrões e do mercado. A emergência de um proletariado sem terra foi um processo longo e arrastado, porém inevitável, a partir de então. Os mercadores de grandes companhias e a *City* ganharam a política externa que desejavam e saíram vitoriosos com o movimento por liberdade total de comércio. Quanto à religião, os ambiciosos laudianos deixaram para sempre de significar ameaça política; mesmo assim, os sectários radicais que desempenharam papel tão decisivo na vitória da Guerra Civil não conseguiram pôr um fim à união entre Igreja e Estado, e também não conseguiram substituir um sistema de voluntarismo democrático.

Com o acordo de 1660, os idealistas de ambos os lados foram sacrificados. O major-general Harrison foi publicamente estripado, quacres e outros sectários foram forçados a uma existência na clandestinidade, embora, de outro lado, muitos dos *Cavaliers* menores não tenham recebido qualquer compensação por suas perdas e sofrimento. Os que herdaram a terra foram homens de negócios sem escrúpulos, como George Downing, que traiu seus companheiros entregando-os ao punhal do carrasco e conseguiu um título de barão; profissionais impassíveis, como George Monck, que se tornou duque de Albemarle ("alguns homens são capazes de trair três reinos por qualquer lucro imundo", disse-lhe um religioso face a face); ex-presbiterianos, como William Prynne, que disse: "Se Carlos Stuart tiver que vir, seria melhor para aqueles que declararam guerra contra seu pai que ele viesse por meio dos votos deles"; ex-monarquistas e ex-cromwellianos, como *sir* Anthony Ahsley-Cooper, um abastado membro dos Comitês para Plantações antes e após 1660. "Os interesses corruptos dos advogados e do clero" deram provas de serem fortes demais para os radicais; os derradeiros vencedores em 1660 foram aqueles conservadores que haviam se unido contra Laud e Strafford em 1640-1 e que se reuniram novamente diante de uma nova ameaça à liberdade e à propriedade, dessa vez proveniente do monstro de muitas cabeças e do exército de sectários. A pequena nobreza conseguiu unir-se mais uma vez em 1660, porque as linhas divisórias na Guerra Civil foram traçadas dentro de uma classe que possuía em comum vínculos culturais e preconceitos sociais, apesar de diferentes aspirações políticas, religiosas e econômicas. Quando, em janeiro de 1660, o jornalista John Evelyn tentou persuadir o governante parlamentarista da Torre de Londres a declarar-se a favor do rei, ele percebeu que sua negociação era "para grande risco de minha vida; mas o coronel havia sido meu colega de escola e eu sabia que ele não me trairia". Esse surgimento precoce dos "velhos laços dos bancos de escola" foi simbólico.

Um legado duradouro do Interregno foi a aversão que os grandes proprietários de terras tinham aos exércitos permanentes. Antes de 1640, eles tinham receio de que a monarquia pudesse utilizar um exército para conquistar independência do Parlamento; depois de 1646, seu próprio Exército ameaçou privá-los dos frutos da vitória. As teorias dos agitadores pareciam ameaçar a estabilidade social e as liberdades dos "livres". O exército de Cromwell tinha tão pouco respeito pela soberania do Parlamento quanto Carlos I, e muito mais força; os majores-generais haviam invadido o sagrado dos sagrados, o governo local e as eleições parlamentares. Aconteceria de novo? Jamais!

Uma grande revolução no pensamento humano remonta a essas décadas – a percepção geral, que os *Levellers*, Hobbes e Harrington resumiram, de que as soluções de problemas políticos poderiam ser encontradas na discussão e na argumentação, de que questões de utilidade e de conveniência eram mais importantes do que teologia ou história, de que nem pesquisa de antiquariato nem busca nas Escrituras eram o melhor caminho para a paz, a ordem e a prosperidade da *commonwealth*. Tratou-se de uma revolução intelectual de tal magnitude que é difícil para nós imaginarmos como os homens pensavam antes dela.

Portanto, embora a revolução puritana tivesse sido derrotada, a revolução no pensamento não poderia ser desfeita, nem a revolução nas ciências – liderada por homens que formariam a *Royal Society* (Real Sociedade) depois da Restauração –, nem a revolução na prosa que a mesma *Royal Society* consagraria.[1] Até mesmo as ideias de homens que não transigiriam em 1660, de Milton e dos *Levellers*, foram levadas para a clandestinidade, mas não desapareceram. "Dá-me a liberdade de saber, de me expressar e de argumentar livremente, de acordo com minha consciência", havia dito Milton.

> Ao lado de Deus, a verdade é forte; ela não precisa de políticas, nem de estratagemas, nem de licença para ser vitoriosa; esses são os desvios e as defesas que o erro usa contra o poder que ela tem. Apenas lhe concedam espaço e não lhe tolham a liberdade quando ela estiver adormecida [...] quando se trata de proibir, não há nada mais passível de ser proibido do que a própria verdade; cujo primeiro vislumbre de nossos olhos embaciados e

---

1 Ver Capítulo 15 desta obra.

Conclusão, 1640-60

enfraquecidos com preconceitos e hábito é mais repugnante e implausível do que muitos equívocos.

A sociedade imaginada na *Areopagitica*, na qual livros não eram censurados antes da publicação, nunca se concretizou; mas palavras como as de Milton não poderiam ser esquecidas. Os *Levellers* chegaram perto do oblívio, mas suas ideias continuaram a circular na clandestinidade. Um século após a Restauração, o vigário de Wakefield, do romance de Oliver Goldsmith, gritou: "Eu faria todos os homens reis. Eu faria a mim mesmo um rei. Todos nós temos o direito natural e igual ao trono; originalmente, somos todos iguais". Essa, acrescentou ele, "já foi a opinião de um grupo de homens honestos que foram chamados de *Levellers*". Com os escritos de Catherine Macaulay e de outros, as ideias dos *Levellers* passaram para a tradição radical da década de 1760 e desempenharam seu papel na preparação da Revolução Americana e da Revolução Francesa.

Parte III
1660-88

12
Narrativa dos eventos

Os Comuns, bem-sucedidos [...] nas propriedades dos pares, e a Igreja [...] herdaram igualmente, de acordo com o curso da natureza, seu poder [...] É preciso ou trazer as propriedades de volta para o antigo governo e devolver ao rei e aos lordes suas terras, ou, de outra forma, trazer os governos até elas, como é agora.[1]

Henry Nevill, *Plato Redivivus* (1681)

Carlos II datou oficialmente seu reino a partir de 30 de janeiro de 1649. Um Ato de 1º de junho de 1660 dissolveu completamente o *Long Parliament* e declarou o *Convention** existente um Parlamento legal, mesmo que não tivesse sido convocado pelo rei. Outro ato elaborado para a continuidade dos processos judiciais começou antes do retorno do rei e confirmou todas as decisões legais do Interregno, sujeitas a direito de apelação. Portanto, as sutilezas constitucionais foram preservadas. A abolição do Tribunal de Tutela e da prerrogativa real do aprovisionamento foi confirmada por estatuto: Carlos foi indenizado por perda de renda com uma subvenção de 100 mil libras por ano, proveniente de uma taxação sobre cerveja, cidra e chá. Uma versão revista do Ato de Navegação foi aprovada em 4 de setembro. Aproximadamente 1 milhão de libras foi votado para acertar as contas com o exército.

---

1 Note-se que a segunda oração sugere que os Comuns foram sucessores dos bens do rei, bem como dos bens dos pares e da Igreja, embora Nevill seja prudente demais para dizer isso de forma explícita.

O século das revoluções

Um Ato de Indenização anistiou todas as ofensas resultantes das hostilidades das décadas precedentes, mas excetuou 57 pessoas, a maioria regicidas. Dessas, trinta foram condenadas à morte, das quais onze foram executadas. Um povoamento rural, que, de forma ambígua, fora prometido na Declaração de Breda, acabou dando provas de difícil concretização. Terras da Igreja, da Coroa e de monarquistas foram (pelo menos em teoria) restituídas; as terras vendidas entre particulares durante o Interregno não o foram. Na Irlanda, o *Act de Settlement* [Lei da Colonização] (1661) e o *Act of Explanation* [Ato de Elucidação] (1665) deixaram aventureiros e soldados com dois terços de suas propriedades, vários milhares de católicos não conseguiram recuperar os lotes que mantinham em 1641. Pelo menos dois terços da terra cultivável na Irlanda eram agora propriedade de protestantes, muitos dos quais ausentes. Na Inglaterra, ministros que haviam sido expulsos recuperaram seus benefícios eclesiásticos, mas nenhuma lei foi criada para implementar a promessa de tolerância religiosa registrada na Declaração de Breda. Em 25 de outubro, o rei expediu uma Declaração concedendo liberdade apenas temporária, aguardando as deliberações de um sínodo nacional que jamais se reuniu. Quando o Parlamento da Convenção foi dissolvido em 9 de dezembro, nenhum acordo relativo à religião tinha sido celebrado.

O Parlamento que se seguiu reuniu-se em 8 de maio de 1661 e durou dezoito anos; foi o *Cavalier Parliament* [Parlamento dos Cavaleiros] ou *Pensioner Parliament* [Parlamento dos Pensionistas]. Ele aprovou uma série de rígidos estatutos conhecidos como *Clarendon Code*, que incluía o Ato de Corporações (1661), o Ato de Uniformidade (1662), o Ato de Reuniões Secretas (1664) e o Ato das Cinco Milhas (1665). O objetivo de tais atos era excluir os dissidentes de qualquer participação na governança central ou local. Os tribunais de Igreja foram restaurados, com a importante exceção da *High Commission*. O Ato Trienal (1664) exigia Parlamentos a cada três anos, embora não contivesse nenhuma das sanções automáticas dispostas no Ato de 1641. Em maio de 1662, Carlos casou-se com Catarina de Bragança, que trouxe Tânger e Bombaim – atualmente Mumbai – como parte de seu dote. No mesmo ano, Dunquerque foi vendida para a França. Isso contribuiu para a impopularidade do *lord chancellor* Clarendon no país. Ele estava prestes a perder sua influência na Corte, apesar do casamento, em 1660, de sua filha com o irmão do rei, Jaime, duque de York. Clarendon se opôs à Segunda Guerra Holandesa (1665-7); entretanto, foi considerado responsável por ela ter provocado uma série de desastres que coincidiram com a Grande Peste de 1665 e o Grande Incêndio de Londres, em 1666.

Narrativa dos eventos

Em junho de 1667, a frota holandesa, navegando pelo Tâmisa, destruiu navios ingleses na região do estuário de Medway. A Inglaterra foi obrigada a celebrar um acordo de paz. Um conluio entre os de inimigos de Clarendon levou à decretação de seu *impeachment* em novembro de 1667. Ele fugiu do país e morreu no exílio.

A administração que o sucedeu tornou-se popularmente conhecida como *Cabal*, as letras iniciais dos cinco principais ministros – Clifford, Arlington, Buckingham, Ashley e Lauderdale. Com esse governo, o rei conduziu uma política externa dual. Em 1668, a Inglaterra formou com a Holanda e a Suécia uma aliança tripla contra a França; porém, em 1670, em Dover, Carlos assinou um tratado secreto com Luís XIV, pelo qual ele prometia se declarar católico quando os assuntos de seu reino o permitissem. Em troca, ele receberia um subsídio da França. Apesar da falência do Estado em 1672 (o *Stop of the Exchequer*) [Suspensão do Tesouro Público]*, Carlos, aliando-se à França em março de 1673, entrou na Terceira Guerra Holandesa. Dois dias antes da declaração de guerra, ele emitira uma Declaração de Indulgência para dissidentes protestantes e católicos apostólicos romanos. O Parlamento criticou o uso que o rei fez dessa prerrogativa para suspender a operação dos estatutos parlamentares penais e reafirmou sua política de restrita exclusividade anglicana com o *Test Act** [Ato de Prova] (1673); tal Ato insistia que o detentor de qualquer posição civil ou militar deveria receber o sacramento de acordo com os rituais da Igreja Anglicana, deveria prestar juramento de supremacia e lealdade, e fazer uma declaração contra a doutrina católica das massas. Como resultado, o duque de York renunciou como *lord high admiral* [comandante-mor] e Clifford como *lord treasurer*. Com a destituição de Ashley, agora conde de Shaftesbury, o ministério ruiu.

Sir Thomas Osborne, que logo viria a ser conde de Danby, sucedeu a Clifford. A guerra holandesa chegou ao fim em 1674, e Danby começou a construir uma maioria parlamentar, recorrendo a suborno e distribuição de cargos. Durante a maior parte de sua administração (1674-9), o Parlamento foi suspenso, e Carlos dependia de subsídios de Luís XIV. O próprio Danby, entretanto, era anti-França e, em 1677, ele conseguiu ajustar um casamento entre Mary, a filha mais velha do duque de York, e o protestante Guilherme de Orange. Contudo, em todo o país cresciam os temores de uma suspeita da inclinação do rei e de sua *entourage* a favor da França e do papismo. Em 1678, o aventureiro Titus Oates denunciou um suposto complô papista para assassinar o rei, promover um massacre de protestantes e uma invasão francesa da Irlanda. O juiz de paz a quem Oates havia prestado depoimento

O século das revoluções

foi encontrado morto em outubro de 1678, e o pânico começou. Em 31 de outubro, a Câmara dos Comuns concluiu

> que tem havido e ainda há um plano odioso e diabólico, arquitetado e conduzido por papistas não conformistas, para assassinar o rei, derrubar o governo e exterminar e destruir completamente a religião protestante.

Muitos papistas suspeitos foram executados. Quando Coleman, secretário da duquesa de York, foi preso, descobriu-se que, de fato, ele estava envolvido em uma conspiração papista. Enquanto isso, o embaixador inglês em Paris, Ralph Montagu, acusou Danby de obter subsídios da França para descartar o Parlamento, e, em dezembro, Danby sofreu um *impeachment*. Iniciou-se um movimento para excluir o católico Jaime da linha sucessória ao trono e substituí-lo pelo filho ilegítimo de Carlos, o duque de Monmouth. Em 24 de janeiro de 1679, o Parlamento foi dissolvido. Carlos assinou uma declaração de que Monmouth era ilegítimo; o duque de York partiu para o exílio voluntário nos Países Baixos Espanhóis.*

Três Parlamentos vieram e se foram em uma rápida sucessão. O primeiro durou de março a julho de 1679. O *impeachment* de Danby foi ressuscitado. O rei anunciou que lhe havia concedido anistia sob o *Great Seal* [Grande Selo Real]. Os Comuns votaram contra a anistia, considerando-a ilegal, e Danby foi levado para a Torre de Londres. Shaftesbury tornou-se *lord president* do Conselho em um ministério reconstruído. Esse Parlamento aprovou o Ato de Aditamento ao *Habeas Corpus*, e estava elaborando uma *Exclusion Bill* [Projeto de Lei de Exclusão] (para impedir a sucessão de Jaime) quando foi primeiramente suspenso e, em seguida, dissolvido. Shaftesbury foi destituído de seu cargo. Em setembro, Monmouth foi enviado para o exílio (na Holanda), e o duque de York retornou para governar a Escócia.

O Parlamento seguinte reuniu-se em outubro de 1679, mas foi imediatamente suspenso. Formou-se um novo ministério de cortesãos – Sunderland, Godolphin, Lawrence Hyde, "os *Chits*" [Crianças Atrevidas]. O Parlamento continou em recesso por um ano. Quando se reuniu novamente, os Comuns aprovaram um segundo projeto da *Exclusion Bill*, que foi derrotado na Câmara dos Lordes com apenas o grande empenho do marquês de Halifax. Em janeiro de 1681, a Câmara dos Comuns decidiu que não seria concedido qualquer aprovisionamento adicional ao rei enquanto a *Exclusion Bill* não fosse aprovada; e o Parlamento foi dissolvido. Foi durante o recesso desse Parlamento que novos nomes de partidos começaram a surgir. Opositores da Corte haviam

Narrativa dos eventos

preparado petições contra a suspensão ou dissolução; seus adversários expressaram total repúdio às petições. Os termos "peticionários" e "repudiantes" designavam os dois partidos posteriormente conhecidos como *Whig** e *Tory**.

Em março de 1681, Carlos convocou seu último Parlamento na fortaleza monarquista de Oxford. Os Comuns levaram consigo outra *Exclusion Bill*, e, depois de uma semana, o Parlamento foi dissolvido. Mais uma vez, Carlos foi obrigado a depender financeiramente da França. Na primavera de 1682, o duque de York retornou à Inglaterra; Jeffreys foi nomeado *lord chief justice* [presidente da Suprema Corte de Justiça] e conselheiro particular. Sunderland, exonerado em janeiro de 1681 por apoiar temporariamente a exclusão, retornou ao cargo. Iniciou-se, então, um reino de terror legal contra os *Whigs* e os dissidentes. Acusado de traição, Shaftesbury foi preso, mas absolvido por um júri londrino; ele fugiu para a Holanda, onde morreu em 1683.

Nos anos de 1682-3, o governo tentou confiscar ou ter restituídos alvarás de direitos de propriedade de burgos e cidades. Eles foram então remodelados de forma a produzir eleitorados parlamentaristas e jurados favoráveis à Corte. De acordo com a nova Carta Régia imposta a Londres em 1683, nenhum *lord mayor*, xerife ou escrevente poderia ser nomeado sem a aprovação do rei. No mesmo ano, o *Rye House Plot* [Complô de Rye House]* para capturar o rei levou à prisão e ao julgamento de muitos preeminentes membros dos *Whigs*. Monmouth escondeu-se, o conde de Essex cometeu suicídio na Torre, lorde Russell e Algernon Sydney foram executados, embora nenhum deles tivesse tido participação ativa na trama. Sydney foi condenado apenas por defender a teoria de que, em certas circunstâncias, seria possível resistir aos governos; e isso apenas constou de um tratado que nem foi publicado. Em 1684, Oates foi preso, e Danby, juntamente com vários pares da Igreja Católica Romana, foram libertados. De acordo com o Ato Trienal, um Parlamento deveria ter se reunido em 1684, mas Carlos não o convocou antes de morrer, em fevereiro de 1685. Em seu leito de morte ele se declarou papista.

Jaime II sucedeu ao trono de forma pacífica. Graças à reforma dos alvarás dos burgos, o Parlamento que se reuniu em maio de 1685 foi mais favorável à Corte do que fora qualquer outro desde 1661. Votou uma renda de aproximadamente 2 milhões de libras para Jaime, quase duas vezes o que havia sido concedido a Carlos em sua ascensão ao poder. Enquanto o Parlamento ainda mantinha sessões, ocorreram dois levantes. O conde de Argyll invadiu a Escócia, e, em junho de 1685, Monmouth desembarcou em Lyme Regis. Nenhum dos levantes durou mais do que umas poucas semanas. Ambos os líderes foram executados, e represálias selvagens vieram em seguida. Os

O século das revoluções

julgamentos dos tribunais *Bloody Assizes**, do juiz Jeffrey, no sudoeste, ganharam notoriedade depois da derrota de Monmouth em Sedgemoor. Jaime usou a ocasião para exigir um exército de prontidão permanente. Dezesseis mil homens estavam concentrados fora de Londres. Alguns dos oficiais do exército eram papistas, embora legalmente eles tivessem sido desativados do serviço militar pelo ainda não revogado *Test Act*. Em outubro de 1685, Halifax foi destituído de seu posto por se recusar a ser uma das partes na revogação do *Test Act* e do *Corporation Act* [Ato de Corporação].

Jaime lançou o desafio em um momento infeliz. No mês da demissão de Halifax, o clímax de uma longa perseguição a protestantes franceses ocorreu quando Luís XIV revogou o Edito de Nantes. O Parlamento sugeriu que, em vez de um exército permanente, a milícia deveria ser reorganizada. Jaime suspendeu o Parlamento, que jamais se reuniu novamente. Em uma ação legal conspiratória (*Godden versus Hales*), os juízes ratificaram o direito do rei de prescindir do *Test Act*. Em 1686, o papista conde de Tyrconnel tornou-se lorde tenente da Irlanda, onde um exército católico também se encontrava em processo de formação. (Em 1688, uma força militar de 3 mil irlandeses foi enviada à Inglaterra.) Em 1686, a marinha também foi confiada ao comando de um almirante católico, *sir* Roger Strickland. Um jesuíta, Edward Petre, foi nomeado conselheiro privado. O *lord Private Seal*, Arundell of Wardour, era católico. Sunderland, o principal ministro, só se declarou católico em junho de 1688, mas ele, certamente, não tinha quaisquer escrúpulos protestantes. Um núncio papal foi publicamente recebido. Em Londres, foram abertas casas de franciscanos, dominicanos e beneditinos. Foi estabelecido um *Court of Commissioners for Ecclesiastical Causes* [Tribunal de Comissários para Causas Eclesiásticas], que não era em nada diferente da *High Commission*, declarada ilegal em 1641. Esse tribunal foi usado para forçar os católicos romanos a irem para as universidades de Oxford e Cambridge. A resistência mostrada pelo Magdalen College, de Oxford, levou à demissão de 25 membros antes de o subserviente Samuel Parker, bispo de Oxford, ser eleito reitor, seguido logo depois de um dos vigários apostólicos papais.

Em abril de 1687, Jaime emitiu uma *Declaration of Indulgence* [Declaração de Indulgência], que suspendia os testes e concedia liberdade de culto público a dissidentes protestantes e católicos romanos. Ele declarou que estava certo de que o Parlamento não discordaria dessa Declaração quando novamente se reunisse. Para assegurar que seu próximo Parlamento fosse ainda mais subserviente do que o anterior, ele manteve a continuidade da reforma das corporações municipais. Jaime adotou medidas para influenciar até mesmo

Narrativa dos eventos

as eleições nos condados, embora com pouco sucesso. Em maio de 1688, ele expediu uma segunda *Declaration of Indulgence* e prometeu que até novembro haveria um Parlamento. Os bispos receberam a ordem de ler essa declaração em todas as igrejas do reino por dois domingos sucessivos. Sete bispos, liderados pelo arcebispo Sancroft, encaminharam uma petição ao rei para retirar a ordem, já que achavam que ele não tinha o direito de dispensar os regulamentos que negavam a tolerância aos dissidentes. Os bispos foram levados para a Torre e processados por difamação sediciosa. Em junho, eles foram declarados inocentes. No mesmo mês, a rainha deu a Jaime um filho, Jaime Edward. Essa foi a última gota. Assinado por setes ingleses, incluindo o bispo de Londres, Danby, um Sydney, um Russell e um Cavendish, um convite foi enviado a Guilherme de Orange para que invadisse a Inglaterra.

Enquanto Guilherme de Orange preparava a invasão, Jaime, apressada-mente, voltou atrás. Anunciou que católicos continuariam a ser impedidos de ter uma cadeira na Câmara dos Comuns quando o Parlamento prometido se reunisse. Um protestante foi colocado no comando da frota. Todos os alvarás municipais concedidos desde 1679 foram anulados. A Comissão Eclesiástica foi abolida. Alguns tenentes-mor papistas foram destituídos de seus postos; os membros do Magdalen College retornaram às suas funções; mas era tarde demais. A invasão de Guilherme de Orange atrasou muito, mas, no dia de Guy Fawkes, ele desembarcou em Torbay com seu exército: 11 mil na infantaria e 4 mil na cavalaria. Aos poucos, o pariato e a pequena nobreza juntaram-se a essa força formidável, que realizou a última invasão bem-sucedida na Inglater-ra. Danby conquistou Yorkshire; em Cheshire, lorde Delamere ganhou mais *status*, e, em Nottinghamshire, foi a vez de Cavendish, conde de Devonshire. Os partidários de Jaime, liderados por sua filha, princesa Ana, e pelo favorito dela, *lord* Churchill, desertaram *en masse*. Jaime embarcou a esposa para a França e tentou ir em seguida, não sem antes deixar ordens para se dispersar o exército – sem pagar as tropas. A anarquia ameaçava Londres, e um grupo de nobres convidou Guilherme a avançar com seu exército e manter a ordem. Jaime foi, de maneira inconveniente, capturado por pescadores de Kent e trazido de volta para Londres, mas teve permissão para fugir novamente – e no final do ano ele estava na França.

13
A economia

Não há nada mais perto do coração de uma nação
do que o comércio e tudo o que a ele diz respeito.

Carlos II à sua irmã, 14 de setembro de 1668

As terras

Em janeiro de 1660, Monck expressou a opinião de que aqueles que havian adquirido terras durante o período revolucionário formavam um grupo tão significativo que suas ansiedades não poderiam ser ignoradas em nenhuma aldeia do país. A Declaração de Breda prometia que tudo o que se relacionasse com concessões, vendas e compras de terras deveria ser decidido no Parlamento, "que pode, da melhor forma, garantir a satisfação justa a todos os homens envolvidos". No final das contas, um acordo foi alcançado. As propriedades confiscadas da Igreja, da Coroa e de monarquistas deveriam ser devolvidas, exceto as terras vendidas particularmente pelos últimos. Na prática, isso significava que grande quantidade de terras fora deixada para negociação privada. Até mesmo Henry, filho de Oliver Cromwell, valendo-se de vários dispositivos, conseguiu manter ou vender a maior partes das propriedades que lhe haviam sido concedidas. Pensava-se que não valia a pena tomar medidas legais para despojar os compradores das terras do dote de Henrietta Maria; em vez disso, a rainha-mãe recebeu uma compensação. Qualquer comprador que, de forma conspícua, tivesse contribuído para a

O século das revoluções

Restauração se concretizar tinha boas chances de um arrendamento a longo prazo em condições favoráveis. Tais arrendamentos "nunca eram negados a nenhum dos *Coldstreamers*" (soldadesca de Monck). A renda esperada das terras da Coroa em 1663 foi a metade da estimativa de 1660.

Muitos que haviam adquirido terras dos monarquistas não foram menos afortunados. "O *Act of Oblivion** [Ato de Remissão] constituiu-se em um grande entrave e obstrução para [...] toda a realeza", lamentou a duquesa de Newcastle. Seu esposo conseguiu obter um ato especial do Parlamento para recompor suas terras, mas, mesmo assim, algumas delas não foram recuperadas. Podemos, então, imaginar as dificuldades enfrentadas por monarquistas menores, que não tinham o crédito nem a influência política de um duque. Muitos contraíram dívidas pesadas no esforço de recuperar suas terras, e é bem provável que algumas famílias jamais tenham se recuperado de suas dificuldades financeiras. O acordo sobre terras na Restauração, disse Roger L'Estrange, "transformou, com efeito, os inimigos da constituição, em senhores do butim de três nações". "Para alguns monarquistas, o custo real da Guerra Civil foi um casamento modesto para suas filhas", escreveu o professor Habakkuk. Mulheres da alta sociedade, cujos dotes eram parcos, mal conseguiam competir no mercado de casamentos com filhas de mercadores abonados.

O duque de Newcastle vendeu terras no valor 56 mil libras para saldar dívidas. Em seguida, como muitos outros monarquistas que voltaram ao poder, ele se tornou proprietário, preocupado em incrementar o cultivo de suas terras. Houghton, escritor e estudioso de agricultura, falava da

> grande melhoria feita nas propriedades desde as nossas desumanas guerras civis, quando nossa pequena nobreza, que antes mal sabia o que era pensar [...] começou a pensar em tal indústria e produziu uma melhoria tal que a Inglaterra jamais conheceu.

A economia do mercado estendeu-se para regiões onde até então haviam prevalecido relações mais feudais e patriarcais. Selden comentou que na época em que os arrendatários prestavam serviço militar para seus senhores, era razoável cobrar arrendamentos suaves, mas agora "é vaidade e tolice não extrair deles seu valor integral".

"Que o amor, a amizade ou o favor de homem algum te levem a abdicar de teus lucros", aconselhou o monarquista *sir* John Oglander a seus descendentes. "Serve a Deus e valoriza-te muito", assim o ex-parlamentarista Edward Moore encorajou igualmente seu filho em 1668, "e, conforme esses novos

A economia

arrendamentos acontecerem, aumente os antigos valores, [...] para poderes ter algo com que sobreviver como qualquer outro fidalgo vizinho". Como outro fidalgo vizinho: o rigor de Moore não era individual, foi imposto a ele pela sociedade. Até mesmo bispos, tradicionalmente os mais conservadores dos senhores proprietários, faziam consultas uns aos outros para elaborarem formas de extrair o máximo do aluguel ou das multas sobre os herdeiros de seus arrendatários. O bispo Cosin, de Durham, que controlava de perto as negociações com seus arrendatários, feitas por seu agente de terras, costumava citar a prática de outros bispos e insinuar que ele seria passível de crítica se violasse a política acordada entre eles.

Depois de 1660, a classe proprietária de terras estava novamente garantida contra uma rebelião social por parte das classes inferiores. A partir de então, uma grande preocupação dos governos era estimular a produção e proteger o produtor, não mais salvaguardar o consumidor ou proteger o agricultor que cultivava para sua subsistência. Isso marca uma mudança decisiva de ponto de vista. O Parlamento fez muito para ajudar o locatário que realizava melhorias, por exemplo, autorizando a Coroa a cercar terras de florestas para serem cultivadas. A revenda a varejo a um preço maior e a monopolização (comprando milho no mercado aberto e estocando-o para revenda quando, por causa da escassez, os preços subissem) foram permitidas por uma lei de 1663, cujo objetivo era estimular o cultivo de terras improdutivas, dando "estímulo suficiente [...] para gastos com custo e mão de obra". No final da década de 1660, a importação de milho foi virtualmente proibida, de forma a manter altos os preços no mercado interno. De 1673 a 1681, foi concedida gratificação pelo trigo exportado – uma "revolução na política fiscal inglesa", conforme diz o professor Hughes. Durante o período de governo pessoal, as gratificações deixaram de ser concedidas; elas retornaram com o *Liberator* em 1689. A proteção contra importações e esse prêmio pela exportação regularizaram os preços do trigo e reduziram muito o elemento especulativo na lavoura. A produção foi estimulada. Depois da década de 1690, não havia mais fome, e, com a substituição do centeio pelo trigo em âmbito nacional, fica sugerido um aumento no padrão de vida.

Conforme aumentavam a divisão de mão de obra e a especialização regional, a demanda em Londres e em outras áreas urbanas por produtos alimentícios tornou o cercamento para cultivo intensivo ainda mais lucrativo do que o cercamento para pastoreio de carneiros. A horticultura em larga escala e a criação de gado leiteiro prosperaram; houve experimentos com frutas em estufa. A maior parte das novas plantações que se tornariam importantes na história agrícola da Inglaterra no decorrer do século seguinte havia começado experimentalmente durante o Interregno, em uma imitação consciente dos holandeses: feijão, ervilha, alface, aspargo, alcachofra, sanfeno, trevo. O pai de *sir* Robert Walpole cultivava nabo, trevo e relva artificial na década de 1670. "Townshend 'Nabo' e Coke of Holkham no século XVIII", comenta doutor Plumb, "foram meros agentes publicitários de um sistema de agricultura já bem estabelecido em Norfolk". A cultura de raízes e gramíneas permitiu que os agricultores abandonassem o sistema de rotação da lavoura, em que a terra era deixada em pousio pelo período de um ano. Mais carne fresca e mais vegetais devem ter melhorado a saúde da população, embora a carne pudesse ser ainda mais barata se os interesses das classes proprietárias não tivessem garantido a proibição da importação de gado irlandês. A grande fase de criação de animais na Inglaterra data de meados do século. Samuel Pepys disse a seus pais em 1663 que

> não era boa prática pecuária e agrícola para uma família como a vossa manter porcos, aves, carneiros, vacas, [...] havendo carne de todo tipo, leite, mantei-ga, queijo, ovos, carne de aves e tudo o mais que se pode obter mais barato [...] no mercado.

Quando o senhor Badman, da obra de John Bunyan, perguntou "Quem manteria sua própria vaca se pudesse ter um litro de leite por um centavo?", podemos deplorar a atitude com relação ao sagrado matrimônio que ele está defendendo; mas percebemos que ele confirma a visão de Pepys quanto ao baixo preço dos laticínios.

A atmosfera após a Restauração foi propícia para investimento de capital e experiências científicas. A *Royal Society* apresentou sugestões para melhorias na agricultura,

> por meio das quais parques perderam sua função, terras comuns foram cercadas, florestas tornaram-se terras aráveis, pastagens melhoraram com o cultivo de trevo [...] de forma que a alimentação do gado aumentou tão rapidamente, se não mais rapidamente, do que o consumo.

Extorquir os aluguéis justificava-se, porque ter de pagar mais aos senhorios estimulava os arrendatários a trabalhar mais e cultivar novas lavouras. Um argumento a favor da drenagem de pântanos era que ela não apenas produzia terra nova, disponível para cultivo, como também forçava os ocupantes ilegais

A economia

a "abrirem mão da ociosidade e a dedicarem-se a [...] manufaturas", assim reduzindo o desemprego. Fortrey afirmou, em 1663, que

> tantas ou mais famílias podem ser mantidas e empregadas no fabrico de lã originária de cem acres de pastagem, como podem ser empregadas em uma quantidade muito maior de terras aráveis.[1]

A indústria podia agora absorver uma proporção muito maior dos despejados; isso contribuiu para gerar uma opinião favorável aos cercamentos. Houve uma campanha contra aldeões e ocupantes ilegais em terras improdutivas.

Enquanto isso, a extinção de propriedades feudais e o fracasso que os enfiteutas sofreram por não ganharem proteção legal aumentaram a rentabilidade do investimento capitalista na agricultura. Como Le Roy Ladurie afirma, "uma economia agrícola capitalista" emergiu "já com as armas na mão, oriundas do grande sistema senhorial aristocrático" – "um novo movimento na história do mundo (rural)".[2] Um aumento nos dotes, forçado pela concorrência da riqueza da sociedade mercantil no mercado de casamentos, ampliou o fosso entre os grandes e os pequenos proprietários de terra. O dispositivo legal do "acordo restrito", desenvolvido na década de 1650 com a finalidade de impedir herdeiros de decomporem suas propriedades, permitiu que as famílias concentrassem terra e capital em grandes unidades. Os filhos mais novos agora recebiam seu patrimônio sob a forma de uma importância em capital, não sob a forma de terra; assim, eles eram impelidos a buscar uma carreira em outro lugar – e voltavam-se para as profissões em expansão e para o serviço público. Como os títulos de honraria não mais eram vendidos publicamente, o pariato passou a tender para uma oligarquia fechada. Os proprietários de terras abastados investiam em produção mais do que em pariatos.

> A falência de muitas famílias antigas, nobreza menor e proprietários absolutos, e o surgimento [...] de vastos novos aglomerados de propriedades rurais, [constituíram] uma revolução social basilar no século que se seguiu à Restauração.[3]

---

1 J. Houghton, *A Collection of Letters for the Improvement of Husbandry and Trade*, p.82; *Husbandry and Trade Improved*, p.56; Fuller, *History of Cambridge*, p.71; S. Fortrey, *England's Interest and Improvement*, p.18-20.

2 Le Roy Ladurie, "Peasants", *New Cambridge Modern History*, p.133-4, 139.

3 Habakkuk, "Marriage Settlements in the Eighteenth Century", *Transactions of the Royal Historical Society* [*Transações da royal Historical Society*] (*T.r.H.s.*), p.18-20; E. Hughes, "The Professions in the Eighteenth Century", *Durham University Journal*, p.47-8.

A indústria e os pobres

O professor Wilson vê a Restauração como "a saída econômica do medievalismo", baseada na "reconstrução vigorosa" do "aparelho de controle econômico e de estímulo", criado durante a Revolução. A Inglaterra passou, então, de um "Estado semifeudal para um Estado semimoderno". Não houve nenhuma tentativa de revitalizar o velho regime autoritário na indústria; a sociedade capitalista ganhou liberdade para se desenvolver sem obstáculos. Os eventos das décadas de 1640-50 – pedidos maciços do governo às indústrias e vinte anos em que as novas indústrias descritas pelo doutor Thirsk se expandiram livremente[4] – estabeleceram tendências econômicas que não poderiam ser revertidas. Quando, em 1664, um projeto de lei apresentado no Parlamento propôs ressuscitar o monopólio do alfinete, em uma reunião de trefiladores, ouviu-se um deles afirmando que o falecido rei havia perdido a cabeça ao conceder tais patentes. O projeto de lei acabou caindo, e é significativo do declínio da prerrogativa real o fato de que era um projeto de lei. Estatutos parlamentares eram agora soberanos e não havia qualquer *Star Chamber* para impor monopólios.

O decreto cromwelliano autorizando soldados licenciados a praticar tipos de comércio para os quais eles não haviam recebido aprendizado foi novamente promulgado em 1660; a atitude dos agora vitoriosos tribunais do *common law* garantia que regulamentações restritivas de guildas e aprendizado nunca mais fossem efetivamente impostas, exceto na agricultura. Um ato de 1663 abriu para todos a indústria do linho. Em 1669, um fabricante de tecidos disse acerca do Regulamento Elisabetano de Aprendizes que, "embora não tenha sido revogado, [ele] ainda assim tem sido visto pela maioria dos juízes como inadequado para o comércio e para o aumento de invenções". O *Privy Council* acatou a argumentação por ele apresentada. Em 1685, os tribunais decretaram que o aprendizado era necessário apenas para servos contratados pelo período de um ano, desse modo isentando de fazê-lo a maioria dos assalariados. Em 1689, de duzentas cidades na Inglaterra, apenas um quarto possuía guildas organizadas. Atribui-se a prosperidade de Birmingham e suas indústrias na última parte do século XVII ao fato de que não era um burgo licenciado: não havia lá quaisquer guildas, e seus muitos dissidentes eram livres das restrições impostas pelo Código Clarendon. A indústria do vestuário beneficiou-se de forma especial da nova liberdade. Poucos anos depois da Restauração, o

---

4 Ver Capítulo 3 desta obra.

A economia

objetivo do Projeto Cokayne foi atingido: tingimento e engomagem de tecidos dentro da Inglaterra tornaram-se regra, e a quantidade de exportação de tecido não engomado caiu drasticamente. Em 1666, surgiu o famoso estatuto determinando que os mortos deveriam ser enterrados em tecido de lã, não em tecidos importados.

O *boom* na revolução de preços acabou. O licenciamento de 50 mil soldados, a Peste, o Fogo de Londres e a frota holandesa no Medway, tudo isso abalou a economia. Portanto, no início, a expansão industrial foi vagarosa, porém constante. Os carregamentos de carvão de Durham e Northumberland, que haviam aumentado 14,5 vezes entre 1550 e 1640, aumentaram apenas em 50% entre 1640 e 1690. No entanto, a reconstrução de Londres após o Grande Incêndio estimulou a indústria e pôs um fim ao monopólio do comércio de construção, até então reivindicado pela Companhia dos Carpinteiros. Na época, havia consenso geral de que o país estava prosperando, sobretudo por volta ou depois de 1674. E as condições políticas e legais de maior avanço haviam sido criadas. A extinção dos tribunais de prerrogativa e as alterações na interpretação do *common law* operavam a favor dos proprietários de terra que implementaram benfeitorias. Antes de 1640, a família Fletcher, de Cumberland, havia sido impedida de expandir sua propriedade de carvão de acordo com os direitos de proprietários de terra; em 1680 eles estavam exportando carvão em larga escala. "No final do século XVII", diz o professor Nef, "restavam poucas terras improdutivas nas quais o poder do proprietário de praticar a mineração ou de arrendar sua mina de carvão tivesse sido seriamente restringido". O fato de os enfiteutas não terem conseguido a garantia legal de um título de posse foi tão benéfico para os proprietários de terra que abriam depósitos de carvão quanto foi para os que praticavam cercamentos. As vendas de propriedades da Igreja durante o Interregno haviam levado ao desenvolvimento de áreas produtoras de carvão até então não exploradas, por exemplo, no sul do País de Gales. Também não foram somente os enfiteutas que não conseguiram a garantia legal de um título de propriedade; uma lei de 1677 tornou a propriedade de pequenos proprietários absolutos não menos insegura, exceto no improvável caso de que ela estivesse validada por título escrito.

Em 1696, Gregory King calculou em um quarto da população o número de aldeões e desfavorecidos, e em outro quarto o número de operários e servos externos. Ambos os grupos, achava ele, tinham de gastar mais do que ganhavam. Pesquisa moderna confirma esse quadro sombrio. Pelo menos um terço das residências na Inglaterra era isento da *Hearth Tax* [Imposto da Lareira]* por causa do pauperismo. Depois de 1660, o grande ímpeto da filantropia privada declinou e seguiu-se uma administração mais efetiva da *Poor Law* [Lei dos Pobres] por governantes das localidades, não mais em desacordo com a autoridade central quanto a atitudes relativas ao desenvolvimento do capitalismo. No reinado de Carlos II, a importância levantada pelo imposto de assistência aos pobres foi estimada em quase metade da receita total da Coroa. Mesmo esse montante era apenas 3 *p* por semana para cada pobre e camponês.

É difícil generalizar acerca da posição dos operários assalariados. Se examinarmos apenas os números, os salários reais aumentavam, mas uma proporção maior de operários, tendo perdido seus lotes de terra, agora não tinha ganhos subsidiários para sua proteção contra o desemprego. Para aqueles que dependiam inteiramente do salário, continuam verdadeiras as palavras do senhor Ogg: "nem os economistas da época, nem os modernos podem explicar como eles viviam". No início do século XVIII, os homens trabalhavam na fábrica de ferragens do filantropo Ambrose Crowley 13,5 horas por dia, seis dias por semana. Artesãos industriais, sob o sistema *putting-out**, também tinham de trabalhar arduamente por longos períodos, com toda a família e em suas próprias casas. Economicamente, eles eram tão dependentes de seus empregadores quanto eram os operários assalariados – e seu emprego era menos contínuo.

Para os contemporâneos deste período, o principal problema com relação à mão de obra era uma questão de organização, não de excesso de população. "Miséria verdadeira é a exiguidade de pessoas", exclamou Petty, em 1662. "Riqueza verdadeira são as mãos empregadas", afirmou o historiador da *Royal Society*. A Inglaterra, dizia Fortrey em 1663, poderia assistir duas vezes sua população, "se as pessoas estivessem corretamente empregadas". O problema era encontrar a forma certa de organização. A suposição era de que os pobres trabalhariam apenas para não morrerem de fome: esta foi uma razão para o encorajamento da exportação de milho, a fim de manter os preços do trigo altos. Os proprietários de terras se beneficiaram duplamente, arrendando suas terras a agricultores prósperos a um preço alto, e obtendo facilmente mão de obra junto àqueles que tinham de trabalhar para sobreviver. De fato, um efeito da Restauração foi o fortalecimento da posição das classes empregadoras. "Achamos a irracionalidade dos salários dos servos (isto é, dos assalariados) uma grande injustiça", disse o júri (isto é, abastados proprietários de terra) de Worcestershire em 1661; "os servos se tornam tão orgulhosos que o patrão não se distingue do servo". Para colocar as classes inferiores de volta em seu lugar, acrescentou o júri, a autoridade dos juízes de paz deve ser reforçada.

O *Act of Settlement* de 1662, criado em parte para resolver o problema originado pelas massas de soldados desmobilizados em busca de trabalho, autorizou juízes a enviar de volta ao seu último local de domicílio qualquer recém-chegado a uma paróquia que eventualmente pudesse representar um ônus para os fundos de assistência. Assim, apenas pessoas de algum nível social poderiam se locomover, até mesmo procurar trabalho, sem o consentimento dos juízes. Nas palavras de Thorold Rogers, o *Act of Settlement* fez do trabalhador "um servo sem terra". A suposição subjacente ao estatuto era de que o pobre era preguiçoso, violento e não tinha direitos. O pobre indefeso recebia auxílio mínimo da paróquia de sua aldeia. Os abrigos eram lugares deliberadamente desagradáveis para desencorajar os candidatos à assistência; assim, ajudava-se a manter baixos os salários lá fora. Esse código severo era mais efetivo nos vilarejos do que nas cidades. Daí o fluxo para a maior liberdade e as oportunidades econômicas das cidades, onde grande quantidade de mão de obra informal impedia que os salários subissem muito rapidamente e começassem a formar aquele novo fenômeno – a plebe.

Temos poucas evidências do que pensavam aqueles que viviam na miséria. A Restauração confirmou o malogro dos movimentos democráticos em Londres. Antes do final do século, os pequenos proprietários na maioria das companhias da *City* haviam perdido sua influência na condução de seus negócios; em toda a parte, era a oligarquia que governava. Disputas industriais começaram a assumir formas mais modernas. Na década de 1660, houve greves e motins nos estaleiros e também alianças, visando a garantir salários mais altos. Em 1670, quando Londres estava sendo reconstruída após o Grande Incêndio, os serradores tentaram formar um sindicato da profissão, para impedir a propagação da mão de obra informal e, assim, evitar redução nos salários. Se eles fossem bem-sucedidos, diziam os artesãos mais habilitados, a aliança feita levaria os negócios de construção a uma paralisação. Algumas vezes, a greve tomava a forma de quebra de máquinas. Em 1675, os tecelões de fitas de Londres, "competentes homens da comunidade",[5] duzentos ou trezentos em um grupo, invadiram casas para apreender e queimar teares de fitas, que lhes estavam tirando o emprego. Houve conflitos de tecelões em Colchester em 1676 e em Trowbridge em 1677. Tecelões qualificados de Londres em comum acordo se recusaram a trabalhar por menos de 12 xelins

---

5 Shadwell, *The Virtouso*, p.168.

O século das revoluções

por semana. Sabemos muito pouco sobre tais movimentos, já que nossas informações quase invariavelmente derivam de fontes hostis, mas podemos perceber a forma como as coisas aconteciam quando, em 1663, os tipógrafos londrinos estabeleceram a distinção essencial entre mão de obra e capital. Eles perguntavam:

> Se existe o negociante ou fabricante de tecidos , qual a necessidade (necessariamente) de existir o vendedor de tecidos [...]. E se existe o tipógrafo, não há por que temer pela falta de livros, embora não haja vendedores de livros.

A tendência de desenvolvimento econômico, então, apontava na direção de uma diferenciação mais nítida entre as classes: uma classe operária sem terra, dependente de mão de obra assalariada aumentava; o campesinato e os pequenos proprietários entravam em declínio. Um grande número de propriedades ainda preservava uma precária independência com as lavouras ou o artesanato, ou com a combinação de ambos. Entretanto, os que trabalhavam em indústrias domésticas eram, aos poucos, porém em ritmo constante, controlados pelos mercadores que os empregavam, e a divisão entre os agricultores abastados e "os pobres" das aldeias tornava-se cada vez mais acentuada. O pagamento do imposto de assistência aos pobres dava a um homem o direito ao voto no governo local; o recebimento dessa assistência colocava-o fora de um âmbito cuja participação política era aceitável. Em toda parte havia, nesse período, uma propensão à oligarquia. A administração do tributo paroquial há muito tendia a concentrar o poder nas mãos daqueles que pagavam mais; agora, com os dissidentes sendo excluídos dos governos locais, ela estreitou ainda mais suas bases. A Inglaterra rapidamente se tornava uma sociedade de duas classes sociais: a classe dominante e as massas. A maioria dos economistas visualizava uma vasta população trabalhando por salários de subsistência como condição *sine qua non* de conquista bem-sucedida dos mercados mundiais.

Comércio e política externa

Após 1660, os governos passaram a se ocupar cada vez mais com o fomento ao comércio. Várias medidas das décadas revolucionárias voltaram a vigorar. Nesse sentido, a taxa legal de juros foi mais uma vez fixada em 6% (1651: em vigor novamente em 1661). O cultivo de tabaco foi proibido na Inglaterra em benefício da produção nas colônias (1652: 1660). Um dos primeiros atos

A economia

de Carlos II foi estabelecer uma comissão do *Privy Council* para coligir informações e oferecer consultoria acerca das colônias. Isso continuou a existir de várias maneiras até o *Board of Trade* [Conselho de Comércio], no reinado de Guilherme III. Martin Noel, Thomas Povey e James Drax, *experts* em termos de desfrutar de prestígio junto a Cromwell, foram influentes após 1660; Thomas Modyford, governante da Jamaica na Restauração, tivera profunda influência no *Western Design* do Protetor. O fim da *proprietary rule** no Caribe em 1663 e a manutenção da Jamaica sob o controle direto do governo foram provas de que a política do Interregno – subordinando as colônias ao controle do *Whitehall* – continuaria; Ashley-Cooper personificou tal continuidade.

O sinal externo mais óbvio da manutenção dessa política foi o Ato de Navegação de 1660, que estabelecia o princípio de que nenhuma mercadoria de origem africana, asiática ou americana poderia entrar na Inglaterra ou Irlanda, exceto se transportada em navios pertencentes a ingleses, irlandeses ou colonos ingleses e com tripulação de, pelo menos, 75% de ingleses. Nenhuma mercadoria poderia ser importada para colônias inglesas ou exportada de colônias inglesas, exceto em navios de propriedade de ingleses ou irlandeses. Mercadores e agentes forâneos eram excluídos do comércio colonial e do comércio costeiro da Inglaterra e da Irlanda. As regulamentações contra o comércio de transporte pela Holanda excluíam (ou sujeitavam a impostos alfandegários duplos) várias *commodities*, a menos que fossem importadas em navios ingleses ou navios do país exportador que tivessem 75% de tripulantes ingleses. Essas *commodities* incluíam provisões navais, vinhos e destilados, óleos e sal – ao todo, aproximadamente a metade do valor das importações que a Inglaterra fazia da Europa. O imposto de importação sobre o pescado holandês duplicou. Os artigos especificados, produzidos pelas colônias inglesas – açúcar, tabaco, algodão cru, gengibre, índigo e madeira tintorial –, deveriam ser embarcados somente para a Inglaterra ou para países de possessão inglesa, a fim de que a Inglaterra se tornasse o *entrepôt* dessas mercadorias.

O Ato de Navegação declarava que seu objetivo era "o aumento do transporte marítimo". A tonelagem da marinha mercante inglesa, de fato, duplicou entre 1660 e 1688. O código de regulamentações levou tempo para entrar em pleno vigor. No início da década de 1660, isenções tiveram de ser concedidas a navios construídos fora da Inglaterra; a quantidade deles, entretanto, caiu rapidamente depois de 1662, apesar dos altos custos envolvidos na construção naval inglesa sem a proteção do Ato de Navegação. Dar a marinheiros ingleses um monopólio de comércio inglês parece também ter aumentado seus salários. Considerando que a marinha mercante era um dos três ou quatro maiores empregadores de mão de obra assalariada, isso deve ter contribuído para o lento crescimento de salários.

O Ato, contudo, tinha objetivos mais amplos. Quando o apresentou a Carlos II, o embaixador veneziano resumiu os argumentos do orador: se ele tivesse o efeito pretendido, Carlos

teria condições de conceder a lei a príncipes estrangeiros, essa sendo a verdadeira forma de expandir domínios em todo o mundo, o caminho mais fácil para conquistas e o menos dispendioso para se apoderar da propriedade de outros.

No primeiro caso, o Ato dirigia-se contra os holandeses. Josiah Child disse abertamente em 1672 que

Sendo este reino uma ilha, cuja defesa sempre foi nossos navios e nossos marinheiros, parece-me absolutamente necessário que lucro e poder devam ser considerados de forma conjunta e, se assim for, creio que ninguém pode negar que o Ato de Navegação gera um número três vezes maior de marinheiros empregados e de navios construídos do que, de outra forma, empregaríamos ou construiríamos.

Sem o Ato de Navegação, "veríamos quarenta navios holandeses para cada navio inglês em nossas próprias colônias". Muitos de seus contemporâneos teriam concordado com essa análise.

Depois de 1660, o comércio de transporte entre o Báltico e o restante da Europa foi praticamente cedido aos mercadores holandeses, mas eles foram excluídos do próprio comércio da Inglaterra com aquelas regiões. A média anual de navios ingleses cruzando o estreito de Sound depois de 1660 era quase o dobro do que havia sido antes de 1650. Embora a maior parte desse comércio fosse realizada não por navios ingleses, mas por navios de países da região do Báltico, ainda assim a Inglaterra conseguia não depender dos mercadores holandeses em relação aos imprescindíveis suprimentos navais, dos quais ela havia sido quase privada durante a primeira guerra contra a Holanda. A segunda e a terceira guerras holandesas deveram-se, entre outras coisas, à renovação do Ato de Navegação. A guerra era "muito desejada pela cidade de Londres", havia dito o duque de York em 1662. "O que importa não é esse ou aquele motivo", acrescentou o duque de Albemarle. "O que queremos é participar mais do comércio que os holandeses têm". A guerra foi provocada, entre uma grande lista de outras querelas, por dois atos de agressão

A economia

dos britânicos contra os holandeses em 1644, originários de uma deliberada política imperial. Um foi o confisco de bases navais na costa oeste da África, controlando o que os holandeses haviam estabelecido como monopólio do comércio de escravos. No fim das hostilidades, a Inglaterra conservou apenas dois desses postos, mas o monopólio holandês foi interrompido; a prosperidade futura de Bristol e de Liverpool estava agora garantida.

O outro ato de agressão foi a conquista de Nova Amsterdam (mais tarde, Nova York) em 1664. O objetivo era excluir os holandeses do comércio com as colônias norte-americanas. Apesar de sua reconquista na terceira guerra holandesa, a Inglaterra insistiu em manter Nova York no Tratado de 1674. Sob o reinado de Carlos II, a Inglaterra não tinha condições de mobilizar poder de ataque suficiente para levar a Holanda à derrota. Quem fez isso para os ingleses foi Luís XIV da França. O tratado marítimo anglo-francês de 1677 permitiu que navios ingleses transportassem carga holandesa enquanto a França e os Países Baixos estivessem em guerra, e, assim, a Inglaterra poderia participar do comércio de transporte holandês, sobretudo no Mediterrâneo.

Contudo, o ponto principal do Ato de Navegação foi uma política deliberada de desenvolvimento da produção – e do monopólio da exportação – de *commodities* como tabaco, açúcar, algodão e madeira tintorial. A mão de obra dos colonos, dizia Davenant, era "provavelmente seis vezes mais lucrativa do que a mão de obra em casa", graças à escravidão. Em 1640, produtos coloniais importados e depois reexportados representavam de 5 a 6% do comércio inglês; no final do século, com uma política fiscal muito diferente, eles estavam bem acima de 25%. Em 1686, 44% dos navios ingleses estavam envolvidos no comércio com a América e a Índia.[6] O Ato criou condições de monopólio de comércio com as colônias e, assim, aumentaram os lucros de mercadores ingleses. Eles marcam um ponto de transição decisivo na história econômica da Inglaterra. Ao passo que até 1640 lã e tecidos haviam sido durante séculos praticamente os únicos produtos exportados pela Inglaterra, no final daquele século os tecidos constituíam menos de 50% das exportações. Nessa época, 40% eram ou reexportações de *commodities* não europeias ou exportações para a Índia e para a América. Muitas novas indústrias desenvolveram-se tanto para a exportação como para satisfazer a crescente demanda do consumidor

---

6 C. Davenant, *On the Plantation Trade*; K. G. Davies, *The Royal African Company*, p.170-4; R. Davis, "Merchant Shipping in the Economy of the Late Seventeenth Century", *Economic History Review (Econ. H.R.)* (2.série), p.70. Todas as minhas referências subsequentes à *Royal African Company* são retiradas do precioso livro do senhor Davies.

O século das revoluções

interno. Essa diversificação teve um efeito estabilizador e estimulante na economia. Desemprego na indústria têxtil não era mais o desastre nacional que havia sido sob o reinado de Jaime I.

As exportações e importações cresceram cerca de 50% entre a Restauração e o final do século – de aproximadamente 4 milhões de libras para 6 milhões de libras por ano, cada uma. Nesses dados estatísticos não estão incluídos os negócios ingleses fora da Europa, que não se refletiam nos números da alfândega – caso, por exemplo, do comércio de escravos e da pesca na província canadense de Newfoundland [Terra Nova], que o senhor Davis acha que pode ter superado 500 mil libras por ano em 1688.[7] O tabaco, o açúcar e o morim mal foram exportados antes do Ato de Navegação. No final do século, eles constituíam dois terços das importações inglesas fora da Europa e quase dois terços das reexportações inglesas para a Europa. Os preços no varejo dessas *commodities* (e de outros produtos reexportados, tais como seda e pimenta indianas) tiveram queda acentuada durante essas décadas. A rápida expansão do comércio inglês foi o resultado não apenas de monopólio, mas também de preços baixos por causa da "produção em massa". Nesse sentido, o que o senhor Davis chama de "revolução comercial" pode ser comparado com a revolução industrial do século XVIII. Parece que, antes de 1650, os mercadores holandeses tinham conquistado o monopólio para eles próprios. Graças ao Ato de Navegação e ao poder naval, eles foram expulsos por comerciantes ingleses.

Isso significou uma transição para um novo tipo de economia, pois as colônias, ou melhor, sua população branca, oferecia um mercado resguardado para os produtos manufaturados ingleses, bem como fontes de matéria-prima a preços acessíveis, e com isso estimulava a produção interna. Os escravos da África Ocidental eram comprados com produtos manufaturados ingleses. Um grande número de indústrias de refino e acabamento visando ao mercado interno e à exportação surgiu em Londres e em outras regiões da Inglaterra. Assim, para a Inglaterra, de qualquer forma, foi encontrada uma saída para a crise da metade do século. Entre as décadas de 1660 e 1700, houve um aumento de 18% na exportação de produtos manufaturados (além de tecidos) para a Europa; exportações semelhantes para as colônias ultrapassaram a casa dos 200%, mesmo que tais exportações ainda chegassem a apenas 8% do total de 1700. Contudo, a proteção dessas exportações permitiu que as indústrias inglesas se desenvolvessem ao ponto de, no século XVIII, poderem competir nos mercados europeus. O industrialismo do século XIX, como

---

7 R. Davis, "English Foreign Trade, 1660-1700", *Econ. H.R.* (2.série), p.150-63.

A economia

sugere o senhor Davis, poderia muito bem ter sido impossível sem o Ato de Navegação. O comércio colonial preparou o caminho para a revolução industrial, exatamente como a revolução política tornara possível o uso de plenos poderes do Estado para a conquista e manutenção do monopólio do comércio colonial. Finalmente, triunfara a política de Hakluyt, Ralegh e Pym.

Entretanto, os efeitos de curto prazo da revolução comercial foram opostos ao estímulo de longo prazo que ela deu à indústria. O subsídio indireto que o Ato de Navegação deu ao transporte marítimo e os grandes lucros auferidos com o comércio colonial de reexportação desviaram capital de investimento em indústrias pesadas e de bens de capital. Viagens marítimas de longa duração tiveram de ser financiadas; fortificações no exterior, construídas e mantidas; governantes nativos, subornados. Avaliando a adição anual à riqueza nacional em 2 milhões de libras, Davenant achava que 75% desse valor provinha do comércio colonial e do comércio com as Índias Orientais. Somente com o passar do tempo, os lucros com o comércio de escravos, a pesca, a construção naval, a rerreportação e as indústrias a ela atreladas redundariam em investimento na indústria de maneira geral. Nesse ínterim, o motor a vapor ainda não havia se desenvolvido, e o coque não havia substituído o carvão vegetal na indústria de ferro, o que ocorreu somente mais de um século depois de ter sido usado para secagem de malte.

O monopólio industrial havia sido extinto durante o Interregno: o monopólio comercial sobreviveu, mas as companhias envolvidas no comércio europeu logo perderam sua posição privilegiada diante da competição de clandestinos e da hostilidade do Parlamento aos monopólios. A sorte dos *Merchant Adventurers* flutuava conforme a situação política. Sob pressão do *Cavalier Parliament*, o comércio na área deles foi aberto. Em 1683, na ausência de um Parlamento, a companhia teve restaurados todos os seus privilégios; a partir de 1689, o comércio ficou permanentemente aberto. Em 1671, a *Eastland Company* recusou-se a reduzir a multa de admissão que a havia tornado tão exclusiva. Em decorrência disso, o Parlamento estabeleceu o livre comércio na região do Báltico e abriu a Companhia para todos, sob o pagamento de 2 libras. Não houve necessidade de anular sua licença após 1688; a companhia havia deixado de existir como monopólio em separado. O comércio da *Greenland* também foi aberto por regulamento em 1671.

Os monopólios dessas companhias, na verdade, tornaram-se supérfluos, uma vez que a marinha havia estabelecido proteção adequada contra potências rivais e piratas em águas europeias; porém, outras companhias envolvidas com o comércio de longa distância realmente mantiveram seus próprios monopólios. A monarquia restaurada não agia mais de forma leviana com relação a eles. Diante dessa nova atmosfera de segurança, a Companhia das Índias Orientais construiu um fundo permanente, que passou a utilizar para seu fortalecimento e defesa, e assim estabeleceu as bases de suas futuras conquistas militares. As Companhias das Índias Orientais e Africanas, de fato, foram instrumentos essenciais para a derrota dos holandeses, e elas desfrutaram de um patronato *sui generis* por parte do governo. Somente em virtude da prerrogativa real, ambas as companhias tiveram permissão para instituir tribunais, cuja autoridade era exercida contra comerciantes clandestinos. Juízes designados pelas Companhias ganharam, dessa forma, poder sobre a propriedade de súditos ingleses. Esses comerciantes ilegais, por sua vez, buscaram no Parlamento apoio e proteção. A Real Companhia Africana só foi salva porque Carlos II dissolveu o terceiro Parlamento em julho de1679.

A Companhia das Índias Orientais infringiu os cânones da ortodoxia financeira tradicional exportando barras de ouro para pagar suas compras. *Sir* Josiah Child defendeu a Companhia com o argumento de que quatro quintos de suas importações eram reexportados, "e com o retorno advindo daí mais do que o triplo de barras é importado"; e, com efeito, o ouro exportado para a Índia comprava mercadorias que eram subsequentemente trocadas pelo ouro africano que deu seu nome ao guinéu. Em 1663, houve uma histórica reversão da política monetária inglesa: um Ato do Parlamento legitimou a exportação de moeda estrangeira, de ouro e de prata, mas a Companhia continuou sob ataque. Em 1668, no Caso *Skinner versus the East India Company**, a Câmara dos Lordes concedeu uma grande indenização a um mercador ilegal; e, em 1684, Pollexfen, juiz presidente da Corte Suprema, decretou que os comerciantes clandestinos não infringiam qualquer lei, já que a Companhia não fora estabelecida por Ato do Parlamento. Dessa forma, tanto a Companhia das Índias Orientais como a Real Companhia Africana se envolveram profundamente em política; também foram pressionadas a conceder empréstimos em larga escala ao governo em troca dos privilégios e da proteção que recebiam. O novo alvará da Companhia das Índias Orientais, emitido em 1657, havia reduzido seu corpo administrativo, e ela passou, então, a ser gerida por um grupo de capitalistas extremamente ricos, que rejeitaram os argumentos dos inimigos como reivindicações que soavam como queixas "niveladoras", ou seja, remetiam às ideias dos *Levellers*. No reinado de Jaime II, membros *Whig* da Companhia foram forçados a vender seus estoques.

Os mercadores lucraram muito com o *boom* no comércio. Entre 1660 e 1688, além de pagar altos dividendos, a Companhia das Índias Orientais

A economia

duplicou – e a Companhia Africana quadruplicou – seu capital nominal. A *Hudson's Bay Company* triplicou seu capital entre 1670 e 1688. O único fracasso óbvio entre as novas companhias foi o da *Royal Fishery Corporation*, que era composta de cortesãos e aristocratas à moda dos monopólios industriais pré-1640, tendo o rei como "Protetor" e o duque de York como governante. Ela acabou se revelando incompetente para os negócios e sucumbiu em um lamaçal de escândalos; em geral, contudo, as companhias da Restauração foram administradas por mercadores, não por aristocratas. *Sir* Josiah Child, que o distinto John Evelyn achava "sordidamente avarento", fez do comércio das Índias Orientais o suficiente para casar sua filha com o herdeiro de um duque, levando consigo "um dote de 30 mil libras no momento e várias perspectivas". "Ele é um mau mercador", dizia-se em 1674, "que não consegue fazer seu dinheiro valer seis vezes mais com o comércio quanto consegue com terras".[8]

O reinado de Carlos II começou com relações harmônicas entre os comerciantes e a Coroa. O casamento português confirmou a aliança cromwelliana de 1654. Tânger deu à Inglaterra uma base naval no Mediterrâneo e a Bombaim [atualmente, Mumbai], uma base na Índia, embora o rei lhes desse tão pouco valor que abandonou a primeira e arrendou a segunda para a Companhia das Índias Orientais por 10 libras por ano. Os mercadores continuaram influentes e seus interesses afetaram diretrizes políticas. O tratado de 1667 com a Espanha incluiu uma cláusula dispondo que mercadorias das colônias e das Índias Orientais deveriam ser admitidas na Espanha como se fossem produtos da Inglaterra; porém, a hostilidade de Carlos II em relação aos holandeses, tão populares junto à Companhia das Índias Orientais, não se baseou apenas em considerações comerciais. Nem Carlos nem Jaime compartilhavam o temor com relação à França, que a comunidade de negócios começara a sentir a partir da década de 1670; como consequência, os governos deles foram, aos poucos, perdendo a confiança das classes comerciais. Os desastres da segunda guerra holandesa e o fracasso até mesmo no fornecimento de comboios para transportar carvão de Newcastle lembravam aos indivíduos o quão mais protegido o comércio havia sido na época de Cromwell.

No final dos anos de 1670, a Inglaterra prosperava, pois era um país onde reinava a paz, enquanto os Países Baixos e a França, seus maiores rivais, continuavam em guerra. A *City*, no entanto, não parece ter sido tão grata quanto alguns historiadores acham que ela deveria ter sido. Em 1676, Carlos disse ao embaixador francês que, se Luís XIV apreendesse navios ingleses procedentes

---

8 *Historical Manuscript Commission* [*Comissão de Manuscritos Históricos*] (*H.M.C.*), p.375.

do Mediterrâneo, seria quase impossível lidar com os protestos dos mercadores que eram os "patrões de Londres" e que contavam com total apoio do Parlamento. O estatuto de 1678 – excluindo os principais produtos franceses, uma adaptação de um Ato de 1649 – foi sancionado por uma maioria *Whig*. No reinado de Jaime II, ele foi rejeitado; eram os *Tories* que eram a favor do "livre comércio". Uma tarifa proibitiva foi renovada em 1689. Como em anos anteriores desse século, a luta constitucional significou que de 1674 a 1688 os governos não puderam garantir uma política externa efetiva.

Finanças

As mudanças feitas durante o Interregno no sistema de tributação não se reverteram. O que restou das terras da Coroa foi, de fato, devolvido em 1660, mas elas eram agora uma fonte de renda relativamente insignificante. Carlos II vendera terras pelo valor de 1 libra, milhão na década de 1670, e o restante foi vendido logo depois de 1688. O valor de 100 mil libras por ano que o governo recebia em retorno pela ocupação de propriedades feudais e como aprovisionamento não foi uma boa barganha: mal cobria a perda do aprovisionamento. Entretanto, para os proprietários de terras, a barganha foi muito melhor do que o abortivo *Great Contract* de 1610: eles reduziram sua quota na tributação à custa dos consumidores mais pobres sobre quem o ônus da taxação indireta da venda e da produção pesava mais. No início do *Cavalier Parliament*, um observador comentou:

> É da opinião geral de alguns que este Parlamento, constituído em sua maioria de grandes proprietários de terra e de poucos comerciantes, jamais extinguirá o imposto indireto, porque seus encargos se tornarão, com isso, maiores.

"No século XVII", escreve o historiador de tributos, "a aceitação da doutrina de que os pobres devem pagar impostos é um dos marcos da opinião política inglesa".[9] (Ela foi "aceita" por aqueles que o Parlamento representava; os próprios pobres não foram consultados.) A teoria de que proprietários de terras deveriam pagar sua quota justa de tributo era mais popular entre os comerciantes (como havia sido com o exército de Cromwell) do que entre

---

9 E. Hughes, *Studies in Administration and Finance*, p.124; W. Kennedy, *English Taxation, 1640-1799*, p.67.

A economia

os membros da pequena burguesia. O último dos velhos subsídios do Parlamento foi votado em 1663. Após essa data, a tributação criada pelo Parlamento adotou, realmente, a forma de imposto sobre propriedade, mas era à reduzida taxa de 2 xelins por libra. "A nobreza e a pequena burguesia são o suporte necessário, se não o único suporte da Coroa", disse *sir* John Holland, enquanto atacava o imposto sobre terra em 1668, "se elas caírem, a Coroa cairá". O imposto indireto tinha, de longe, a preferência da Corte. Jaime II, "como um genuíno rei inglês", considerava o imposto sobre propriedade como "o último recurso se Deus Todo-Poderoso nos afligir com uma guerra". Foi depois da substituição do autêntico rei inglês por um holandês que a revolução fiscal se completou e o imposto sobre propriedade se tornou um traço regular das finanças inglesas.[10]

Considerando que nem mesmo se esperava que o rei passasse a viver por conta própria, surgiu a possibilidade de se estabelecer uma renda fixa e regular para os gastos rotineiros da Coroa; isso foi algo com que ministros, desde Robert Cecil, sempre sonharam, mas que a falta de confiança entre o governo e o contribuinte havia impedido. O Parlamento de 1660 votou uma renda de 1,2 milhão de libras por ano para o rei – metade do que Cromwell havia gasto, mas o dobro da renda de Carlos I. Entretanto, a renda havia sido superestimada, talvez não sem alguma intenção de manter o governo dependente do Parlamento. Os rendimentos caíram 250 mil libras aquém do que havia sido votado. Para preencher essa lacuna, o Parlamento votou em 1662 um imposto de 2 xelins sobre cada família. Embora os muitos pobres fossem isentos, o *Hearth Tax*, como o imposto indireto, significava um enorme encargo para os pequenos proprietários de terra, colaborando, assim, para a marcha descendente de lavradores e artesãos. Os *Whigs* sempre o detestaram, e ele foi abolido depois de 1688. A cobrança desse imposto foi duramente criticada como invasão da privacidade dos ingleses, embora se possa notar que, em 1671, o Parlamento permitiu de bom grado que qualquer juiz de paz concedesse poder a qualquer couteiro de qualquer proprietário de um solar (do nível de um escudeiro ou acima) para revistar as casas de caçadores ilegais suspeitos. A proteção à caça era questão mais séria do que a cobrança de impostos!

A maior parte da renda regular provinha de impostos alfandegários e do imposto indireto. Assim, os governos tinham todo o interesse em estimular o comércio. Tanto o imposto indireto como o imposto alfandegário aumentaram

---

10 C. Robins (Ed.), *The Diary of John Milward*, p.25, 202-3, 311; W. E. Buckley (Ed.), *Memoirs of Thomas, Earl of Ailesbury*, p.105; P. G. M. Dickson, *The Financial Revolution in England, passim*.

rapidamente depois da depressão da década de 1660. Foi sobretudo graças a isso que, a partir de 1673, Carlos começou a receber o valor total de 1,2 milhão de libras votado na Restauração. A prática de arrendar (*"farming"*) a arrecadação de impostos a particulares (os quais retinham lucros) havia sido abandonada em 1643; recomeçou em 1662. Petty calculava que, por causa de declarações falsas, do custo da cobrança e dos lucros dos arrrendadores, o governo recebia apenas metade do que era pago. Gradativamente, porém, os mercadores, em melhor posição para fazer adiantamentos financeiros, expulsaram a pequena burguesia do sistema de arrendamento de impostos. O *Cavalier Parliament* perdeu seu entusiasmo por esse sistema de arrecadação, até que, a partir de 1671, ele foi abandonado. O imposto indireto seguiu-se a ele em 1683, e, após uma série de experiências, o *Hearth Tax* foi adotado pelo governo em 1684. Os arrendamentos de impostos haviam sido adotados para compensar os ex-cavaleiros por suas perdas; eles esperavam uma indenização maior quando essa prática fosse abandonada. Muitas vezes, eles a conseguiam sob a forma de dinheiro de serviço secreto. "A chave de todo o problema da corrupção no reinado de Carlos II está em uma única palavra: 'compensação'", escreveu o professor Browning.

A renúncia ao arrendamento de impostos, uma "revolução na política fiscal", teve efeitos a longo prazo. Um novo ramo do serviço público começou a se formar e expandiu rapidamente. Em 1671, quando o sistema de arrendamento de impostos foi abandonado, 763 agentes arrendadores foram acrescentados ao serviço militar. Em 1646, havia dez servidores em Exeter; em 1685, esse número passou para 71. Aqui, encontrava-se uma nova fonte importante de emprego bem remunerado em tempo integral, tanto para os filhos mais jovens da pequena burguesia, expulsos da terra pelo *"strict settlement"* [assentamento estrito], como para os filhos da classe média comercial e profissional que estava se desenvolvendo. *Sir* Richard Temple jamais poderia ter liquidado suas dívidas na década de 1670, não fosse por seu cargo de comissário da Alfândega. Suas perdas de salários do governo entre 1685 e 1689 tiveram efeitos desastrosos em suas finanças.[11] A máquina estatal foi, então, fortalecida e passou a ter um contato mais estreito com o mundo dos negócios, ao mesmo tempo em que, individualmente, fidalgos e suas famílias obtinham lucros. Seus lucros, diferentes daqueles de monopólios,

---

11 Hughes, *Studies in Administration and Finance*, p.123, 138-67; W. B. Stephens, *Seventeenth Century Exeter*, p.90; E. F. Gay, "Sir Richard Temple [...] 1653-75", *Huntington Library Quarterly*, p.270-6.

A economia

não eram um encargo parasita sobre a economia nacional. Muitos, porém, como *sir* Richard Temple, devem ter aprendido pelo caminho mais árduo que, no Estado moderno que começava a emergir, o patronato havia se tornado assunto importante demais para que fosse deixado à disposição arbitrária de um soberano irresponsável: precisava ser submetido ao controle de ministros que poderiam ser intimados a se explicarem.

Os banqueiros, afirmou Clarendon, "são uma tribo que surgiu e cresceu à época de Cromwell, e nunca se ouviu falar deles antes dos últimos distúrbios". O confisco que Carlos I fez das barras de ouro na Torre, em 1640 – um duro choque para o crédito – havia estimulado o sistema de banco de depósito junto a ourives, os quais também haviam se beneficiado diante dos perigos de estocagem privada durante a Guerra Civil. Na década de 1650, a criação de um banco nacional fora com frequência objeto de discussão, mas o governo da Restauração se opunha a tal instituição, que poderia se tornar forte demais. Em 1666, "a condição insegura para um banco em uma monarquia e a pouca segurança para um monarca em ter um" foram explicadas a Pepys. Os banqueiros, disse um membro do Parlamento em 1670, eram "os homens da *Commonwealth* que destroem a nobreza e a alta sociedade". Não obstante, eles acabaram se tornando necessidade nos reinados de Carlos II e Jaime II. Excluído de qualquer forma de tributação que não fosse parlamentar, Carlos sistematicamente antecipava a renda tomando emprestado, e isso se tornou um fator decisivo na evolução de um sistema bancário. Em 1672, a confiança no governo foi duramente abalada pelo *Stop of the Exchequer,* que levou a uma série de falências entre banqueiros e, naturalmente, causou um aumento na taxa de juros, que o governo teve de pagar no futuro. Embora a taxa legal de juros fosse 6%, Carlos pagou 10% em meados dos anos de 1670. O rei e o reino haviam se tornado "escravos dos banqueiros". Não havia possibilidade alguma de se criar uma dívida fundada até que a confiança plena fosse restabelecida entre a Coroa e a comunidade de negócios.

O professor Chandaman refere-se à "simples lei carolina que indicava que a extravagância do rei tendia a crescer na proporção de seus recursos".[12] De 1665 em diante, a Câmara dos Comuns tentou separar seus subsídios de tributação e aplicá-los em usos específicos. Esse expediente teve origem com o ex-cromwelliano *sir* George Downing e objetivava facilitar ao governo a solicitação de empréstimos, bem como o controle dos gastos. Repetidas vezes,

---

12 *The Mystery of the New-fashioned Goldsmiths or Bankers,* p.3; C. D. Chandaman, *The English Public Revenue, 1666-1688,* p.235, cf. p.208, 270-3.

O século das revoluções

a Câmara dos Comuns protestou contra a prática do governo de antecipar a receita dos impostos como um meio de evitar o controle pelo Parlamento. A oposição tinha razão de estar preocupada já que pelo menos parte dos gastos que haviam aumentado era utilizada para subornar os membros do *Cavalier Parliament* quando este se tornou o *Pensioner Parliament*. Em 1673-5, as pensões custaram ao governo mais de seis vezes o que custavam em 1661-3. Entre 1676 e 1679, o fundo do serviço secreto de Danby atingiu a média de 84 mil libras por ano. Carlos contava com o auxílio de subsídios franceses na década de 1670, mas, depois do impasse provocado com a dissolução do *Cavalier Parliament*, sua salvação veio com a melhoria dos impostos indireto e alfandegário resultantes da expansão do comércio. Uma dívida de 1 milhão de libras foi saldada entre 1679 e 1682. No reinado de Jaime, somente os impostos alfandegários e o imposto indireto trouxeram para os cofres o total de receita alocada pelo Parlamento para Carlos II – uma média acima de 600 mil libras por ano de cada um. A receita total de Jaime atingia uma média acima de 2 milhões de libras por ano. Assim, ele ficava relativamente livre de subsídios franceses e podia dar-se ao luxo de aumentar seu exército até quatro vezes em relação ao de seu irmão.

Portanto, graças à prosperidade do país, o governo livrou-se do jugo financeiro que o Parlamento pretendia lhe impor. O acordo de cavalheiros de 1660 fracassou ao não conseguir estabelecer aquela confiança entre a Coroa e a comunidade de negócios que a última buscara no decorrer do século. Em sua tentativa de escapar de um controle, o governo foi levado a uma política pró-França, em detrimento do que eram considerados como os interesses políticos e econômicos da Inglaterra. A própria prosperidade acidentalmente produzida por essa política no final dos anos de 1670 e início dos anos de 1680 provocou alarme, porque eliminava a necessidade de parlamentos; e a falta de confiança por si só estabeleceu limites para a expansão econômica. O *Stop of the Exchequer*, informa-nos um contemporâneo, causou maior consternação do que a presença da frota holandesa no rio Medway. Houve uma crise de confiança em 1682 – ano do ataque ao alvará da *City* –, uma perturbação do crédito em 1685, e, no inverno de 1688, Jaime parecia pretender deliberadamente uma ruptura da estabilidade social com suas ações às vésperas de sua partida. Houve muitas razões por que a cidade dera as boas-vindas ao *Liberator*, sob cujo comando 1,3 milhão de libras foram finalmente reembolsadas aos banqueiros de Carlos II.

14
A política e a constituição

Acho que Sua Majestade que agora é,
é rei com o melhor título deste mundo,
pois foi chamado pelo órgão representativo da Inglaterra.

Henry Marten, em julgamento por regicídio (1660)

A Restauração do Parlamento

A Restauração de 1660 foi uma restauração da classe unida que o Parlamento representava, mais ainda do que uma restauração do rei. Não foi o rei que convocou o *Convention Parliament*; foi o Parlamento que convocou o rei. Em 1661, Clarendon disse à Câmara Baixa:

É privilégio [...] prerrogativa da gente comum da Inglaterra que ela seja representada pelas pessoas mais importantes, mais eruditas e mais ricas e mais sábias que possam ser escolhidas em toda a nação. [...] Confundir os Comuns da Inglaterra [...] com a gente comum da Inglaterra foi o primeiro ingrediente para aquela dose maldita [...] uma *commonwealth*.

"Sem a segurança e a dignidade da monarquia", disse Carlos II vinte anos mais tarde, "nem a religião, nem a propriedade podem ser preservadas".

Um panfleto de 1660 afirmava sucintamente a posição:

O século das revoluções

Essa ilha é [...] governada pela influência de uma espécie de gente que vive com fartura e à vontade com seus arrendamentos extraídos do trabalho árduo de seus arrendatários e servos, cada [...] dos quais dentro dos limites de sua própria propriedade atua como príncipe. [...] Eles sentam-se no comando do conselho supremo; eles estão no comando supremo no mar e em terra; eles impõem e arrecadam tributos por meio de delegados do mesmo nível. Dessa classe selecionamos delegados, juízes de paz e todos aqueles que exercem a autoridade de juiz; por influência de seus poderes eles determinam todas as eleições ao Parlamento ou outros; os condados inteiros seguem suas respectivas facções; e o povo, na votação, é controlado por eles como o cavalo é controlado pelo cavaleiro.

As eleições parlamentares em todo o reino, confirmou Petty, "são controladas por menos de 2 mil homens atuantes".[1] Leis de 1661-2 colocaram o recrutamento local da milícia sob o controle do rei, mas ele tinha de agir através dos lordes tenentes, que eram, obviamente, da aristocracia. Esses últimos nomeavam funcionários membros da pequena nobreza do condado. O dever de fornecer cavalaria e infantaria para a milícia baseava-se em uma classificação quanto ao patrimônio, e ela era mais alta no caso da cavalaria. Essa medida garantia que a milícia permanecesse "a fortaleza da liberdade."[2] A restauração de Carlos II ao poder em 1660 foi, em grande parte, consequência dessa estratégia; foi decisiva a deserção que ocorreu, em 1688, no exército de Guilherme de Orange na maioria das regiões. Em certa ocasião, Carlos II salientou a um quacre que os soldados que atacavam as assembleias de quacres em Londres não pertenciam às suas tropas, mas às do *lord mayor*. Foi por meio de milícias que muitos dos principais negociadores de cadeiras de seus distritos no Parlamento exerceram sua influência.

O restabelecimento da Câmara dos Lordes e dos Bispos serviu aos mesmos propósitos sociais. Em 1675, Shaftesbury, *à la* Harrington, afirmou que

Jamais qualquer príncipe governou sem uma nobreza ou um exército. Se não tiverdes um, devereis ter o outro, ou a monarquia não se manterá por muito tempo e desabará em uma república democrática.

Pares, conforme sugeria Shaftesbury, eram mais baratos e mais simpáticos do que mercenários grosseiros. Foi talvez em reconhecimento dessa útil função

---

1 Landsdowne, *A Discourse for a King and Parliament*, p.1-2; *Petty Papers*, p.7.
2 *Thurloe State Papers*, p.54.

A política e a constituição

social que nenhum dos muitos pares condenados por assassinato entre 1660 e 1702 sofreu qualquer punição.[3] Porém, embora a Casa Alta tivesse sido restabelecida, sua posição na constituição não poderia jamais ser a mesma. Clarendon imputava a perda de reputação dos lordes à negligência do rei, à sua excessiva confiança na lealdade da *Cavalier Lower House* [Casa Baixa de Cavaleiros] e à indolência e ao egoísmo dos próprios pares. As Resoluções dos Comuns em 1661, 1671 e 1678 finalmente estabeleceram seu direito de elaborar projetos de lei visando a aumentar a receita e os suprimentos apropriados e rejeitaram o poder dos lordes de alterar tais projetos. No caso de *Skinner versus the East India Company* (1668), o argumento apresentado pelos lordes para praticar jurisdição original nos casos civis entre cidadãos comuns foi finalmente derrotado, mas a Câmara Alta reteve sua jurisdição recursória.

O pânico social de 1660 explica em parte por que o rei não estava comprometido com condições específicas. Entretanto, havia uma grande abundância de restrições não especificadas. Além disso, os tribunais de prerrogativa não foram reativados; sem eles, o *Privy Council* perdeu seu poder de interferência em assuntos locais contra os desejos dos "governantes naturais", perdeu também sua jurisdição criminal e abandonou qualquer tentativa de legislar ou tributar independentemente do Parlamento. O *Book of Rates* [Livro de Taxas] (para a alfândega) foi sancionado como estatuto parlamentar em 1660. A abolição do direito de ocupação de propriedade e a venda de quase todas as terras da Coroa transformaram a natureza do poder da monarquia. Há algum tempo, dentro da tradição medieval, ele não se baseava mais em terras, nas relações pessoais entre o rei e seus súditos ricos ou na habilidade que tinha a Coroa de inflingir dano econômico. Mas a Corte, no sentido de família régia, estava deixando de ser o centro do poder real. O patronato real, a partir daí, foi exercido quase somente por meio de nomeações de cargos públicos, e o controle de tais nomeações passou, aos poucos, para as mãos de ministros.

Contudo, a maior mudança de todas estava na mente dos cidadãos. A execução de Carlos I, afirmou corretamente o senhor Ogg, foi o evento político mais importante do século. Quase da mesma significância foi a experiência de governo adquirida durante o Interregno. Por quase vinte anos, Comissões Parlamentares haviam controlado o exército, a marinha, a Igreja e o comércio externo de maneira mais eficiente do que o antigo governo jamais fizera. Esses órgãos governamentais não poderiam mais ser tratados como "segredo de Estado", em que os súditos não podiam se intrometer. Mercadores da

---

3 Ogg, *England in the Reigns of James II and William III*, p.107.

City haviam servido em comissões de finanças, de comércio e nas colônias. Surgiu um novo tipo de serviço público que era, de longe, útil demais para ser descartado. Os monarquistas que voltaram ao poder não conseguiram comandar a marinha sem o reforço dos *"tarpaulin" captains* [capitães-"casaco de lona"] que haviam feito treinamento durante o comando da *Commonwealth*. O duque de York, informa-nos Burnet, não gostava dos *tarpaulins*, que "odiavam o papismo e amavam a liberdade". Ele começou a treinar e promover "jovens de boa qualidade", mas o código naval de disciplina publicado em 1661 e o código militar de 1666 eram basicamente os mesmos da *commonwealth*.

Em 1661, doze de trinta membros do *Privy Council* de Carlos II haviam sido muito hostis ao seu pai. A Comissão de Comércio e Agricultura de julho de 1660 incluía apenas dois monarquistas anteriores dentro de um grupo composto de dez membros. Downing – que logo seria considerado o homem mais rico da Inglaterra – era indispensável na esfera das finanças e do planejamento econômico e desenvolveu um sistema completamente novo de contabilidade do Tesouro Público. Samuel Pepys, ele próprio um antigo cromwelliano, conta-nos que, em janeiro de 1668, "todo o partido dos *Cavaliers* não conseguiu encontrar no Parlamento nove funcionários [para contabilidade] ou um secretário adequados para o negócio", e eles tiveram de se "resignar a aceitar" membros com ideias já ultrapassadas do grupo de Cromwell "para cuidar dos negócios por eles". Até mesmo na milícia havia "sobrado pouca gente do velho estoque que soubesse como lidar com as coisas". O *Act of Oblivion and Indemnity* [Ato de Anistia e Indenização]* veio a ser chamado de Ato de Indenização para os inimigos do rei e de Anistia para os amigos dele. "Os presbiterianos precisam ser atendidos por seu dinheiro", reclamou um bispo, "enquanto o partido real, que suportou o calor do dia e ficou pobre, precisa ser repelido com nulidades desprezíveis".[4]

A lei

Os tribunais de *common law* haviam saído vitoriosos sobre seus rivais.[5] O *King's Bench* [Tribunal Superior de Justiça]* sucedeu a maior parte da jurisdição da *Star Chamber*. O *King's Bench* e o Parlamento herdaram a supervisão geral

---

4 *Historical Manuscript Commission* (H.M.C.), *Fifth Report*, p.195; A. Wood, *Life and Times*, p.333.

5 Para os parágrafos seguintes, ver Robinson, *Anticipations under the Commonwealth of Changes in the Law*; Plucknett, *A Concise Hisitory of the Common Law, passim*; Holsworth, *A History of English Law*, esp. p.i, v-vi.

A política e a constituição

dos procedimentos legais que o *Privy Council* havia exercido anteriormente; isso impediu o desenvolvimento de qualquer sistema de direito administrativo. A proibição da lei marcial trouxe todos os casos de distúrbios públicos e rebeliões aos tribunais comuns, de forma que o "estado de sítio" é praticamente desconhecido na Inglaterra. O Parlamento sucedeu ao controle da imprensa feito pela *Star Chamber*. Os tribunais da Igreja retornaram, mas com seus poderes esvaziados; a partir de então, sua subordinação aos tribunais do *common law* foi aceita. Estes últimos também assumiram grande parte da jurisdição comercial do tribunal do almirantado. Mais uma vez, e ocasionalmente, os governos empregavam o método de tortura contra prisioneiros políticos, mas isso ocorria furtiva e acanhadamente.

O *common law*, cuja supremacia estava agora consolidada, não era o *common law* conforme interpretado por juízes sob o reinado de Carlos I, mas conforme interpretado por Coke e seus sucessores no Parlamento, como Rolle e Hale, este último tendo sobrevivido à Restauração por longo tempo. Durante o tempo de vida de Coke, as três últimas partes de seu *Institutes* tiveram a publicação proibida: elas foram impressas somente no ano revolucionário de 1641 por ordem dos Comuns, mas a partir daí Coke passou a ser considerado como "o segundo pai do direito, atrás de cujas obras não era necessário ir". Essa atitude com relação aos *Reports* e *Institutes* de Coke teve o efeito de esconder tal precedente medieval como inconveniente; portanto, a continuidade das leis ficou preservada por meio de repressão total.

A supremacia do *common law* levou a modificações consideráveis na lei da calúnia e da difamação. O *Court of Chancery* – tribunal de equidade – começou a desenvolver seu próprio sistema de direito consistente e de precedentes. A prática de escolha de um advogado do *common law* como *lord chancellor* continuou, e o próprio *lord chancellor* Clarendon tacitamente aceitou algumas das reformas da *Commonwealth*. Sob o comando de Hale e do "Pai da Equidade moderna", *lord* Nottingham – ele próprio um advogado do *common law* –, a equidade deixou de ser "misteriosa e deixou claro quem o *chancellor* realmente era". Durante as décadas revolucionárias, muitas leis aprovadas, embora formalmente anuladas em 1660, voltaram a vigorar antes do final do século. O *Statute of Frauds* [Regulamento sobre Fraudes] (1677), cujo principal objetivo era garantir aos credores melhor provimento judicial contra a terra de seus devedores, foi possivelmente planejado durante o Interregno. A continuidade legal na Restauração incluía a continuidade de funcionários. Roger North queixava-se profundamente da solidariedade parlamentarista com o conjunto da profissão legal.

Sob a *Commonwealth*, os juízes haviam mantido seus cargos "enquanto apresentavam bom comportamento". No reinado de Carlos II, eles mais uma vez se mantiveram em suas funções, "enquanto agradassem ao rei", e isso durou até 1701, quando o *Act of Settlement* restaurou o controle parlamentar. Em 1665, um regulamento insistia que os jurados deveriam possuir propriedade livre no valor mínimo de 20 libras por ano. Três anos mais tarde, a Câmara dos Comuns votou que era ilegal os juízes ameaçarem, multar ou prender membros de júri. O tabelião de Londres multou um júri por absolver dois quacres em 1670, mas o *Court of Common Pleas* [Tribunal de Primeira Instância] reverteu isso e estabeleceu o princípio de que membros de um júri são isentos de multas por seus veredictos. Os efeitos dessas mudanças foram menos radicais do que teriam sido sem o requisito de propriedade de 20 libras.

O rei e o povo

Os parlamentaristas anteriores estavam, no início, pouco menos decididos do que os antigos *Cavaliers* a não permitir que as classes inferiores voltassem a gerar problemas. O *Act against Tumultuous Petitioning* [Ato contra Petições Tumultuosas] de 1661 proibia a coleta de mais de vinte assinaturas para uma petição política ao rei ou ao Parlamento, "a menos que o assunto dela constante tivesse sido primeiramente permitido ou disposto por três ou mais juízes do respectivo condado, ou pela maioria do júri" ou, em Londres, pelo *lord mayor*, membros ou conselheiros do legislativo municipal. Isso evitaria algo como a tática de propaganda política dos *Levellers*, que conclamava a pequena nobreza a restabelecer o equilíbrio dentro das cidades. A mesma coisa dispunha o *Corporation Act*, cujo objetivo foi colocado sem qualquer disfarce: "que a sucessão em tais corporações possa se perpetuar com maior proveito nas mãos de cidadãos leais à Sua Majestade e ao governo estabelecido". O regulamento requeria que todos aqueles que detinham cargo municipal renunciassem à *Solemn League and Covenant*, prestassem juramento de não resistência e aceitassem o sacramento de acordo com os ritos da Igreja Anglicana. O Regulamento concedia aos cargos designados pela Coroa plenos poderes para destituir e substituir servidores de corporações; e o governo escolhia seus servidores entre os pares e fidalgos que residiam nas proximidades da corporação específica que deveria sofrer o expurgo, assim virtualmente excluindo os concidadãos. Depois de uma amarga experiência, o conde de Derby soube quem eram os homens perigosos de Manchester, e até mesmo cidadãos ansiosos para prestarem juramento foram em muitos casos rejeitados e substituídos por nomeados leais.

A política e a constituição

O expurgo de corporações ajudou a assegurar eleições favoráveis de membros distritais para a Câmara dos Comuns. Tanto Carlos I como Cromwell haviam tentado isso, mas Carlos II e seu irmão achavam essa política mais necessária agora, já que o Parlamento não poderia ser dispensado e já que, depois de 1673, a Coroa fora compelida a abandonar sua pretensão de estabelecer novos distritos parlamentares. O governo havia pretendido que as comissões designadas sob o *Corporation Act* fossem permanentes, mas o Parlamento limitou seu período de mandato a quinze meses. Os membros do Parlamento não queriam dar à Coroa liberdade de ação para dividir as zonas distritais e influenciar a seu favor os órgãos que os elegiam. Nos dezoito anos subsequentes houve contínuas tentativas de redimensionar os alvarás das cidades de forma a dar à Coroa o direito de nomear servidores ou, pelo menos, de exercer poder de veto e de restringir a servidores recomendados pelo rei a franquia parlamentar ao voto nas cidades. A interferência mais drástica nos assuntos de corporações entre 1681 e 1688 foi, portanto, não uma nova política, mas a aplicação mais vigorosa de política antiga. Ela tinha a vantagem adicional para o governo de que funcionários de corporações nomeavam júris, e assim a seleção que faziam poderia ser influenciada até mesmo se os jurados não pudessem mais ser intimidados.

As relações entre o governo e a Câmara dos Comuns foram, na verdade, paradoxais. Clarendon era considerado por muitos ex-monarquistas como indulgente demais com os presbiterianos. O governo foi compelido pelos Comuns a abandonar sua tentativa tanto de incluir presbiterianos na Igreja Anglicana como de dispensar as leis penais, e muito do "Código Clarendon" foi forçado sobre ele. Embora fossem leais, os Comuns aproveitaram-se plenamente da nova posição que os eventos das décadas precedentes haviam conquistado para eles. A queda de Clarendon deveu-se (além e acima da perda de confiança por parte do rei) ao fato de ele ter fracassado na construção de um grupo de partidários na Câmara dos Comuns, ou de ter aceitado do fato de que, em suas próprias e indignadas palavras, "a Câmara dos Comuns era o juiz mais apropriado das necessidades e do descontentamento popular". A partir de então, nenhum ministro principal sobreviveu por muito tempo que não pudesse comandar uma maioria na Casa Baixa.

Macaulay escreveu acerca do *Cavalier Parliament*:

A grande revolução inglesa do século XVII, isto é, a transferência do controle supremo da administração executiva da Coroa para a Câmara dos Comuns estava, durante toda a longa existência deste Parlamento, prosseguindo silenciosamente, porém de forma rápida e constante.

O século das revoluções

Em 1665, o princípio de apropriação de suprimento, rechaçado por Finch, consultor jurídico da Coroa, como "introdutório a uma *commonwealth*" foi aceito; em 1667, foi estabelecida a primeira Comissão Parlamentar de Auditoria Independente. No mesmo ano, a sentença exarada em 1629 contra Eliot, Holles e Valentine foi declarada ilegal, porque infringiu o direito de liberdade de expressão no Parlamento. Assim, o *Cavalier Parliament* condenou Carlos I. Em 1676, o *Privy Council* levou à prisão um homem por causa de um discurso sedicioso e recusou-se a conceder fiança ou a levá-lo a julgamento. Os *Whigs* revidaram em 1679, aprovando o *Habeas Corpus Act*, que forçava os governos a darem a seus prisioneiros um julgamento rápido. Uma lei de 1641 insistia que um mandado de *habeas corpus* deveria ser emitido "sem demora sob qualquer que fosse a pretensão" quando exigido em nome de qualquer um com base em mandado do rei ou do *Privy Council*. O ato de 1679 definia o procedimento existente e, assim, confirmava um dos princípios pelos quais se lutava desde a década de 1620. Quando Carlos II quis punir um fidalgo do interior por declarações feitas em um debate parlamentar, ele teve de contratar criminosos para rasgar o nariz do homem, mas os tempos haviam mudado tanto que o rei teve de deferir contra seus facínoras um *Act of Attainder*, que lhes negava expressamente qualquer direito de anistia.

Depois da queda de Clarendon, a governança real foi gerida por uma aliança profana de ex-cromwellianos, futuros exclusivistas *Whig* e papistas. Ela se fragmentou quando da aliança francesa formada no secreto Tratado de Dover. Em 1673, Carlos foi forçado a abandonar a *Declaration of Indulgence* depois de proclamar sua determinação de se ater a ela e de abdicar de sua política pró-França, bem como da independência financeira que esta prometia. Ele teve de acatar o *Test Act* que, novamente, retirou dissidentes papistas e protestantes da vida pública e, assim, sedimentou uma base segura para o domínio de Danby, por meio da pequena nobreza. Danby aceitou com mais entusiasmo do que Clarendon a necessidade de apoio da Câmara dos Comuns. Seu partido baseava-se nos antigos *cavaliers* e anglicanos: mas ele também assumiu e implementou, a partir de Arlington, novos métodos de administração. Cargos e pensões eram distribuídos com o propósito de influenciar membros do Parlamento; e seus detentores eram organizados e disciplinados na Câmara. Uma pressão sistemática foi criada em relação a distritos eleitorais, chefes de polícia e oficiais encarregados das eleições distritais; o suborno direto foi adotado na Câmara dos Comuns. Um folheto de 1679 listava 214 membros que, de uma forma ou de outra, supostamente estariam se apropriando de dinheiro público. O caso do comentário do secretário de Estado a um membro

A política e a constituição

do Parlamento (representante da Cornualha no reinado de Jaime II) pode ser apócrifo, mas ilustra o que havia até então se tornado prática consagrada: "*Sir!*", gritou ele, quando o membro do Parlamento votava contra a Corte. "Não possuís Vossa Senhoria uma tropa de cavalaria a serviço de Sua Majestade?" "Sim, meu senhor", foi a resposta, "mas meu irmão morreu ontem à noite e me deixou 700 libras por ano". Era esse o preço da independência política.

Danby, no entanto, devia operar dentro de limites claramente definidos. Ele próprio refletia com exatidão as opiniões de seus partidários burgueses ao se oporem a aceitar dinheiro da França católica. A primeira medida dos Comuns na nova sessão de outubro de 1673 havia sido decretar a observância solene do aniversário do *Gunpowder Plot*. Há uma conexão direta entre a revelação de que Carlos II dependia da França e a histeria acerca da *Popish Plot* [Conspiração Papal]. O tradicional receio de um governo centralizado muito forte poderia se aplicar mais ainda a um rei que tinha por trás de si um exército francês ou irlandês do que aos majores-generais. Danby perguntava-se em 1677 se "uma pequena insurreição" não seria desejável como desculpa para a obtenção de dinheiro e de armas para o governo. Até mesmo os líderes da oposição se surpreenderam com a total derrota da Corte quando uma eleição geral finalmente ocorreu em 1679.

O *impeachment* de Danby mostrou como até mesmo um ministro que, originalmente, devia sua posição a uma maioria parlamentar, não conseguiria sobreviver por ter perdido a confiança dos Comuns, e que nem mesmo um suborno poderia manter a confiança da Casa em um homem contra quem a opinião pública externa havia se voltado de forma decisiva. Já que a queda de Danby surgiu da política externa do governo, o controle efetivo que os Comuns tinham dessa até então sacrossanta esfera ficou novamente comprovado. O *Cavalier Parliament* sancionou, em 1678, uma lei que, pela mais pura ofensa ao monarca reinante, talvez jamais tenha encontrado equivalente. Nela constava que os papistas deveriam ter permissão para comparecer perante o rei ou a rainha somente se eles primeiro obtivessem

> licença para fazê-lo, por [...] autorização assinada e lavrada de seis ou mais conselheiros privados, por determinação do *Privy Council* de Sua Majestade, com relação a alguma situação premente, que deve estar expressa no documento, de forma que tal licença não exceda o espaço de dez dias e que referida autorização seja primeiramente lançada e anotada em registro [...] para que possa ser vista por quem quer que seja sem taxa ou recompensa, e que nenhuma pessoa obtenha, em qualquer época, autorização acima de trinta dias.

O século das revoluções

Em 1678, três fatores tinham transformado a situação política a partir daquela em que Carlos havia sido recebido tão calorosamente. Primeiro, um grande número de eleições suplementares havia diluído o elemento *cavalier* original, super-representado no entusiasmo de 1661: a Câmara dos Comuns tornou-se representante de visões de longo prazo da classe de proprietários de terras, embora até mesmo os conselheiros de Carlos corretamente supusessem que jamais teriam novamente uma Casa tão favorável a eles. Segundo, a política externa pró-França do rei e os rumores do secreto Tratado de Dover haviam dado motivo para alarme. Em 1673, Carlos teve de negar que "as forças que levantei nessa guerra tiveram a finalidade de controlar a lei e a propriedade". Então, em terceiro lugar, o *Popish Plot* parecia corroborar os maiores receios da oposição e os favorecia. O comentário mais memorável de Nell Gwyn, a atriz amante de Carlos II, foi fruto da descompostura dela diante de uma multidão hostil que havia confundido sua carruagem com a da duquesa de Portsmouth, a amante real francesa e papista: "Calai-vos, boa gente", gritou Nell, "eu sou a prostituta *protestante!*". E um entusiasmado coro de vozes ergueu-se da multidão em sinal de aprovação de seu patriotismo teológico.

Como foi, então, que Carlos sobreviveu não apenas à crise de 1678-81, mas à derrota dos *Exclusion Bills* [Projetos de Lei de Exclusão]* e emergiu em uma posição forte o bastante para desafiar o Ato Trienal? Carlos era tão inteligente – mesmo que tão indolente – quanto seu avô, Jaime I, mas ele também aprendera a praticar a prudência política e um duro ceticismo durante seus anos de exílio, quando tomou a decisão de nunca mais viajar. Diferente de seu irmão, ele não tinha quaisquer princípios pelos quais sacrificaria suas conveniências. Em seu leito de morte, ele admitiu ser papista, e o secreto Tratado de Dover provavelmente representa a política que ele idealmente teria desejado realizar. Porém, não poderia ser uma política realista: nos últimos quatro anos de seu reinado, Carlos atingiu uma relativa independência política, colaborando de forma mais estreita com a pequena nobreza anglicana *Tory*.

Filmer, o teórico político favorito dessa nobreza, uma vez falou da monarquia sendo crucificada entre dois ladrões, o papismo e o povo. Certamente, esse foi o destino da pequena nobreza *Tory*. Shaftesbury havia se oposto ao partido de Danby na Corte, organizando um partido rural baseado nos velhos interesses "presbiterianos" e em mercadores da *City*, com o perigoso apoio de dissidentes e da plebe londrina. Recorrendo a represálias econômicas contra os perseguidores, os mercadores tornaram o *Test Act* e o *Corporation Act* impraticáveis em muitas cidades. O *Green Ribbon Club* [Clube da Fita Verde]*, estabelecido em Londres em 1675, pode ser considerado como o

248

A política e a constituição

primeiro quartel-general de um partido. As cores verdes eram as cores usadas pelos *Levellers*. Os fantasmas do Interregno voltaram a caminhar. O eleitoralismo dos *Whigs* e a tática de incitar as massas tiveram grande sucesso. Em Buckinghamshire, foram os lavradores que vociferaram pela exclusão, e não a pequena nobreza, que normalmente incitava. Em 1679, um governo *Whig* foi imposto ao rei, e os Comuns recusaram-se a aceitar o candidato nomeado por ele como *speaker*. Carlos, porém, manteve seus antigos servidores civis, e os próprios aristocratas *Whig* não estavam preparados para enfrentar a guerra civil. Eles não precisaram ser lembrados por Halifax que "os mais avançados no *Long Parliament* foram logo expulsos por outros", e que em 1681 também

> os fidalgos, os cavaleiros dos condados, podem ser expulsos por mecânicos, por cidadãos e por representantes do burgo, pois aquele que pratica desobediência em relação a seus superiores ensina-a a seus inferiores.

Com o apoio dos *Tories*, Carlos conseguiu, portanto, desmascarar os *Whigs* no Parlamento de Oxford. O *Rye House Plot* completou a derrota deles, aparentemente associando-os a malfeitores republicanos.

Entretanto, o triunfo do rei em 1681-5 não foi pessoal. Também não foi, embora as relações com a França fossem estreitas, uma vitória completa para Luís XIV. Carlos sobreviveu somente por causa de sua rendição total à pequena nobreza *Tory* e anglicana. O expurgo que ele fizera do governo local nesses anos foi empreendido totalmente de acordo com aquele partido. "O quão completo era o monopólio de administração local que os *Tories* conquistaram neste momento", escreveu doutor Feiling, "foi amplamente mostrado quatro anos depois pelos esforços hercúleos do rei Jaime para revertê-lo". A vitória não foi do absolutismo militar, mas da pequena nobreza *Tory*. "Ficarei do vosso lado e do lado de meus velhos amigos", disse Carlos ao *Tory* Reresby em 1680, "pois, se eu não o fizer, não terei ninguém que fique do meu lado". O rei não tinha tribunais de prerrogativa e não ousou repelir a lei do *habeas corpus*.

Partidos

A história dos partidos nesse período é altamente controversa. Dois pontos conclusivos estão claros. Entre 1640-60, houve uma guerra civil: portanto, pode-se supor a existência de pelos menos dois partidos nessa época. Em 1670, rotulações de partidos haviam perdido quase toda a significação política. O que aconteceu nesse ínterim?

O século das revoluções

As animosidades da guerra civil sobreviveram à Restauração; o Código Clarendon foi uma clara medida do partido anglicano-*cavalier* com o objetivo de excluir seus rivais de cargos políticos; porém, os cidadãos abastados de ambos os lados sentiam-se ansiosos e queriam evitar outra guerra civil. Em 1662, um londrino expressou a esperança de que "todos os membros da pequena nobreza do país matariam uns aos outros para que o povo pudesse viver melhor". A consciência dessa profunda hostilidade está por detrás do pensamento político da pequena nobreza, embora seja raramente discutida de forma franca e aberta. Por exemplo, à véspera da Restauração, Baxter escreveu: "A plebe odeia tanto os magistrados como os ministros". Um escritor de cartas, mais ou menos na mesma época, concordava que, entre a pequena nobreza e "o tipo comum de gente", havia "uma animosidade natural, que, nos últimos anos, cresceu muitíssimo".[6] Quinze anos mais tarde, Edward Chamberlayne afirmou que a "maioria dos comerciantes e muitos dos camponeses odiava, desprezava ou desrespeitava a nobreza, a pequena nobreza e o alto clero". A prosperidade de alguns dissidentes e o pacifismo de outros cegavam o cume de seu descontentamento, mas as cada vez mais afiadas divisões de classes do final do século XVII aumentavam o desassossego dos necessitados, e isso levou os líderes parlamentares a pensar duas vezes antes de levar suas querelas longe demais. A *Popish Plot* incitou paixões selvagens em Londres, mas o nível de confiança de Shaftesbury na plebe revelou-se, no fim, fatal à sua causa. Os homens de posses mobilizaram-se contra a Coroa com temor de uma guerra civil.

Esse é o pano de fundo essencial, mesmo que geralmente subentendido, da política do final do século XVII. As classes abastadas não esqueceram a lição que aprenderam em 1646-60, da mesma forma como reis não se esqueceram da lição de 1649. Portanto, a oposição nunca foi levada aos extremos; se o foi, a tendência foi de desintegração. A Câmara dos Comuns poderia criticar, mas, fundamentalmente, não se opunha ao governo, desde que o governo não atacasse os interesses vitais daqueles que os membros representavam. Assim, o governo, a Corte, sempre exerceu forte influência, indo além de partidos políticos. Isso surgiu em parte com a distribuição de patronato e também a partir de considerações mais profundas da contribuição dada pelo governo para a estabilidade social, para o sistema do qual tanto os *Whigs* como os *Tories* se beneficiaram. "O que importa quem serve Sua Majestade", Sunderland costumava perguntar, "contanto que Sua Majestade seja servida?"

---

6 *Middlesex County Records*, p.326; *Thurloe State Papers*, p.704.

Ele poderia ter acrescentado: "O que importa qual majestade é servida, desde que haja uma majestade para ser servida?"

Jaime II

Dessa forma, as perspectivas pareciam promissoras para Jaime II. Quando o Parlamento finalmente se reuniu em 1685, duzentos membros (de um total de 513) dependiam diretamente do rei para sua subsistência. Quatrocentos jamais haviam conquistado uma cadeira na Casa antes. Uma renda maior votada para ele por esse Parlamento mais a crescente receita de impostos alfandegários e indiretos deixaram Jaime em uma posição financeira melhor do que qualquer um de seus predecessores. A teoria anglicana *Tory*, utilizada contra a *Solemn League and Covenant* e pregada incansavelmente no início da década de 1680, quando os opúsculos de Filmer circularam mais amplamente, parecia um convite ao despotismo. A rebelião de Monmouth parecia tornar a posição de Jaime invulnerável, pois ela dividiu os *Whigs*. Poucos membros da aristocracia hereditária latifundiária *Whig* se juntaram ao usurpador bastardo; foram os pequenos cidadãos dos condados do sudoeste que se mobilizaram a favor dele. Podemos ver isso a partir do fato de que Sedgemoor foi uma batalha de infantaria: a cavalaria que havia sido a grande força do exército de Cromwell não estava lá. A vitória de Jaime foi completa; a partir daí, a "velha boa causa" estava morta. Por muitas gerações, não haveria na Inglaterra nenhum movimento democrático organizado.

Ainda assim, o triunfo de 1685 foi ilusório. A soldadesca da milícia de Somerset acabou dando mostras de não ser confiável, e a vitória de Jaime foi conquistada por seu pequeno exército profissional. A rebelião de Monmouth parece ter feito Jaime concluir que precisava aumentar seu exército, que este precisaria ser comandado principalmente por homens em quem ele confiasse, sobretudo católicos, e que ele precisaria formar outro exército na Irlanda. Assim, Jaime defrontou-se, de forma exagerada, com o dilema do qual seu irmão nunca conseguiu escapar. Normalmente, os mais leais partidários da monarquia eram originários da pequena nobreza *Tory*, mas eles eram leais também à Igreja – e à Corte. Entre 1679-81, três Câmaras dos Comuns eleitas livremente haviam votado pela exclusão de um herdeiro católico ao trono. O dócil Parlamento de Jaime foi eleito após os expurgos de 1681-5. Uma política de cunho católico poderia ter esperança de sucesso somente se o poder da pequena nobreza no país fosse contrabalançado por uma aliança entre católicos e dissidentes. Carlos II havia flertado com tal aliança, mas fora sempre obrigado a retroceder. Jaime tentou, mas nunca teve uma chance. Os dissidentes protestantes eram politicamente mais fracos do que os da geração anterior. A *Popish Plot*, o *Rye House Plot* e a rebelião de Monmouth tiveram sérias consequências. As adesões em números recebidas por eles vieram principalmente das classes média e inferior; suas ideias agora se inclinavam para além da política e em direção ao pacifismo. Dissidentes que haviam apoiado Shaftesbury e Monmouth dificilmente seriam conquistados da noite para o dia por um rei que, de maneira óbvia demais, os estava utilizando em seu próprio interesse. William Penn e outros quacres parecem ter tomado as intenções de Jaime em seu valor nominal; mais do que todas as outras seitas, os quacres sofreram perseguição dos anglicanos *Tory*. Contanto que o herdeiro ao trono fosse protestante, os dissidentes poderiam se consolar com a idade de Jaime, mas o nascimento de seu filho – outro de seus aparentes triunfos – deve ter despertado os mais sérios temores entre aqueles cujo apoio Jaime tentou conquistar.

Além disso, Jaime demonstrou a mais tola obstinação (ou a mais alta devoção ao princípio) de seu pai, e a pequena nobreza achava que a religião à qual ele se devotava era a errada. Sua forma de agir em todas as situações só serviu para unir as classes abastadas contra ele e para sanar a cisão entre os *Whigs* e os *Tories*, que parecera prenunciar guerra civil em 1681. Primeiro, a derrota da rebelião de Monmouth livrou os *Whigs* de direita de seus aliados radicais; a partir de então, houve pouco perigo de que 1640 pudesse levar a 1649. Segundo, as barbaridades de Jeffreys nos tribunais *Bloody Assizes* forneceram uma magnífica plataforma de propaganda política e tiveram o mesmo papel na mitologia de 1688 que as perseguições marianas tiveram na propaganda elizabetana. Os *Bloody Assizes* e a *Revocation of the Edict of Nantes* [Revogação do Edito de Nantes] na França, no mesmo ano, ajustaram-se perfeitamente à lenda tradicional, pois a crueldade foi uma das coisas que os protestantes mais aprenderam a detestar em papistas, fosse por levar à fogueira mártires marianos, fosse pela inquisição espanhola, pelo tratamento cruel que os espanhóis dispensaram aos índios americanos, pelo *Gunpowder Plot*, ou pelos massacres na Irlanda em 1641. Também não é para descrédito dos protestantes ingleses o fato de que eles repeliam a crueldade. O brutal e intimidante Jeffreys julgava acusados à proporção de quinhentos por dia; a rainha de Jaime lucrava com o transporte de rebeldes condenados.

Em terceiro lugar, a admissão de oficiais católicos no exército de Jaime provocou grande alarme entre a maioria dos *Tories*. Esse foi, de fato, o ponto em que o até então dócil Parlamento resistira obstinadamente e por conta

A política e a constituição

do qual precisou ser postergado e, finalmente, dissolvido. Por três longos anos, Jaime tentou adular ou intimidar a pequena nobreza para que aceitasse a anulação do *Test Act*, a rocha sobre a qual a supremacia deles havia sido construída. Então, com o "calor" que havia levado Carlos a profetizar que seu irmão "jamais conseguiria resistir até o final do quarto ano de governo", Jaime exonerou seus ministros *Tory* e começou a atacar os privilégios das universidades anglicanas, bem como o direito de arrendamento de propriedade livre de membros de universidades. No caso *Godden versus Hales*, ele ganhou aprovação legal para empregar servidores católicos romanos no exército; e, na Irlanda, sabia-se que ele estava formando um exército forte e totalmente papista sob o comando do apavorante e anti-inglês Tyrconnel. Pior de tudo, ao renovar o ataque de Carlos aos alvarás de aldeias, ele se aliou aos mais ferozes inimigos dos *Tories*, os dissidentes radicais, tão dolorosamente arrancados de posições de governança em suas fortalezas naturais, as cidades, nos 25 anos anteriores.

As relações de patronato entre a pequena nobreza local e as aldeias locais romperam-se da noite para o dia. A franquia parlamentar ao direito de voto e a aplicação da justiça em muitas cidades foram transferidas para republicanos, dissidentes e papistas, homens que, eles próprios, haviam durante anos ficado praticamente fora da lei. Um anabatista tornou-se *lord mayor* de Londres, logo depois que o filho de *sir* Henry Vane se juntou ao padre Petre no *Privy Council*. Em Bedford, onde vários membros da congregação de Bunyan se tornaram edis e membros do legislativo municipal, as reformas instituídas lembravam a época em que os majores-generais dominavam; prefeitos anteriores que haviam embolsado verbas pertencentes a entidades beneficentes da cidade foram obrigados a desembolsá-las. Nos condados, o derradeiro sagrado dos sagrados, "a nata da pequena nobreza" foi destituída da comissão da paz e dos postos de tenentes adjuntos, a menos que prometessem apoio na revogação do *Test Act*. E quem os substituiu? "Pessoas comuns, tanto no que se refere a qualidade como no que se refere a bens (a maioria delas dissidentes) [...] Nenhuma delas tem meio metro de propriedade livre na Inglaterra", disse *sir* John Reresby dos novos juízes de paz em Yorkshire. Isso era algo como uma revolução social, tão inconveniente quanto os regulamentos impostos pelos majores-generais, que haviam sido nomeados porque o governo não confiava na milícia. Isso era demais até mesmo para a lealdade dos *Tories*. Guilford, o *lord keeper* [encarregado da Chancela Real], havia feito uma clara advertência em 1684 quanto às "razões para se tolerarem papistas". Iria "descontentar a pequena nobreza". Se a pequena nobreza não servir com alegria, então

O século das revoluções

todo o uso da lei está perdido; pois eles são delegados etc. Se a pequena nobreza estiver descontente, a plebe será rapidamente envenenada por pregadores etc. E então o que significará a força?

Ademais, a soldadesca do exército, concentrada em Hounslow Heath para intimidar a *City*, entregava-se a discussões políticas e à leitura de panfletos. Eles lembravam o Exército-Modelo por seu excessivo interesse na Magna Carta e em assuntos inadequados semelhantes. Sua aprovação da absolvição dos Sete Bispos ecoava a aprovação dos guardas de Lilburne, quando de sua absolvição em 1653. Esse era um exército muito diferente dos agricultores abastados e cidadãos da milícia que Jaime tanto desprezara. A desintegração final do exército de Jaime em 1688, começando do topo, é evidência da relutância de oficiais proprietários de terras em enfrentar uma guerra civil. A diferença entre os que apoiavam Monmouth e os que apoiavam Guilherme era comparável à diferença entre "independentes" e "presbiterianos" na Guerra Civil: um exército externo permitiu que os últimos evitassem colocar armas nas mãos da gente comum.

Por toda uma geração, a Igreja Anglicana havia ensinado que a resistência aos "ungidos" do Senhor não poderia de forma alguma se justificar. Quando Monmouth afirmou que morreria como protestante da Igreja Anglicana, um sacerdote lhe disse no cadafalso: "Meu senhor, se sois da Igreja Anglicana, deveis admitir que a doutrina da não resistência é verdadeira". Vigários e escudeiros haviam alegremente repetido essa frase, mas eles estavam pensando no dever de obediência passiva por parte da gente comum com relação à autoridade estabelecida. Eles haviam suposto que os "ungidos" do Senhor nunca atacariam sua supremacia, nem a de sua Igreja. O bispo Morley, um dos responsáveis pela Restauração, havia advertido Jaime de que,

> se ele alguma vez dependesse da doutrina da não resistência, ele se descobriria enganado. O clero poderia achar impróprio contradizer aquela doutrina em termos, mas ele tinha muita certeza de que eles o fariam na prática.[7]

Há uma grande diferença simbólica no fato de que foram os bispos que deram o sinal a favor da resistência à prerrogativa real. Alguns dos Sete se mantiveram tão firmes em suas convicções que enfrentaram julgamento em vez de se renderem a Jaime, e eles renunciaram em vez de aceitarem 1688.

---

7 Plumptre, *The Life of Thomas Ken*, p.298.

A política e a constituição

Podemos, entretanto, imaginar bispos laudianos comportando-se dessa maneira? Ou desfrutando de tal popularidade junto ao povo de Londres e à soldadesca do exército? Considerando todo o seu culto ao rei Carlos, o Mártir, a Igreja Anglicana estava mais avançada nos tempos do que pensava. "Se o rei não pode fazer nenhum mal", desdenhou Defoe, "alguém fez muito mal ao falecido rei". Jaime teria concordado plenamente. Ele ficou estupefato e sentiu-se ultrajado ao perceber que os *Tories* e os anglicanos não corresponderam aos princípios que haviam estabelecido.

Os *Tories*, então, sentiram-se muito confusos e aturdidos em 1688. Lorde Willoughby resumiu a dificuldade deles, quando disse:

> Foi a primeira vez que um *Bertie* qualquer se posicionou contra a Coroa, e esse foi seu problema; mas havia uma necessidade ou de abrir mão de nossa religião e nossos bens, ou de fazê-lo.

O descontentamento geral "com a atual conduta do governo em relação a [...] religião, liberdades e propriedade" foi o primeiro ponto registrado na carta-convite enviada a Guilherme de Orange em 1688. Religião, liberdade e propriedade: já ouvimos falar delas antes. Religião e propriedade eram "as duas coisas que os homens mais valorizam", afirmou o próprio Jaime na Declaração de Indulgência, emitida em 1687. Ele acrescentou, em tantas palavras, que,

> embora a liberdade e a garantia que por este instrumento concedemos em relação à religião e à propriedade possam ser suficientes para remover das mentes de nossos queridos súditos todos os temores e ciúmes relativos a qualquer uma delas, ainda assim achamos apropriado declarar também que os manteremos com todas as suas propriedades e bens, bem como as terras da Igreja e das abadias, como em quaisquer outras terras e propriedades.

Jaime protestava demais. Seus protestos, entretanto, dificilmente conseguiam desfazer o efeito de suas ações. No caso *Godden versus Hales*, os juízes haviam estabelecido que "não há qualquer outra lei que não aquela que pode ser anulada" pelo rei, por motivos dos quais somente ele é o juiz. Esta havia sido a visão real no caso do *Ship Money*. O Conselho dos Sete Bispos afirmou:

> Se o rei pode suspender as leis de nossa terra, as quais têm a ver com nossa religião, tenho certeza de que não há outra lei senão aquela que ele pode suspender; e, se o rei pode suspender todas as leis do reino, em que

condição estão todos os súditos quanto a suas vidas, liberdades e propriedade! Tudo à mercê!

O juiz Powell disse ao júri que

> Isso significa uma [...] total revogação de todas as leis. Se isso for permi-
> tido uma única vez, não haverá necessidade de qualquer Parlamento; toda a
> legislatura estará nas mãos do rei, o que é algo que merece ser considerado,
> e deixo a questão nas mãos de Deus e da consciência de Vossas Senhorias.

(Os juízes ficaram sob enorme pressão popular nesse julgamento e renderam-
-se a ela a tal ponto que o pronunciamento deles não deixou de causar certo
constrangimento a comentaristas posteriores.)

Há dois pontos a serem levantados aqui. Primeiro, Jaime teve um sério caso legal em *Godden versus Hales* e em sua interferência na eleição do
Magdalen College. Porém, isso era irrelevante, já que na década de 1630 o
rei estava indo contra a opinião daqueles que tinham importância no país.
O hábito de Jaime de "trancar" os juízes era algo a que nem mesmo Carlos I
havia recorrido. Quatro juízes foram destituídos de seus cargos antes que o
caso *Godden versus Hales* viesse a julgamento: Powell e outro juiz que suma-
rizaram a favor dos Sete Bispos também foram destituídos. Jaime precisou
afirmar solenemente que a propriedade não estava correndo risco pelo fato
de os juízes interpretarem a lei sob tamanha pressão, pois esse era o ponto em que a propaganda dos *Whigs* havia se concentrado há longo tempo.
Ainda assim, seus protestos não mereceram crédito. Ou melhor, na mente
da pequena nobreza *Tory*, havia dúvida suficiente para solapar sua lealdade
absoluta. Sua devoção à Igreja e ao rei havia se desgastado quando Carlos II
adotara uma política catolicizante. Ela também se rompeu diante de um rei
cuja política abertamente papista afetou não apenas a religião, mas também
os empregos que eles tinham na administração central e local. Nada mais
poderia ter levado os *Tories* a, finalmente, ver que sua posição não poderia
estar segura, a menos que a supremacia do Parlamento fosse estabelecida.
Isso contradizia a tradicional teoria política monarquista que eles defendiam;
teorias, entretanto, que acabaram se revelando mais fracas do que os fatos
quando chegou o momento decisivo. Até mesmo alguns católicos ingleses
abandonaram Jaime. Seus conselheiros mais confiáveis eram irlandeses e
sacerdotes; o principal grupo de nobres católicos ficou horrorizado com a
imprudência de seu avanço em direção a um absolutismo do tipo francês,

A política e a constituição

que não mais seria tão dependente do apoio direto da classe proprietária. Aqui, encontrava-se mais uma fonte de fragilidade: o principal agente inglês dos esquemas de Jaime era Sunderland, um homem para quem religião nada significava e que atrasou sua "conversão" até que a rainha Maria tivesse um filho e a sucessão católica parecesse garantida.

Nem mesmo as relações estreitas entre Jaime e Luís XIV significavam uma fonte de força para ele, embora tivessem significado grande dano junto a seus súditos. No leito de morte de Carlos, Jaime havia pedido ao embaixador francês: "assegure vosso Senhor que ele sempre terá em mim um servo leal e agradecido". Mostrando-se um ignóbil, ele se desculpou por convocar um Parlamento sem a permissão de seu primo francês: "Espero que ele não leve a mal que eu tenha agido sem consultá-lo. Ele tem o direito de ser consultado; e é meu desejo consultá-lo a respeito de tudo". Luís XIV ajudou a persuadir Jaime a admitir Sunderland a seu serviço. Ainda assim, apesar dos apelos de Jaime, ele obteve muito menos auxílio financeiro da França do que seu irmão havia obtido – cerca de 125 mil libras no total, aproximadamente um oitavo da receita de um ano. A política externa de Jaime, oscilando entre submissão a Luís e revolta intermitente, conseguiu o pior de ambos os mundos. Em 1688, Luís não estava preparado para dar-lhe apoio decisivo tanto militar como naval; e qualquer coisa diferente, como Jaime entendeu, faria mais mal do que bem.

Dessa forma, Jaime passou por todas as possibilidades da política da dinastia Stuart. Ele começou com a tradicional dependência da pequena nobreza anglicana, a política de Hyde e Danby; ele flertou – como Henrietta Maria e Carlos II haviam flertado – com a ideia de impor o despotismo, com o apoio da França, mas ele foi menos habilidoso do que Carlos II para extrair o máximo da barganha e recuar diante de qualquer compromisso perigoso. Então, em toda a sua obviedade, meramente como uma estratégia, ele ressuscitou a política de indulgência de seu irmão, a aliança de dissidentes protestantes e católicos romanos contra a supremacia anglicana e novamente lhe faltou a sabedoria de Carlos ao decidir quando recuar. Finalmente, depois do fracasso de sua tentativa desesperada de ressuscitar a aliança anglicana *Tory*, ele se perdeu completamente.

Carlos I salvou a monarquia Stuart proclamando que ele morria como um mártir pela religião, pela lei e pela propriedade. Jaime a amaldiçoou para sempre por uma aparente tentativa de apelar para a anarquia. Ele se foi sem transferir autoridade para qualquer governo; destruiu os mandados judiciais que convocaram o Parlamento e lançou o *Great Seal* no Tâmisa, na vã esperança de evitar que um Parlamento fosse convocado; ordenou a dispersão do terrível exército em Hounslow Heath sem pagar os soldos. A marinha, na qual os marinheiros discutiam política não menos do que os soldados no exército, recebeu ordens de navegar para a região de Tyrconnel, na Irlanda. Distúrbios em Londres e em outras cidades uniram os homens abastados em submissão a Guilherme, o Libertador. Com a ausência de Jaime, o leal *sir* James Bramston resumiu: "tornou-se necessário que o governo devesse ser de alguém, para evitar confusão" e para evitar "que a plebe estrague e roube a nobreza e os ricos". A resistência continuada a Jaime derrotaria seu objetivo – a manutenção da subordinação social.

15
A religião e as ideias

Cristão: *Não conhecestes cerca de dez anos atrás um contemporâneo de vossa região, um homem com ideias avançadas em religião? [...] Subitamente, ele se familiarizou consigo mesmo e, então, tornou-se um estranho para mim.*

Bunyan, *O Peregrino* (1678, provavelmente escrito no início da década)

Se nossa Igreja deve ser inimiga do comércio, da inteligência, das descobertas, da navegação ou de qualquer tipo de mecânica, como poderia ela se ajustar à atual genialidade desta nação?

Bispo Sprat, *History of the Royal Society* (1667)

O parlamento e a Igreja

Embora tenham desempenhado importante papel durante o Interregno e pouco tenham contribuído para a Restauração, os bispos retornaram em 1660, recuperaram suas terras e voltaram aos bancos da Câmara dos Lordes. Voltaram os antigos rituais do *Prayer Book*. Como dissidentes, 1.760 ministros e 150 professores, sobretudo de Oxford e Cambridge, além de diretores de escolas, foram removidos de seus postos sem qualquer indenização, como ocorrera com relação aos monarquistas destituídos na década de 1640. A Igreja, entretanto, não reconquistou sua antiga posição. Os párocos recuperaram seus benefícios por Ato do Parlamento, com as exceções lá estabelecidas: a

O século das revoluções

supremacia do Parlamento sobre a Igreja dificilmente poderia ter sido mais claramente declarada. Os bispos não recuperaram seu domínio na política. O arcebispo Sheldon foi uma figura importante enquanto Clarendon se manteve no cargo; depois de sua queda, nenhum bispo jamais se tornou novamente um membro significativo de um governo, exceto o diplomata John Robinson, bispo de Bristol e Londres, que foi nomeado *lord Privy Seal* pelo governo *Tory* em 1711 – nomeação considerada altamente provocativa.

O programa econômico de Laud para a Igreja foi abandonado, assim como seu programa social. As autoridades eclesiásticas não mais indagavam acerca de cercamentos ou do declínio da agricultura. Seguindo precedente do Interregno, o clero era tributado pelo Parlamento juntamente com a laicidade e passou a votar em eleições parlamentares, embora ainda impedido de ocupar uma cadeira na Câmara dos Comuns. Mesmo na Câmara dos Lordes, os eclesiásticos não tinham muito valor. No início do século, os bispos formavam quase um terço dos membros; no final, um oitavo. Já que a *Convocation* não mais tributava o clero separadamente, ela perdeu em grande parte sua *raison d'être* e rapidamente mergulhou na insignificância. A concepção medieval do clero como um domínio separado finalmente desapareceu; ser ministro religioso tornou-se uma de muitas profissões – e das mais mal remuneradas. O Ato de 1661, que restaurou as jurisdições eclesiásticas, insistia que nada lá contido deveria ser "interpretado como uma extensão [...] limitação ou diminuição da supremacia da Majestade do rei em assuntos eclesiásticos". A autoridade *jure divino* dos tribunais da Igreja estava extinta para sempre; e os eventos políticos logo transformaram a supremacia do rei sobre a Igreja na supremacia do Parlamento.

A *High Commission* não foi restabelecida. Portanto, aos poucos, os tribunais da Igreja foram perdendo poder. Proibições eram frequentes como uma forma de afirmar o agora incontestável e predominante controle dos juízes sobre o *common law*. Em 1666, o arcediago de Durham fez um relato acerca de "queixas gerais de ministros e representantes da Igreja no sentido de que eles não conseguem verba de impostos para reparos de igrejas" porque eles não têm quaisquer poderes coercitivos, e juízes de paz em *Quarter Sessions* [Tribunais Trimestrais]* recusavam-se a fornecer assistência. O bispo Burnet, depois de alguns anos de experiência, perdeu as esperanças de praticar o bem através de seu *Consistory Court* [Tribunal Eclesiástico de Conselho] e desistiu de mantê-lo. Em 1678, o Parlamento aboliu "toda pena capital como parte de quaisquer censuras eclesiásticas" e limitou o poder dos tribunais da Igreja em casos de heresia à imposição de penalidades espirituais. Os pró-

A religião e as ideias

prios representantes da Igreja preocupavam-se principalmente em controlar os princípios morais das classes inferiores e em incomodar os dissidentes. "Denúncias [de transgressores] feitas por representantes da Igreja são motivo de chacota", ouvimos de Lancashire em 1669. Em 1670, um pároco julgou necessário lembrar a pequena nobreza dos horrores do Interregno, quando eles eram escravos de seus próprios arrendatários e poderiam, eles próprios, ter de usar o lençol branco no banco da penitência*. Porém, até mesmo ele argumentou a favor do uso do braço secular contra a dissidência, porque os tribunais da Igreja se tornariam muito malquistos se a processassem.[1] No longo prazo, os juízes de paz foram legatários residuais dos tribunais da Igreja ao impor disciplina sobre os níveis inferiores da sociedade.

A maior parte do clero, afinal de contas, havia aceitado primeiro a Igreja Presbiteriana e depois a Igreja Cromwelliana estabelecida. Tais homens, que vieram a ser chamados de "latitudinários", gradativamente estabeleceram o tom, à medida que a pequena minoria dos laudianos anteriores morria. Abandonadas as aspirações laudianas, formou-se uma aliança natural entre os bispos e a pequena nobreza. Sheldon tinha mais confiança na Câmara dos Comuns do que em um rei que flertava com a tolerância em relação aos dissidentes católicos e protestantes. O *Clarendon Code* foi imposto pelo Parlamento e aplicado aos dissidentes pelo braço secular. Ele visava mais a reduzir a influência de políticos de oposição do que a restabelecer a unidade da Igreja estabelecida; entretanto, a perseguição determinada pelo Parlamento poderia ter seu fim decretado apenas por ordem deste mesmo. O *Toleration Act* [Ato de Tolerância]* de 1689 finalmente pôs um fim no antigo conceito de uma única Igreja nacional da qual todos os ingleses eram membros. A paróquia tornou-se mais exclusivamente uma área de governo local, cujos servidores se consideravam responsáveis mais pela autoridade secular do que pela autoridade eclesiástica. A tentativa de punir "pecado" por meio de processo judicial foi virtualmente descartada. A laicidade vencera sua batalha de séculos contra os tribunais da Igreja. Também nesse sentido a Idade Média chegara ao fim.

Em 1660, a Igreja teve uma maravilhosa oportunidade de resolver seus problemas econômicos. Quase todos os arrendamentos de terras de bispos, decanos e colegiados da Igreja haviam caído durante o Interregno. Burnet calculava que perto de 1,5 milhão de libras havia sido levantado em multas cobradas pela renovação desses arrendamentos. Se esse valor tivesse sido

---

1 Nightingale, *Early Stages of the Quaker Movement in Lancashire*, p.72; Pittis, *A Private Conference between a Rich Alderman e a Poor Country Vicar*, p.131, 232-8.

O século das revoluções

utilizado para a compra de dízimos secularizados ou glebas para vicariatos pobres, apontou Burnet, "teria sido estabelecida uma base para uma grande e efetiva reforma". Em vez disso, os próprios bispos embolsaram as multas. O bispo Cosin deixou para sua família um valor acima de 20 mil libras. Samuel Butler atribuía o "ódio e a má vontade geral" que os bispos haviam contraído em parte à ganância e falta de espírito de misericórdia deles próprios. O clero menor perdeu as receitas adicionais que haviam sido votadas para eles pelo *Long Parliament*, ou concedidas a eles à custa de monarquistas inadimplentes; e, sem dúvida, muitos leigos que haviam feito contribuições voluntárias aos ministros durante o Interregno transferiram-nas para dissidentes expulsos pelo *Act of Uniformity* [Ato de Uniformidade]. Assim, embora bispos individuais ajudassem clérigos individuais, a massa do baixo clero estava provavelmente em piores condições financeiras imediatamente após a Restauração do que em qualquer outro período durante o século. Em 1670, John Eachard publicou seu *Grounds and Occasions for the Contempt of the Clergy* [Razões e Ocasiões para Desprezar o Clero], indicando o pauperismo como a principal razão.

Dissidentes

Depois de 1660 (e, novamente, depois de 1688), houve muita discussão acerca da ampliação da Igreja Anglicana com a finalidade de incluir os presbiterianos – os mais conservadores dos dissidentes – e, assim, separá-los do restante dos sectários. Essa sugestão foi contestada não apenas por episcopalianos ambiciosos, mas também por todas as outras seitas, que compreenderam que "inclusão" significaria perseguição mais intensa para os excluídos. Carlos II tirou proveito do fracasso da "inclusão" para seguir adiante com seu próprio plano de conceder tolerância como um ato de indulgência real, dispensando os regulamentos penais do Parlamento. Assim, a monarquia sucedeu à política cromwelliana sendo comprovadamente mais tolerante do que o Parlamento. As *Declarations of Indulgence* de 1662, 1672, 1687 e 1688 faziam uma proposta de apoio a todos aqueles excluídos da Igreja estabelecida. Contudo, Carlos e Jaime estavam mais genuinamente interessados no bem-estar dos católicos romanos do que dos dissidentes protestantes; suas propostas de indulgência foram, portanto, naturalmente vistas com suspeita por parte da maioria dos protestantes. A verdadeira intolerância de Jaime com relação aos dissidentes protestantes era notória e tornava irracionais as frases de suas Declarações. Além disso, Carlos II, diferentemente de Cromwell, não possuía um exército para fazer vigorar a tolerância; e o exército que Jaime tentou formar

A religião e as ideias

parecia ter um comando papista demais para se tornar popular junto aos dissidentes protestantes.

Opondo-se à *Declaration of Indulgence* de 1662, o arcebispo Sheldon recorreu à "lei estabelecida" pelo Parlamento para se opor à política do rei. No entanto, sempre que a Coroa cooperava com a pequena nobreza *Tory*, a Igreja era seu mais convicto partidário contra os *Whigs*. Em 1683, por exemplo, a declaração régia afirmando haver cumplicidade dos *Whigs* no *Rye House Plot* foi lida duas vezes em cada paróquia, com grande efeito político. Não obstante, o fato de que havia duas políticas com relação à dissidência teve consequências importantes. Os dissidentes sofreram seriamente sob o *Clarendon Code*, que os excluiu da vida política, da administração municipal e das universidades, e tentou impedi-los de desenvolver seu próprio sistema educacional. Tornou--os sujeitos a pesadas multas e períodos de prisão em presídios insalubres simplesmente porque eles praticavam culto religioso da forma como achavam correta. Bunyan escreveu *O Peregrino* durante o período que passou na prisão de Bedford. Nem sempre a lei era aplicada em seu pleno rigor, graças à boa vontade de policiais e juízes de muitas cidades, mas havia uma incerteza arbitrária na própria irregularidade de sua aplicação. Os processos do *Exchequer* contra os quacres por faltarem ao culto atingiram o valor de 33 mil libras em maio de 1683. O ministro presbiteriano Oliver Heywood foi excluído de sua paróquia porque fora excomungado e, não obstante, multado por não frequentá-la. Como consequência de tudo isso, dissidentes protestantes alegremente se valeram da *Declaration of Indulgence* de 1672. Eles emergiram do *underground* para desafiar licenças reais de culto religioso em números tais que sua completa supressão estava absolutamente fora de cogitação.

O ano de 1688 registrou a vitória do Parlamento sobre a monarquia quanto à questão constitucional, mas no *Toleration Act* o Parlamento assumiu o controle da parte protestante da política de indulgência real. Até mesmo um anglicano *Tory* importante como *sir* John Reresby reconheceu, em maio de 1688, que "a maioria dos homens estava agora convencida de que a liberdade de pensamento era algo vantajoso para a nação". O próprio *Toleration Act* afirmava sua função com uma clareza brutal. Não há nele qualquer passagem extravagante acerca de liberdade, como ocorrera na *Declaration of Indulgence* de Jaime. Em vez disso, o preâmbulo declarava que "algum conforto para consciências escrupulosas no exercício da religião pode ser um meio eficaz de unir os súditos protestantes de Suas Majestades em interesse e afeição". O *Toleration Act* serviu a um propósito *político*: era necessário para a unidade nacional e para a segurança do regime que aos dissidentes *protestantes* fosse permitida a liberdade de culto; porém, eles continuaram excluídos da vida política.

A constante existência de seitas dissidentes significava que o monopólio da Igreja estabelecida cedera lugar para que o consumidor escolhesse sua religião. A sentença de excomunhão perdera muito de sua eficácia. A dissidência até poderia ter sua utilidade ao permitir que um homem evitasse um cargo municipal indesejável. A multiplicidade de alternativas em termos de religião naturalmente contribuiu para disseminar um sentimento de ceticismo. A associação entre "entusiasmo" e política radical levou a uma reação que contribuiu para o crescimento da religião racional e do deísmo. "Não há nada que preponere mais para persuadir um homem a se tornar ateu", disse Samuel Butler, "do que ver tais bestas irracionais professar uma religião". O individualismo era refreado pelo "bom gosto", à medida que uma sociedade reorganizada novamente impunha padrões. Aubrey, que com regularidade citava o Interregno como um momento decisivo nos costumes sociais e hábitos intelectuais, conta-nos como a superstição entrou em declínio:

> Quando eu era criança – portanto, antes das guerras civis –, era moda mulheres e criadas idosas contarem histórias fabulosas de noites escuras, de espíritos e de fantasmas ambulantes etc. [...] Quando as guerras chegaram, e com elas, a liberdade de consciência e a liberdade de investigação, os fantasmas desapareceram. Agora as crianças não temem essas coisas.

A perseguição às bruxas diminuiu rapidamente depois da metade do século. Quando um astrólogo ofereceu seus serviços a Carlos II, o Monarca Feliz o levou a Newmarket e pediu-lhe que identificasse os cavalos vencedores.

Ideias científicas e políticas

Antes de 1640, a Corte não aceitava nenhuma das teorias de Bacon. Depois de 1660, os cientistas expulsos de Oxford tinham poder e habilidade suficientes para obter mecenato – real, aristocrático e episcopal. "Essa selvagem e assustadora mente humana com prodígios e arrogâncias da Providência", escreveu Sprat, "tem sido a razão mais importante dessas perturbações espirituais de que nosso país tem sido palco". A *Royal Society* ajudaria a evitar a recorrência dessas desordens. A ciência, como o hobbismo, entrou em voga na Corte de Carlos II, mesmo que as distinções de classe fossem ignoradas nas reuniões da *Society*. Em seu início, a *Royal Society* estimulou melhorias na agricultura e

A religião e as ideias

suas pesquisas contribuíram para avanços na navegação e na manufatura de instrumentos de precisão. O incentivo que ela deu a *Observations upon the Bills of Mortality*, de John Graunt, disseminou o interesse em tentativas científicas de calcular o tamanho da população a partir do número de óbitos registrados. Tais tentativas também contaram com o auxílio da avaliação mais acurada da riqueza tributável, efetuada durante e após o Interregno. Houve grande progresso na química (Robert Boyle), botânica (John Ray, *sir* Hans Sloane, Nehemiah Grew), geologia (John Woodward), medicina (Thomas Sydenham, Thomas Willis e Richard Morton), matemática e astronomia (John Wallis, Edmond Halley, Robert Hooke, John Flamsteed).

Entretanto, não devemos exagerar quanto ao liberalismo intelectual da atmosfera da Restauração. Novas ideias haviam invadido a Corte, mas, para a massa da população, havia muito menos liberdade intelectual do que houvera na década de 1640. Os baconianos foram expulsos de Oxford e Cambridge, e as universidades deixaram de ser os centros das ciências. Os próprios cientistas ficaram tão ansiosos por esconder seu passado revolucionário que inundaram a *Royal Society* com aristocratas diletantes que odiavam sujar suas mãos com experimentos; a estreita relação com as artes industriais e a agricultura, que haviam sido herança baconiana, logo se esvaiu. Depois do ímpeto inicial no período de Hooke (1635-1703), a aplicação da ciência e da tecnologia prosseguiria lentamente até o final do século XVIII, quando um novo impulso coincidiria com um novo período revolucionário. A mesma coisa ocorreu com relação à química, pois Boyle (1626-91) estremeceu à beira de descobertas que, na verdade, só foram feitas à época da Revolução Francesa, após o que o progresso acelerou novamente. À medida que a geração mais velha de cientistas parlamentaristas morria na Inglaterra da Restauração, a ciência tornava-se um adorno em voga para conversas entre cavalheiros distintos, mais do que um subsídio para produção. *Sir* Isaac Newton é o único grande cientista da segunda geração, e ele próprio acabou abandonando a ciência para se tornar superintendente da Casa da Moeda e para estudar profecias bíblicas. Os temas de Newton eram bastante práticos – a astronomia era a base da navegação e da geografia, a matemática, a base do levantamento topográfico; mas sua teoria da gravitação universal elevou essas ciências a um nível de abstração que as tornou aceitáveis até mesmo na Cambridge do século XVIII, a universidade que em 1669 havia presenteado Cosimo de' Medici com um tratado condenando a astronomia de Copérnico.[2]

---

2 Com relação a Newton, ver Capítulo 7 desta obra.

O século das revoluções

Com as leis de *Licensing* [Licença] (1662-95), foi restabelecida uma rígida censura. Todos os livros que tratavam de história ou assuntos de Estado deviam obter licença de um secretário de Estado para publicação; livros de teologia, filosofia ou ciência, do arcebispo de Canterbury, do bispo de Londres ou do vice-reitor de Oxford ou Cambridge. Os únicos jornais a aparecer entre 1660 e 1679 foram publicações oficiais do governo. "Um jornal público jamais teria meu voto", declarou o editor de um desses periódicos em 1663, "isso torna a turba familiarizada demais com as ações e deliberações de seus superiores [...]"; e *sir* Roger L'Estrange acrescentou, significativamente:

> Algumas vezes, pode-se encontrar um libelo sedicioso que passou por tantas mãos que, de tanta poeira e dedos transpirados e úmidos, no final, tornou-se quase ilegível, enquanto a resposta fiel, íntegra e nítida, exatamente como o documento chegou da gráfica, se encontra no estúdio de um cavalheiro.

O secretário Jenkins descreveu a imprensa como uma "espécie de atração para o povo".

A suspensão temporária e parcial da censura, depois de expirado o prazo da lei de *Licensing* em 1679, provocou o lançamento de uma torrente de jornais e folhetos da ala *Whig*, mas eles foram logo suprimidos por ação judicial. Em 1680, Scroggs, presidente da Corte Suprema, notificou os tipógrafos e comerciantes de livros que "imprimir ou publicar qualquer livro ou panfleto de notícias é ilegal". A mesma coisa valia para a publicação dos debates parlamentares, até que o segundo *Exclusion Parliament* [Parlamento de Exclusão] determinou que suas atas fossem impressas semana a semana sob a supervisão do *speaker*. O juiz Allybone afirmou, no caso dos Sete Bispos, que "absolutamente nenhum indivíduo pode tomar a liberdade de escrever acerca do governo". Nessa época havia novamente apenas um jornal oficial, o *London Gazette*.

Assim, a atmosfera política impunha limitações sobre a liberdade de pensamento. Hobbes temia que os bispos tentassem mandá-lo para a fogueira, e *Behemoth* teve autorização de publicação negada até que uma edição pirata apareceu no ano de liberdade, 1679. Waller recusou-se a elogiar Hobbes na forma impressa porque também temia punição eclesiástica. Aubrey mostrava preocupação em 1683, temendo que seu *Brief Lives* caísse em mãos erradas e que ele fosse acusado de *scandalum magnatum* contra seus superiores. No mesmo ano, a Universidade de Oxford condenou oficialmente e queimou a maior parte dos grandes tratados de teoria política que a Inglaterra do século XVII

A religião e as ideias

havia produzido – Hobbes, Milton, Baxter. Cafeterias que datavam da década de 1650 foram proibidas em 1675, consideradas "o grande refúgio dos ociosos e desafetos, [...] comerciantes e outros". É um sinal da secularização dos tempos que as cafeterias e os clubes estivessem substituindo congregações sectárias como centros de sedição. Os indivíduos que forçaram Jaime II a deixar seu reino não cantaram salmos, mas uma canção muito popular, composta por um libertino da nobreza e musicada por Henry Purcell: *Lillibullero*.

Podem-se imaginar os efeitos imbecilizantes dessa repressão sobre os "não livres", cujo breve período de liberdade terminara em 1660. A Restauração, de fato, foi uma tragédia para a educação do povo. Reinstalou-se o controle eclesiástico. Nas palavras do doutor Schlatter: "a Igreja estabelecida foi a primeira a sufocar um movimento que teria dado o poder do conhecimento às classes inferiores". Com exceção de uma, todas as escolas recém-fundadas no País de Gales foram extintas. Acreditava-se por toda a parte que as escolas secundárias provocaram a Guerra Civil por educarem tantas pessoas acima de seu próprio nível social; elas se justificavam apenas enquanto atendessem às necessidades das classes profissionais. Para outros, o estudo do latim podia levar à saudade do antigo republicanismo, como pensava Hobbes. A igualdade de oportunidade educacional, conforme defendiam teóricos parlamentaristas, desviaria

> aqueles que a natureza ou a sorte havia determinado para o arado, para o remo, ou para outros tipos de trabalho manual, dos planos adequados estabelecidos para eles. [...] A multiplicação dessas bases [escolas livres] apresenta-se como perigosa para o governo.[3]

O *Act of Uniformity* (1662) sujeitou diretores de escolas à licença episcopal e lhes impôs juramento de não resistência. O *Corporation Act* proibiu ministros dissidentes de manter escolas ou ensinar nelas. Não obstante, apesar da perseguição, foram fundadas algumas academias dissidentes.

O sucesso que as classes abastadas e a hierarquia eclesiástica tiveram nas medidas adotadas para reprimir ou ocultar ideias revolucionárias e democráticas é absolutamente notável. Elas tiveram a contribuição de tendências filosóficas pacifistas e quietistas entre os dissidentes. "Não acreditamos que a religião possa tão logo causar outra guerra", escreveu Pepys em 1667.

---

3 Wase, *Considerations concerning Free Schools*. Wase não aceitava as posições que relatava. Contrastar Petty; ver Capítulo 9 desta obra.

O século das revoluções

Referência a isso é frequentemente feita como "a separação entre religião e política", mas seria mais exato dizer que a política revolucionária deixou de ser expressa sob a forma religiosa: a Igreja Anglicana restaurada certamente continuou a exercer funções políticas. O livro devocional *The Whole Duty of Man*, amplamente lido, pedia ao cidadão pobre:

pensa frequentemente nas alegrias guardadas para ti no Paraíso; vê isso como teu lar, e esse mundo apenas como uma pousada, onde és obrigado a começar tua travessia. E depois, como um passageiro não espera de uma pousada as mesmas conveniências de um lar, também assim tens razão de te contentar com qualquer entretenimento que encontrares aqui, sabendo que estás prosseguindo em tua jornada para um lugar de bem-aventurança infinita, que fará reparações abundantes para compensar as inquietações e adversidades que possas sofrer no caminho.

Em 1652, Winstanley havia se queixado

Quando os homens estão fitando os céus imaginando uma bem-aventurança ou temendo um inferno depois da morte, seus olhos se apagam, de forma que eles não veem quais são seus direitos inatos e o que deve ser feito por eles aqui na terra enquanto estão vivendo.

O contraste entre essas duas passagens ilustra claramente a vantagem que as classes endinheiradas tinham com a restauração da censura eclesiástica e uma Igreja nacional.

Esse não é um período notável na história do pensamento político. As obras inspiradoras de Hobbes, Filmer, Harrington, Milton, dos *Levellers* e de Winstanley foram escritas antes de 1660. As ideias de Hobbes rapidamente se espalharam e exerceram influência, mesmo que furtivamente. As de Harrington chegavam a ser quase ortodoxas nos círculos dos *Whigs*, mas sua popularização ocorreu em parte graças a *Plato Redivivus* (1671), de Henry Nevill. Entretanto, o senso de mudança histórica, tão forte e original em Harrington, não foi resgatado na sociedade mais estática da Restauração. Harrington foi influente, sobretudo por meio de sua ênfase na necessidade das normas de propriedade. Até a emergência da escola escocesa na segunda metade do século XVIII, ele não teve nenhum sucessor na filosofia da história. Halifax *"Trimmer"* [Podador] combinava o respeito de Harrington pela propriedade (Halifax era muito rico) com o respeito de Hobbes pelo poder a fim

A religião e as ideias

de justificar um ceticismo conservador profundamente cínico. Ele zombava de teorias da lei fundamental ou de direitos fundamentais: "'Fundamental' é um termo utilizado pela laicidade, pois o termo 'sagrado' é utilizado pelo clero para prender a eles próprios tudo o que pretendem conservar e que ninguém mais pode tocar". *Patriarcha* (1680), a obra de Filmer publicada postumamente, tornou-se a bíblia dos altos anglicanos *Tory*, partidários da não resistência. A teoria lá desenvolvida de que a autoridade real descendia da autoridade de Adão e dos patriarcas, embora possa parecer absurda hoje, teve seu ponto alto na sociedade do século XVII, pois o chefe da família ainda exercia grande autoridade, não apenas sobre a esposa e os filhos, mas também sobre os aprendizes, os operários qualificados e os servos: o agregado familiar era ainda a unidade mais significativa na economia.

Literatura e sociedade

Também na literatura esse período é transicional. Suas grandes figuras (para nós, mas não para os contemporâneos da época) são Milton e Bunyan, que transmitem para a posteridade muito do que era nobre no puritanismo derrotado. Bunyan, com sua vívida caracterização, seu *insight* psicológico e seu ouvido perfeito para a prosa coloquial, liga a literatura de panfleto da década de quarenta com os romances de Defoe. A *Royal Society* apôs o selo de sua aprovação no desenvolvimento da prosa durante o Interregno ao "preferir a linguagem dos artesãos, camponeses e mercadores à dos eruditos e dos muito perspicazes e inteligentes". A distinção entre prosa e poesia tornou-se mais aguçada. O estilo singularmente elevado e solene de Milton, perfeito para seus nobres propósitos, estabeleceu a deplorável "dicção poética" dos poetastros do século XVIII. Dryden e Waller aperfeiçoaram o dístico rimado, cujas antíteses calculadas e retórica balanceada refletiram a maior estabilidade em relação à qual a sociedade se movimentava, bem como seu temor do "entusiasmo". A abundância de versos contrasta acentuadamente, tanto em forma como em conteúdo, com a lírica "metafísica" de conflito interno do período anterior. Os teatros reabriram em 1660, sem dramaturgos iguais aos grandes autores de tragédias do reinado de Jaime I, cujas peças expressaram as primeiras turbulências do conflito da época. Até mesmo o teatro abandonou o verso branco pelo dístico heroico (tragédia) ou prosa (comédia). A tragédia e a comédia, as quais Shakespeare integrara em suas peças, são agora tão claramente distintas quanto prosa e poesia, quanto ciência pura e aplicada.

O século das revoluções

Essa tendência para subdividir, rotular e classificar é típica do período, que tinha muita consciência das "regras", como, por exemplo, as unidades dramáticas que Shakespeare havia desconsiderado.

Tarde, muito tarde, a correção fez crescer nossa atenção,
quando, exaurida, da guerra ganhou alento a nossa nação.

Em retrospecto – olhando do século XVIII – era assim que pensava Pope. O medo do vulgar, do emocional, de qualquer coisa que significasse o extremo, estava profundamente enraizado nas ansiedades sociais da Inglaterra no período da Restauração. O entusiasmo estava associado com a revolução da classe operária: as classes abastadas haviam conhecido os perigos de levar as coisas ao extremo e haviam conhecido as virtudes da conciliação. Halifax viu o Deus Todo Poderoso também como um podador "dividido entre seus dois grandes atributos: misericórdia e justiça". Nesse culto do meio-termo, alguma coisa vital foi suprimida da poesia, que foi recapturada somente um século mais tarde pelo movimento romântico, quando o radicalismo político também ressurgiu.

Com muita frequência, a atitude adotada na Restauração é considerada meramente como uma reação contra o puritanismo, e foi realmente isso; mas a comédia na Restauração, uma comédia de costumes, também discute ceticamente um mundo no qual os padrões aristocráticos estavam se ajustando a uma sociedade dominada pelo dinheiro. Daí a obsessão dos dramaturgos com a relação entre os sexos, pois na Inglaterra "a lei do casamento [...] constitui quase as bases da lei da propriedade".[4] *Paraíso Perdido* (1667) é um grande hino ao amor no casamento. A comédia da Restauração discute a relação entre os sexos naquelas classes cujos casamentos são transações de bens – e, portanto, excluem o amor – e pende contra a hipocrisia potencial na idealização sentimental do casamento.

Todos os caminhos em nosso período levaram ao individualismo. Mais aposentos nas casas de camponeses com melhores condições financeiras, a utilização de vidros nas janelas (normal para enfiteutas e gente comum somente a partir da Guerra Civil, segundo Aubrey), o uso de carvão em grelhas, a substituição de bancos por cadeiras – tudo isso possibilitou maior conforto e privacidade para, pelo menos, metade da população da classe alta. A privacidade contribuiu para a introspecção e a autoanálise no puritanismo radical,

---

4 Robinson, *Anticipations under the Commonwealth of Changes in the Law*, p.484.

A religião e as ideias

para a manutenção de diários, agendas e revistas com temas espirituais, para George Fox e Samuel Pepys. Possivelmente, até mesmo o espelho pode ter ajudado na autoconsciência. A derrota das esperanças puritanas políticas levou o homem a aspirar a um paraíso e a buscá-lo dentro de si. O cristão de Bunyan abandonou até mesmo sua família para salvar sua alma. Em um período anterior desse mesmo século, a popularidade da pintura de retratos, do drama, da "personagem" havia revelado um crescente interesse pela psicologia individual de que *Anatomy of Melancholy*, de Burton, e os retratos de Samuel Cooper dão evidência. Agora, através de Bunyan, isso floresceria no romance, a mais individualista de todas as formas literárias. Bunyan, como Defoe e os romancistas do século XVIII que vieram depois dele, apelou, sobretudo, à classe média inferior, que anteriormente havia devorado os sermões puritanos e os panfletos políticos; somente agora a vida estava um pouco mais fácil, um pouco menos intensa. Mulheres pertencentes principalmente a essa classe tinham mais tempo para o lazer e buscavam entretenimento. Addison e Steele as entreteriam assim que a imprensa fosse mais livre.

Parte IV
1688-1714

16
Narrativa dos eventos

Com uma rainha tão piedosa,
e uma gente tão vigorosa,
um Parlamento que lhes fornecerá,
uma causa sem qualquer falha,
e um rei destemido na batalha,
nossos inimigos nossa gente desafiará.

Sir Charles Sedley, *The Soldiers' Catch*

Guilherme de Orange convocou um *Convention Parliament* que se reuniu em fevereiro de 1689. Considerando que Jaime se tornara inviável e Guilherme ficara no comando da situação, o único problema do Parlamento era encontrar palavras na forma adequada. Finalmente, Guilherme e Maria (filha de Jaime) foram aceitos como soberanos conjuntos, e uma *Bill of Rights* [Lei de Direitos] estabelecia limitações ao poder de ambos. O *Mutiny Act* [Lei do Motim]*, renovado anualmente a partir de 1689, estabelecia a manutenção de um exército legal por apenas um ano. Uma lei de 1689 previa tolerância limitada a dissidentes protestantes. Sessões frequentes do Parlamento foram garantidas pelo *Triennial Act* [Ato Trienal] de 1694. No mesmo ano, foi fundado o Banco da Inglaterra. Em 1695, o *Licensing Act* [Lei da Licença] expirou e não houve renovação; estabeleceu-se uma relativa liberdade da imprensa. O *Act of Settlement* (1701) fixava a sucessão (na falta de herdeiros para Ana, irmã de Maria) na dinastia de Hanover, descendentes de Elizabeth, filha de Jaime

I, e do Eleitor Palatino; transferia para o Parlamento o direito de destituir juízes, que era prerrogativa do rei; declarava que uma anistia real não deveria ser postulada a um *impeachment* parlamentar.

Depois de 1688, reiniciou-se uma política externa de escopo cromwelliano. Luís XIV ajudou Jaime a invadir a Irlanda na esperança de retornar de lá para a Inglaterra; a subjugação da Irlanda foi, portanto, tão necessária para Guilherme quanto havia sido para a *Commonwealth*. Em 1689, como em 1641, uma rebelião católica na Irlanda libertou temporariamente o país do jugo inglês. O Parlamento Patriota em Dublin restituiu a proprietários irlandeses as propriedades confiscadas durante o Interregno. O poder inglês na Irlanda reduziu-se a Londonderry, que suportou três amargos meses de cerco em 1689. Em 1690, o próprio Guilherme foi à Irlanda. Sua vitória na Batalha do Boyne* (julho de 1690) foi quase tão decisiva quanto a campanha de Cromwell de 1649. Por atos expedidos pelo Parlamento inglês, todos os processos judiciais do Parlamento Patriota foram anulados; os católicos – a esmagadora maioria da população irlandesa – foram excluídos de todos os cargos públicos e da profissão legal. Na Escócia, o presbiterianismo foi restabelecido como religião do Estado. O fracasso da *Scottish Darien Company* na tentativa de estabelecer uma colônia no istmo do Panamá mostrou a fragilidade escocesa diante da Inglaterra no comércio e na colonização. Esse fato contribuiu, juntamente com a ansiedade em evitar que diferentes soberanos sucedessem Ana no trono nos dois países após sua morte, para a União de 1707.

A Inglaterra e a Holanda eram agora aliadas contra a França. A frota anglo-holandesa foi definitivamente derrotada próximo a Beachy Head no dia anterior à Batalha do Boyne, e houve um enorme temor de invasão, mas até maio de 1692, não houve qualquer tentativa; então, uma reorganização naval permitiu que a frota francesa fosse esmagada na Batalha de La Hogue. A partir desse período, a colonização revolucionária na Inglaterra estava segura. No Tratado de Ryswick (1697), Luís XIV prometeu não oferecer qualquer assistência a ninguém que tentasse desafiar a posse de Guilherme sobre seus reinos. Ryswick, entretanto, foi apenas uma trégua. As grandes potências estavam prontas para dividir o império dos Habsburgo quando Carlos II da Espanha morresse. Um *Partition Treaty* [Tratado da Partilha], de 1699, reservava a Espanha, a Holanda Espanhola e a América para o arquiduque Carlos, segundo filho do imperador Leopoldo. À França caberiam Nápoles, Sicília e Milão, esta última a ser trocada pela região de *Lorraine* [Lorena], na França. O imperador recusou-se a aceitar esse tratado. A mesma coisa fez Carlos II da Espanha, que em 1700, no leito de morte, fez um testamento

Narrativa dos eventos

deixando toda sua herança para Filipe de Anjou, segundo filho do herdeiro de Luís XIV. Luís rejeitou o *Partition Treaty*, que havia acabado de assinar, e aceitou o testamento.

Por algum tempo pareceu que ele não teria qualquer problema. Os governos dos Países Baixos e da Inglaterra reconheceram Filipe, da dinastia de Bourbon, como rei da Espanha. No início, a Câmara dos Comuns mostrou-se ansiosa pela paz, e os ministros *Whig* (*"the Junto"*) ["o Conluio"] sofreram um *impeachment* por concluir o *Partition Treaty* sem fazer referência ao Parlamento. Luís, entretanto, enviou tropas francesas para a parte espanhola dos Países Baixos e expulsou os holandeses das fortalezas da fronteira concedidas a eles em Ryswick. Companhias francesas foram instituídas para monopolizar o comércio americano e o comércio de escravos; a exportação de lã espanhola ficou restrita aos mercadores franceses. Tudo isso provocou alarme na Inglaterra. O Júri de Kent apresentou à Câmara dos Comuns uma petição para que desistissem dos entreveros entre partidos e votassem uma provisão para que o governo pudesse lutar, se fosse necessário. Aqueles que encaminharam a petição foram presos pelos Comuns, que prosseguiram com o *impeachment* do *Junto*; porém, a Câmara dos Lordes, predominantemente *Whig*, insistiu para que Guilherme firmasse com os Países Baixos e o imperador uma aliança militar anti-França – e eles absolveram os ministros que haviam sofrido o *impeachment*. A polêmica entre as duas Casas somente terminou com a prorrogação (junho 1701) e a dissolução (novembro). Em agosto, a Inglaterra, os Países Baixos e o imperador assinaram uma *Grand Alliance* [Grande Aliança] para garantir que a França não dominasse o Mediterrâneo nem os Países Baixos, que as Coroas da França e da Espanha nunca deveriam se unir, e que a França não deveria ter a posse da América Espanhola. Nove dias depois, Jaime II morreu na França, e Luís reconheceu seu filho (o "Velho Pretendente") como Jaime III, rei da Grã-Bretanha – violando, assim, o Tratado de Ryswick. A eleição de dezembro de 1701 mostrou uma tendência a favor dos *Whigs*. O Parlamento aceitou a *Grand Alliance* e votou o suprimento; um juramento solene repudiando o Pretendente foi imposto a todos os membros do Parlamento e àqueles que detinham cargos oficiais. Quando Guilherme morreu, na primavera de 1702, o país estava à beira da guerra, e discórdias entre partidos haviam retrocedido para o segundo plano.

Guilherme havia nomeado Churchill (posteriormente duque de Marlborough) para o comando das tropas aliadas, e a guerra de 1702-13 foi a sua guerra. As vitórias em Blenheim (1704), Ramillies (1706), Oudenarde (1708) e Malplaquet (1709), juntamente com o controle britânico do mar (aliança com a Casa

O século das revoluções

de Saboia e o Tratado de Methuen, com Portugal, em 1703) e uma campanha por terra menos bem-sucedida na Espanha, colocaram a Grã-Bretanha em posição de liderança. Mas a insistência do governo para que o rei da Casa Bourbon na Espanha abdicasse em favor do requerente da Casa Habsburgo arruinou as negociações de paz em 1708. A renovação do poderio militar francês fez a guerra se prolongar até 1713. No Tratado de Utrecht, Filipe V foi mantido no trono espanhol com a garantia de que as Coroas francesa e espanhola jamais se uniriam. Os holandeses recuperaram a maior parte de suas fortalezas da fronteira. A França abandonou o Pretendente e reconheceu a sucessão da dinastia de Hanover. A Inglaterra ganhou Newfoundland, Nova Scotia, os territórios da Baía de Hudson (no Canadá), Fort Jaime (na Senegambia*), Gibraltar e Minorca. Mercadores ingleses deveriam estabelecer comércio com a Espanha nos mesmos termos dos mercadores franceses; e a Inglaterra ganhou o tão cobiçado *asiento*, o direito de monopólio no suprimento de escravos para as colônias espanholas na América.

A princípio, a guerra fora travada por uma coligação em torno do duque de Marlborough e Godolphin, mas aos poucos ela se tornou preponderantemente um ministério *Whig* em aliança com esses dois ministros. Entretanto, conforme a opinião pública se cansava da guerra, o líder dos *Tories*, Robert Harley, conduziu uma habilidosa campanha contra aquela união. A rainha Ana não gostava dos *Whigs*; discutiu com a duquesa de Marlborough, há muito tempo sua predileta. Tudo isso contribuiu para fragilizar a posição do ministério *Whig*. O motivo para a sua queda foi o Caso Sacheverell*. Em 1709, o doutor Henry Sacheverell, membro do alto clero, pregou um sermão diante do *lord mayor* e dos edis de Londres, no qual ele contestou peremptoriamente que 1688 havia sido uma revolução e acusou o ministério *Whig* de hostilidade contra a Igreja. Sofreu processo de *impeachment* e foi afastado pelo governo; a Câmara dos Lordes, no entanto, somente condenou Sacheverell pela estreita margem de 69 votos a 52. Ele foi proibido de pregar por três anos, e seu sermão foi queimado. Essa foi uma vitória moral para os *Tories*. Fortalecido por ela, Harley conseguiu engendrar mudanças no governo. Em 1710, ele foi líder de um ministério *Tory*, e a eleição geral daquele ano lhe deu a esperada maioria na Câmara dos Comuns.

O novo governo, além de abrir negociações de paz, aprovou dois atos contra dissidentes. O *Occasional Conformity Act* [Ato Suplementar de Conformidade] proibia a prática pela qual os dissidentes poderiam se qualificar para cargos do governo aceitando a eucaristia anglicana; e o *Schism Act* [Ato do Cisma], de 1714, visava a restaurar o monopólio educacional da Igreja e extinguir as

A religião e as ideias

escolas dissidentes. (Esses atos somente foram cancelados em 1719, mas foram efetivamente anulados pelos governos *Whig* depois de 1714.) Um ato de 1711 confinava a filiação dos Comuns àqueles que possuíam terras em quantidade substancial; em 1712, foi criado um imposto sobre jornais e folhetos visando a reduzir o debate popular.

Entretanto, a maioria *Tory* se dividiu quanto à questão da sucessão. Em 1709, uma tentativa fracassada do Pretendente de invadir a Escócia foi facilmente derrotada. Isso demonstrou o sucesso da união entre a Inglaterra e a Escócia. As alianças francesas do Pretendente e sua recusa em abandonar o catolicismo fizeram que os *Tories* moderados relutassem em reverter a sucessão estabelecida pelo *Act of Settlement*. O *lord treasurer* Harley, agora conde de Oxford, procrastinou. St. John, visconde de Bolingbroke, conspirou contra Oxford sem se comprometer totalmente com os jacobitas, partidários de "Jaime III". O *Schism Act* foi uma manobra de Bolingbroke para atrair os *Tories* do alto clero contra o moderado Oxford. Em agosto de 1714, Ana exonerou Oxford, mas morreu cinco dias depois, após nomear o duque de Shrewsbury, da dinastia Hanover, para o lugar de Oxford. O apoio que Bolingbroke deu à invasão jacobita de 1715 foi a última cartada de um apostador sem reais esperanças de sucesso.

17
A economia

Comércio [...] é a criatura da liberdade:
se a primeira é destruída, a segunda cai por terra.

Halifax, *A Rough Draft of a New Model at Sea* (1694)

Comércio e política externa

Neste capítulo proponho a ideia de que a Revolução de 1688 significou um momento crucial na história econômica, política e constitucional. A invasão de Guilherme de Orange salvou a independência da Nova Inglaterra, da mesma forma como a invasão da Escócia a salvara um século antes. Uma semana antes de Jaime fugir, o secretário da Real Companhia Africana ainda estava – como parte da rotina – emitindo ordens autorizando a captura de intrusos que haviam infringido a licença de 1672. Sem qualquer decisão devidamente registrada, a Companhia abandonou essa reivindicação para colocar em vigor seu monopólio por meio de medidas coercitivas. Mais tarde, por lei do Parlamento, estabeleceu-se o livre comércio; mas a mudança verdadeira só ocorreu com a queda de Jaime II. Da mesma forma como 1640 foi o ano que trouxe o fim do monopólio industrial, 1688 foi o ano que trouxe o fim do antigo estilo de monopólio comercial. A existência de companhias com monopólio de exportação, mesmo para comércio de longa distância, era agora vista como um estorvo à expansão. Fabricantes de tecidos e representantes dos

O século das revoluções

portos subsidiários queixavam-se de que as exportações eram artificialmente restringidas pelo monopólio da Real Companhia Africana, e eles se juntaram aos "interesses da Jamaica", exigindo livre comércio. Invasores que haviam sido multados pelos tribunais da Companhia por infringirem seu monopólio agora exigiam indenização. Em conclusão, chegou-se a um consenso em 1698, pelo qual o comércio africano foi aberto para todos e condicionado ao pagamento de um imposto de 10% sobre as exportações. Em 1712, o comércio foi finalmente liberado sem quaisquer restrições. A derrubada desse monopólio possibilitou o desenvolvimento da Jamaica. A Companhia entregou 25 mil escravos à Jamaica em quinze anos de paz; o livre comércio entregou 42 mil nos onze anos que se seguiram, dos quais sete foram anos de guerra.[1]

Um ataque semelhante foi feito à Companhia das Índias Orientais. Em 1693, ela perdeu seu alvará, e um novo estabeleceu a obrigação de a Companhia exportar mercadorias no valor de 100 mil libras por ano. A força dos negócios com têxteis, que em 1699 destruiu essa indústria na Irlanda, ficou demonstrada novamente em 1700, quando o Parlamento excluiu do mercado inglês o morim e a seda estampados do Oriente; eles somente poderiam ser reexportados. Ao mesmo tempo, as exportações de tecidos foram isentas de todos os impostos. O Parlamento forçou a Companhia das Índias Orientais a comprar muitas companhias que, anteriormente, eram clandestinas; a partir de 1698, ela foi obrigada a compartilhar seus privilégios com uma concorrente. As duas travaram uma violenta batalha no Parlamento; a rivalidade entre ambas provocou a elevação do preço das cadeiras representantes das aldeias. No entanto, ainda havia vantagens em ter uma organização única para proteger os comerciantes nas Índias. Como na década de 1650, os velhos inimigos da Companhia não fizeram qualquer objeção a um monopólio do qual compartilhavam; e, em 1709, as duas Companhias se uniram. A Companhia das Índias Orientais logo parou de incitar paixões partidárias.

Destino semelhante sobreveio às outras companhias. As taxas de admissão na *Merchant Adventurers*, que havia duplicado em 1634, foram novamente reduzidas em 1661, e abolidas em 1689. Em 1699, a taxa de admissão da *Russia Company* foi reduzida de 50 libras para 5 libras. (A Câmara dos Comuns havia sugerido 2 libras.) O resultado foi um grande incentivo ao comércio com a Rússia. A *Levant Company* sobreviveu, mas em 1694 os Comuns conde-

---

1 Sobre a percepção de 1688 como um divisor de águas na história da Jamaica e do comércio de escravos, ver Dunn, *Sugar and Slaves*, sobretudo p.162, 187, 233. Cf. também o Capítulo 13 desta obra.

A economia

naram uma lei municipal aprovada para restringir o comércio a mercadores aprendizes. Assim, ao final de nosso período houve uma reversão total da política econômica. As ideias medievais que subjaziam às grandes companhias de comércio – restringir *output*, manter qualidade e preços ainda aceitos no início do século – foram, no final, abandonadas por completo. Foram abandonadas sob pressão de negócios manufatureiros que preferiam um regime de produção irrestrita de artigos mais baratos e livre mercado competitivo para dispor deles. "O mercado", declarou o Parlamento em 1702, "deve ser livre e não reprimido". Em 1701, um juiz presidente da Corte Suprema disse que concessões reais e licenças para restringir o mercado eram inúteis por causa do "encorajamento que a lei dá ao comércio e à indústria honesta". Tais licenças eram "contrárias à liberdade do súdito". Assim, a indústria e o *common law* celebraram sua vitória conjunta sobre a monarquia. Tomando o período completo de 1603-1714, as exportações e importações provavelmente triplicaram e mudaram acentuadamente em sua natureza. Em *Absalom and Achitopel*, Dryden acusou o antigo *Whig* e membro do *Rump*, Slingsby Bethel, de ter declarado "que os reis eram inúteis e obstruíam o comércio". Talvez Bethel estivesse correto sobre os pretendentes a monarcas absolutos. A receita alfandegária mais do que duplicou no quarto de século depois da queda de Jaime II.

O final do século XVII presenciou uma rápida expansão de portos na região oeste, principalmente Bristol, Liverpool e Exeter. O comércio de Londres também se expandiu, mas a capital perdeu a posição de hegemonia absoluta que havia mantido por um século e meio. Em 1677, sua cota de comércio havia caído para menos de três quartos; depois de 1698 houve um declínio relativo ainda maior. A aduana de Bristol cresceu dez vezes entre 1614-87. Esse aumento foi acelerado por sua participação no comércio anglo-português, resultante do tratado de 1654. O melhor acesso à região das *Midlands* através do rio Severn fez de Bristol um porto para têxteis e ferragens, bem como para o chumbo; porém, sua prosperidade maior veio do comércio colonial: refino de açúcar, tabaco e comércio escravo – o último, sobretudo depois que o Parlamento estabeleceu livre comércio de escravos. No mesmo período, Liverpool (parlamentarista durante a Guerra Civil) tomou o lugar do porto (monarquista) de Chester, o qual estava em decadência. A indústria têxtil de Lancashire, em franca expansão, forneceu a maior parte das exportações de Liverpool, mas sua prosperidade também dependia do açúcar, do tabaco e do comércio de escravos. A emergência desses dois portos, portanto, resultou diretamente no estabelecimento de um monopólio britânico no comércio colonial e na expansão industrial que ocorreu sob a proteção dos Atos de Navegação. Por volta de 1700, talvez 20% das exportações inglesas tenham sido para mercados coloniais. Estimava-se que metade dos lucros dos agricultores das Índias Ocidentais era utilizada na compra de produtos manufaturados ingleses: armas de fogo, pregos, ferramentas, latão, cobre e ferragens, vidro, cerâmica, arreios, chapéus, têxteis. A proporção era talvez até maior na Nova Inglaterra.

Como na década de 1630, as querelas entre os Stuart e o Parlamento haviam praticamente reduzido a política externa britânica à impotência; depois de 1688, os recursos da nação foram mais uma vez, como na década de 1650, dedicados a uma política externa que beneficiaria os interesses comerciais da Inglaterra e das colônias. A guerra com a França foi travada em escala mundial e envolveu uma nova estratégia imperial. Já que a França era menos dependente de comércio do que os Países Baixos, ela não podia ser atingida tão duramente pelo combate naval. O comércio francês sofreu muitas interrupções temporárias em consequência de derrota naval, enquanto a tonelagem mercantil provavelmente cresceu em 50% com o decorrer da guerra; mas o poder de luta francês não foi afetado de forma significativa. Contra a França, uma dispendiosa guerra de desgaste – a Inglaterra subsidiando exércitos continentais – instituiu um novo modelo para o século XVIII. Esse tipo de combate só pôde ser empreendido após o estabelecimento de confiança entre o governo e o interesse capitalista. Durante a guerra, a capacidade de tributação da Inglaterra aumentou rápida e constantemente; a da França diminuiu.

Os franceses conquistaram uma base de operação no Novo Mundo quando Carlos I lhes cedeu o Canadá. Conforme Pepys afirmou, Cromwell conquistou a Nova Scotia; Carlos II abandonou-a. A recuperação da Nova Scotia e Newfoundland em 1713 marcou uma crescente superioridade francesa no comércio da pesca, embora o interior do Canadá ainda permanecesse sob a possessão francesa. A Guerra da Sucessão Espanhola também conquistou o *asiento*. Tendo em vista que o comércio com a Velha Espanha não era menos importante do que aquele com o império espanhol, a política de Cromwell no Mediterrâneo foi retomada, e seu plano de se apossar de Gibraltar concretizou-se em 1704. Minorca forneceu uma base para as frotas britânicas invernarem no Mediterrâneo, que, sob o reino de Guilherme III, foi seguro para embarcações inglesas como jamais fora nos anos de 1650. Outro eco cromwelliano foi a previsão no Tratado de Utrecht de que as fortificações de Dunquerque deveriam ser destruídas. O Tratado de Methuem completou a aliança de 1654, concedendo aos fabricantes britânicos um monopólio virtual

A economia

do comércio com Portugal e seu império no Brasil, na África e no Extremo Oriente, para a vantagem especialmente dos fabricantes de tecidos do oeste do país. Os *Whigs* e o negócio de têxteis conseguiram derrotar o projeto do governo *Tory* de um tratado comercial com a França em 1711-3, já que uma expansão do comércio com aquele país poderia significar a perda do que tinha com Portugal. O inadequado tratado comercial que o governo *Tory* firmara com a Espanha em 1713 foi substituído em 1715 por outro, que os *Whigs* negociaram para maior satisfação dos mercadores ingleses. Em Utrecht, a Inglaterra ficou com todos os lucros, à custa da França e dos Países Baixos. Ser aliado da Inglaterra era tão perigoso quanto ser seu inimigo. Londres havia tomado o lugar de Amsterdam como centro do comércio mundial. O sonho dos cidadãos de 1650-1 havia se tornado realidade.

A indústria e os pobres

Em 1700, havia em todas as parcelas da população, em alguma medida, clientes que pagavam à vista por mercadorias produzidas fora de suas áreas, e para satisfazer essa demanda houve uma especialização regional altamente desenvolvida. "Há lojistas em todas as aldeias", observou Defoe, "ou pelo menos em cada cidade-mercado de porte considerável".[2] Portanto, havia menos necessidade para os agregados familiares de produzirem seu próprio alimento e vestimenta. Houve uma rápida expansão das indústrias de bens de consumo baratos – cerâmica, ferramentas da região de *Midlands* e coisas afins. Calculava-se que o mercado interno variava de seis até 32 vezes o volume do mercado externo. Não obstante, antes de 1688, o investimento na produção industrial havia sido retardado. O início dos anos de 1690 foi um período de prosperidade industrial e de projeção. De 236 patentes de invenção emitidas entre 1660-1700, 64 o foram entre 1691-93. As companhias eram agora constituídas sem a necessidade de licença real (ou parlamentar), em completa independência do Estado. A quantidade de sociedades por ações (isto é, aquelas em que um número de indivíduos em separado comprava ações) aumentou de onze para cerca de cem entre 1689-95, quase totalmente no âmbito da produção doméstica. O comércio externo sofreu um declínio nos primeiros anos da guerra do rei Guilherme, e o capital teve de buscar o escoamento da produção no mercado doméstico; assim, era providencial que muitas companhias agora competissem por ele. Como ocorrera na década de

---

2 Davis, *A History of Shopping, passim.*

O século das revoluções

1650, os contratos militares do governo e a construção naval atuaram como estímulo. Entre 1654 e 1687, o número de operários nos estaleiros navais havia aumentado em cerca de 20%; entre 1687 e 1703, era mais de 475%. "Os habitantes de Portsmouth", disse Defoe, "são outro tipo de gente, muito diferentes do que eram alguns anos antes da Revolução". A marinha era, "em alguns aspectos, a maior indústria do país". Em 1688, ela possuía 15 mil homens em sua folha de pagamento; alguns anos mais tarde, esse número foi triplicado.[3]

O desenvolvimento industrial contou com o estímulo efetivo do Parlamento, algumas vezes imposto aos governos. Depois de 1689, qualquer indivíduo, em qualquer parte da Inglaterra, possuía autorização para exportar tecidos; em 1700, as exportações têxteis ficaram isentas de impostos alfandegários. Um regulamento de 1689 liberou a indústria de mineração de cobre. Em 1694, foi autorizada a exportação de ferro e cobre ingleses para qualquer país, exceto a França. Duas leis promulgadas no reinado de Guilherme estimularam proprietários de terras a explorarem-nas em busca de estanho, chumbo, ferro e cobre. Em 1710, o Parlamento proibiu acordos entre vendedores de carvão para manter os preços elevados. Vários regulamentos e decisões judiciais reduziram gradativamente a importância do Estatuto dos Aprendizes e assim abriram emprego nas indústrias para toda a população. Os Tribunais Trimestrais praticamente deixaram de lidar com casos de aprendizagem.[4] Em 1694, as indústrias rurais de lã e tecelagem foram legalmente abertas para a massa da população operária. O Parlamento e os tribunais, de forma semelhante, intervieram contra aqueles privilégios de corporações de cidades que obstruíam o livre comércio.

A união da Inglaterra com a Escócia, sonhada por radicais como o Protetor Somerset no século XVI e primeiro concretizada sob a *Commonwealth*, foi uma medida econômica das mais importantes. A grande maioria das cláusulas do *Act of Union* [Ato de União] trata de questões econômicas. Mesmo antes de 1707, a Inglaterra havia sido a maior área da Europa sem quaisquer barreiras alfandegárias internas obstruindo o comércio. O acesso aos mercados ingleses nessa época fez o preço do gado escocês disparar. O ressarcimento do capital da *Darien Company* deu um impulso na indústria escocesa, embora, a longo prazo, a concorrência inglesa tenha se revelado desastrosa para fabricantes escoceses de tecidos.

---

3 Coleman, "Naval Dockyards under the Later Stuarts", *Economic History Review* (*Econ. H.R.*) (2.série), p.139-41; Ehrman, *The Navy in the War of William III, 1689-97*, p.174.

4 Styles, *Studies in Seventeenth Century West Midlands History*, p.190-3.

A economia

Ao final de nosso período, empresas de grande porte são encontradas com muito mais frequência. Há exemplos de fabricantes de lonas para velas empregando até seiscentas pessoas, um produtor de sal com mil empregados, fabricantes de seda com cerca de setecentos. Porém, há pouca evidência de que as condições de trabalho tenham melhorado. O desenvolvimento de parcerias e sociedades por ações, com propriedade difusa de capital e propriedade separada de administração, ajudou a pôr um fim ao sistema familiar patriarcal, que por tanto tempo humanizara algumas relações industriais. O emprego em estabelecimentos comerciais maiores era provavelmente mais errático e mais rígido. Durante as guerras intermitentes dos reinados de Guilherme e Ana, o emprego flutuou de maneira considerável, mas a relativa superpopulação, que os observadores presumiam que a Inglaterra sofrera antes da Guerra Civil, havia acabado. Agora, o clamor está mais associado com a escassez de "mãos". A emigração, o transporte de condenados e o sequestro de mão de obra para as plantações haviam ajudado a reduzir o excedente da população. O número dos que agora serviam no exército, na marinha e na marinha mercante era muito maior. Entretanto, o liberalismo econômico que se seguiu à derrocada do governo pessoal foi a causa maior.

Portanto, houve mudanças de atitude com relação aos pobres. O *Act of Settlement* (1662) era agora criticado porque suas restrições quanto à mobilidade de mão de obra retardou o desenvolvimento industrial. Poucos pais têm condições de ter filhos, escreveu Roger Coke em 1694. É difícil encontrar emprego no campo superpovoado; os menos favorecidos não podiam legalmente ser aprendizes forçados em cidades-mercado; e eles não podiam construir chalés em terra inculta. Cooke advogava liberdade plena de emigração para as cidades. "Os pobres estão aprisionados em suas cidades [isto é, aldeias]", escreveu *sir* Dudley North. "Os homens querem trabalho e o trabalho quer os homens, e, por lei, eles são impedidos de se acomodar um ao outro". Um regulamento de 1697 permitiu maior liberdade de locomoção. Contudo, as liberdades pelas quais os homens de posse lutaram com tanta valentia no decorrer do século XVII não foram ampliadas para a metade inferior da pirâmide populacional. Para os pobres, o significado da lei do *habeas corpus* era que lhes fora permitido optar por um transporte quando condenados à morte por furtar mercadorias que não valiam mais do que 1 xelim.

Em 1696, os delegados do Comércio e Lavoura deploraram "o preço exorbitante de mão de obra". Ela deveria ser adquirida pelo preço mais baixo possível se as exportações inglesas quisessem captar mercados externos contra a concorrência das indústrias francesa e holandesa protegidas por tarifas. Os

287

operários não eram livres: eles ficavam fora "da nação". Foi com ironia que Bernard Mandeville escreveu:

em uma nação livre, onde não se permitem escravos, a riqueza mais garantida consiste de uma variedade de pobres diligentes. [...] Para tornar a sociedade feliz e as pessoas à vontade diante das circunstâncias mais indignas, é necessário que um grande número delas deva ser ignorante e também pobre [...]. Mal temos pobres o suficiente para fazerem o que é necessário à nossa subsistência [...] aqueles que devem permanecer e terminar seus dias em uma situação de vida laboriosa, cansativa e dolorosa, quanto mais cedo forem sobrecarregados com trabalho, mais pacientemente se submeterão a ele a partir de então e para sempre.

Os anos que se seguiram a 1688 foram palco de uma expansão nas atividades de sindicatos. Em 1698, artesãos qualificados e fabricantes de chapéus de feltro em Londres "conspiraram e combinaram juntos" para aumentar os salários. Entraram em greve, coletaram fundos, tomaram providências contra os fura-greves. No início do século XVIII havia sindicatos de tecelões em Devon, Wiltshire, Somerset e Gloucestershire. Houve também um aumento no número de *Friendly Societies* [Sociedades de Amigos], cujo objetivo era fornecer auxílio-doença e auxílio funeral. Em 1712, empregados alegaram que um desses benefícios estava "incitando a motins e distúrbios". Dizia-se que até mesmo um grupo de lacaios tinha "chegado a tal nível de insolência que, juntos, entraram em uma sociedade e elaboraram leis pelas quais eles se obrigavam a não servir por menos de determinado valor". Eles possuíam um fundo que concedia auxílio-desemprego e financiava ações legais.

As terras

Em 1689, foi eliminada a tarifa aduaneira sobre a exportação de milho; a subvenção do governo, que havia entrado em declínio durante os anos de reação desde 1681, foi restituída. As exportações logo aumentaram rapidamente, com exceções ocasionais em anos de más colheitas. Depois de 1690, os regulamentos estimulavam a destilação de gim com grão inglês; a importação de *brandy* francês e de destilados estrangeiros foi proibida. No início do século XVIII, eram exportados anualmente de Londres sessenta vezes mais grãos do que quarenta anos antes. Nessa atmosfera favorável, tornou-se ainda mais lucrativo cultivar novas terras, fosse por cercamento

A economia

das propriedades coletivas, fosse por desarborização, fosse por programas de drenagem. Contudo, a sorte de proprietários de terras mais ricos e mais pobres divergia mais do que nunca. No início do século XVIII, o imposto sobre a terra (com a contribuição das más colheitas na década de 1690) completou o embaraço da parcela da baixa nobreza menos eficiente em termos econômicos, que, ao lado do clero inferior, duramente afetado pelos mesmos processos econômicos, formou as bases do partido do campo, conduzido pelos *Tories*. Os grandes senhores proprietários de terras estabeleceram padrões de construção e de dispêndios com os quais aqueles de menor posse não podiam competir; e esses últimos se beneficiaram menos do que os primeiros das melhorias na agricultura. Os cercamentos do século XVIII substituíram os arrendatários menores por arrendatários maiores. Famílias maiores agora levantavam hipotecas a longo prazo (empréstimos com a garantia de suas terras) e aceitavam pagamento anual de juros como uma taxa fixa sobre suas propriedades. Não havia qualquer tentativa por parte dos prestamistas de executar a hipoteca, pois, em vez disso, eles sempre poderiam vendê-la – esta era uma das formas mais populares de investimento antes do surgimento de bancos e do *National Debt*. *Sir* Dudley North achava que os proprietários de terras que viviam acima de sua renda ainda continuavam os principais mutuários. Os interesses dos endinheirados prosperavam conforme a pequena nobreza menor declinava. Na estimativa que Gregory King fez em 1696, os mercadores maiores já tinham renda substancialmente mais alta do que a baixa nobreza. Esta última, debilitada pelos impostos sobre a propriedade durante a guerra, não tinha condições de competir com os padrões de gastos e dotes das filhas instituídos pelos primeiros. Cada vez mais, aqueles que adquiriam terras o faziam para adquirir poder e prestígio social. Proprietários que arrendavam suas terras em vez de as cultivarem pessoalmente, e que mostravam mais interesse pelo controle político de sua vizinhança do que por lucro, estavam mais divorciados do mundo dos negócios do que no início do século. Eles investiam em sociedades por ações ou fundos do governo, mas tinham pouca participação direta no comércio ou na indústria. Os filhos mais jovens buscavam carreiras no exército, que estava em expansão, e no serviço público, em vez de um emprego no comércio. Por falta de capital, a maior parte da baixa nobreza foi excluída de um acesso rentável ao comércio e a profissões.[5] O proprietário *rentier* – que vivia de renda – também tinha

---

5 Habakkuk, "English Landownership, 1680-1740", p.16-7.

mais tempo para seguir uma carreira política ativa do que o indivíduo que fiscalizava pessoalmente suas propriedades.

Finanças e crédito

A segunda guerra anglo-holandesa custara aproximadamente 5 milhões de libras em três anos. A guerra de Guilherme custou 5 milhões de libras – e mais a cada ano; em 1709, o conflito consumiu 9 milhões de libras. Tais cifras enormes não poderiam ser citadas sem considerarmos a drástica reorganização e redistribuição dos impostos que 1688 tornara possível. Os vários aspectos da receita finalmente se consolidaram em uma única conta nacional. Para pagar as guerras, após experiências com um imposto *per capita* e um imposto sobre os salários de servos domésticos, foi feita uma reversão ao sistema do Interregno de suplementar os impostos alfandegários e o imposto indireto com uma taxação muito mais pesada sobre a propriedade. Em 1692, houve uma nova avaliação do "valor proporcional" dos bens imóveis dos proprietários. Depois dessa data, mais uma vez 4 xelins por libra, como ocorrera nas décadas da revolução, levavam em tributação cerca de um quinto do arrendamento feito pelos proprietários de terras – uma prodigiosa façanha, se nos lembrarmos da risível proporção paga pelos proprietários no início do século, quando eles detinham uma participação muito maior na riqueza nacional. Assim, 1688 reverteu a vitória da classe proprietária de terras de 1660; a partir de então, as guerras travadas por interesse do comércio foram pagas pela pequena nobreza, por meio do imposto indireto, e pelas classes menos favorecidas que, de qualquer forma, não tinham direito a voto. Entretanto, a tributação *per capita* da população estava ainda muito abaixo daquela aplicada na França ou nos Países Baixos.

"A base política do crédito público", diz-nos o professor Wilson, "havia sido transformada por uma revolução que alterou as relações entre o rei, o Parlamento e o povo". O estabelecimento do Banco da Inglaterra com a garantia do Parlamento significou que o rei Guilherme pôde fazer empréstimos a taxas de juros mais baratas do que seus predecessores e que as taxas de juros para o público em geral caíram também. Em 1714, a taxa oficial foi fixada em 5%; ela havia sido reduzida pela metade desde o reinado de Jaime I. A acumulação de capital e a circulação da riqueza até então acumulada foram estimuladas pelo estabelecimento de uma confiança impossível, em um momento quando o governo poderia negar suas dívidas (como no "*Stop of the Exchequer*"), assim levando à falência ourives e escrivães. O uso de papel-

A economia

-moeda ampliou a circulação de dinheiro, e os cheques entraram em uso. A partir da metade do século, letras de câmbio (ordens escritas para pagamento de determinado valor em determinada data) passaram a ser transferíveis para terceiros no mercado financeiro por endosso sucessivo. Sob a autoridade de Holt, presidente da Corte Suprema, a legalidade das letras de câmbio assim transferidas foi reconhecida no *common law*, e, em 1705, um regulamento tornou as notas promissórias (promessas de pagamento feitas por escrito) negociáveis também. Pagamentos a longa distância não tinham mais de ser feitos em moeda, com todos os riscos de assalto nas estradas. A importância dessas mudanças na facilitação das transações comerciais dificilmente pode ser superestimada. O Banco da Inglaterra ajudou a conectar as classes capitalizadas ao acordo da revolução, facilitando o empréstimo ao governo sob condições rentáveis. Isso tornou o jacobinismo politicamente impraticável e fortaleceu ainda mais a confiança nos negócios. Em 1696, houve uma recunhagem da moeda, e depois disso não mais se permitiu que seu valor flutuasse.

Se pesquisarmos o século como um todo, podemos perceber mudanças significativas na função da moeda e do crédito e nas atitudes aceitas com relação ao comércio externo. Em 1603, a Inglaterra ainda estava na fase da barra de ouro, quando os metais preciosos pareciam essenciais. Marinheiros experientes caçavam navios espanhóis transportando tesouros, exploradores buscavam o El Dorado. O capital e o crédito estavam curtos, mas gradativamente uma nova política começou a ser defendida, exemplificada no título do tratado de Thomas Mun, *England's Treasure by Foreign Trade* [O Tesouro da Inglaterra através do Comércio Externo], escrito na década de 1620. A partir do Interregno, os governos achavam que tinham o dever de estimular as exportações inglesas, e no final do século o país estava, de fato, se enriquecendo ano após ano com o comércio externo. Exportar barras de ouro era agora permitido. As companhias não restringiam mais o *output* para manter os preços altos. A economia estava ajustada para a exportação de grandes quantidades de mercadorias baratas. A Inglaterra entrara na era da competição, bem à frente de seus rivais.

Antes de 1640, o monopólio industrial e comercial limitou para a poupança o campo de investimentos e direcionou uma quantidade desproporcional de capital para a terra ou para a compra de honrarias e cargos. O Interregno presenciou uma súbita concentração de capital: a riqueza passou de propósitos não produtivos para propósitos produtivos. Depois de 1660, a terra deixou de ser o investimento mais facilmente disponível – ou o mais seguro; mas o subsídio indireto dos Atos de Navegação para a frota mercante e a lucra-

O século das revoluções

tividade do comércio ultramarino (ainda monopolizado), juntamente com construções aristocráticas e gastos da Corte com extravagâncias, continuaram a absorver um capital que, de outra forma, poderia ter sido investido nas indústrias pesadas e de bens de capital. Do Interregno em diante, conhecedores do direito internacional passaram a advogar o estímulo do comércio e da produção através do aumento do suprimento de dinheiro e de crédito, e essas ideias triunfaram com as novas políticas do governo nos anos de 1690, quando houve uma explosão de investimento industrial especulativo. Depois que o Bank of England e o National Debt foram instituídos, uma maior segurança, combinada com taxas de juros mais altas, pôde ser garantida em outro campo que não o das terras – e pequenas somas puderam ser investidas por períodos curtos. Assim, um fluxo constante de capital tornou-se disponível para investimento industrial.

A divisão efetuada por King e Davenant entre aqueles que aumentam e aqueles que diminuem a riqueza do país baseava-se na contribuição para o investimento de capital. Os pobres eram improdutivos, somente os ricos eram produtivos. Depois de 1688, a ação do Estado mais uma vez fomentou, de forma positiva, o investimento nacional, como fizera durante as décadas da Revolução. Um ensaio escrito por volta de 1723 registrava:

> Temos uma grande dívida com as leis e deveres desde a Revolução, não por reduzir as despesas de todo o nosso povo, mas por incapacitá-lo de aumentar suas despesas igualmente com sua riqueza [...] a frugalidade não era virtude dessa época [reinado de Carlos I]. De fato, não se poderia esperar que os homens limitassem suas despesas sem um exemplo da Corte, sem leis suntuárias, sem tributos sobre sua renda anual e quase nada sobre seu consumo anual,

e quando nenhuma tarifa protetora excluía mercadorias do exterior.[6] A partir daí, uma maior proporção da renda nacional foi investida, não consumida. Essa foi uma condição indispensável para a futura expansão industrial.

Outras instituições financeiras modernas datam desse período. Nos anos de 1660-70, navios ingleses ainda tinham de ser segurados em Amsterdam. O seguro de transporte marítimo desenvolveu-se na Inglaterra a partir da

---

6 Citado em Clark, *Guide English Commercial Statistics, 1696-1782*, p.120-5. "Sumptuary Laws" [Leis Suntuárias] regulavam o consumo de roupas de acordo com o *status* social.

A economia

década de 1680; em 1688, ouvimos falar pela primeira vez do Lloyd's. O seguro moderno contra incêndio foi instituído depois do Grande Incêndio de Londres. A Bolsa de Valores foi constituída no reinado de Guilherme III. Antes do final do século havia um mercado de ações muito bem organizado em Londres, e jornais publicavam notícias sobre o mercado de ações. Em 1697, foi sancionada uma lei "para restringir o número de práticas ilícitas de corretores e atravessadores". A ciência da estatística, desenvolvida por John Graunt, *sir* William Petty e pela *Royal Society*, tornou o seguro de vida possível; isso, por sua vez, permitiu que fosse feita provisão para dependentes após a morte do titular sem a aquisição de terra, até então o único meio possível.

A classe abastada estava se equiparando – e tornando-se rival – aos proprietários de terras. "Prefiro manter meus bens em dinheiro em vez de terras", escreveu um antigo proprietário de terras já em 1674, "pois posso ganhar duas vezes mais dessa forma, considerando quais impostos incidem sobre a terra e quais vantagens existem em ganhar dinheiro aplicado em fundos públicos".[7] Depois de 1694, essas vantagens aumentaram, ao passo que também aumentou a tributação sobre terras. Assim, pares e fidalgos com dinheiro para poupar investiam-no no comércio, exatamente como mercadores que prosperavam tinham de adquirir terras se quisessem ter algum valor na política. "A riqueza da nação", escreveu Swift no *The Examiner*, "que costumava ser considerada pelo valor da terra, é agora computada pela alta e baixa das ações". Os dois interesses eram distintos, embora não mais opostos; e o interesse capitalista era agora tão claramente o elemento mais influente quanto havia sido o interesse dos proprietários de terras um século antes.

---

7 *Historical Manuscript Commission (H.M.C.), Fifith Report, Appendix,* p.375.

18
A política e a constituição

Na Inglaterra não é tão importante quem será rei;
o importante é rei de quem ele será.

George Lockhart *para o duque de Atholl*, 1705

A lei em um país livre é, ou deveria ser, decisão da
maioria daqueles que são proprietários de terras.

Dean Swift, *Thoughts on Various Sujects*

"A Revolução Gloriosa"

A Revolução de 1688 testemunhou não só a restauração do poder à classe tradicional dominante – a nobreza dos condados e os mercadores das cidades –, como também uma troca de soberanos. Alvarás para burgos foram restabelecidos. A milícia foi devolvida às mãos adequadas e, a partir de então, foi utilizada principalmente contra qualquer ameaça proveniente das classes inferiores. Em dezembro de 1688, Guilherme convocou a Londres os membros dos Parlamentos de Carlos II, mas não os membros de Jaime II, eleitos depois que as corporações foram remodeladas. A Convenção de 1689 continha mais do que o dobro de fidalgos do condado tanto dos *Exclusion Parliaments* como do Parlamento de Jaime. Neste último, os condados não foram representados por seus "dirigentes naturais". A Declaração de Direitos proclamou que "a eleição de membros do Parlamento deve ser livre" e que membros do júri, em julgamentos de casos de traição, devem ser proprietários de imóveis.

Em 1688, a cidade de Londres parecia quase um território separado do reino. Em dezembro, o *Lord Mayor*, edis e cinquenta conselheiros populares foram convocados a uma reunião com os membros do Parlamento para decidirem acerca do futuro do país. Em 1660, a *City* havia provavelmente desempenhado o papel decisivo no retorno de Carlos II ao trono; em 1688, seu papel decisivo foi formalmente reconhecido. O desenvolvimento constitucional interno da *City* seguiu muito de perto o da nação. Durante o Interregno, o *Common Council* [Conselho dos Comuns] havia se livrado do veto dos edis. Esse veto retornou com o alvará que Carlos II expediu em 1683, mas agora a posição estabelecida sob a *Commonwealth* estava restaurada. A partir de então, o *Common Council* não mais era inspecionado pelos edis mais ricos e mais conservadores.

A Revolução demonstrou a união definitiva da classe abastada. *Whigs* e *Tories* discordavam profundamente se Jaime havia abdicado ou não, se o trono deveria ser declarado vago, se Maria deveria ser convidada a ocupá-lo sozinha, se deveria fazê-lo juntamente com Guilherme ou se deveria haver uma declaração de que eles o ocuparam. Essas diferenças, entretanto, foram resolvidas e a Declaração de Direitos – um consenso tão bem-sucedido quanto o livro de orações elizabetano – simplesmente afirmou ambas as posições e deixou a solução das contradições para os indivíduos resolverem a seu critério. Uma razão para essa sólida frente foi a atitude de Jaime e de Guilherme. O último, muito longe de permanecer inescrutável no segundo plano, deixou perfeitamente claro que estava determinado a obter o título de rei; uma segunda razão para o acordo, entretanto, foi a lembrança do que havia acontecido 45 anos antes, quando a união da classe endinheirada havia se rompido. Como em Essex e Manchester nos anos de 1644-5, Danby temia uma vitória grande demais para qualquer um dos lados. A tentativa de Jaime de apelar para a anarquia havia sido uma advertência. Os expurgos e contraexpurgos dos anos precedentes haviam abalado o respeito pela autoridade. No espaço de um ano, Jaime remodelara algumas corporações urbanas três ou quatro vezes; Maldon o fez seis vezes. A rebelião de Monmouth era um lembrete suficientemente recente de que a Boa Velha Causa não estava morta. No final de 1687, Burnet acreditara que uma *commonwealth* seria o resultado de uma rebelião, cujo comando Guilherme não conservou. Almanaques de 1687 e 1688 discutiam as vantagens de uma república. Então, quando, em novembro de 1689, o exilado republicano Edmund Ludlow retornou à Inglaterra

A política e a constituição

acreditando que, até que enfim, seu dia chegara, os Comuns imediatamente pediram a Guilherme que ordenasse a prisão desse radical perigoso; às pressas, Ludlow foi retirado do país.

Não obstante, se o período de 1642-9 não foi esquecido, da mesma forma não o foram os erros de 1660. O *Revolution Settlement* [Acordo da Revolução] registrou por escrito as condições que haviam sido tacitamente assumidas na Restauração. A Câmara dos Comuns decidira que, antes de preencher a vaga do trono, garantiria a religião, as leis e as liberdades da nação. A Declaração de Direitos foi consequência disso. Como declaração de princípios políticos, nada poderia ser menos satisfatório. Porém, tal declaração era impossível se a unidade entre os *Whigs* e os *Tories* fosse preservada. Aos poucos, os fatos levavam os *Tories* a abandonar suas teorias ambiciosas, mas eles ainda não conseguiam admitir isso formalmente. A Declaração concentrava-se na remoção de agravos específicos, tais como a pretensão do rei de suspender as leis sem a aprovação do Parlamento, o seu exercício do poder "como ele vem sendo exercido recentemente", a Comissão Eclesiástica, a manutenção de um exército permanente dentro do reino em tempos de paz, o imposto sobre tonelagem e peso sem o aval do Parlamento, a imposição de fiança excessiva ou de multas e punições cruéis e incomuns. Menos negativamente, liberdade de eleições ao Parlamento, liberdade de expressão no Parlamento e Parlamentos frequentes foram declarados como direitos dos súditos. Algo ainda era vago: "punições cruéis e incomuns", "Parlamentos frequentes". Entretanto, valia a pena arcar com essa vagueza em nome de um acordo entre os dois partidos. Qualquer governante futuro que desafiasse aqueles que o Parlamento representava, o faria por sua própria conta e risco. Nenhum governante o fez. O rei ainda detinha poderes consideráveis dentro da estrutura da regra "dos livres", mas os limites ao poder do soberano eram genuínos e reconhecidos. Guilherme vetou cinco projetos de lei antes de 1696, mas posteriormente todos eles se tornaram leis; após essa data ele não utilizou mais o veto. O veto solitário de Ana em 1708 é o último na história inglesa.

Um pouco da vagueza da Declaração de Direitos foi esclarecido por legislação posterior. O *Triennial Act* (1694) estabeleceu a provisão de que os Parlamentos não apenas deveriam se reunir a cada três anos, mas também que eles não deveriam durar mais do que três anos. A partir daí, o Parlamento passou a ser parte necessária e contínua da constituição, em estreita dependência do eleitorado. O *Act of Settlement* proibiu a petição de anistia real a um *impeachment* e, dessa maneira, removeu a última barreira ao controle de ministros pelo Parlamento.

O controle parlamentar

O Parlamento exerceu controle através das finanças. A renda hereditária da Coroa – a principal fonte de receita no início do período – agora era muito reduzida. Guilherme recebia uma pensão vitalícia de 700 mil libras por ano para cobrir os gastos da Corte e do governo civil. Outros gastos eram votados *ad hoc*. Até mesmo os direitos aduaneiros eram concedidos apenas por períodos predeterminados de alguns anos. Embora fosse sete vezes mais do que o lorde protetor Oliver havia recebido, não havia qualquer temor de que, com 700 mil libras por ano, um rei pudesse se tornar independente do Parlamento ou manter um exército contra a vontade do eleitorado. A partir de 1690, a política do governo era controlada por verbas para fins específicos. Naquele ano, um cortesão reclamou que o rei era mantido "como se ganhasse hospedagem e alimentação". Guilherme foi forçado a manter uma marinha maior e um exército menor do que desejava. Ao final do reinado de Ana, o Tesouro esboçava, como uma questão de rotina, orçamentos anuais para submissão ao Parlamento. Estamos no mundo moderno.

As guerras de Guilherme implicaram a manutenção de um exército, e uma série de *Mutiny Acts* [Leis do Motim] foram aprovadas para garantir que sua disciplina ficasse sob o controle do Parlamento. (O código disciplinar para soldados tornou-se, de fato, mais rígido.) Contudo, durante três anos após 1698, nenhum *Mutiny Act* foi sancionado, e o Exército foi progressivamente reduzido, o que deixou o rei enfurecido e sem poder de ação. A marinha, entretanto, era outra questão, apesar de seu custo quase atingir a média de 2,5 milhões de libras por ano na guerra do rei Guilherme. Em 1713, a Inglaterra era de longe a maior potência marítima. Sua frota naval havia aumentado em mais de 40% desde 1688; a tonelagem, em mais de 60%.[1]

Considerando que os Parlamentos se reuniam por períodos tão curtos, a posição especial de Guilherme como governante tanto da Holanda como da Inglaterra e seu conhecimento incomparável de assuntos externos permitiram, inicialmente, que ele implementasse sua própria política externa; porém, as derrotas do início da década de 1690 forçaram o Parlamento a se preocupar com a administração dos assuntos. Em 1701, a maioria *Tory* atacou o *Junto* por concordar com o *Second Partition Treaty* [Tratado da Segunda Partilha] sem referência ao Parlamento. O *Act of Settlement* continha as primeiras restrições estatutárias ao controle régio da política externa; uma cláusula estipulava

---

1 Ehrman, *The Navy in the War of William III*, p.XV, XX.

A política e a constituição

que os ingleses não seriam envolvidos por um rei estrangeiro em guerras para a defesa de território não pertencente à Coroa inglesa. A partir de então, Guilherme passou a ser escrupulosamente cuidadoso em consultar o Parlamento a cada questão. "Os olhos de toda a Europa estão voltados para este Parlamento", disse ele em 31 de dezembro de 1701. "Todas as questões estão paralisadas até que sejam anunciadas as resoluções de Vossas Senhorias".

O Parlamento exercia regularmente o direito de criticar as nomeações reais para os cargos. Ele criou suas próprias comissões para examinar as contas públicas e tomou a iniciativa de estabelecer o *Council of Trade and Plantations* [Comissão do Comércio e da Lavoura]. Em 1696, por sugestão do Parlamento, foi instituído o *Board of Trade* [Conselho do Comércio], a fim de promover o comércio e a indústria. A prerrogativa real de anistia que, conforme afirma o senhor Ogg, havia sido praticada nos reinados de Carlos e de Jaime como um "encorajamento direto ao crime entre as classes dominantes", deixou de ser praticada dessa maneira.

Ainda assim, embora nesse período a constituição tenha tomado a forma que conservaria no decorrer de todo o século XVIII, precisamos tomar cuidado ao antedatar a totalidade do controle pelo Parlamento. O próprio Guilherme tinha a questão da prerrogativa em alta conta e queria escolher seus próprios ministros; foi só gradativamente, sob pressão de necessidades financeiras, que ele fez algumas concessões em sua posição. Além disso, uma vez que em 1688 um meio-termo fora acordado, muito da velha constituição ainda continuava vivo. Muitos homens cuja cooperação fora essencial em 1688 haviam sido relacionados com as infrações de Jaime para que o repúdio ao passado fosse intenso e decisivo. O juiz Jeffrey era um conveniente bode expiatório simplesmente porque estava morto. Alguns dos servos de Jaime foram presos por períodos curtos; nenhum foi executado. Os *Whigs* irritavam-se com o fato de Guilherme oferecer cargos a *Tories*, mas não ousavam destroná-lo. Ao entrarem em negociações com o exilado Jaime II sempre que questões militares iam mal, os *Tories* garantiam duplamente seu futuro; porém, eles não tomaram nenhuma medida efetiva para trazê-lo de volta. As dívidas dos governos de Carlos e de Jaime foram honradas. Como em 1660, houve praticamente continuidade total do pessoal administrativo, com exceção de alguns homens marcados – como era o caso de Pepys. Já estava se formando a lenda de 1688 como a revolução para acabar com as revoluções. Um véu deveria ser lançado sobre o episódio, disse um bispo em 1689. Danby, agora duque de Leeds, estabeleceu uma diferença entre revolução e resistência. Resistência era uma palavra perigosa e abominável,

O século das revoluções

e devia ser esquecida para sempre. Tais distinções tiveram um grande papel no caso Sacheverell.

Ao empregar Danby e Sunderland, Guilherme assegurou-se de que os métodos adotados por eles garantiriam a continuidade de uma maioria no Parlamento. Muitos burgos mantiveram a franquia ao voto restrita, conforme concedida por licença de Carlos e Jaime; a partir daí, o entusiasmo dos Comuns em ampliar a franquia arrefeceu. As artes da administração parlamentar, que alcançaram seu apogeu depois da aprovação do *Septennial Act* [Ato Septenal] em 1716, já eram uma parte necessária da constituição. A Coroa devia ser limitada, mas lhe subjazia considerável poder de manobra independente decorrente do compromisso de 1688, assim como o equilíbrio entre o Executivo e o Legislativo, o fracasso na ampliação da franquia ao voto e o monopólio dos despojos do governo por uma estreita classe dominante.

Partidos

Entre 1689 e 1708, as divisões entre partidos pouco contavam; havia facções, grupos e indivíduos tentando garantir qualquer eventualidade, mas todos contra um segundo plano de unidade verdadeira, mesmo que relutante. Duas claras tendências de opinião podem ser detectadas nas negociações de 1688-9, às quais somente podemos dar os nomes de *Whig* e *Tory*, usados pelos contemporâneos do período. Os nomes continuaram a ser utilizados até o fim de nosso período, e precisamos usá-los também. Contudo, uma súbita mudança estava se consolidando. Sunderland resumiu-a perfeitamente quando disse a Guilherme que era "verdade que os *Tories* eram mais amigos da monarquia do que os *Whigs*, mas então sua Majestade deveria levar em conta que ele não era monarca deles". Apesar da predileção pessoal de Guilherme pelos *Tories* e de sua suspeita das tentativas do *Junto* de monopolizar o patronato, ele tinha, inevitavelmente, que depender muito do apoio dos *Whigs*, já que somente eles estavam inteiramente atrás da política externa. A natureza da Corte mudou, e, com ela, a natureza da rivalidade entre partidos, conforme os *Tories* se tornaram o partido do campo, os "de fora", e não os "de dentro". Entretanto, as relações entre a Corte e o partido mudaram também. Um cargo público, como apontou Macaulay, era o caminho mais curto para riqueza ilimitada no final do século XVII. Depois de 1688, o patronato efetivo, aos poucos, mas inevitavelmente, saiu das mãos do rei, passando para as mãos daqueles seus ministros que administravam o Parlamento. Graças à expansão do serviço público, havia agora muito mais membros do Parlamento depen-

A política e a constituição

dentes financeiramente do governo que poderiam ser demitidos a critério do próprio governo. Sunderland organizou esses "Amigos do Rei". Ele precisou insistir para que Guilherme "cuidasse para fazer todos os servos iguais" e que ele deveria falar com os membros do Parlamento que dependiam de seus cargos "e informá-los de suas intenções e não aceitar qualquer desculpa".[2] Os ministros já usavam o rei tanto quanto o rei os usava.

Os *Tories* sempre tiveram dificuldade em decidir se sua lealdade maior era à monarquia ou à Igreja. Contanto que os republicanos e dissidentes parecessem exatamente a mesma coisa, não haveria problema; mas o ódio que os membros *Tory* tinham dos dissidentes sobreviveu e, na verdade, cresceu conforme os últimos se tornavam mais respeitáveis. A dissensão era um fenômeno urbano. Sua ampliação para os vilarejos, com o *Toleration Act*, ameaçava a supremacia do grande latifundiário. "A Igreja corre perigo" era sempre um bom brado de guerra para a pequena nobreza do interior. A maior parte deles aceitava a tolerância apenas como uma manobra política temporária. Porém, depois de 1688, quanto mais a lealdade dos *Tories* se concentrava na Igreja em vez de na Coroa, menos chance havia em 1714 de Bolingbroke os persuadir a apoiar um rei que se recusava terminantemente a abandonar o papismo.

Como líderes do novo partido do país, os políticos *Tory* seguiram muitos dos métodos de oposição utilizados pelos *Whigs* entre 1675 e 1688. Agora, eles patrocinavam *Place Bills* [Projeto de Lei de Cargos de Confiança], elaborados para impedir que os apadrinhados do governo ("*placemen*") ganhassem uma cadeira na Câmara dos Comuns. (Em 1675, um *Place Bill* da ala *Whig* foi rejeitado porque faria da Inglaterra uma república!) Os *Tories* agora se opunham a exércitos permanentes, a ministros reais que sofreram *impeachment*, e tentaram reativar concessões de privilégios aos favoritos da realeza, embora os *Whigs* tivessem aumentado a prerrogativa. Os *Tories* introduziram o *Act of Settlement*, descrito como "uma lei visando a maior restrição à Coroa e a melhor garantia dos direitos e das liberdades do súdito". Eles usaram até métodos de agitação popular e de protesto, como no Caso Sacheverell. A plebe londrina, sempre antigoverno, pôde ser usada pelos *Tories* quando os *Whigs* tinham seus cargos. Em 1710, as multidões dirigiram sua atenção para as capelas dissidentes e para o Banco da Inglaterra. Tudo isso sugere que os princípios constitucionais são consumíveis – eles podem ser removidos e descartados de acordo com os interesses dos homens.

---

2 Kenyon, *Robert Spencer, Earl of Sunderland, 1641-1702*, p.251, 266, 323.

O século das revoluções

Quando Ana sucedeu ao trono, os *Tories* acharam que tinham uma soberana que os satisfazia plenamente e que o velho lema de Igreja e Coroa poderia ser restaurado. Dentro de certos limites, isso era verdadeiro, mas a unidade de 1688, obtida com muito esforço, havia dividido os princípios *Tory* oficiais das antigas famílias católicas do norte: os *Tories*, como os *Whigs*, abandonaram sua ala mais radical em 1688-9. O próprio Bolingbroke afirmou que, antes de 1688, a diferença entre *Whigs* e *Tories* era menos acentuada do que se pensava e que praticamente deixou de existir depois da Revolução. A União com a Escócia em 1707, que garantiu a sucessão do reino do norte para a dinastia Hanover, foi negociada pelos lordes do *Junto Whig*; mas apenas *Tories* radicais se opuseram a ela. Os novos princípios *Tory* de Harley, e mesmo de Bolingbroke, foram, em última análise, ineficazes diante do Banco da Inglaterra, que reteve o dinheiro de muitos nobres que flertavam com o Pretendente. "Aqueles que queriam reabilitar os Stuart", afirmou *sir* G. N. Clark, "estavam trabalhando contra os direitos adquiridos da nação de negócios".

Além disso, se os *Whigs* haviam recuado diante da revolução popular em 1678-85, o quanto mais não deveriam os *Tories* em 1714-5? Todo o seu *ethos* era antirrevolucionário. A obediência passiva, embora concentrada na monarquia, significava obediência às autoridades superiores, incluindo juízes de paz e grandes proprietários de terras. Depois de 1688, a teoria ainda vigorava, porém a obediência agora não era mais devida ao rei apenas, mas a toda a legislatura, ao *establishment*. Portanto, resistência, mesmo para um usurpador, criava sérias dificuldades ideológicas em 1714-5, como ocorrera em 1688-9. Ademais, os anti-*Whigs* mais entusiasmados eram a plebe londrina (sobre a qual a influência de Sacheverell fazia lembrar a de Titus Oates), os mineradores de Derbyshire (que haviam sido *Levellers* na década de 1650) e as classes inferiores em geral. Alguns partidários de Monmouth, como Ferguson, o Conspirador, e talvez até mesmo o *Leveller* Wildman, haviam decidido que eles eram jacobitas. A pequena nobreza *Tory*, portanto, era cautelosa, pois sabia dos riscos envolvidos em seguir Bolingbroke; de fato, ele evitou se comprometer com o jacobitismo enquanto todas as outras possibilidades não tivessem sido tentadas.

Uma vez tendo aceitado 1688, os *Tories*, na verdade, enfrentaram um dilema inescapável. Em seu nome, Swift e Sacheverell denunciaram com muita intensidade os dissidentes e republicanos que se uniram em uma aliança profana com os interesses capitalistas e aqueles que se aproveitaram da guerra e enriqueceram com ela. Porém, as alternativas *Tory* estavam dentro do sistema. Influências secretas e a exaustão da guerra trouxeram

A política e a constituição

Harley ao poder em 1710; no entanto, o próprio Harley era um ex-dissidente, um ex-*Whig*, um indivíduo endinheirado. A pequena nobreza jacobita provinha, sobretudo, dos fidalgos rurais do velho norte monarquista, muito endividados. A massa sólida da aristocracia *Tory* rural, como último recurso, reclamava dos especuladores, mas não se levantaria em revolta contra eles. Os *Tories* não conseguiram, em 1688, se manter à altura de seus princípios de não resistência; o período 1714-5 mostrou que eles não tiveram sucesso no desenvolvimento de uma filosofia política viável. Os princípios dos *Tories* na geração pós-1715 revelaram-se uma afetação sentimental, uma nostalgia; com os novos princípios *Tory* que emergiram na última parte do século XVIII, eles só tinham o nome em comum.

Paul de Rapin, um historiador da época, via a estrutura política da Inglaterra entre a Restauração e o início do século XVIII da seguinte forma:

Cavaliers	*Cavaliers* políticos ou do Estado	*Tories* arbitrários / *Tories* moderados
	Cavaliers eclesiásticos ou da Igreja	Clérigos rígidos / Clérigos moderados
Parlamentaristas	Parlamentaristas políticos ou do Estado	*Whigs* republicanos / *Whigs* moderados
	Parlamentaristas eclesiásticos ou da Igreja	Presbiterianos rígidos / Presbiterianos moderados

Depois de 1688, achava Rapin, nem *Tories* arbitrários nem *Whigs* republicanos tinham muitas chances de ganhar exclusividade de poder. No início do reinado de Ana, com medo de seus próprios partidários extremistas, *Tories* moderados como Marlborough e Godolphin haviam se juntado aos *Whigs* moderados. Não obstante, a existência das duas violentas alas religiosas manteve vivas as discórdias entre os partidos. Os *Whigs* presbiterianos nunca ousaram atacar a Igreja Anglicana diretamente, mas a existência deles evitou a união plena entre os moderados dos dois partidos. Além disso, eclesiásticos conservadores poderiam ser *Whigs* em termos políticos. O elemento de interesse, bem como de princípio, tinha sua participação no sentido de que o partido dominante distribuía cargos, distinções e títulos honoríficos aos seus membros. "Isso induziu o rei Guilherme a afirmar que, se ele tivesse bons cargos o suficiente para conceder, ele uniria os dois partidos".

O século das revoluções

Alguns historiadores, observando exclusivamente a Câmara dos Comuns, têm negado a significação das divisões entre partidos e princípios políticos no reinado de Ana como um todo; e eles têm visto apenas grupos sectários pessoais de grandes magnatas, semelhantes àqueles que existiam nos anos de 1660. É verdade que não havia cartas do partido, nem *Whips*.* Já havia na Câmara um grupo de "servos" do rei ou da rainha, sem cujo apoio nenhum governo conseguiria seguir adiante. Marlborough e Godolphin eram essenciais em qualquer um dos governos enquanto Ana continuasse a dar-lhes sustentação. Entretanto, divisões quanto a questões de princípios ocorreram realmente no Parlamento. Já havia na Câmara dos Comuns um grupo de fidalgos rurais independentes, cujo número, segundo doutor Plumb, chegava a duzentos (de 513 – ou de 558, depois de 1707), os quais se opunham à corrupção disseminada e representavam uma força que tinha de ser considerada. E no país como um todo havia assuntos sensíveis. Nem todos os bancos da Câmara dos Comuns eram controlados por *boroughmongers**; o voto flutuante dos proprietários de terra menores ainda contava muito. Até mesmo Sunderland, embora mostrasse muita habilidade na administração do Parlamento, não conseguiu produzir parlamentos dóceis para Jaime II. Ele foi mais bem-sucedido junto a Guilherme, porque então navegava na direção da corrente. O Caso Sacheverell revelou dissensões profundas no país. A política externa, a paz e a guerra, a tributação, a sucessão – todas essas questões eram reais. O quadro de opinião do eleitorado forçou o Parlamento a concordar com a guerra em 1701, apesar de sua maioria *Tory*. Em 1710, a ascensão de Harley ao poder deveu-se mais à exaustão provocada pela guerra, manifestada por meio de levantes, distúrbios e ódio aos impostos, do que ao doutor Sacheverell ou à favorita de Ana, Abigail Masham. A paz era tão popular junto a proprietários de terras e à plebe quanto era impopular na *City*. Assim, embora a Corte e as benesses de cargos exercessem grande poder sobre ambos os partidos, embora o temor de desordem pública tornasse políticos sensatos propensos a evitar qualquer medida que pudesse dividir as classes proprietárias ou a instigar a "turba", ainda assim, dentro desses limites, houve divergências vigorosas quanto a princípios e interesses, como a carreira de Swift revelou.

Nos distritos eleitorais ocorreu uma concentração de poder político surpreendentemente semelhante à consolidação da posse de terras nas mãos de uma oligarquia. De 1689 em diante, a luta pelos distritos controlados pelo "coronelismo" está em curso. Quarenta por cento dos burgos com carta de direitos políticos possuíam menos de cem eleitores; quase dois terços, menos

304

de quinhentos; apenas um oitavo possuía mais de mil. Muitos fatores se articulavam para elevar o custo que "acalentar" uma cadeira envolvia: a crescente importância do Parlamento; o *Triennial Act* e eleições mais frequentes; concorrência intensa por membros das Companhias das Índias Orientais rivais. Gradativamente, os burgos afundaram-se nos bolsos de pares e mercadores ricos. Londres possuía quatro membros, mas quarenta londrinos ganharam assentos na Câmara dos Comuns de 1701.[3] Agora eram os *Tories* que defendiam uma ampla franquia ao voto nos limitados distritos eleitorais, e os *Whigs*, por sua vez, que apoiavam a tendência pela oligarquia e lucravam com ela. Porém, os custos crescentes e a frequência de eleições contribuíram para acabar com disputas de partidos nos distritos eleitorais abertos e levaram a soluções conciliatórias, através das quais as cadeiras foram divididas entre famílias ou interesses. Conforme subia o custo para chegar ao Parlamento, a mesma coisa ocorria com a exigência de recompensas quando se chegasse lá; inversamente, as vantagens econômicas potenciais de fazer parte do Parlamento contribuíam para aumentar o preço das cadeiras.

Mudanças administrativas

O serviço público crescia em números, sobretudo nos departamentos da receita, em consequência da expansão das forças armadas e do fim do sistema de arrendamento de impostos. A Comissão do Imposto Indireto tinha à sua disposição posições inferiores ao valor de 100 mil libras por ano. A exigência de garantia de 200 libras, e acima desse valor, que a comissão fazia de funcionários "fechava efetivamente a porta a indivíduos que não possuíam propriedade ou relações sociais". Ao explicar o declínio do partido *Tory* no século XVIII, não podemos nos esquecer de quantas oportunidades eram agora oferecidas aos filhos de latifundiários no serviço público, na marinha, no exército, na Índia. Para muitas famílias tradicionais que se encontravam em situação financeira difícil, os cargos públicos tornaram-se uma necessidade premente. Isso os vinculou a 1688 e à sucessão da dinastia Hanover não menos efetivamente do que o Banco da Inglaterra vinculara as classes endinheiradas.[4] Para os escalões mais baixos da administração alfandegária,

---

3 Walcott, *English Politics in the Early Eighteenth Century*, p.23, 26.
4 Hughes, *Studies in Administration and Finance*, p.205, 216-9; "The Professions in the Eighteenth Century", p.47-8.

O século das revoluções

foi introduzido um concurso público; evidentemente, exceto o nascimento, não se exigia qualquer outro predicado dos cavalheiros.

À medida que a administração se tornava mais complexa, o sistema do Interregno de comando por comissões revelou-se mais conveniente do que o gerenciamento de departamentos por um único indivíduo. No reinado de Guilherme, portanto, o Tesouro foi, de maneira geral, "comissionado" – um sistema que Clarendon achava adequado somente para uma república. Negócios financeiros estavam se tornando difíceis demais e técnicos demais para serem confiados a um grande magnata. Godolphin e Harley foram nomeados *lord treasurers* por Ana; depois de 1714 esse cargo finalmente desapareceu. As finanças eram agora tão importantes que o primeiro *lord treasurer* continuou o principal ministro da Coroa. Simultaneamente, o *chancellor of the Exchequer* emergiu da obscuridade departamental para se tornar um ministro responsável por prestar contas ao Parlamento. O almirantado passou a se submeter permanentemente a um conselho. Seus poderes ficaram sob o efetivo controle parlamentar. Em 1694, os salários substituíram honorários e gratificações. Houve uma diferença significativa em atitude dentro do departamento. Seus documentos tornaram-se propriedade pública, não privada. A era de Pepys, sugere o senhor Ehrman, marca uma transição. Em um sentido, Pepys é o primeiro servidor público moderno, ansioso por promover marinheiros em vez de funcionários nobres; porém, ele também voltou aos tempos de Buckingham, em que as políticas e a administração ainda se confundiam. De forma semelhante, o Departamento do Tesouro cresceu entre 1660 e 1702 "de algo próximo da comitiva pessoal de um magnata para um corpo profissional de servidores públicos", que não mais eram demitidos junto com seu patrono. Em 1695, o departamento publicou uma lista de taxas.[5]

Da mesma forma, novos departamentos eram administrados por conselhos – Comissões de Comércio e Lavoura, levando ao Conselho de Comércio, delegados de Alfândega e de Imposto Indireto. Depois da Revolução, quando a receita finalmente – embora aos poucos – aumentou e se consolidou, o controle que o Tesouro fazia dos departamentos tornou-se efetivo. Todo o sistema administrativo foi se ajustando para se basear em comissões interligadas. Era natural que ele devesse ser coordenado por uma comissão ainda mais superior a ele, composta de indivíduos-chave na máquina administrativa. Essa é uma explicação da origem do sistema de *Cabinet* [Gabinete],

---

5 Ehrman, *The Navy in the War of William III*, p.282-8, 562-4; Baxter, *The Development of the Treasury, 1660-1702*, p.142, 257-62; Chandaman, op. cit., *passim*.

A política e a constituição

que data desse período; mas o *Cabinet* é um órgão tanto político como administrativo, e seu surgimento foi produto de lutas políticas da época, bem como de evolução administrativa. O Executivo liga o soberano político ao aparelho administrativo e, portanto, necessariamente muda quando há troca de soberano. Concentrou-se no rei – enquanto ele fosse o chefe real de seu governo – o comando pessoal dos chefes individuais dos departamentos. O triunfo do novo sistema acompanha a soberania do Parlamento. Perguntar se as mudanças administrativas foram causa ou consequência de mudanças políticas é perguntar se a galinha antecedeu o ovo. Inevitavelmente, os dois vieram juntos.

No reinado de Carlos e de Jaime, o *Privy Council* havia se tornado grande demais para ser o Executivo eficaz, e muitas de suas funções haviam sido delegadas às comissões do *Council*. Além disso, houve grupos oficiais dentro do *Privy Council* em cuja consultoria o rei depositava confiança especial. Agora, entretanto, o *Privy Council* se tornava um órgão meramente honorífico; tanto que Ana nem mesmo se preocupou em remover de lá ministros destituídos. As viagens de Guilherme III ao exterior necessitavam da nomeação de juízes do Tribunal Superior, que, para todos os fins práticos, administraram o país durante o reinado da rainha Maria. O *Junto Whig*, com sua maioria garantida na Câmara dos Comuns, começou a se reunir independentemente do rei, mesmo quando ele se encontrava na Inglaterra. O processo continuou no reinado de Ana, que desempenhou um papel muito menor do que sua predecessora. Ela ainda participava das sessões do Gabinete, embora com frequência apenas para ratificar decisões tomadas em comissões informais. Foi somente quando o reinado seguinte já ia bem avançado que o soberano deixou de frequentar as sessões. Ao final de nosso período, o *Cabinet*, um órgão ainda desconhecido da lei, foi formalizado na medida em que se assumiu que ministros em posição de liderança tinham o direito de frequentar e foram, portanto, considerados responsáveis pelas políticas governamentais. O princípio da responsabilidade conjunta do *Cabinet*, entretanto, não estava ainda completamente estabelecido, nem havia qualquer ministro que pudesse ser chamado de primeiro-ministro.

O *Cabinet* era visto com suspeita pela Câmara dos Comuns, sobretudo pelos *Tories*. Uma cláusula no *Act of Settlement* tentou reativar o *Privy Council* como o Executivo efetivo e insistir para que os conselheiros privados assinassem todas as resoluções com as quais eles haviam concordado. Mas ela foi rejeitada em 1706. Outra cláusula, também logo rejeitada, tentou remover da Câmara dos Comuns todos os apadrinhados do governo. Podemos considerar

O século das revoluções

apadrinhados como servidores públicos honestos tentando continuar a administração ou como instrumentos venais de políticos corruptos, conforme o gosto de cada um; eles foram, no entanto, uma parte necessária do sistema pós-revolução. Nenhum governo poderia ter mantido a maioria na Câmara dos Comuns sem esse sólido bloco de partidários interessados.

No transcurso do século XVII, a monarquia pessoal foi minada de várias maneiras. Nos vinte anos que se seguiram ao Interregno, dois *Convention Parliaments* haviam decidido as questões do país e escolhido um rei. O Parlamento derivava sua significância não do monarca, mas daqueles que representava. Os estatutos de 1696 e 1707 estipulavam que o Parlamento deveria continuar a se reunir em caso de morte do soberano, e que o *Privy Council* e todos os servidores públicos e militares deveriam continuar em seus cargos por seis meses, a menos que fossem exonerados pelo sucessor do rei. No reinado dos primeiros Stuart a frase "O Reino não pode fazer mal algum" havia sido utilizada para justificar atitudes arbitrárias do rei. O que havia, então, sido uma interpretação revolucionária da frase era agora amplamente aceito: se algum mal fosse feito, seria obra de algum ministro. Portanto, a frase foi deturpada para se tornar uma doutrina da responsabilidade – não da irresponsabilidade – do Executivo. Os *Whigs* que aplicaram o *impeachment* a Danby em 1678, os *Tories* que decretaram o *impeachment* do *Junto* em 1701 – cada um deles fez valer essa doutrina.

O conceito de traição sofreu mudança semelhante. No pensamento medieval, traição era uma violação de lealdades pessoais. Havia a traição comum, quebra de lealdade ao senhor imediato, e a alta traição, quebra de lealdade ao soberano senhor, o rei. Em 1629, os membros do Parlamento estabeleceram a diferença entre traição ao rei e traição à *Commonwealth*. Essa diferenciação já havia sido descrita como "perigosa" pelo *lord chancellor* Ellesmere, mas em 1640 a Câmara dos Comuns decretou o *impeachment* de Finch, juiz presidente da Corte Suprema "por traição tanto em relação ao rei como em relação ao reino, pois o que é contra o todo é, sem dúvida, contra o líder". Oito anos mais tarde, a Alta Corte de Justiça do Parlamento, em nome do povo da Inglaterra, condenou o próprio rei por alta traição. Essa foi uma doutrina revolucionária; porém, 1688 foi igualmente uma revolução. Guilherme anunciou que membros da marinha real que o desafiassem em nome de Jaime seriam tratados como inimigos do reino da Grã-Bretanha. De fato, a beleza de 1688 reside no fato de que, refutando a tese de Hobbes, houve troca de reis sem o desmoronamento do Estado. O Estado agora era diferente do monarca – e mais importante do que ele.

A política e a constituição

A lei

A Revolução liberou os advogados, afirma Roger North. Desde a decretação do *Act of Settlement*, os juízes não mais detinham cargos *durante bene placito domini regis* [enquanto durar a satisfação do rei], mas *quamdiu se bene gesserint* [enquanto bem servissem]. Esse fora o princípio da *Commonwealth*. A partir de então, os juízes tornaram-se exoneráveis só mediante comunicação de ambas as Câmaras. Em 1691, os juízes insistiram que tinham direito absoluto de vender postos secundários na administração judicial.

"O que significam todas as nossas leis se não temos bens imóveis?", perguntou um membro do Parlamento em 1693. No reinado de Guilherme, a lei tendia a ser mais cruel na proteção da propriedade privada. Regulamentos tornaram o furto em estabelecimentos comerciais e o furto de móveis por locatários passíveis de punição com a morte. Alterações na severa lei de devedores tinham como objetivo apenas dar assistência aos credores. Em 1701, a imunidade dos pares – não serem presos em razão de dívidas – teve seu fim. Alguns anos mais tarde, Mandeville escreve acerca da Justiça:

> Entretanto, pensava-se, a espada que ela portava
> apenas os desesperados e os pobres controlava,
> que, por mera desfortuna instados
> ao tronco desventurado eram atados
> por crimes que não mereciam tal quinhão
> mas para garantir ricos e grandes da nação.

Entretanto, nos casos em que a propriedade não estava em pauta, houve certa reação contra os métodos de Jaime II e de Jeffreys: a modificação na rigidez dos procedimentos legais, que havia começado em 1640, foi retomada. A lei de 1653 contra levar mulheres à fogueira havia caducado após 1660; assim, Elizabeth Gaunt foi levada à morte depois da batalha de Sedgemoor, mas, a partir de 1688, nenhuma mulher foi levada à fogueira por causa de ofensas políticas. A Declaração de Direitos que estabeleceu uma cláusula contra punições cruéis e incomuns impedia que indivíduos fossem açoitados até a morte, como ocorreu com Dangerfield (um dos muitos informantes durante a *Popish Plot*) em 1685. A partir de 1689, a objeção – fundamentada em princípios – a juramentos feitos em juízo foi admitida e, em vez disso, eles tiveram permissão para fazer uma "declaração estatutária". O litígio foi simplificado com a extinção do antigo sistema de *original writs* [mandados

O século das revoluções

judiciais originais]; e, assim, a revolução no conteúdo da lei foi acompanhada de uma revolução processual, que uma autoridade descreve como um movimento que contém "quase a diferença entre o medieval e o moderno", entre dependência de precedentes e de autoridades e do cerne da razão dentro dos procedimentos legais. Portanto, ela correu paralela ao desenvolvimento da teoria política.[6]

Depois de 1696, duas testemunhas deviam se apresentar contra os acusados em julgamentos por traição; os acusados tinham direito ao pleno uso de consultoria jurídica e a uma cópia do indiciamento, juntamente com uma lista de testemunhas da Coroa e do júri. Em 1697, o último homem na história da Inglaterra condenado à perda de seus direitos civis foi *sir* John Fenwick, envolvido em uma trama para assassinar o rei. Entretanto, as mudanças mais significativas nos procedimentos legais, diz-nos *sir* William Holdsworth, foram resultado do melhor caráter dos juízes, uma vez que os Stuart já não reinavam. Os juízes começaram a proteger até mesmo os quacres contra os tribunais da Igreja. Holt "construiu as bases do direito comercial moderno" ao decidir casos "à luz do costume mercantilista em vez de fazê-lo pelas rígidas regras do *common law*". Em determinada ocasião, ele convidou "todos os mercadores eminentes de Londres" para discutirem com ele um aspecto do direito comercial. A inadmissibilidade de prova testemunhal indireta, na qual Coke insistia, finalmente ganhou aprovação geral depois de 1688. Contudo, propostas para a completa modernização do direito ainda eram afetadas por cauda de sua associação com os radicais do Interregno e com conspiradores de *Rye House*, em 1683. Dessa forma, nos anos de 1690, os advogados conseguiram frustrar tentativas de reformar a *Chancery* e a lei da dívida, e evitar que o perjúrio fosse declarado crime em casos que levassem um indivíduo a receber a pena de morte. Até chegar às reformas empreendidas no século XIX, o *common law* manteve muitas características medievais.

---

6 Rezneck, "The Statute of 1696", *Journal of Modern History II*, p.13.

19
A religião e as ideias

> Whig *e* Tory, *Alto Clero, Baixo Clero são nomes; Hanover*
> *e St. Germains são coisas. [...] Por Whigs queremos dizer*
> *aqueles que são defensores muito ardorosos da sucessão protestante.*
>
> Doutor W. Wooton a William Wake, bispo de Lincoln, c. 1712-3

> *É preciso que tenhamos liberdade total em nossas*
> *investigações, para que a filosofia natural possa se tornar*
> *subserviente aos propósitos mais valiosos.*
>
> *Sir* Isaac Newton

A Igreja Anglicana

O senhor Ogg escreveu:

> O prelado que perseguia e o padre na surdina tornaram-se, então, coisas do passado. Aqui estava a essência ou a justificação – como muitos podem pensar – da Revolução Inglesa. [...] Para sua validade, o cristianismo e a soberania deixaram de ser dependentes do carrasco.

Após 1688, forçosamente, a Igreja Anglicana teve de abandonar qualquer pretensão de recuperar seu monopólio. Os serviços políticos prestados pelos

O século das revoluções

dissidentes haviam sido relevantes demais para não serem recompensados. Como em 1660, foi aventada a hipótese de inclusão dos presbiterianos na Igreja Anglicana. Nessa época, os anglicanos ambiciosos apoiaram-na com esperança de evitar a tolerância que, na visão deles, de outra forma seria inevitável. Derrotados nesse ponto, eles continuaram a nutrir esperanças de que o *Toleration Act* pudesse ser apenas uma concessão temporária, que poderia logo ser descartada. Na verdade, porém, nem mesmo o governo de 1710-4, que promulgou o *Occasional Conformity Act* e o *Schism Act*, ousou rejeitar o *Toleration Act*.

A partir de então, a Igreja Anglicana foi dilacerada por facções. Um pequeno grupo de *Non-Jurors** (incluindo cinco dos Sete Bispos) acreditava que, tendo prestado juramento de lealdade a Jaime, não poderiam conscienciosamente aceitar Guilherme e Maria como soberanos. Foram poucos, entretanto, os clérigos anglicanos que os seguiram nesse atordoamento político por muito tempo. Essa é a época do vigário de Bray. No final do reinado de Ana, o cisma dos *Non-Jurors* havia praticamente acabado. Mais sérias foram as divisões entre aqueles que permaneceram dentro da Igreja. Muitos vigários de bases populares admiravam – se é que, na verdade, não imitavam – a coragem e a coerência dos *Non-Jurors*. Como seria inevitável, os bispos que renunciaram em 1689, ou que morreram posteriormente, foram substituídos por homens que aceitaram o *Revolution Settlement*, inclusive latitudinários como John Tillotson, sucessor de William Sancroft em Canterbury, e um *Whig* radical como Gilbert Burnet. Até mesmo Ana, apesar de suas predileções pessoais, algumas vezes teve de nomear bispos *Whig* por insistência de seus ministros; ativistas *Tory* como Sacheverell e Swift nunca se tornaram bispos. Portanto, o clero mais alto era predominantemente *Whig* ou *Tory* moderado, enquanto a massa do baixo clero se revelava ambiciosa. Essa divisão foi semelhante àquela entre os lordes *Whig* e a pequena nobreza *Tory*. A dissensão tornou a *Convocation* impraticável como órgão de autogoverno para a Igreja, o que resultou na sua ab-rogação. A *Convocation* não conseguiu chegar a um consenso quanto à revisão da liturgia e dos cânones em 1689, e o *Toleration Act* foi aprovado pelo Parlamento. Uma tentativa de reprimir o livro do deísta John Toland, *Christianity Not Mysterious*, empreendida pela *Convocation*, também fracassou; a Igreja havia perdido seu poder nas esferas judicial e legislativa.

Contudo, a aliança entre párocos e grandes proprietários de terra continuou, e, com ela, o controle de pensamento nas aldeias. Em 1706, um fidalgo rural acreditava que tudo o que era necessário para trazer "essa pobre gente desiludida ao seu senso novamente" e curá-la do jacobitismo era "ter um pároco honesto lá". Tanto o pároco como o proprietário de terra odiavam o

A religião e as ideias

Toleration Act quase com a mesma intensidade e pelas mesmas razões por que odiavam os majores-generais e Jaime II. O *Toleration Act*, escreveu o arcediago Prideaux em 1701, levou as pessoas a optarem por não frequentar a Igreja de forma alguma.

A União com a Escócia debilitou ainda mais a posição da Igreja. Desde 1689, o soberano da Inglaterra havia sido o chefe da *Presbyterian Kirk* [Igreja Presbiteriana da Escócia], bem como da Igreja Anglicana, uma posição teologicamente vigorosa. Agora, o *Act of Union* permitia que presbiterianos tivessem uma cadeira no Parlamento e garantissem a existência de universidades presbiterianas na Escócia. Tornou-se mais difícil lidar com a tolerância na Inglaterra como uma concessão temporária quando o presbiterianismo foi legalmente estabelecido além da fronteira. Os dissidentes excluídos de universidades inglesas podiam enviar seus filhos para a Escócia para estudos mais fundamentados de teologia.

Antes de 1640, havia bispos monarquistas e clero puritano; depois de 1688, havia bispos *Whig* e clero *Tory*. O fator constante é que o alto clero era rico e o baixo clero era pobre. Em 1704, Ana renunciou ao *First Fruits and Tenths** [Primeiros Frutos e Dízimos], impostos sobre o clero herdados do papa pela Coroa. Com eles, formou-se um fundo, o *Queen Anne's Bounty* [Abono rainha Ana]*, a partir do qual os estipêndios mais baixos do clero foram aumentados. (No reinado de Carlos II, o *First Fruits and Tenths* havia sido utilizado em parte para pagar pensões das amantes e dos bastardos da realeza; no reinado de Guilherme III, o conde de Sunderland sacou 2 mil libras por ano dessa fonte altamente inadequada. O bispo Burnet, a quem é devida grande parte do crédito pela instituição do *Queen Anne's Bounty*, comentou que era estranho que o clero nunca protestasse contra esses atos de sacrilégio.) Graças a esse abono, todavia, mais ainda graças à prosperidade agrícola, o *status* econômico do clero melhorou no século XVIII: como carreira, a Igreja tornou-se um campo respeitável e financeiramente vantajoso para jovens da aristocracia.

Dissidentes e latitudinários

Embora legalmente tivessem garantida a liberdade de culto religioso, os dissidentes continuaram, até o século XIX, excluídos das universidades e de órgãos oficiais como o *Royal College of Physicians* [Real Escola de Clínicos]; porém, acadêmicos dissidentes, os quais conseguiram vir a público depois de 1689, multiplicaram-se rapidamente. Eles treinavam homens para negócios e para profissões com um currículo muito mais amplo e atualizado do que

O século das revoluções

o currículo de escolas primárias e universidades, incluindo matemática e ciências. Nas academias, as teorias realistas dos reformadores educacionais do Interregno foram colocadas em prática pela primeira vez. Ironicamente, Harley, que liderou o partido da Igreja, fora educado em uma academia dissidente. Elas ofereciam o melhor treinamento para os níveis inferiores do serviço público. Quando a invenção científica ressurgiu no século XVIII, o ímpeto veio das academias dissidentes e de artesãos individuais, não das universidades ou da *Royal Society*.

Assim, a tolerância solidificou uma fenda na sociedade inglesa. Os dissidentes tinham sua própria cultura utilitária, mais crítica e mais democrática, mas ela era atrofiada e provinciana, desconectada do grande mundo dos negócios. Enquanto isso, a *Grand Tour of the Continent* [a Grande Turnê pelo Continente] se tornava normal para jovens da classe alta. Seus horizontes alargavam-se com o conhecimento em primeira mão de tudo o que era estrangeiro, o que, em parte, compensava o tempo desperdiçado em Oxford ou em Cambridge. De tudo isso, os dissidentes foram excluídos. A cisão cultural entre universidades anglicanas e academias dissidentes da classe média ampliou-se a ponto de representar uma rígida distinção entre artes e ciências. A suposição de que as primeiras eram mais "bem-educadas" e superiores porque não tinham qualquer aplicação prática sobreviveu para atormentar até os dias de hoje o sistema educacional inglês. Uma educação clássica tornou-se a marca de um cavalheiro nobre e era considerada como apropriada a ele na vida pública.

A perseguição religiosa havia até então assegurado que somente aqueles com mais condições de sobrevivência escolhiam ser dissidentes. Depois de 1689, eles tiveram de enfrentar os perigos da prosperidade mundana, para os quais seu código superior de ética nos negócios e sua aplicação mais coerente contribuíram. "A religião é uma causa natural do patrimônio", comentou o bispo Wilkins; porém, conforme os homens prosperavam, eles perdiam um pouco de seu entusiasmo anterior. Todas as seitas entraram em uma fase de declínio espiritual. A fé calvinista dos revolucionários do início do século XVII estava em franco declínio. O presbiterianismo sucumbiu ao unitarianismo, e passou a haver uma tendência geral pelo deísmo – cuja liderança, significativamente, foi tomada por membros laicos. A escola latitudinária dominante dos teólogos da Restauração, não menos do que Hobbes, era cética quanto a qualquer pretensão a inspiração. "A razão", disse Locke, "precisa ser nosso juiz derradeiro e guia em tudo". Em *The Reasonableness of Christianity*, ele afirmou que é preciso dizer a "diaristas e mercadores, fiandeiras e mulheres que ordenham vacas" o que pensar, porque "a maior parte não sabe, e, por-

A religião e as ideias

tanto, eles precisam crer". Locke, entretanto, pelo menos não queria dizer que essa tarefa devesse caber aos padres; era tarefa para o próprio Deus. A tolerância não deveria se estender aos fanáticos que "com o disfarce da religião" se arrogam autoridade especial nos assuntos públicos, nem aos ateus (os quais, acreditava-se, não respeitavam juramentos e outros compromissos da sociedade), nem aos papistas (que deviam lealdade a um poder externo).

A filosofia de Locke foi uma síntese comum das ideias dos pensadores mais criativos, mais revolucionários do início do século XVII. Locke era cristão e defendia a tolerância religiosa, mas seu cristianismo era despojado de tudo o que havia tornado o puritanismo revolucionário – o contato direto com Deus, o entusiasmo –, e sua tolerância era o cálculo racional do *Toleration Act*, em vez do idealismo humanista de um Milton. Locke começou como partidário político de Shaftesbury e seguiu-o no exílio político. Não era democrata e aceitou de bom grado 1688 como a revolução para acabar com as revoluções. Ele e *sir* Isaac Newton, embora na surdina, exerceram grande influência no *Junto* do partido *Whig*. Locke associou-se aos cientistas e, em seu ensaio *Essay Concerning Human Understanding*, tentou estabelecer uma psicologia materialista que conciliasse ciência e cristianismo. Sua importância histórica encontra-se nessas contradições. Seu estilo de escrita era lúcido, despojado e persuasivo, tanto porque se dirigia ao homem do senso comum como porque se esquivava de dificuldades que preocupam pensadores mais profundos. Como era um sintetizador, obscurecendo contradições entre as ideias que ele amalgamava, Locke conquistou ampla aceitação com sua abordagem científica e materialista. Pelo mesmo motivo, seus seguidores bifurcavam-se em lockianos da direita e lockianos da esquerda, conforme enfatizavam um ou outro lado do compromisso – por exemplo, ou os direitos de propriedade ou a origem de tais direitos no trabalho – que prestara um bom serviço nas circunstâncias excepcionais após 1688.

Depois de *The Reasonableness of Christianity*, de Locke, surgiu uma série de livros mostrando que o cristianismo não era misterioso. A abordagem religiosa da política deixou de predominar; na época da *Popish Plot*, ela se degenerara em uma proeza manipulada por políticos céticos. Peregrinos que haviam partido para a Cidade Celestial acabaram demorando-se na Feira das Vaidades ou na aldeia vizinha da Conformidade Ocasional. Em 1693, um clérigo que declarou que a Segunda Vinda de Cristo era iminente foi considerado como um caso psicológico e não como um herético ou um subversivo político. O último julgamento de bruxas na Inglaterra ocorreu em 1712. À medida que o calvinismo entrava em declínio, houve uma nova ênfase em ações mais do que na fé, em conduta moral mais do que em entusiasmo ou sacramentalismo. A disciplina e, sobretudo, a disciplina no trabalho eram vistas pelas classes que não trabalhavam como uma necessidade nacional, agora pregada por economistas com o mesmo entusiasmo de teólogos. "É por falta de disciplina que miséria de toda espécie aparece na Inglaterra", bradou Petty. O aumento no desemprego, disse Locke em 1697, foi causado por "nada mais, nada menos do que o afrouxamento da disciplina e a corrupção dos costumes".

Reformando os costumes

A tendência teológica distanciada do calvinismo ajustava-se, então, aos argumentos dos economistas. A partir da década de 1690, latitudinários e dissidentes cooperaram em sociedades voluntárias para a reforma dos costumes. Seu objetivo era pôr em vigência leis contra o não cumprimento do descanso semanal do domingo, da embriaguez, da blasfêmia etc., estabelecidas no livro de regulamentos por Parlamentos puritanos e *Whigs* anteriores. Agora que os protetores do papado e do pecado, colocados em nível muito alto, haviam sido expulsos, as leis poderiam ser aplicadas, e a Inglaterra rapidamente se tornou um país virtuoso. Em *The Poor Man's Plea*, Defoe protestou contra a base classista das leis do vício.

> O homem com um anel de ouro e trajes vistosos pode praguejar perante o juiz ou a justiça; pode cambalear pelas ruas até chegar em casa e ninguém tomará conhecimento dele; porém, se um pobre se embebeda ou faz uma imprecação, ele será condenado ao pelourinho sem direito a qualquer recurso.

Inevitavelmente, essas sociedades voluntárias se envolveram em política. A Reforma dos costumes havia sido um dos objetivos de Oliver Cromwell. A aliança do baixo clero com os dissidentes para promover a religiosidade teve uma aparência *Whig*. "Disciplina" ainda era algo que continha muitos subentendidos presbiterianos. E será que "disciplina" se limitava às classes mais baixas? Será que alguns reformadores sinceros, porém iludidos, não poderiam tentar reduzir os inofensivos prazeres dos ricos, como durante os terríveis anos de revolução? Poderia a casa de um inglês realmente ser seu lar, se bisbilhoteiros estavam sempre espiando através das janelas? Delação havia sido um negócio impopular desde os tempos dos primeiros Stuart; ainda assim, as sociedades empregavam informantes pagos para denunciar vícios. Isso deu aos *Tories* um pretexto para se lançarem – com certo prazer – na defesa das liberdades dos ingleses contra os hipócritas *Whigs*. Uma razão para a popularidade de Sacheverell

A religião e as ideias

foi sua atitude como defensor de direitos populares contra os reformadores. A tendência das classes mais baixas a favor dos *Tories* fazia, dessa forma, algum sentido. No final de nosso período, as guildas a favor da reforma dos costumes estavam entrando em declínio; o que sobreviveu foi o movimento escola-beneficência e a *Society for Promoting Christian Knowledge* [Sociedade para a Promoção do Conhecimento Cristão]. A longo prazo, o gim (bebida holandesa cujo consumo começou a se expandir rapidamente durante a época do rei holandês) pode ter fornecido mais consolo aos miseráveis das regiões urbanas do que os bem-intencionados esforços das sociedades de voluntários.

O termo "plebe" aparece pela primeira vez nesse período. Havia razões políticas e econômicas para isso. As congregações dissidentes abandonaram a política; tornaram-se mais limitadas, sectárias e respeitáveis. Não parece que elas tenham atraído os pobres dos centros urbanos. O ano de 1688 não trouxe qualquer ampliação do direito ao voto, mesmo em corporações onde ele havia sido restringido por Carlos II e Jaime II. Não havia, portanto, qualquer válvula de escape político para as paixões e ressentimentos daqueles cujos superiores esperavam trabalho árduo por baixos salários em deploráveis condições de vida. A "plebe" poderia expressar seus sentimentos sob a forma de jacobitismo, mas ela era antigoverno mais do que pró qualquer outra coisa. Daí sua reputação de instabilidade política. Sua existência impôs limites à agitação popular pelos partidos oficiais dos *Whigs* e dos *Tories*, e foi uma das principais razões para a solidariedade entre eles em 1688 e depois. Muitos achavam que Sacheverell fora longe demais em seu apelo à ralé. "A razão [...] por que todo governo foi designado no início", acreditava Defoe, "foi [...] para evitar plebes e ralés no mundo".[1]

Ideias políticas

Esse período foi palco de mudanças decisivas no pensamento político. As teorias de não resistência aos direitos divinos de Filmer haviam sido apre-

---

1 A atitude de Defoe com relação à plebe é especialmente interessante por causa de sua ambivalência. Lutero, Calvino, Knox e Cranmer eram filhos da plebe. Nossa plebe ainda persegue a reforma, / e, até agora, raras vezes incorreu em erro. Agora, entretanto, existe um Parlamento soberano que expressa o desejo do povo. A plebe perdeu seu poder criativo, ela se tornou inconstante, sem propósitos, destrutiva e pode apenas servir aos interesses dos jacobitas. Portanto, "esses novos ditadores das ruas" precisam ser controlados – "e caso os meios de persuasão não o consigam, a força o fará", *Hymn to the Mob*; cf. West, *The Mountain in the Sunlight*, p.67-73.

O século das revoluções

sentadas como irrelevantes. Em seu *First Treatise of Civil Government* [Primeiro Tratado sobre o Governo Civil] (publicado somente em 1690, mas escrito muito antes), Locke teve pouco trabalho na tarefa de destruí-las. Das teorias de Hobbes, que não foi atacado, Locke retirou muito – seu utilitarismo, seu espírito científico, sua ênfase na necessidade de governo. Foi somente na época de Locke que o temor de revolta do monstro de muitas cabeças que subjazia ao *Leviatã* diminuiu; a plebe só poderia provocar distúrbios destrutivos. Então, afirmou Locke, em contraste com Hobbes, que o Executivo pode perder seus direitos se colocar em perigo a estabilidade da propriedade, cuja manutenção é a razão da existência do Estado. Hobbes achava que qualquer revolução contra a autoridade do soberano precisa dissolver a sociedade, levando à anarquia. Locke sustentava a visão de que a sociedade poderia continuar a existir mesmo que os homens de posses achassem necessário trocar o soberano. O ano de 1688 mostrou que ele estava certo.

Nesse ano, comentou o arcebispo Sancroft, como os *Cavaliers* e *Levellers* haviam feito quarenta anos antes, que os proprietários absolutos de terras de quarenta xelins que possuíam o direito a voto não eram o povo da Inglaterra; mas esse fato pareceu menos relevante no mundo de Locke do que havia sido no mundo de Lilburne. Locke falava de forma ambígua acerca de o governo derivar "do povo" e ser responsável por ele, mas estava absolutamente claro que por "o povo" ele queria dizer a classe proprietária de terras. O controle que ela tinha da sociedade havia sido estabelecido em oposição ao absolutismo monárquico pela abolição dos tribunais de prerrogativa, e confirmado pela expulsão de Jaime II; tal domínio havia sido estabelecido contra as classes inferiores pela derrota dos radicais durante o Interregno, e confirmado pelo fracasso da rebelião de Monmouth. Tendências econômicas estavam de seu lado, fortalecendo os grandes proprietários, desintegrando a classe de pequenos proprietários. Em 1706, Defoe pôde afirmar como um truísmo óbvio que:

> Do governo não se pode pensar em falsidade
> até que os abastados concedam liberdade...
> Pois as leis defesas externas da razão implicam
> e o homem contra os inimigos fortificam;
> construída de imediato ditame superior
> para fortalecer e defender sua propriedade.

Os proprietários de terra são os donos da Inglaterra – achava Defoe – e só a eles pertence o direito de governá-la. Outros habitantes "estão apenas de

A religião e as ideias

passagem [...] e sujeitos às leis que os proprietários lhes impõem". No Caso *Ashby versus White**, Holt, presidente da Suprema Corte, insistiu na noção de que o voto era uma espécie de propriedade da qual o proprietário não pode ser privado; e a Câmara dos Lordes sustentou essa visão. Em 1656, Harrington havia generalizado a experiência política de sua geração na máxima de que o poder político é consequência da posse de terra. Em 1710, Swift viu que "o poder, que, de acordo com a velha máxima, era usado como consequência da posse de terra, agora passou para o dinheiro".

No decurso do século, todos os esforços para fortalecer a máquina administrativa central haviam sido derrotados. O Estado que Thomas Cromwell reorganizara na década de 1630 havia se desintegrado na década de 1640. Na década de 1650 e, novamente, depois de 1688, o Estado inglês possuía forças navais e militares excepcionalmente poderosas, as quais protegiam o comércio externo, mas as lembranças de Strafford, dos majores-generais e de Jaime II mantiveram o aspecto interno do Estado relativamente frágil até o século XIX. Os juízes de paz e a milícia mantinham a lei e a ordem locais, e protegiam a propriedade; porém, o poder central exercia pouco controle sobre eles. A Reforma do século XVI produziu uma Igreja de pouco valor; a revolução do século XVII produziu um Estado forte, mesquinho em relação às funções que desempenhava. Governos locais ainda eram geridos por servidores não remunerados, em troca de prestígio e influência; o governo central ainda era financiado em grande parte por taxas e gratificações mais do que por salários. Assim, enquanto a maior parte da população europeia se lamentava de burocracias caríssimas, a mais alta despesa do governo inglês estava, de longe, nas Forças Armadas, que rechaçavam rivais comerciais. Era um Estado *laissez-faire*, cuja principal função interna era impedir obstáculos ao poder dos "governantes naturais", da mesma forma como na economia havia livre comércio interno e proteção externa.

Portanto, a concepção inglesa de liberdade veio a ser uma concepção negativa: para o inglês, liberdade significa não ser incomodado, não sofrer prisão arbitrária, não pagar tributo para o qual ele não votou, não prestar serviço militar obrigatório (exceto os muito pobres), não sofrer a interferência do governo em sua atividade econômica, não sofrer perseguição religiosa. O lar de um inglês é seu castelo, uma "liberdade" no sentido feudal, do qual o poder do Estado está excluído. O Legislativo e o Executivo são "poderes" separados, e o Judiciário, um terceiro poder, independente, equilibrando os outros dois. O Estado de Locke é uma sociedade de responsabilidade limitada, a aldraba em uma comunidade de negócios *laissez-faire*. A antítese entre indivíduo e Estado volta-se para o passado, para as lutas contra Laud, contra os majores-generais e contra Jaime II, bem como para as lutas dos dissidentes contra a intolerância religiosa. Na França, Alemanha ou Rússia, a relação entre o indivíduo e o Estado tem sido compreendida em termos muito diferentes, por causa da história desses países – também muito diferentes. A circunscrição deliberada da ação do Estado e do poder coercitivo da Igreja na Inglaterra levou, naturalmente, a uma expansão do tipo de esforço voluntário conduzido pelas sociedades para a reforma dos costumes, a partir de então tão típica da tradição inglesa.

As artes e a ciência

Os escritos políticos de Milton foram mais influentes nesse período do que quando ele ainda vivia. Depois de 1695, o monopólio de impressão gráfica da *Stationers' Company* chegou ao fim. A impressão gráfica não era mais considerada crime simplesmente porque não era autorizada. O Ato de 1696, criado para regular julgamentos por traição, tornou as execuções por motivo de imprensa sediciosa (tal como ocorrera em 1664 e 1693) muito mais difíceis; houve apenas uma no século XVIII. Surgiu uma enorme quantidade de jornais, inclusive de diários regulares. Até o governo *Tory* extinguir quase a metade dessas publicações em 1712, a imprensa desempenhara um papel muito relevante na política e nas eleições. O jornalismo consolidou-se como uma força social; Carlos II achava válido persuadir pessoalmente Dryden como propagandista do governo – e quão certo ele foi em sua escolha! Nessa época, porém, os *literati* não precisavam ser vira-casacas com tanta frequência ou de forma tão humilhante quanto fizera Dryden. O poema de Addison sobre Blenheim foi encomendado por Godolphin e ajudou seu autor a conseguir uma cadeira na Câmara dos Comuns e um cargo no governo; a pena poderosa de Swift deu-lhe a amizade dos grandes, mesmo que não o bispado que ele tanto desejava. Defoe provavelmente ajudou a Inglaterra a entrar na Guerra da Sucessão Espanhola; o panfleto *The Conduct of the Allies*, de Swift, certamente estimulou a pressão para que a guerra terminasse.

Addison e Steele tentaram pôr um fim ao "longo divórcio entre sagacidade e virtude", civilizar a *bourgeoisie* dissidente, imbuir de religiosidade os membros da pequena nobreza rural – incluindo esposas e filhas. O sucesso deles é testemunho da existência de um público leitor constante e regular fora da Corte, da Igreja e das universidades, suficiente para sustentar homens e mulheres beletristas. A emergência desse público leitor de classe média, combinada com o declínio da importância da Corte, reduziu a dependência

A religião e as ideias

de mecenas por parte daqueles que se dedicavam à escrita literária. Defoe vendeu 80 mil cópias de *The True-Born Englishman* [O Autêntico Inglês]. Enquanto Milton recebera apenas 10 libras por *Paraíso Perdido*, os sermões do arcebispo Tillotson foram vendidos a 2.500 guinéus em 1694, e Matthew Prior recebeu 4.000 guinéus por uma coletânea de seus poemas. Quando, em 1703, foi feita uma tentativa "para coibir a licenciosidade da imprensa", os 70 estabelecimentos londrinos de impressão gráfica e publicação fizeram um bem-sucedido *lobby* junto à Câmara dos Comuns em repúdio à medida. A impressão gráfica já era uma indústria importante demais para sofrer interferência, mesmo que leve. Em 1711, pela primeira vez, os escritores ganharam direitos autorais por suas obras.

Um novo e popular partido *Tory* surgiu quando os *Whigs* se associaram à *City* e a uma oligarquia aristocrática. Uma "democracia *Tory*" semelhante pode ser encontrada na literatura. No reinado de Carlos II, Thomas Otway conseguiu, em *Venice Preserved* (1682), combinar uma crítica tópica de parlamentaristas corruptos e demagogos com um libertarianismo radical e intenso; e as ferozes sátiras de Dryden contra os *Whigs* tiveram como principal alvo o embuste político. A senhora Aphra Behn, uma das primeiras mulheres a viver da literatura, juntou-se aos *Tories* com a denúncia da escravidão e o culto do bom selvagem, que em *Oroonoko* (1688) iniciou nova voga. Tanto Defoe como Swift começaram como *Whigs*, mas nenhum deles achava os princípios *Whig* do século XVIII atraentes, e Swift escreveu seus impiedosos ataques à guerra, aos que tiravam vantagem dela e especuladores no interesse do partido *Tory*. Foi depois de 1688 que os poetas se sentiram em desacordo com os valores aceitos pela sociedade, que o poeta como um forasteiro substitui o poeta como funcionário público. Isso foi possível graças à independência econômica que o poeta acabara de conquistar e também se deveu ao contraste entre os valores e as realidades de sua sociedade. Nathaniel Lee, filho *Tory* de um eclesiástico puritano, foi um dos primeiros poetas a enlouquecer; entretanto, no século XVIII os maiores poetas eram, com frequência, mais insensatos do que sensatos.

O período pós-1688 espera ansiosamente a era augustana da literatura inglesa. O ubíquo dístico rimado e a prosa distinta e elegante de Addison e Steele marcam o triunfo da nova forma. Com Defoe, o romance atingiu a maioridade, embora ainda guardasse vestígios dos roteiros para a devoção dos quais se originou. Contudo, a nova era liquidou a comédia do período da Restauração – quando o teatro combinava um monarquismo aristocrático em política com um ceticismo hobbesiano –, atacou o embuste religioso que

Jeremy Collier, em seu *Short View of the Immorality and Prophaneness of the English Stage* (1688) [Vista Rápida da Imoralidade e do Profano no Teatro Inglês], chamou de "rematada retórica de porteiro", que o fez se lembrar do republicanismo do Interregno. A oposição à suposta licenciosidade do teatro agora vinha não apenas dos puritanos – Collier era um *non-juror* –, mas daqueles que sentiam que a libertinagem cética dos dramaturgos colocava em risco a ordem social. "Se a eternidade estivesse fora de questão", comentou Collier, "a vantagem geral e a razão pública e a política secular nos vinculariam apenas ao sacerdócio. Pois [...] a religião é a base do governo." Collier tinha o mesmo horror às facécias acerca da nobreza e acerca de Deus.

> Que necessidade há de se repelirem os diademas no palco e se fazer de um homem um lorde apenas para torná-lo um dândi? Espero que os poetas não pretendam reavivar o antigo projeto de nivelação e derrotem por votação a Câmara dos Lordes.

A comédia do período da Restauração refletira a hostilidade dos cortesãos céticos em relação à sociedade à qual eles haviam sido restituídos e, portanto, era necessariamente transicional. Por volta de 1688, a aristocracia havia se adaptado ao novo mundo. A monarquia havia se adaptado a isso: a "família no trono" (Guilherme e Maria, príncipe George da Dinamarca e Ana) contrastava acentuadamente com a atmosfera das Cortes de Carlos e Jaime. Os avanços no tom moral (e na deterioração da qualidade) do teatro do século XVIII foram resultado não do livro de Collier, mas das mudanças sociais das quais esse livro foi um sintoma. O sentimentalismo substituiu a perspicácia. Dryden aceitou as críticas de Collier, Congreve parou de escrever, Vanbrugh abandonou o teatro e partiu para a arquitetura. Thomas Rymer inventou a justiça poética, a frase-tema da reconciliação entre o puritanismo e o teatro. Em 1701, John Dennis escreveu que

> toda tragédia deve ser uma palestra muito solene, inculcando uma providência especial e mostrando que ela claramente protege os bons e castiga os maus, ou pelo menos os violentos: [...] caso contrário, ela é ou entretenimento vazio ou um libelo escandaloso e pernicioso contra a governança do mundo.

Ou como Collier colocou: "a tarefa de peças de teatro é recomendar a virtude e desencorajar o vício". Evidentemente, não se trata disso, mas esse parecia um papel muito desejável para o teatro no século XVIII.

A religião e as ideias

Também não foi o puritanismo que levou à "dissociação da sensibilidade",[2] ao declínio da música inglesa, ao divórcio entre a literatura e a arte dos poucos e dos muitos. Esses desastres resultaram mais das mudanças que afetaram toda a sociedade, que secaram as fontes de poesia natural e também fizeram escoar do próprio puritanismo o fervor revolucionário, deixando um utilitarismo secular ou um pietismo insípido. Locke, como os primeiros cientistas, era a favor de uma linguagem despida de conotações poéticas. Ele exortou os pais cujos filhos mostrassem gosto por poesia a "sufocarem e suprimirem essa inclinação o quanto pudessem". Também a habilidade para instrumentos musicais não era menos danosa, achava ele, pois ela "leva o jovem a desperdiçar muito de seu tempo, dá-lhe senão uma habilidade moderada e o faz envolver-se em companhias muito estranhas". Música deveria ser algo para mulheres, como uma "habilidade" praticada para recreação dos homens da família; ou, nessa sociedade de divisão do trabalho, deveria ser uma *commodity* produzida por especialistas para ser vendida àqueles que tivessem condições de adquiri-la. A música de câmara em família diminuiu, o hábito de ouvi-la passivamente aumentou. A partir dos anos de 1670, passou a haver um público grande o suficiente em Londres para que eventos musicais fossem organizados em âmbito comercial. O violino, que deu maior escopo para o virtuosismo individual, substituiu a viola, mais adequada para apresentações privadas. *Virtuosi* do exterior, sendo mais caros, tinham, em geral, a preferência dos ingleses. Uma vez que esses avanços coincidiram no tempo com a desintegração das comunidades dos vilarejos com suas canções e danças, houve um declínio catastrófico da música inglesa. Henry Purcell, que morreu em 1696, com a tragicamente prematura idade de 36 anos, foi o último grande compositor inglês durante dois séculos. Ele foi também o último grande compositor de música pública, música cerimonial, o último grande compositor da Corte e o primeiro grande compositor de música para teatro e ópera.[3]

"O estilo barroco genuíno", dizem, "era preeminentemente adequado ao serviço de monarquias absolutas", ou da Igreja Católica romana. Essa é a principal razão por que ela nunca triunfou na Inglaterra. A "afirmação inequívoca" do barroco na pintura foi feita nas câmaras internas do Castelo de Windsor que o papista Antonio Verrio decorou para Carlos II. Depois de 1688, a Corte e a alta aristocracia deixaram de ser os únicos mecenas. No

---

2 Ver Capítulo 1 desta obra.

3 Meyer, *English Chamber Music*; Holland, *Henry Purcell*.

O século das revoluções

início dos anos de 1690 houve um súbito aumento na venda de quadros: só em 1691 as vendas em Londres somaram cerca de 24 mil libras. É possível que isso tenha ocorrido em virtude de compras feitas por gente esnobe, a nova burguesia, emulando a cultura das classes mais altas; mas levou a um grande aumento no número de pintores profissionais na Inglaterra, incluindo algumas mulheres. Estrangeiros como Antonio Verrio e *sir* Godfrey Kneller continuaram a usufruir da patronagem dos muito ricos, e foi ainda aos estrangeiros que o título de cavaleiro foi concedido; entretanto, uma reação contra o gosto da Corte, associada a um patriotismo possivelmente tacanho, contribuiu para o ressurgimento da tradição nativa. John Riley, cuja reputação fora conquistada entre o público da classe média, foi designado em 1688, juntamente com Godfrey Kneller, pintor-mor oficial da Corte. No final do século, *sir* Christopher Wren comentou que os artistas ingleses "carecem não de talento, mas de instrução [...] de prática em projeto e desenho". Eles deixavam de obter tal instrução enquanto seu maior sonho fosse se tornar um copista medíocre nos estúdios de produção de massa de um Lely ou de um Kneller. Foi somente depois de nosso período que a tradição nativa atingiu sua plena realização com Hogarth, Reynolds, Gainsborough e Blake.[4]

Na arquitetura o patronato foi, necessariamente, mais restrito: passou da Corte para os aristocratas *Whig* e para os municípios. Londres foi reconstruída, depois do Grande Incêndio de 1666, no estilo despojado de tijolos, copiado dos burgos holandeses, que, à época, haviam se tornado o vernáculo inglês. O incêndio de Londres deu a Wren a oportunidade de reconstruir muitas igrejas da *City*, inclusive a Catedral de Saint Paul, sua obra-prima.

> Nem a sociedade em que Wren viveu [...] nem a índole científica de sua própria mente lhe possibilitaram criar uma arquitetura totalmente barroca. Durante o tempo em que ele viveu, a Igreja Anglicana e a monarquia inglesa estavam elaborando uma solução de meio-termo em suas relações com o Parlamento. A arquitetura de Wren reflete esse meio-termo.

Conforme a demanda por casas no campo aumentava, a arquitetura deixou de ser passatempo de fidalgos como Pratt ou Vanbrugh, ou a ocupação parcial de um virtuoso científico como Wren ou Robert Hooke: ela tornou-se trabalho de profissionais como Nicholas Hawksmoor, que colaborou com Vanbrugh

---

4 Whinney; Millar, *English Art, 1625-1714*, esp. p.285, 297, 319; H. V. S.; Ogden, *English Taste in Landscape in the Seventeenth Century*, esp. p.88-9, 163.

A religião e as ideias

na construção do palácio de Marlborough, em Blenheim. Esses arquitetos profissionais herdaram as tradições da arte de pedreiros e carpinteiros, além de terem a consciência dos modelos estrangeiros e clássicos. A ampliação do mercado havia resultado em divisão especializada no ofício das artes, como ocorreu em outros setores da economia.[5]

Finalmente, esse período testemunhou a emergência de uma série de suposições acerca da sociedade e do universo, que apontam para o futuro distante. A teoria da gravitação universal de Newton, como a filosofia de Locke, juntou em um único sistema uma massa de fenômenos complexos e as contribuições dos cientistas de um criativo período de um século e meio. Newton descreveu o universo como uma máquina que se movimentava por si mesma; teria havido a necessidade de um criador, mas, desde o ato de criação, o universo era governado por leis físicas de movimento. Ao final de nosso período, as categorias de tempo, espaço, matéria e movimento, dentro das quais a ciência operou até o presente século, haviam sido estabelecidas. Como um unitarista, Newton negava a divindade de Cristo, o mistério da Encarnação. Seus princípios tornavam impossíveis a intolerância e o dogmatismo. Sua grande síntese parecia estabelecer a lei e a ordem no universo – como a sociedade fez em 1688. Deus não era mais um monarca arbitrário: Ele estava vinculado às Suas próprias leis, que eram as leis da razão. O universo deixou de ser misterioso: Deus, o grande relojoeiro, havia colocado a máquina em operação e provavelmente não interviria no futuro. Enquanto isso, os homens poderiam estudar o funcionamento da máquina e se beneficiar dela.

Da mesma forma, Locke estabeleceu verdades consoladoras para a sociedade: não apenas que a propriedade comandava – como já havia sido aceito muito tempo atrás –, mas que os homens de posses deviam governar; que a soberania do Parlamento era a soberania do povo; que o direito de rebelião exercido em 1688, embora teoricamente ainda em existência, não precisaria jamais ser utilizado novamente. Aceitava-se o Estado como um invento humano, a política como uma ciência racional. Em último caso, o Estado de Locke repousava na lei divina; mas a interferência de padres ou de outros pretendentes a intérpretes da vontade de Deus era tão estranha ao modo de pensamento de Locke quanto a intervenção direta de Deus pudesse ter sido no universo de Newton. A Terra deixara de ser o centro do universo físico, o homem tornara-se o centro deste mundo. "O objeto apropriado de estudo da humanidade é o homem". Essa ênfase dada à razão na religião testemunha

---

5 Whinney; Millar, op. cit., p.333; Summerson, *Architecture in Britain, 1530-1840*, p.148, 169.

O século das revoluções

uma crescente confiança nos poderes humanos. Em 1691, Robert Boyle acreditava que seria necessário oferecer uma série de palestras com o objetivo de defender as verdades do cristianismo perante os hereges. Pela primeira vez em mil anos, o cristianismo colocou-se na defensiva e com ele as ideias de uma sociedade hierárquica. Se "não existe nem Deus nem religião", declarou o Boyle palestrante em 1697, então "todos os homens são iguais".[6] Podemos lamentar a perda de alguns *insights* poéticos nesse universo mecânico, mas a sociedade que tomou isso como certo foi mais tolerante, mais gentil, mais urbana, pelo menos para aqueles cuja pobreza não os colocava além do limite aceitável.

---

6 Jacob, *The Newtonians and the English Revolution*, p.168. Esse livro e *Robert Boyle and the English Revolution* são essenciais para uma boa compreensão do desenvolvimento do pensamento científico na Inglaterra na segunda metade do século. Se eu estivesse escrevendo esta parte agora, eu colocaria mais ênfase, como fazem os Jacobs, na maneira como as necessidades sociais tanto moldaram quando utilizaram a ideologia de Robert Boyle e dos newtonianos.

20
Conclusão, 1660-1714

Ao glorificar ou reprovar as ações dos homens, é absolutamente necessário
considerar seu início, decurso e final; assim, veremos as razões e as causas
das coisas, e não apenas os eventos em si, os quais, na maior parte das vezes,
são governados pela sorte.

Sir Walter Ralegh, *The Cabinet Council*

A Inglaterra em torno da qual Daniel Defoe estava começando a fazer uma turnê no final de nosso período era muito diferente daquela que Jaime I conheceu em suas cavalgadas em 1603. Já estamos no mundo moderno – o mundo de bancos e de cheques, de orçamentos, da bolsa de valores, da imprensa periódica, das casas de café, dos clubes, de ataúdes, de microscópios, da estenografia, de atrizes e de guarda-chuvas. É um mundo no qual os governos priorizam a promoção da produção, pois as políticas não são mais determinadas por aristocratas, cuja atividade principal é o consumo. Os olhos de Defoe estiveram sempre totalmente abertos para as maneiras como a riqueza nacional poderia ser aumentada: ele sabia que isso interessaria seus leitores. O país como um todo tornou-se muito mais rico. A quantidade de impostos arrecadados multiplicou-se 25 vezes. O sistema de tributação foi reorganizado de forma que uma proporção maior dos encargos caísse sobre os proprietários de terras e os pobres, e menos sobre os industrialistas. O grande desenvolvimento agrícola começou. O trabalho temporário substituiu a vadiagem. As instituições políticas adaptaram-se a essa nova sociedade. Os homens de posses estão seguros e completamente livres no controle dos governos locais; na condição de contribuintes, eles determinam a política de governo. Qualquer um suficientemente rico pode adquirir uma cadeira no Parlamento e, uma vez lá, tem boas chances de ganhar retorno de seu investimento. O patronato do governo agora é dispensado por ministros que respondem perante a Câmara dos Comuns, e tornou-se um sistema de assistência externa muito mais da classe dominante do que dos poucos afortunados que lucraram sendo os prediletos de Jaime I. O dinheiro fala – e em Westminster, ele não fala menos do que na *City*.

Em outras palavras, a luta a três mãos acabou em vitória para aqueles que a Câmara dos Comuns representava. Eles consolidaram seu poder após a Guerra Civil, aliando-se aos seus adversários derrotados contra o monstro de muitas cabeças, e essa aliança foi fortalecida depois de 1688. O Antigo Regime ficou fatalmente comprometido quando Carlos II e Jaime II se colocaram sob a proteção de Luís XIV, a personificação do absolutismo, além de o maior rival comercial da Inglaterra; ele ficou finalmente desacreditado quando Jaime ameaçou usar os não livres contra os livres e quando alguns dos não livres se mobilizaram em torno do jacobitismo. Jaime também se associou às vítimas da Inglaterra na Irlanda; a reconquista da Irlanda por mercenários estrangeiros garantiu lá a dominação inglesa, exatamente como a União de 1707 protegera os homens de negócios das *Lowlands* contra as depredações dos bárbaros das *Highlands,* uma aliança que em 1715 significaria cravar o último prego no ataúde dos Stuart. A cláusula no *Act of Settlement* que excluía os católicos da sucessão finalmente liberou o país do espectro de um absolutismo imposto por mãos estrangeiras. Todos, exceto um grupo ineficaz de proprietários nobres e sentimentais, desertaram a monarquia do direito divino e colocaram seu capital no Banco da Inglaterra.

O consenso de 1660 foi direcionado para as classes mais baixas. O mundo de 1714 foi um mundo no qual, como o doutor Plumb diz, "sem proteção, os pobres, os fracos e os enfermos foram arruinados; os ricos e os fortes prosperaram". O campesinato estava desaparecendo, os artesãos independentes estavam entrando em sua longa agonia na concorrência com unidades econômicas maiores. A coesa comunidade patriarcal familiar era minada no mesmo período em que a teoria patriarcal da monarquia ruiu. As esposas dos homens pobres tornavam-se burros de carga para seus maridos ausentes, em vez de parceiras em uma oficina da família; subindo um pouco mais na

Conclusão, 1660-1714

escala social, o ideal da dama que vive para o lazer, de mãos alvas e delicadas, espalhou-se pela classe média – agora ávida leitora de romances.

A história registrada é como a fotografia de um *iceberg*: ela lida apenas com o que está acima da superfície. Não obstante, abaixo da superfície jaz uma vasta massa da população sobrevivendo algumas vezes apenas em registros – quando nascem, casam-se, são acusadas de crimes ou enterradas – e, de outra forma, não deixam qualquer vestígio. No decorrer de todas as mudanças de amplo alcance desse século que afetaram as classes mais altas, o labor dos camponeses, dos artesãos, dos marujos, continuou relativamente inalterado. Podemos rastrear a mais humilde das classes proprietárias de terras em seus testamentos: pelo menos 50% da população nada tinha para deixar como herança. Pouquíssimo sabemos acerca daqueles que viviam em casas de taipa, se alimentavam de centeio e pão de farelo e obtinham uma alta proporção de suas calorias (se tivessem essa sorte) com a cerveja feita em casa. Até mesmo ao final de nosso período, diz-nos Roger North, a gente comum andava descalça "em toda a região norte". Até a idade de três anos, os filhos dos miseráveis, comentou Locke, raramente tinham outro tipo de alimento que não fosse pão e água – e muito pouco de ambos. O raquitismo era conhecido como "a doença inglesa", embora isso talvez se deva apenas ao fato de que foi estudado mais seriamente pela primeira vez (a partir da década de 1640) na Inglaterra, onde existia há muito tempo, mas se tornou mais evidente com os padrões de vida da emergente classe média. De cada quatro ingleses, três não tinham condições financeiras de pagar por atendimento médico ou tratamento, escreveu o filantropo quacre John Bellers no final de nosso período de estudo. Três de cada quatro bebês nascidos em uma paróquia de Londres morriam quase imediatamente.

Os "não livres" provavelmente raras vezes iam à igreja em um século que tradicionalmente consideramos muito religioso; suas vestes não eram apresentáveis o bastante para que eles pudessem entrar na casa de Deus. Os lavradores, conforme escreveu Baxter, em 1691,

> são geralmente tão pobres que não conseguem tempo para ler um capítulo da Bíblia ou para orar com suas famílias. Eles chegam às suas casas exaustos do trabalho, de forma que estão mais propensos a dormir do que a ler ou a orar [...] Não ousam desagradá-los [seus patrões] com receio de que possam ser expulsos de suas casas ou de que o aluguel seja aumentado. Acredito que seus grandes senhorios têm mais controle sobre eles do que o rei.

O século das revoluções

Mesmo assim, conforme Dean Hickes afirmou em 1684,

> os pobres são as mãos e os pés da entidade política [...] que talham a madeira e extraem a água para os ricos. Eles aram nossas terras e escavam nossas pedreiras e limpam nossas ruas. [...] Nenhum bem comum pode subsistir sem pobres.

Ao pregador, isso parecia "necessário para estabelecer a superioridade e a sujeição na sociedade humana", um *reductio ad absurdum* de exigências para igualdade civil. Porém, dentro da memória de muitos de sua congregação, o *iceberg* havia se invertido, e, no ano seguinte a seu sermão, um sobrevivente daqueles dias, derrotado em uma última tentativa de revolta, morreu no patíbulo, proclamando a igualdade humana em frases convencionais dos *Levellers*, que sobrevivem melhor do que aquelas do deão de Worcester:

> Tenho certeza de que homem algum nasceu e foi marcado por Deus como acima de outro, pois nenhum homem vem ao mundo com uma sela nas costas, também nenhum veio com botas e esporas para cavalgá-lo.

A luta pela liberdade, então, no século XVII, foi uma história mais complexa do que os livros algumas vezes sugerem. Os homens de posses ganharam a liberdade – liberdade para não sofrerem tributação ou prisão arbitrária, liberdade para não sofrerem perseguição religiosa, liberdade para controlarem o destino de seu país por meio de seus representantes eleitos, liberdade para comprar e vender. Eles também ganharam liberdade para expulsar enfiteutas e aldeões, para tiranizar suas aldeias, para contratar mão de obra desprotegida no mercado aberto. Os "não livres" haviam sido sempre forçados a se juntarem ao exército ou à marinha quando seus superiores decidiam deflagrar alguma guerra; mas o recrutamento regular remonta ao reino de Ana. O Ato de 1708 deixava claro que apenas aqueles que não possuíam "nenhuma ocupação legal ou um ofício" – e não exerciam o voto parlamentar – seriam recrutados. Através de juízes de paz, os empregadores usavam a ameaça da convocação contra operários recalcitrantes. Os homens de menos posses fracassaram em todas as esferas quando se tratava de ter sua liberdade reconhecida, fracassaram na conquista tanto de voto como de segurança econômica. "Os mais pobres e miseráveis", escreveu em 1671 o duque de Albermarle, que se fez por si mesmo, "não têm qualquer outro interesse no bem comum que não seja respirar". Quando essa gente mais pobre e mais indigna começou a ter

Conclusão, 1660-1714

êxito na literatura com Bunyan, seu símbolo era um homem com uma carga nas costas; e Bunyan, embora fosse um ex-soldado parlamentarista, não mais achava possível livrar-se da carga por uma ação política.

Liberdade não é algo abstrato. É o direito que certos homens têm de fazer certas coisas. Wildman esperava que o *Agreement of the People* pudesse "estabelecer as bases da liberdade para todos os tipos de pessoas", mas a liberdade que emergiu ficou mais circunscrita. Os esforços dos *Levellers*, dos *Diggers* e de outros não conseguiram criar um partido popular homogêneo na década de 1640; o último lance da rebelião de Monmouth foi tão localizado e irremediavelmente derrotado quanto os levantes de 1607 e de 1628-31. O século que começou com o monstro de muitas cabeças terminou com a plebe. Foi só muito vagarosamente, e com atraso, que os homens vieram a compreender que, a menos que a liberdade seja universal, ela é apenas um privilégio ampliado. "Se a gente comum na Inglaterra só tem liberdade", perguntou Winstanley, "para viver entre os irmãos mais velhos e trabalhar para eles por contrato, que liberdade então têm eles na Inglaterra mais do que temos na Turquia ou na França?" Ao final de nosso período, a "velha boa causa" estava morta; os sindicatos estavam apenas começando a se formar.

Seguindo o conselho de Ralegh, registrado na epígrafe deste capítulo, consideramos agora o início, o decurso e o final dos grandes conflitos de nosso período; porém, ao louvar as ações dos homens do século XVII, algo que devemos fazer, mencionando os genuínos avanços constitucionais, econômicos e intelectuais, lembremo-nos também de quão pouco sabemos das vidas de tantos homens e mulheres.

Epílogo

Nada há que seja bom ou ruim,
é o pensamento que o torna bom ou ruim.

Shakespeare, *Hamlet*

Tudo, sempre tudo, sempre tudo igual,
tua busca de uma fera logo adiante;
tuas guerras nada trouxeram de natural
teus Amores – tudo uma mentira ultrajante
é bom que uma velha era tenha seu final
e que novo tempo comece instigante.

Dryden, *Secular Masque* (1700)

A frase proverbial *"Queen Anne is dead"* ["Rainha Anne é morta", ou, conforme o dito em lígua portuguesa, Inês é morta] passou a significar que, enfim, algo havia desaparecido irrevogavelmente. Se a Era da Fé alguma vez existiu, ela acabou em 1714. Bruxas e vigários – tão poderosos em 1603 – tinham pouco valor no mundo do racionalismo, do materialismo, da ciência e da tolerância. O fato mais anacrônico acerca de Jaime II foi sua obcecada convicção religiosa. A decisão dos Stuart de que Londres não valia uma Sagrada Comunhão tornou-os, no fim, inviáveis até mesmo para os *Tories*. Não importava em qual religião, se houvesse alguma, George I acreditava, contanto que não fosse o papismo. O latitudinarismo havia triunfado nos

O século das revoluções

altos escalões da Igreja Anglicana, a moderação substituíra o entusiasmo entre as seitas. Agora, até os quacres se tornaram notáveis por suas vestes excêntricas e seu tino comercial. Carlos II havia "tocado" aproximadamente 100 mil pessoas que acreditavam que ele poderia curá-las de escrófula. A rainha Ana "tocou" Samuel Johnson em 1712 (sem sucesso), mas ela foi a última soberana a tentar essa cura mágica. A Era da Razão está sobre nós. As verdades eternas de 1603 foram abandonadas para sempre. Verdades novas e – achavam os homens – mais eternas as haviam substituído. "Seja o que for, está certo", cantou Pope.

Não obstante, estaria o universo tão estável quanto parecia ao observador pouco sofisticado, quando "George escolhia a hora certa para a visita"?* A *South Sea Bubble** [Bolha do Mar do Sul] está apenas seis anos adiante; mas a sociedade sobreviveu a essa crise. A nova ordem econômica tinha sessenta anos bem-sucedidos antes que Adam Smith a desafiasse. Na política também, embora a sabedoria do *Tory* doutor Brady tenha demolido mitos *Whig* sobre a origem do Parlamento, a soberania *Whig* e parlamentar estava tão firmemente estabelecida que a história parecia não importar: Locke esquivou-se conspicuamente da questão. Foi novamente cerca de sessenta anos antes que o radicalismo se ergueu para, mais uma vez, mobilizar os não livres. Quando isso aconteceu, as memórias históricas do século XVII desempenharam seu papel, exatamente como fariam na Revolução Americana e na Revolução Francesa. Entretanto, em 1714, um tipo diferente de força subversiva estava em ação nas mentes dos indivíduos. A crescente familiaridade com a refinada arte das antigas civilizações da Índia, da China e do Japão estava começando a abalar a complacência europeia. O culto da natureza selvagem estava entrando em voga na Inglaterra e revela bem uma nova insatisfação com a sociedade urbana e sua arte autoconsciente. A Idade da Razão do século XVIII, em que apenas poetas enlouqueciam, foi conduzida para a ironia brutal de Mandeville e de Swift. Outro clérigo irlandês, George Berkeley, estava começando a se perguntar se esse sólido universo material de Newton e de Locke realmente existia fora da mente das pessoas. Essas vozes isoladas já estavam sugerindo que nada é eterno, nem os princípios dos *Whigs*, nem a razão, nem o universo mecânico – talvez nem mesmo o Banco da Inglaterra.

Certezas surgem, certezas se vão; só permanece a história, porque a história muda com os eventos que registra. Portanto, podemos voltar nossos olhos para esse notável e desconcertante século de mudanças e tentar avaliar "o que aconteceu", pensando naquilo que os contemporâneos viam apenas como eventos governados pela sorte.

Apêndices

Apêndice A
Governantes e parlamentos

Jaime I   1603-25

1604-10	Primeiro Parlamento
1614	*Addled Parliament* [Parlamento Atrapalhado]
1621	*Business Parliament* [Parlamento de Negócios]
1624	Quarto Parlamento

Carlos I   1625-49

1625	Primeiro Parlamento
1626	Segundo Parlamento
1628-9	Terceiro Parlamento
Abril 1640	*Short Parliament* [Parlamento Curto]
Novembro 1640-9	*Long Parliament* [Parlamento Longo]

República   1649-53

1649-abril 1653	*Rump* do *Long Parliament* ['Coto' do Parlamento Longo]
Julho-dezembro 1653	*Barebones Parliament*

O século das revoluções

Protetorado de Oliver Cromwell   1653-8

1654-5	Primeiro Parlamento
1656-8	Segundo Parlamento

Protetorado de Richard Cromwell   1658-9

Janeiro-abril 1659	Parlamento

República   1659-60

Maio-outubro 1659	*Rump* Restaurado
Outubro-dezembro 1659	Governo do Exército
Dezembro 1659-fevereiro 1660	*Rump* Re-restabelecido
Fevereiro-março 1660	Membros afastados juntam-se ao *Rump*
Abril-maio 1660	*Convention Parliament*: volta Carlos II

Carlos II   1660-85

Maio-dezembro 1660	*Convention Parliament*
1661-79	*Cavalier* ou *Pensioner Parliament*
Março-julho 1679	Terceiro Parlamento
1679-81	Quarto Parlamento
Abril-maio 1681	Parlamento de Oxford

Jaime II   1685-8

1685-7	Parlamento

Interregno   Dezembro 1688-fevereiro 1689

Janeiro-fevereiro 1689	*Convention Parliament*: declara Guilherme e Maria soberanos

Guilherme III e Maria II   1689-94

Fevereiro 1689-fevereiro 1690	*Convention Parliament*
1690-5	Segundo Parlamento

Apêndices

Guilherme III   1694-1702

1695-8	Terceiro Parlamento
1698-9	Quarto Parlamento
Fevereiro-julho 1701	Quinto Parlamento
1701-2	Sexto Parlamento

Ana   1702-14

1702-5	Primeiro Parlamento
1705-8	Segundo Parlamento
1708-10	Terceiro Parlamento
1710-13	Quarto Parlamento
1713-14	Quinto Parlamento

Apêndice B
Arcebispos de Canterbury

1583-1604	John Whitgift
1604-10	Richard Bancroft
1611-33	George Abbott
1633-45	William Laud
1645-60	Episcopado extinto
1660-3	William Juxon
1663-77	Gilbert Sheldon
1677-90	William Sancroft
1691-4	John Tillotson
1694-1714	Thomas Tenison

Apêndice C

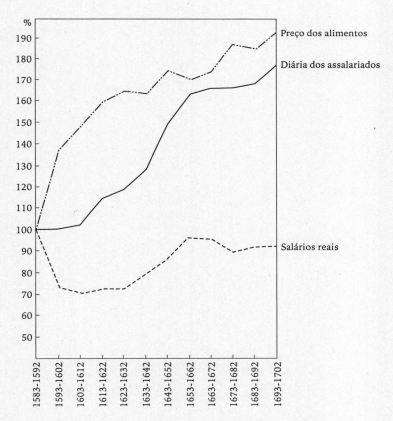

Diagrama 1 Diária real de operário qualificado (pedreiro), 1583-1702

Os valores (médias em períodos de dez anos) foram extraídos de D. Knoop e G. P. Jones, *The Medieval Mason* (1949), p.237-8. Os preços são calculados com base em doze produtos alimentícios – trigo, feijão, malte de cevada, queijo, manteiga, carne de boi ou vaca, carneiro, porco, galinha, pombo, ovos e arenque. O valor do pagamento diário ao assalariado baseia-se nos salários que prevaleciam em Oxford, Cambridge e na London Bridge.

O gráfico mostra percentuais, de 1583-92, considerados como 100. Nessa década, os preços dos produtos alimentícios já eram três vezes acima do que haviam sido em 1501-10; o salário diário não chegava a duas vezes o que havia sido em 1501-10.

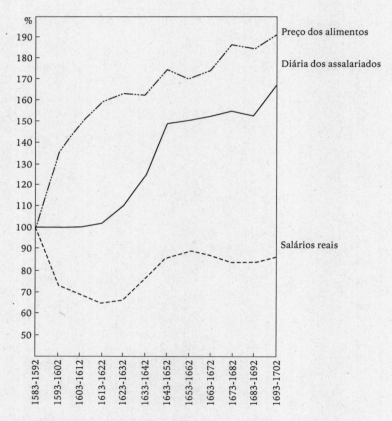

Diagrama 2 Diária real de operário não qualificado, 1583-1702

Os valores de diárias de assalariados (médias em períodos de dez anos) foram extraídos de Thorold Rogers, *A History of Agriculture and Prices in England* (1887), p.664-71. Preços conforme Diagrama 1.

O gráfico novamente mostra percentagens, de 1583-92, considerados como 100.

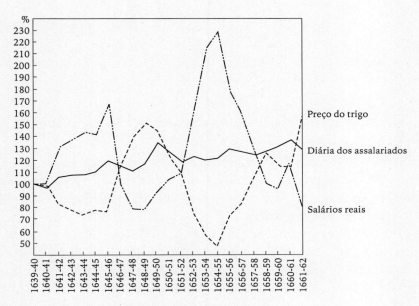

Diagrama 3 Diárias de assalariados e preços, 1639-62
Números extraídos de Thorold Rogers, *op.cit.*, p.825-7.

Os valores decenais nos diagramas 1 e 2 ocultam as importantes flutuações que ocorreram de ano para ano. O Diagrama 3 mostra as diárias de assalariados em relação aos preços do trigo (apenas); os salários são uma média de mão de obra qualificada e não qualificada. O gráfico novamente mostra percentuais, as médias decenais de 1631-40 sendo consideradas como 100.

Note-se que os períodos em que as diárias reais estavam em seu nível mais baixo coincidem com aqueles do descontentamento político mais acentuado entre as classes mais baixas. O fato de que o poder aquisitivo dos salários aumentou de forma tão acentuada no início da década de 1650, culminando nos dois anos mais prósperos do século (1653-5), pode ajudar a explicar o declínio da agitação popular durante o governo do Protetorado.

O século das revoluções

Diagrama 4 Contribuição financeira filantrópica feita por diferentes classes sociais

Números extraídos de W. K. Jordan, *Philanthropy in England, 1480-1660*, p.385-7. Eles foram extraídos de nove condados e da cidade de Bristol, cobrindo quase metade da população da Inglaterra e, portanto, podem ser considerados como uma amostra representativa.

Note-se: (i) a surpreendente preponderância de beneficência por parte de mercadores; (ii) a contribuição em percentual feita pela nobreza no segundo período foi quase a metade; (iii) a dos pequenos proprietários rurais quase dobrou.

	(a) 1601-40	(b) 1641-60
Nobreza	£55.078 – 5,17%	£10.588 – 2,74%
Pequena nobreza	£164.502 – 15,46%	£62.786 – 16,23%
Pequenos proprietários rurais	£15.495 – 1,45%	£10.442 – 2,70%
Agricultores e artesãos	£4.063 – 0,39%	£2.103 – 0,54%
Baixo clero	£62.589 – 5,88%	£24.034 – 6,22%
Mercadores e comerciantes	£762.339 – 71,65%	£276.829 – 71,57%
Total	£1.064.066 – 100%	£386.782 – 100%

Apêndice D
Flutuações econômicas

1603	A Peste – 33.500 mortos em Londres
1604-14	Reativação do comércio após a depressão – prosperidade
1615-17	Projeto Cokayne – declínio
1618-19	Recuperação parcial
1620-4	Depressão catastrófica, falências, tumultos
1621-3	Má safra agrícola
1625	A Peste – 35.500 mortes em Londres
1625-31	Discreta recuperação; em seguida, nova depressão
1629-31	Má safra agrícola
1632-7	Discreta recuperação; em seguida, estagnação
1636	Peste – 10.500 mortes em Londres; 5.500 em Tyneside
1638-50	Crise política e econômica
1646-51	Má safra agrícola
1651-8	Recuperação e prosperidade
1653-4	Excelente safra agrícola
1658-61	Má safra agrícola
1659-60	Crise política e econômica
1661-5	Recuperação
1665-6	A Grande Peste (a última peste – 69 mil mortes em Londres,
5 mil	em Colchester); o Grande Incêndio de Londres
1667	Frota holandesa no Medway; pânico financeiro

O século das revoluções

1668-71	Crescimento acelerado da indústria de construção em Londres e recuperação parcial
1672-4	*Stop of the Exchequer* [Paralisação do Tesouro Público], falências, depressão
1673-4	Má safra agrícola
1674-86	Recuperação e crescimento acelerado, com recessão em 1678
1686	Recessão
1687-93	Recuperação e crescimento acelerado
1693-9	"Os (sete) anos das vacas magras" – Má safra agrícola em 1693, 1697-8; 1696 – angústia entre os pobres causada pela desvalorização da moeda
1696-7	Recessão
1699-1709	Recuperação e prosperidade geral, com recessão em 1701, 1706, 1708
1710	Recessão
1711-4	Recuperação e crescimento acelerado

Glossário

A(u)lnagers: servidores públicos cujo ofício era inspecionar e medir tecidos de lã, colocando neles um selo ou carimbo oficial.

Act of Attainder [Lei de Proscrição de Direitos Civis]: ato legislativo que declara uma pessoa culpada de algum crime (geralmente, de alta traição) e que a pune, de forma que a priva do direito a julgamento ou benefício.

Act of Oblivion [Ato de Remissão] (1660): um de uma série de decretos concedendo anistia real a republicanos e àqueles que cometeram ofensas políticas em geral ou que apoiaram a *Commonwealth* e o Protetorado; exceção foi feita àqueles que participaram do julgamento e execução de Carlos I.

As três profissões de letrados: referência às três carreiras que exigiam estudos especiais – direito, medicina e teologia.

Ashby versus White: caso-base da lei constitucional e de responsabilidade civil do Reino Unido, refere-se ao direito de voto e abuso de autoridade – o senhor Ashby foi impedido de votar por causa do abuso exercido pelo senhor White, autoridade policial, sob o pretexto de que o primeiro não era residente do local.

Assembleia dos Estados Gerais: na França, órgão político, composto por representantes dos Estados Gerais [*états géneraux*, em francês] – 1º Estado, o clero; 2º Estado, a nobreza; 3º Estado, o povo (na verdade, seus representantes); órgão de caráter consultivo e deliberativo, foi convocada em 1789 para discussão dos problemas do reino.

Banco da penitência: na Igreja Presbiteriana da Escócia, tratava-se de um banco em posição elevada na igreja, utilizado para penitência pública de pessoas que haviam cometido ofensas contra a moral (geralmente, fornicação ou adulté-

O século das revoluções

rio). Ao final do culto religioso, o ofensor, vestindo um lenço branco, tinha de se levantar para receber a reprimenda do ministro.

Barebones Parliament [Parlamento de Barebones] (1653): também conhecido como *Little Parliament, Nominated Parliament* e *Parliament of Saints,* tomou seu nome de um membro radical, o mercador de couro e pregador laico Praise-God Barebone (ou Barbon); foi convocado por Oliver Cromwell para substituir o *Rump Parliament,* instituindo o casamento civil e tentando implementar reformas legais; todavia, discussões polarizadas entre moderados e radicais sobre questões de dízimos e patronato laico na Igreja levaram à sua queda.

Batalha do Boyne (Irlanda) (1690): batalha decisiva entre dois pretendentes rivais aos tronos inglês, escocês e irlandês – Jaime II e Guilherme III. Jaime foi derrotado pelo sobrinho e genro, Guilherme.

Berbéria (Barbaria): atualmente Mauritânia, região situada ao noroeste da África.

Bloody Assizes: julgamentos em massa, que começaram em 1685, depois da Batalha de Segdemoor, e terminaram na fracassada Rebelião de Monmouth; conduzidos pelo cruel juiz George Jeffreys, o *"Hanging Judge"* [Juiz da Forca], assessorado por outros quatro juízes, levaram centenas de pessoas condenadas à execução no mesmo dia da sentença; muitos foram enviados para a América.

Boroughmongers: referência àqueles (nobres, barões, proprietários de terras) que compram ou vendem cadeiras de burgos para o Parlamento.

Caso Sacheverell: refere-se ao processo instaurado contra o clérigo doutor Henry Sacheverell (1674-1724) por pregar, em 1709, um sermão anglicano que atacava a Revolução Gloriosa. Ele sofreu *impeachment* do governo *Whig* e foi proibido de pregar por três anos, mas conquistou a solidariedade do público.

Cavalier [oficial aventureiro]: assim chamados porque lutavam a cavalo, eram monarquistas partidários de Carlos I na Guerra Civil (1641-9).

Cavalier poets [poetas *cavalier*]: grupo de poetas ingleses (1637-60) associados a Carlos I e seu filho exilado; criavam poesia ao mesmo tempo sofisticada e ingênua, elegante e 'picante', incorporando a vida e a cultura das classes superiores; abordavam temas como amor, beleza, lealdade, honra, guerra etc. Representantes maiores: Ben Jonson, John Donne, Robert Herrick, *sir* John Suckling, Richard Lovelace, Thomas Carew etc.

Chancellor of the Exchequer: ministro das Finanças, o mais alto cargo das finanças públicas no Reino Unido.

Common law [direito comum]: "sistema jurídico adotado na Inglaterra, nos Estados Unidos e em outras ex-colônias inglesas; direito baseado no costume, princípios, nos precedentes judiciais; que foi criado na Inglaterra e serviu como base para o direito norte-ameriacano" (extraído de CASTRO, Marcílio Moreira de. *Dicionário de Direito, Economia e Contabilidade*. 3.ed. Rio de Janeiro: Forense, 2010. p.606); não há tradução adequada em português.

Glossário

Commonwealth [nome próprio]: referência à república inglesa de 1641; *commonwealth* [substantivo comum]: bem comum, bem-estar público.

Convention Parliament [Parlamento de Convenção] (1660-89): parlamentos ingleses durante a Restauração, que se reuniram sem terem sido convocados pelo rei.

Court of Chancery [Tribunal da Chancelaria]: uma das cinco divisões da Alta Corte de Justiça do Reino Unido; presidida pelo *lord high chancellor* [juiz presidente do Tribunal da Câmara dos Lordes].

Diggers [Escavadores]: membros de um movimento político (opositores dos *Levellers*); grupo puritano radical que questionava as novas formas da ordem religiosa, política, social e econômica, além de defenderem a posse comum da terra e praticarem o comunismo agrário em terras coletivas e não cultivadas.

Estilo palladiano: referência a Andrea Palladio (1508-80), arquiteto veneziano muito influente na Europa; o estilo arquitetônico do século XVII é conhecido como estilo palladiano; Palladio projetou igrejas, palácios, palacetes urbanos e *villas* rurais.

Exclusion Bills [Leis da Exclusão] (1641-81): projetos de lei dos reinados de Carlos I e Carlos II a fim de impedir que Jaime, convertido ao catolicismo, ascendesse ao trono inglês, e que católicos ocupassem cargos públicos.

Fifth Monarchy (ou *Fifth Kingdom*) [Quinta Monarquia]: nomenclatura referente a uma interpretação das profecias bíblicas do Velho Testamento (Daniel), designava movimento político-religioso proeminente em 1649-61, que esperava reformar o Parlamento e o governo inglês para a chegada iminente do Reino de Cristo na Terra. Os membros eram chamados de *Fifth Monarchists*.

First Fruits and Tenths [Primeiros Frutos e Dízimos]: tribunal financeiro instituído em 1540 a fim de recolher para os fundos do Estado um décimo da renda anual dos clérigos que recebiam benefício eclesiástico; anteriormente, esse imposto era encaminhado ao papa.

Five Knights' Case (Darnell's Case) (1627) [Caso dos Cinco Cavaleiros]: questão envolvendo cinco cavaleiros que se recusaram a fornecer empréstimo forçado ao rei Carlos I, medida a que ele recorreu como forma de aumentar seus proventos; foram conduzidos ao Tribunal, que se pronunciou a favor do rei; os cinco cavaleiros foram presos. A questão levou à *Petition of Rights* (1628), que estabelece que o rei estava proibido de infringir as liberdades dos súditos.

Free miner: minerador da Forest of Dean, Gloucestershire, que tinha o direito/a licença de mineração em suas terras.

Gabelle: imposto sobre o sal, muito impopular na França antes de 1790.

"George escolhia a hora certa para a visita": referência à canção satírica *"The Vicar of Bray"*, que relembra a carreira de um vigário de Bray, cujos princípios mudavam conforme os tempos, para que pudesse se manter em seu cargo; a canção faz alusão a várias doutrinas religiosas, a eventos e mudanças políticas. Como exemplo, segue um pequeno fragmento da canção:

When George in Pudding time came o'er,
And Moderate Men looked big, Sir,
My Principles I chang'd once more,
And so became a Whig, Sir.
And thus Preferment I procur'd,
From our faith's great Defender
And almost every day abjur'd
The Pope and the Pretender
And this is law, I will maintain
Unto my Dying Day, Sir.
That whatsoever King may reign,
I will be the vicar of Bray, Sir.

> [Quando George chegava à hora do pudim,
> e os Moderados pareciam acima da lei, *sir*
> meus princípios mais uma vez mudei,
> e, assim, um *Whig* me tornei, *sir*.
> E, portanto, um cargo honorífico granjeei,
> junto ao nosso grande *Fidei Defensor*
> e quase todo dia eu de fato abjurei
> o papa e junto com ele o Pretendente-mor.
> E essa é a lei – e eu irei mantê-la
> até o dia de minha morte chegar, *sir*.
> Seja qual for o Rei que possa reinar,
> como vigário de Bray quero continuar, sir.]

Grand Remonstrance [Solene Advertência]: lista de abusos do rei Carlos I, publicada e apresentada a ele pelo *Long Parliament* em 1641, a fim de pressioná-lo; o rei recusou-se a aceitá-las, o que levou ao início da Guerra Civil, em 1642.

Grandes Antilhas: referências às quatro maiores ilhas ao norte do Caribe – Hispaniola (Haiti e República Dominicana), Jamaica e Porto Rico.

Green Ribbon Club [Clube da Fita Verde]: uma das primeiras associações londrinas entre tabernas e casas de café para fins políticos no século XVII; *meeting point* de membros do partido político hostil à Corte e ao papismo, tinha esse nome porque os associados usavam um laço de fita verde no chapéu como forma de identificação; era constituído sobretudo de advogados e políticos.

Gunpowder Plot [Conspiração da Pólvora]: complô da pequena nobreza católica, que pretendia explodir as Casas do Parlamento (incluindo o rei em visita), em 1605; Guy Fawkes, responsável pelos explosivos, foi flagrado guardando 36 tonéis de pólvora, depois que a trama foi anonimamente denunciada às autoridades.

Glossário

Hearth Tax [Imposto da Lareira] (1662-89): imposto sobre propriedade, calculado com base no número de lareiras em uma área municipal e no número de ocupantes de cada casa.

High Commission (ou Court of High Commission) [Alta Comissão]: o mais alto tribunal eclesiástico da Inglaterra; foi instituído durante o período da Reforma e extinto pelo Parlamento em 1641; tinha poderes quase ilimitados – tanto eclesiásticos como civis.

Inigo Jones (1573-1652): arquiteto inglês e projetista de palco, expoente do *design* no teatro barroco.

King's Bench [Tribunal Superior de Justiça]: Tribunal da Suprema Corte do *common law*, também conhecido como *The Court of the King Before the King Himself* [Tribunal do rei perante o próprio rei], porque o rei costumava sentar-se lá pessoalmente; na época de Cromwell, foi chamado de *Upper Bench*.

Lady Brute: personagem central da peça *The Provoked Wife* (1697), de *sir* John Vanbrugh.

Levellers [Niveladores]: membros de um movimento político durante as guerras civis inglesas; dissidentes políticos e partidários do igualitarismo, da tolerância religiosa e do direito ao voto masculino.

Long Parliament [Parlamento Longo]: convocado em 1640, depois da dissolução do *Short Parliament*; durou até 1660.

Lord (high) treasurer: chefe/encarregado do Tesouro; a partir do século XVII, o cargo é exercido por uma comissão.

Massacre de Amboyna: refere-se à tortura e execução de vinte homens, dez dos quais trabalhavam a serviço da *British East India Company*, na Ilha de Amboyna (hoje Maluku, Indonésia), por agentes da *Dutch East India Company*, por causa de acusações de traição; foi consequência da grande rivalidade entre as duas companhias no comércio de especiarias.

Master of the Revels [Mestre da Folia]: na Corte, era o encarregado de organizar e supervisionar as festas reais (do século XV até o século XVIII).

Merchant Adventurers of London [Mercadores Aventureiros de Londres]: organização que fundou uma guilda, reunindo os principais mercadores que operavam com a exportação de tecidos dos quais tinham o monopólio.

Mutiny Act [Lei do Motim]: ato promulgado anualmente para punir motins e casos de deserção do exército.

Non-jurors: membros dissidentes do clero anglicano depois da Revolução de 1688, que se recusaram a prestar juramento de lealdade a Guilherme e Maria e a seus sucessores depois da Revolução Gloriosa de 1698.

Países Baixos Espanhóis: territórios do noroeste europeu (atualmente, Bélgica) que ficaram sob o domínio espanhol durante a dinastia Habsburgo; foram chamados de "províncias obedientes".

O século das revoluções

Parlamentaristas: partidários do *Long Parliament* na Guerra Civil, também conhecidos como *Roundheads* [Cabeças Redondas], pois não usavam peruca e eram ligados à pequena nobreza.

Pedintes: no período tratado pelo livro, havia leis contra os vadios e ociosos; no governo da dinastia Tudor, os *"helpless poor"* [pobres indefesos] – idosos, doentes ou portadores de necessidades especiais – recebiam assistência do governo, e algumas paróquias lhes concediam licença para pedirem esmola, como forma de distingui-los dos ociosos.

Pride's Purge [Expurgo de Pride] (1648): sob o comando do coronel Thomas Pride, tropas militares removeram à força do *Long Parliament* todos os membros hostis ao exército e que não apoiavam o julgamento e a condenação de Carlos I.

Privy Council [Conselho Privado]: órgão conselheiro do rei até o século XVII, quando o soberano reinava sob a égide do direito divino (sobretudo no governo Tudor); pode ser considerado como precursor do *Cabinet*.

Proprietary rule: ocorre quando um monarca (rei ou rainha) obtém novas terras e escolhe uma pessoa para administrá-las, ou seja, trata-se de terras que a autoridade real possui, mas não controla diretamente, indicando que o Estado fica nas mãos de um governante que maximiza o retorno dos impostos, menos os custos de governo.

Putting-out system: a expressão refere-se à indústria têxtil inglesa do século XVII. A fabricação de tecidos era doméstica/rural, mas controlada por capitalistas da cidade; tecidos eram geralmente produzidos por lavradores e por todos os membros da família em suas próprias casas, como renda extra; os operários possuíam seu próprio equipamento, mas a matéria-prima era fornecida pelo capitalista.

Quarter Sessions [Tribunais Trimestrais]: tribunais que se reuniam quatro vezes por ano, geralmente nos condados ou burgos, e que julgavam crimes mais graves que não eram da competência dos juízes de paz (pena de morte ou prisão perpétua).

Queen Anne's Bounty [Abono Rainha Ana]: os tributos *"First Fruits and Tenths"*, pagáveis originalmente ao papa, mas que reverteram para a Coroa no reinado de Henrique VIII e passaram a ser administrados pela rainha Ana em 1704, eram utilizados para aumentar os provimentos do clero inferior, mais pobre.

Recusancy laws [Leis da recusa]: leis referentes àqueles (geralmente católicos) que se recusavam a frequentar a Igreja Anglicana, a Igreja oficial da Inglaterra; instituídas no reinado de Elizabeth I, essas leis vigoraram até o reinado de George III e estabeleciam penalidades, multas, confisco de propriedade e prisão.

Root and Branch Petition [Petição de Erradicação Total]: petição apresentada ao *Long Parliament* em 1640; assinada por 15 mil londrinos, pedia a extinção total do episcopado e o fim da hierarquia na Igreja.

Glossário

Roundhead [cabeça redonda]: parlamentaristas ligados à pequena nobreza, parte das forças que apoiavam o Parlamento na Guerra Civil; cortavam o cabelo muito curto e não usavam perucas.

Rump Parliament [Parlamento Coto] (1648-53): referência aos membros do *Long Parliament* que restaram depois do *Pride's Purge* (1648) e que votaram a favor do julgamento e execução de Carlos I. Foi extinto por Cromwell em 1653 e retornou em 1659, com a queda do Protetorado, para finalmente extinguir--se em 1660.

Rye House Plot [Complô de Rye House] (1683): suposto complô dos *Whigs* para assassinar Carlos II e seu irmão Jaime, duque de York, em Rye House (Hoddesdon), localizado no condado de Hertfordshire.

Sea dogs [lobos do mar]: marinheiros muito experientes, geralmente mais velhos.

Self-Denying Ordinance (1644): projeto de lei que implicava a renúncia de todos os membros do Parlamento a seus postos militares no exército e na marinha durante a Guerra Civil, mas que foi rejeitado pela Câmara dos Lordes; um segundo projeto foi aceito em 1645, fazendo parte das reformas das forças parlamentaristas na guerra e resultando no *New-Model Army*, de Cromwell.

Senegambia: confederação entre Senegal e Gâmbia, países vizinhos na costa oeste da África, onde forças coloniais inglesas e francesas lutaram.

Short Parliament [Parlamento Curto]: constituição do Parlamento inglês que durou de 13 de abril a 5 de maio de 1640, durante o reinado de Carlos I; não concedeu os fundos que o rei desejava para financiar sua guerra militar com os bispos na Escócia; foi dissolvido após três semanas.

Skinner versus The East India Company (1666): célebre disputa entre a Câmara dos Lordes e a Câmara dos Comuns, envolvendo o caso de Thomas Skinner, mercador de especiarias londrino, que apresentou uma petição a Carlos II para tentar receber compensação da *East India Company*, pois esta havia confiscado seu navio e a casa onde morava em uma pequena ilha nas Índias Orientais; sem um acordo entre a Companhia e Skinner, o processo arrastou-se, com debates entre as duas Câmaras, até 1669, quando o rei exigiu que chegassem a uma conclusão.

South Sea Bubble [Bolha do Mar do Sul]: companhia britânica que comercializava com a América do Sul no século XVII e tinha o monopólio do comércio com as colônias espanholas sul-americanas; especulações no mercado de ações da companhia levaram a uma grande bolha econômica em 1720, que ficou conhecida como *South Sea Bubble* e conduziu muitos à total ruína financeira.

Star Chamber [Câmara Estrelada]: tribunal judiciário constituído por membros da nobreza, de confiança do rei Carlos I; foi extinta em 1640 pelo *Long Parliament*.

Stop of the Exchequer [Suspensão do Tesouro Público] (1672): decreto de Carlos II suspendendo o pagamento de todas as dívidas do Estado, o que levou muitos à falência.

O século das revoluções

Tax farmers [arrendadores de impostos]: indivíduo (ou grupo de indivíduos) a quem o governo transferia o direito de cobrar e recolher o imposto, em troca de determinada taxa.

Tertius gaudens [a terceira pessoa se regozija]: expressão latina, significa que a terceira parte se beneficia do conflito ou do estranhamento de duas outras partes; quando dois brigam, um terceiro tira proveito.

Test Act [Ato de Prova] (1673): leis penais inglesas que proibiam católicos romanos e dissidentes de ocupar cargos públicos.

Toleration Act [Ato de Tolerância] (1689): ato expedido pelo Parlamento concedendo liberdade de culto a dissidentes protestantes (quacres, presbiterianos, batistas), excluídos os unitarianos e católicos.

Tory: membro do partido político fundado em 1689 em oposição aos *Whigs*; conhecido como partido conservador, aceitava as instituições políticas e sociais tradicionais; monarquistas, seus adeptos eram a favor da autoridade real e defendiam a sucessão de Jaime, duque de York, ao trono.

Triers and Ejectors [Avaliadores e Ejetores] (1640): comissão parlamentar instituída para "ejetar" ministros simpatizantes de Laud e dos arminianos; Cromwell indicou uma comissão para testar e aprovar pregadores públicos e leitores de sermões antes de eles serem admitidos nos cargos; ministros e diretores de escolas considerados inadequados foram destituídos de suas posições.

Western Design [Projeto para o Ocidente]: projeto desenvolvido por Cromwell para capturar as ilhas espanholas de Hispaniola e Santo Domingo, no Caribe (*West Indies*), e que foi um grande fiasco.

Whig: membro do partido político que, do final do século XVII até o início do século XIX, fez oposição aos *Tories*; era a favor de mudanças sociais e políticas, da limitação da autoridade do rei e do aumento de poder do Parlamento.

Whip: no Parlamento, é o indivíduo encarregado por seu partido de aplicar a disciplina e garantir a presença de todos os membros quando ocorresse alguma votação.

Sugestões de leitura complementar*

O século XVII foi a época mais importante da literatura inglesa. Muito mais do que a partir de qualquer obra a seu respeito, o estudioso interessado conhecerá o período lendo as peças de William Shakespeare, Ben Jonson, Thomas Middleton, William Wychelerley, William Congreve; os poemas de John Donne, George Herbert, John Milton, Andrew Marvell, John Dryden; os ensaios de Francis Bacon, Joseph Addison, Richard Steele; as cartas de Dorothy Osborne; o *Table-Talk*, de John Selden; as obras de Gerrard Winstanley, John Bunyan, Daniel Defoe, Jonathan Swift.

Esse foi também um grande período de jornalistas com suas colunas diárias, de escritores memorialistas e de historiadores. O leitor interessado que desejar ir além da superfície dos eventos sem demora se verá diante de *Memoirs*, de Edmund Ludlow, *Journal*, de George Fox, *Diary*, de Samuel Pepys, das autobiografias de Richard Baxter e *sir* John Reresby; *Lives*, de Margaret Cavendish (duquesa de Newcastle) e de Lucy Hutchinson, em que elas escrevem sobre seus maridos; *Brief Lives*, de John Aubrey; *History of the Rebellion*, de Edward Hyde (conde de Clarendon), *History of My Own Time*, de Gilbert Burnet, e uma longa lista de outros autores.

Aquele que quiser realmente conhecer bem o período, algum dia sem dúvida terá de ler *History of England, 1603-56* (18 v.), de S. R. Gardiner, e sua continuação em *The Last Years of the Protectorate* (2 v.), de *sir* C. H. Firth, bem

---

* As informações entre colchetes são acréscimos da edição (N.E.).

como *History of England*, de *lord* Macaulay, sobretudo o incomparável Capítulo 3, que descreve a Inglaterra em 1685.

Seguem outras sugestões.

1. Geral

Livros

BURKE, P. *Popular Culture in Early Modern Europe*. [Nova York: Harper Torchbooks], 1978.

CLARK, G. N. *The Later Stuarts*. 2.ed. 1956.

HILL, C. *Puritanism and Revolution*. [Londres]: Panther, [1968].

HILL, C.; DELL, E. (Eds.). *The Good Old Cause* [: The English Revolution of 1640-60. Londres: Lawrence and Wishart], 1949.

HOLDSWORTH, W. *A History of English Law*. [Londres: Methuen & Co., Ltd.], 1924. v.IV e VI.

JAMES, M. *Social Policy during the Puritan Revolution*. [Londres], 1930.

MANNING, B. *The English People and the English Revolution*. [Harmondsworth]: Penguin, [1978].

OGG, D. *England in the Reign of Charles II*. 2.ed. 1955.

_____. *English in the Reign of James II and William III*. [O.U.P.], 1955. (*Oxford Book of Seventeenth Century Verse, The* [como ponto de partida].)

NOTESTEIN, W. *The English People on the Eve of Colonisation, 1603-30*. [Nova York: Harper Torchbooks], 1954.

RICHARDSON, R. C. *The Debate on the English Revolution*. [Londres: Methuen], 1977.

STONE, L. *The Crisis of the Aristocracy, 1558-1641*. [Oxford: Clarendon Press], 1965).

_____. *The Causes of the English Revolution, 1529-1642*.[Nova York: Harper Torchbooks], 1972).

TREVOR-ROPER, H. R. *Religion, the Reformation and Social Change*. [, and Other Essays*. Londres: Macmillan], 1967.

Artigos

BRENNER, R. "Agrarian Class Structure and Economic Development in pre--industrial Europe". [*Passado e Presente*] (*P. e P.*), v.70, [1976].

CLARK, P. "The Ale-house and the Alternative Society". In: PENNINGTON, D.; THOMAS, K. (Eds.). *Puritans and Revolutionaries*, [Oxford], 1978.

HOBSBAWN, E. J. "The Crisis of the Seventeenth Century". *P. e P.*, v.5-6, [1954].

TAWNEY, R. H. "Harrington's Interpretation of His Age". In: WINTER, J. M. (Ed.). *History and Society*: Essays by R. H. Tawney. [Londres], 1978.

Sugestões de leitura complementar

———. "The Rise of the Gentry". In: WINTER, J. M. (Ed.). *History and Society*: Essays by R. H. Tawney. [Londres], 1978.

THIRSK, J. "Younger sons in the Seventeenth Century", *History*, n.182, [1969].

2. Economia

Livros

APPLEBY, J. O. *Economic Theory and Ideology in Seventeenth Century England*. [Princeton]: Princeton University Press, 1978.

ASHTON, R. *The Crown and the Money Market*. [Oxford: Clarendon Press], 1960.

CHANDAMAN, C. D. *The English Public Revenue*, 1660-1688.[Oxford: Clarendon Press], 1975.

DAVIES, K. G. *The Royal African Company*. [Nova York: Longmans Green], 1957.

DOBB, M. H. *Studies in the Development of Capitalism*. [Londres: Routledge and Kegan Paul], 1946.

HILL, C. *Economic Problems of the Church*. [Londres]: Panther, [1968].

———. *Reformation to Industrial Revolution*.[Londres]: Penguin, [1976].

HOSKINS, W. G. *The Midland Peasant*. [Londres: Macmillan; Nova York: St. Martin's Press], 1957.

NEF, J. U. *The Rise of the British Coal Industry*. [Londres: George Rutledge and Sons], 1932. 2v.

NEF, J. U. *Industry and Government in France and England*, 1540-1640. [Filadélfia: American Philosophical Society], 1940.

SPUFFORD, M. *Contrasting Communities*: English Villagers in the Sixteenth and Seventeenth centuries. [Cambridge: Cambridge University Press], 1974.

TAWNEY, R. H. *Business and Politics under James I*. [Cambridge: Cambridge University Press], 1958.

———. *Religion and the Rise of Capitalism*. [Harmondsworth]: Pelican, [1977].

THIRSK, J. *Economic Policy and Projects*: The Development of a Consumer Society in Early Modern England. [Oxford], 1978.

———. (Ed.). *The Agrarian History of England*, 1500-1640. v.IV. [Cambridge: Cambridge University Press], 1967.

WILSON, C, *England's Apprenticeship*, 1603-1763.[Londres], 1965.

Artigos

COLEMAN, D. C. "Labour in the English Economy", [*Economic History Review*] (*Econ. H. R.*) (2.série), v.VIII, p.3, [1956].

COOPER, J. P. "The Social Distribution of Land and Men in England, 1436-1700", *Econ. H.R.* (2.série), v.XX, [1967].

CORFIELD, P. "Economic Issues and Ideologies". On: RUSSELL, C. (Ed.). *The Origins of the English Civil War*. [Basingstoke: Macmillan], 1973.

DAVIS, R. "The Commercial Revolution". *Historical Association Pamphlet*, [Londres, n.64], 1967.

FARNELL, J. E. "The Navigation Act of 1651, the First Dutch War and the London Merchant Community". *Econ. H.R.* (2.série), [1964].

FISHER, F. J. "London's Export Trade in the Early Seventeenth Century". *Econ. H.R.* (2.série), v.III, p.2, [1950].

_____. "Tawney's Century". In: FISHER, F. J. (Ed.). *Essays in the Economic and Social History of Tudor and Stuart England in Honour of R. H. Tawney*. [Cambridge: Cambridge University Press], 1961.

_____. "The Development of the London Food Market". *Econ. H. R.,* v.V, [1935].

HABAKKUK, H. J. "English Landownership, 1680-1740". *Econ. H.R.,* v.X, p.1, [1957].

_____. "Public Finance and the Sale of Confiscated Property during the Interregnum". *Econ. H.R.* (2.série), v.XV, [1962].

HOSKINS, W. G. "Harvest Fluctuations in English Economic History, 1620-1759". *Agricultural History Review*, v.XVI, [1962].

_____. "The Rebuilding of Rural England, 1570-1640". *P. and P.,* v.4, [1953].

KERRIDGE, E. "The Movement of Rent, 1540-1640". *Econ. H.R* (2.série), v.VI, p.1, [1953].

NEF, J. U. "The Progress of Technology and the Growth of Large-Scale Industry in Great Britain, 1540-1640". *Econ. H.R.,* v.V, p.1, [1935].

SLACK, P. A. "Vagrants and Vagrancy in England, 1598-1664". *Econ. H.R.* (2.série), v.XXVII, [1954].

WRIGLEY, E. A. "A Simple Model of London's importance in Changing English Society and Economy, 1650-1750". *P. e P.,* v.37, [1967].

THIRSK, J. "Seventeenth Century Agriculture and Social Change", *Agricultural History Review*, XVIII, suplemento, [1970].

3. Política e Constituição

Livros

ABBOTT, W. C. *The Writings ans Speeches of Oliver Cromwell*. [Cambridge]: Harvard University Press, 1937-47. 4v.

ASHTON, R. *The English Civil War*: Conservatism and Revolution, 1603-1649. [Nova York: Weidenfeld and Nicolson], 1978.

AYLMER, G. E. *The King's Servants*: The Civil Service of Charles I. [Columbia University Press; Londres: Routledge & Kegan Paul], 1961.

Sugestões de leitura complementar

_____. *The State's Servants*: the Civil Service of the English Republic, 1649-1660. [Londres: Routledge & Kegan Paul], 1973.

_____. *The Struggle for the Constitution*. 2.ed. 1968.

BARNES, T. G. *Somerset, 1625-1640*: A County's Government during the "Personal Rule". [Londres: Oxford University Press], 1961.

BRAILFORD, H. N. *The Levellers [and the English revolution*. Londres], 1961.

CLARK, P. *English Provincial Society from the Reformation to the Revolution*: Religion, Politics and Society in Kent, 1500-1640. [Hassocks: Harvester Press], 1977.

EVERITT, A. M. *The Community of Kent and the Great Rebellion*, 1640-60. [Leicester: Leicester University Press], 1966.

FEILING, K. G. *A History of the Tory Party*, 1640-1714. [Oxford], 1924.

_____. *Cromwell's Army*. 1902.

_____. *Oliver Cromwell* (World's Classics ed.).

FLETCHER, A. A *County Community in Peace and War*: Sussex, 1600-1660. [Londres: Longman], 1975.

HALEY, K. H. D. *The First Earl of Shaftesbury*. [Oxford: Clarendon Press], 1968.

HALLER, W. (Ed.). *Tracts on Liberty in the Puritan Revolution*. [Nova York]: Columbia University Press, 1934. 3v.

HEXTER, J. H. *The Reign of King Pym*. [Cambridge]: Harvard University Press, 1941.

HILL, C. *God's Englishman*: Oliver Cromwell and the English Revolution. [Londres]: Pelican, 1972.

_____. *The World Turned Upside Down*. [Harmondsworth]: Penguin, [1975].

HIRST, D. *The Representative of the People?* Voters and Voting in England under the Early Stuarts. [Cambridge: Cambridge University Press], 1975.

HOLMES, C. *The Eastern Association in the English Civil War*. [Cambridge], 1974.

HOLMES, G. *British Politics in the Age of Anne*. [Londres: Macmillan], 1967.

_____. *The Trial of Dr. Sacheverell*. [Londres: Eyre Methuen], 1973.

JONES, J. R. *The First Whigs*: The Politics of the Exclusion Crisis, 1678-83. [Londres: Oxford University Press], 1961.

_____. *The Revolution of 1688 in England*. [Nova York: Weidenfeld and Nicolson], 1972.

KENYON, J. P. *Robert Spencer, Earl of Sunderland, 1641-1702*. [Londres; Nova York: Longmans; Green], 1958.

MANNING, B. (Ed.). *Politics, Religion and the [English] Civil War*. [Londres: Edward Arnold], 1973.

MORRILL, J. S. *Cheshire, 1630-1660*: County Government and Society during the "English Revolution". [Londres: Oxford University Press], 1974.

MORTON, A. L. (Ed.). *Freedom in Arms*: A Selection of Leveller Writings. [Nova York: International], 1975.

NOTESTEIN, W. *The Winning of the Initiative by the House of Commons*. [Londres: Oxford University Press], 1924.

PEARL, V. L. *London and the Outbreak of the Puritan Revolution*. [Oxford: Clarendon Press; Oxford University Press], 1961.

PLUMB, J. H. *The Growth of Political Stability in England, 1675-1725*. [Londres; Melbourne: Macmillan], 1967.

RUSSELL, C. *Parliaments and English Politics, 1621-1629*. [Oxford: Clarendon Press], 1979.

UNDERDOWN, D. E. *Pride's Purge*: Politics in the Puritan Revolution. [Oxford: Oxford University Press], 1971.

_____. *Somerset in the Civil War and Interregnum*. [Reino Unido: David & Charles PLC], 1973.

WESTON, C. C. *English Constitutional Theory and the House of Lords*. [Londres], 1965.

WORDEN, B. *The Rump Parliament, 1648-1653*.[Cambridge: Cambridge University Press], 1974.

Artigos

HARRISS, G. L. "Medieval Doctrines in the Debates on Supply". In: SHARPE, K. (Ed.). *Faction and Parliament*: Essays on Early Stuart History. [Oxford: Oxford University Press], 1978.

HEXTER, J. H. "The Problem of the Presbyterian Independents". *American Historical Review*, v.XLIV, [1938].

SMUTS, R. M. "The Puritan Followers of Henrietta Maria". *English Historical Review*, v.XCIII, n.366, [1978].

WAGNER, D. O. "Coke and the Rise of Economic Liberalism". *Econ. H.R.*, v.VI, p.1, [1956].

4. Religião e ideias

Livros

ALLEN, J. W. *English Political Thought*, 1603-1644. 1938.

BAHLMANN, D. W. R. *The Moral Revolution of 1688*. [New Haven]: Yale University Press, 1957.

BOSSY, J. *The English Catholic Community, 1570-1850*. [Darton, Longman & Todd; Londres: Richard Clay], 1975.

BUSH, D. *English Literature in the Earlier Seventeenth Century*. [Oxford: Clarendon Press], 1945.

CAPP, B. S. *The Fifth Monarchy Men*: A Study in Seventeenth Century English Millenarianism. [Londres: Faber and Faber], 1972.

CARITT, E. F. *A Calendar of British Taste, from 1600 to 1800*. [Londres], 1948-9.

Sugestões de leitura complementar

CAUDWELL, C. *The Crisis in Physics*. [Londres: Andre Deutsch], 1939.

CRAGG, G. R. *Puritanism in the Period of the Great Persecution*. [Nova York: Cambridge University Press], 1957.

EASLEE, B. *Witch-Hunting, Magic and the New Philosophy* [: an introduction to debates of the scientific revolution, 1450-1750. 2.ed. Brighton, Sussex: Harvester Press; Atlantic Highlands: Humanities Press], 1980.

ESPINASSE, M. *Robert Hooke*. [Berkeley: University of California Press], 1956.

FARRINGTON, B. *Francis Bacon* [: Philosopher of Industrial Science. Londres: Lawrence & Wishart], 1951.

HALLER, W. *Liberty and Reformation in the Puritan Revolution*. [Nova York]: Columbia University Press, 1955).

_____. *The Rise of Puritanism*. [Nova York]: Columbia University Press, 1938.

HARBAGE, A. *Shakespeare and the Rival Traditions*. Nova York: [Macmillan], 1952.

HILL, C. *Antichrist in Seventeenth Century England*. [Oxford: Oxford University Press], 1971.

HILL, C. *Milton and the English Revolution*. [Nova York: Penguin], 1977.

HILL, C. *Intellectual Origins of the English Revolution*. [Londres]: Panther, [1966].

HILL, C. *Society and Puritanism in Pre-Revolutionary England*.[Londres]: Panther, [1969].

HILL, C. "The Religion of Gerrard Winstanley". *P. e P.*, Supplement, 1978.

JACOB, J. R. *Robert Boyle and the English Revolution* [: A Study in Social and Intellectual Change]. Nova York, 1977.

JACOB, M. C. *The Newtonians and the English Revolution, 1689-1720*. [Hassocks: Harvester Press], 1976.

JAMES, M. E. "English Politics and the Concept of Honour. 1485-1642". *P. e P.*, Supplement, 1978.

JORDAN, W. K. *The Development of Religious Toleration in England*. [Cambridge: Harvard University Press], 1932-40. 4v.

JORDAN, W. K. *Men of Substance*: Henry Parker and Henry Robinson. [Chicago: University of Chicago Press], 1942.

JORDAN, W. K. *Philanthropy in England, 1480-1660* [: A Study of the Changing Pattern of English Social Aspirations. Nova York: Russell Sage Foundation], 1959.

LAMONT, W. *Godly Rule*: Politics and Religion, 1603-1660. [Londres: Marmflinn], 1969.

LASLETT, P. (Ed.). *Patriarcha and other Political Works of Sir Robert Filmer*. [Oxford: Basil Blackwell], 1949.

MACFARLANE, A. *Witchcraft in Tudor and Stuart England*: A Regional and Comparative Study. [Londres: Routledge and Kegan Paul], 1970.

MCKEON, M. *Politics and Religion in Restoration England*.[Cambridge]: Harvard University Press, 1975.

O século das revoluções

MACPHERSON, C. B. *The Political Theory of Possessive Individualism* [: Hobbes to Locke. Oxford: Oxford University Press], 1962.

MASON, S. F. *A History of the Sciences*. [Londres: Routledge & Kegan Paul], 1953.

MILLER, P. *The New England Mind*: The Seventeenth Century. Nova York: [Macmillan], 1939.

MORTON, A. L. *The English Utopia*. [Londres: Lawrence & Wishart], 1952.

_____. *The World of the Ranters*: Religious Radicalism in the English Revolution. [Londres: Lawrence & Wishart], 1970.

POCOCK, J. G. A. (Ed.). *The Political Works of James Harrington*. [Cambridge: Cambridge University Press], 1977.

SCHLATTER, R. B. *The Social Ideas of Religious Leaders, 1660-1688*. [Oxford: Clarendon Press], 1940.

SCHOLES, P. A. *The Puritans and Music in England and New England*. [Oxford: Oxford University Press], 1934.

THOMAS, K. V. *Religion and the Decline of Magic*. [Londres]: Penguin, [1973].

WALZER, M. *The Revolution of the Saints*: A Study in the Origins of Radical Politics. [Cambridge]: Harvard University Press, 1965.

WEBSTER, C. *The Great Instauration*: Science, Medicine and Reform, 1626-1660. [Londres : Duckworth], 1975.

WEDGWOOD, C. V. *Poetry and Politics under the Stuarts*. [Cambridge: Cambridge University Press], 1960.

WEST, A. *The Mountain in the Sunlight* [: Studies in Conflict and Unity. Londres: Lawrence & Wishart], 1958.

WINSTANLEY, G. *The Law of Freedom and Other Writings*. [Londres]: Pelican, [1973].

WOLFE, D. M. *Milton in the Puritan Revolution*. Nova York: [Thomas Nelson], 1941.

WOODHOUSE, A. S. P. (Ed.). *Puritanism and Liberty*. [Londres: J. M. Dent and Sons], 1938.

WRIGHT, L. B. *Middle-Class Culture in Elizabethan England*. [North Carolina]: North Carolina University Press, 1935.

YATES, F. A. *Giordano Bruno and the Hermetic Tradition*. [Londres; Chicago: University of Chicago Press], 1964.

ZAGORIN, P. *A History of Political Thought in the English Revolution*. [Londres: Routledge & Paul], 1954.

Artigos

CLIFTON, R. "The Popular Fear of Catholics during the English Revolution". *P. e P.*, n.52, [1971].

COLE, A. "The Quakers and the English Revolution". *P. e P.*, n.10, [1956].

GEORGE, C. H. "A Social Interpretation of English Puritanism". *Journal of Modern History*, v.XXV, p.4., [1953].

Sugestões de leitura complementar

JAMES, M. "The Political Importance of the Tithes Controversy in the Puritan Revolution". *History (new ser.)*, n.101.

MERCER, E. "The Houses of the Gentry". *P. e P.*, n.4, [1954].

MERTON, R. K. "Science, Technology and Society in Seventeenth Century England". *Osiris*, v.IV, [1938].

REAY, B. "The Quakers, 1659 and the Restoration of the Monarchy". *History*, n.208.

THOMAS, K. V. "The Levellers and the Franchise". In: AYLMER, G. E. (Ed.). *The Interregnum*: The Quest for Settlement, 1646-1660. [Londres: Archon Books], 1972.

_____. "Women and the Civil War Sects": *P. e P.*, n.13, [1958].

THOMAS, P. W. "Two Cultures? Court versus Country under Charles I". In: RUSSELL, C. (Ed.). *The Origins of the English Civil War*. [Nova York: Barnes and Noble Books], 1973.

WHITEMAN, A. O. "The Re-establishment of the Church of England". [*Transactions of the Royal Historical Society* [*Transações da Royal Historical Society*]] (*T.r.H.s.*), [5.série, v.V], 1955.

Referências bibliográficas

ADAMS, J. Q. [(Ed.)]. *The Dramatic Records of Sir Henry Herbert*. [New Haven: Yale University Press], 1917. p.21.

ANDREWS, K. R. (Ed.). *English Privateering Voyages to the West Indies, 1558-95*. Hakluyt Soc. [Second Series, n.111], p.19-22 [1959].

[BEDELL, G.; COLLINS, T. (Eds.)]. *A Discourse for a King and Parliament*. [Londres, 1660]. p.1-2.

ASHTON, R. "Deficit Finance in the Reign of James I". *Economic History Review* [*Econ. H.R*]. (2.série), v.X, p.16, [1957].

_____. *The Crown and the Money Market, 1603-1640*. [Oxford: Clarendon Press], 1960.

AYLMER, G. E. *The King's Servants*: The Civil Service of Charles I. [Routledge & Kegan Paul], 1961.

_____. "The Last Years of Purveyance, 1610-60". *Econ. H.R.* (2.série), v.X, p.1, [1957].

BAKER, H. *The Wars of Truth* [: Studies in the Decay of Christian Humanism in the Earlier Seventeenth Century. Cambridge, Mass.: Harvard University Press], 1952. p.366.

BATESON, F. W. *English Poetry*: A Critical Introduction. [Londres: Longmans], 1950. cap.3, 8.

BAXTER, R. *The Holy Commonwealth*. [Londres], 1659.

BAXTER, S. B. *The Development of the Treasury, 1660-1702*. [Londres: Longmans], 1957. p.142, 257-62.

BOARD, J. "Gentry Finance and the Civil War; The Case of the Buckinghamshire Verneys". *Econ. H.R.* (2.série), v.XXXII, p.183-201, [1979].

BRIGG, K. *The Anatomy of Puck*. [Londres: Routledge & Kegan Paul], 1959. p.2.

BRUNTON, D.; PENNINGTON, D. H. [(Eds.)]. *Members of the Long Parliament*. [Londres], 1954.

BUCKLEY, W. E. (Ed.). *Memoirs of Thomas, Earl of Ailesbury*. [Londres], 1890. [v.I], p.105.

BUNYAN, [J.]. *O Peregrino*, 1678-84.

CAPP, B. *Astrology and the Popular Press*: English Almanacs 1500-1800. [Londres: Faber], 1979. p.194.

CHAMBERLEN, P. *The Poor Man's Advocate*. [Londres], 1649.

CHANDAMAN, C. D. *The English Public Revenue, 1666-1688*, 1975. p.235; cf. p.208, 270-3.

CITY OF EXETER MSS. (*Historical Manuscript Commission*), p.167-9.

CLARENDON, [E. H.]. *History of the Rebellion*. [Oxford], 1888. [v.VI], p.176.

CLARK, G. N. *Guide English Commercial Statistics, 1696-1782*. [Londres: Offices of The Royal Historical Society], 1938. p.120-5.

COLEMAN, D. C. "Labour in the English Economy of the Seventeenth Century". *Econ. H.R.* (2.série), v.VIII, p.280-95, [1956].

_____. "Naval Dockyards under the Later Stuarts". *Econ. H.R.* (2.série), v.VI, p.139-41, [1953].

CORFIELD, P. "Economic Issues and Ideologies". [In: Russell, C. (Ed.)]. *The Origins of the English Civil War*. [Macmillan: Basingstoke], 1973. p.197-218, esp. p.202-3, 215.

DANIEL, S. *Collection of the History of England*. Londres, 1612.

DAVENANT, C. [*The Political and Commercial Works of That Celebrated Writer Charles D'Avenant*. Relating to the Trade and Revenue of England, the Plantation Trade, the East-India Trade, and African Trade. v.I, University of Michigan, 2009].

DAVIES, K.G. *The Royal African Company*, 1957. p.170-4.

DAVIS, D. *A History of Shopping*. [Londres: Routledge & K. Paul], 1966.

DAVIS, R. "English Foreign Trade, 1660-1700". *Econ. H.R.* (2.série), v.VII, p.150-63, [1954-5].

_____. "Merchant Shipping in the Economy of the Late Seventeenth Century". *Econ. H.R.* (2.série), v.IX, p.70, [1956].

DEBUS, A. G. *The English Paracelsians*. [Londres, Oldbourne], 1965. p.182.

[DEFOE, D.]. *Hymn to the Mob*, 1708.

DEKKER, T. *The Honest Whore*. Cambridge: Cambridge University Press, 1604. v.II, p.i.

DENZIL, H. *Memoirs*, 1699.

DICKSON, P. G. M. *The Financial Revolution in England* [: A Study in the Development of Public Credit, 1688-1756. Londres: Macmillan], 1967. *passim*.

DIETZ, F. C. *English Public Finance, 1558-1641*. [Nova York: The Century, 1932]. p.393.

Referências bibliográficas

DRYDEN, [J.]. *Secular Masque*, 1700.

DUNN, R. S. *Sugar and Slaves* [: The Rise of the Planter Class in the English West Indies, 1624-1713. Londres: Cape], 1973. p.162, 187, 233.

EHRMAN, J. *The Navy in the War of William III, 1689-97*. [Cambridge], 1953. p.XV, XX, 174, 282-8, 562-4.

ELIOT, T. S. *The Family Reunion*. [San Diego, Nova York, Londres: Harcourt Brace and Company, 1964].

[FARINGTON, M. (Ed.)]. "Farrington Papers". *Chetham [Society Historical and Literary Remains connected with the Palatine Counties of Lancaster and Cheshire*. v.XXXIX], p.88, 1856.

FARNELL, J. E. "The Navigation Act of 1651, the First Duth War and the London Merchant Company". *Econ. H.R.* (2.série), v.XVI, p.439-54, [1959].

FISHER, F. J. "London's Export Trade in the Early Seventeenth Century". *Econ. H.R.* (2.série), v.III, [1956].

FORTREY, S. *England's Interest and Improvement*. [Memphis: General Books LLC], 1663. p.18-20.

FRIIS, A. *Alderman Cockayne's Project and the Cloth Trade*. Copenhagen: [Levin and Munksgaard; Londres: Oxford University Press], 1927.

FULLER, [T.]. [The] *History of [the University of] Cambridge*. [Londres], 1655. p.71.

GATAKER, T. *Certaine Sermons [First Preached and after Published at Severall Times*: And now Gathered Together into One Volume – 1574-1654. Londres: J. Haviland for F. Clifton, 1637]. p.33.

GAY, E. F. "Sir Richard Temple ... 1653-75". *Huntington Library Quarterly*, v.VI, p.270-6, [1943].

GOULD, J. D. "The Trade Depression of the Early 1620s". *Econ. H.R.* (2.série), v.VII, p.87, [1954-5].

[*Historical Manuscript Commission [Comissão de Manuscritos Históricos]*] *H.M.C.*, *Fifth Report, Appendix*, v.I, p.375, [1876].

HABAKKUK, [J.]. "English Landownership, 1680-1740". [*Econ. H.R.* (2.série), v.X], p.16-7, [1957].

HABAKKUK, [H. J.]. "English Landownership, 1680-1740". *Econ. H.R.*, v.X, p.8-9, [1957].

_____. "Marriage Settlements in the Eighteenth Century". [*Transactions of the Royal Historical Society [Transações da royal Historical Society]* (*T.r.H.s.*), (4.série), v.XXXII], p.18-20, 1950.

HARRISS, G. L. "Mediaeval Doctrines in the Debates on Supply". In: SHARPE, K. (Ed.). *Faction and Parliament*: Essays on Early Stuart History. [Oxford], 1978.

HALIFAX, [G. S.]. *A Rough Draft of a New Model at Sea*, 1694.

[HENRY, G.; HARDY, W. J. (Eds.)]. "The Root and Branch Petition (1640)". [In: *Documents Illustrative of English Church History*. Nova York: Macmillan, 1896].

HILL, C. *Antichrist in Seventeenth-Century England*. [Oxford: Oxford University Press, 1971].

_____. "From Lollards to Levellers". [In: CORNFORTH, M. (Ed.)]. *Rebels and their Causes*: Essays presented to A. L. Morton. [Londres: Lawrence and Wishart], 1978.

_____. *Puritanism and Revolution*. [Reino Unido: Penguin Books, 1986]. p.73-92, caps.1, 6.

_____. *The World Turned Upside Down*. [Reino Unido]: Penguin Books, [1975].

HINTON, [W. K.]. *The Eastland Company and the Common Weal*. [Londres], 1959. cap.vii.

HIRST, D. *The Representative of the People?* Voters and Voting in England under the Early Stuarts. [Cambridge: Cambridge University Press], 1975. p.3-7, 44-64, 66-7, 78-93, 111, 158.

HOBBES, T. *Behemoth*. [Londres: Crooke, 1682].

HOLLAND, A. K. *Henry Purcell*. [Harmondsworth: Penguin], 1948.

HOLSWORTH, W. *A History of English Law*, 1923-56. esp. p.i, v, vi.

HOSKINS, W. G. *The Midland Peasant*. [Londres, 1957]. p.285-93.

_____. "The Rebuilding of Rural England, 1570-1640". *Past and Present* [*Passado e Presente*] (*P. e P.*), v.IV, 1953].

HOSKINS, W. G.; FINBERG, H. P. R. *Devonshire Studies*. [Londres, 1952]. p.424.

HOUGHTON, J. *A Collection of Letters for the Improvement of Husbandry and Trade*, p.82, 1727.

[_____.] *Husbandry and Trade Improved* [V4: Being a Collection of Many Valuable Materials Relating to Corn, Cattle, Coals, Hops, Wool, Etc.], 1728. p.56.

HUGHES, E. *Studies in Administration and Finance*. [Manchester: Manchester University Press], 1934. p.123-4, 138-67, 205, 216-9.

_____. "The Professions in the Eighteenth Century". *Durham University Journal* (new ser.), v.XIII, p.47-8, [1952].

HURSTFIELD, J. *The Queen's Wards*. [Londres: Cape], 1958. p.313.

JACOB, J. R. *Robert Boyle and the English Revolution*. Nova York [: Burtt Franklin], 1977.

JACOB, M. C. *The Newtonians and the English Revolution*. [Ithaca]: Cornell University Press, 1976. p.168.

JAMES, M. *Social Policy during the Puritan Revolution*. [Londres: George Routledge and Sons, 1930]. p.194, 207, 211.

JORDAN, W. K. *Philanthropy in England, 1480-1660* [: A Study of the Changing Pattern of English Social Aspirations]. Londres: George Allen & Unwin, 1959.

KEARNEY, H. F. *Strafford in Ireland* [, *1633-41*: A Study in Absolutism. Manchester: Manchester University Press], 1959. cap.12.

KEELER, M. *The Long Parliament* [, *1640-1*: A Biographical Study of its Members. Filadélfia], 1954.

Referências bibliográficas

KENNEDY, W. *English Taxation, 1640-1799* [: An Essay on Policy and Opinion. Routledge], 1913. p.67.

KENYON, J. P. *Robert Spencer, Earl of Sunderland, 1641-1702*. [Westport: Greenwood Press, 1958]. p.251, 266, 323.

KNOOP, D.; JONES, G. P. *The Medieval Mason*, 1949. p.237-8.

LANDSDOWNE, [H. W. E. P-F.]. (Ed.). *Petty Papers*. Some Unpublished Writings of Sir William Petty. 1927. v.I, p.7.

LE ROY LADURIE, [E.]. "Peasants". *New Cambridge Modern History*, v.XIII, Companion Volume, p.133-4, 139, [1979].

LEWIS, G. R. *The Stannaries* [: A Study of the English Tin Miner. Mass.: Boston; Nova York: Houghton, Mifflin and Co.], 1924. p.220-1.

LILLY, W. "The True History of King James I and Charles I". [In: *Mr. William Lilly's History of his Life and Times*. 2.ed. Londres: Curll, Pemberton and Taylor], 1715. p.55-6.

[LOCKE, J.] *Englands Complaint to Jesus Christ against the Bishops Canons*. [Amsterdã: Cloppenburg Press, 1640].

MACPHERSON, C. B. *The Political Theory of Possessive Individualism* [Hobbes to Locke. Oxford: Clarendon], 1962.

MANNING, [B.]. "The Nobles, the People and the Constitution". *P. e P.*, v.IX, p.61, [1956].

_____. *The English People and the English Revolution*. [Reino Unido: Penguin, 1978]. p.217-8.

MAYES, C. R. "The Sale of Peerages in Early Stuart England". *Journal of Modern History*, v.XXIX, [1957].

MERCER, E. "The Houses of the Gentry". *P. e P.*, v.IV, [1953].

MEYER, E. [H.]. *English Chamber Music*. [Londres: Lawrence & Wishart], 1946.

MOUSLEY, J. E. "The Fortunes of Some Gentry Families of Elizabethan Sussex". *Econ. H.R.* (2.série), v.XI, p.479, [1959].

NEVILL, H. *Plato Redivivus*, 1681.

NICOLSON, M. "English Almanacs and the 'New Learning'". *Annals of Science*, v.IV, [1939].

NIGHTINGALE, B. *Early Stages of the Quaker Movement in Lancashire*. [Londres: Congregational Union of England and Wales], 1922. p.72.

NOTESTEIN, W. *The Winning of the Initiative by the House of Commons*. [Londres: O.U.P., for The British Academy, The Raleigh Lecture on history. Palestra de Ralegh], 1924.

OGDEN, M. S. *English Taste in Landscape in the Seventeenth Century*. [Ann Arbor: University of Michigan Press], 1955. esp. p.88-9, 163.

OGG, D. *England in the Reigns of James II and William III*. [Oxford: Oxford University Press, 1984]. p.107.

PEARL, V. L. *London and the Outbreak of the Puritan Revolution*. Oxford: Clarendon Press; Oxford University Press], 1961. p.178.

PETER, H. *God's Doings and Man's Duty*. 1645. p.6.

PERKIN, H. J. "The Social Causes of the British Industrial Revolution". *T.r.H.s.*, [v.XVIII], p.135, 1968.

PITTIS, T. *A Private Conference between a Rich Alderman e a Poor Country Vicar*. [Londres: James Collins], 1670. p.131, 232-8.

PLUCKNETT, T. F. T. *A Concise Hisitory of the Common Law*. [5.ed. Londres: Butterworths], 1956.

PLUMPTRE, K. H. *The Life of Thomas Ken*. 1890. v.I, p.298.

RABB, T. K. *Enterprise and Empire*: Merchant and Gentry Investment in the Expansion of England, 1575-1630. [Harvard: Harvard University Press, 1967]. p.93, 126.

RALEGH, W. *A Discourse of the Invention of Ships*. [1829].

_____. *The Cabinet Council*, [1658].

REZNECK, S. "The Statute of 1696 [: A Pioneer Measure in the Reform of Judicial Procedure in England]". *Journal of Modern History*, v.II, p.13, [1930].

ROBERTS, M. *Gustavus Adolphus* [: A History of Sweden, 1611-1632], v.II, p.376, 1958.

ROBINS, C. (Ed.). *The Diary of John Milward*. [Londres: Cambridge University Press], 1938. p.25, 202-3, 311.

ROBINSON, R. *Anticipations under the Commonwealth of Changes in the Law*, [Londres: Wildy & Sons; W. Ridgway, 1869], p.484.

ROGERS, T. *A History of Agriculture and Prices in England*. 1887. v.V, p.664-71, 825-7.

SCOTT, W. R. *The Constitution and Finance of English, Scottish and Irish Joint-Stock Companies to 1720*. [Cambridge], 1910-2. 3v. v.I, caps.7-8.

SHADWELL, [T.]. "The Virtouso", act V. [In: SUMMERS, M. (Ed.). *The Complete Works of Thomas Shadwell*. 1927]. 5v. v.III, p.168.

SHANKLAND, G. "A Study of the History of Architecture in Society". *The Architectural Association Journal*, v.LXIII, [1947].

SHAKESPEARE, [W.]. *Hamlet*. v.II, [1599-1601].

SIEBERT, F. S. *Freedom of the Press in England, 1476-1776* [: The rise and decline of government control. Urbana: University of Illinois Press], 1952. p.191, 203.

SIEVER, P. S. *The Puritan Lectureships*: The Politics of Religious Dissent, 1560-1662. Stanford: Stanford University Press, 1970. p.116-7.

SINGER, C. *Technology and History*, 1952. p.6, 16.

SPRAT, [T.]. *History of the Royal Society*. [Londres], 1667.

STEPHEN, J. F. *History of Criminal Law in England*. [Routledge; Taylor and Francis Group], 1883. v.I, p.402.

STEPHENS, W. B. *Seventeenth Century Exeter*. [University of Exeter], 1958. p.XXIV, 90.

STONE, L. *The Causes of the English Revolution, 1529-1642*. [Nova York: Harper Torchbooks, 1972]. p.71-2, 110-2.

Referências bibliográficas

STONE, L. *The Crisis of the Aristocracy, 1558-1641*. [Oxford: Clarendon Press], 1965. p.65-128, cap.IV, esp. p.156-64.

_____. "The Elizabethan Aristocracy: A Restatement". *Econ. H.R.* (2.série), v.IV, p.312-4, [1952].

STYLES, P. *Studies in Seventeenth Century West Midlands History*. [Kineton: Roundwood Press], 1978. p.190-3.

SUCKLING, J. "Brennoralt", a Tragedy. [In: LAWES, W. (CALLON, G. J., Ed.). *Collected vocal music*: Dialogues, Partsongs, and Catches. A-R Editions], 1639. v.III, p.i.

SUMMERSON, J. *Architecture in Britain, 1530-1840*. [Yale: Yale University Press], 1955.

SUPPLE, B. E. *Commercial Crisis and Change in England, 1600-42*. [Cambridge: Cambridge University Press], 1959.

TAWNEY, R. H. *Business and Politics under James I*. [Cambridge: Cambridge University Press, 1958]. p.146.

THE MYSTERY OF THE NEW-fashioned Goldsmiths or Bankers, 1676. p.3.

THIRSK, J. *Economic Policy and Projects*: The Development of a Consumer Society in Early Modern England. [Oxford]: Clarendon Press, 1978.

_____ (Ed.). *The Agrarian History of England and Wales, 1500-1640*. Cambridge: Cambridge University Press, 1967. v.IV, p.109-12, 462-5.

THOMAS ASTON, B. *A Remonstrance against Presbytery* (1641), Sig. 1-4^v.

THOMAS, P. W. Two Cultures? Court and Country under Charles I. In: RUSSELL, C. (Ed.). *The Origins of the English Civil War*. [Macmillan: Basingstoke], 1973. p.168-93.

UNDERDOWN, D. E. [In: HORNE, D. (Ed.)]. *Royalist Conspiracy in England, 1649-60*. [New Haven: Yale University Press], 1960.

UNWIN, G. *Industrial Organisation in the Sixteenth and Seventeenth Centuries*. [Londres: Frank Cass; Oxford: Clarendon Press, 1904].

VEALL, D. *Popular Movements for Law Reform, 1640-1660*. [Oxford: Clarendon Press], 1970.

VINCENT, W. A. L. *State and Education under the Commonwealth*, 1950. p.21, 135.

WALCOTT, R. *English Politics in the Early Eighteenth Century*. [Oxford], 1956. p.23, 26.

WASE, C. *Considerations concerning Free Schools*. [Oxford], 1678.

WATERHOUSE, E. K. *Painting in Britain, 1530-1790*. [Londres: Penguin Books], 1953. esp. p.46, 49.

WEDGWOOD, C. V. *The King's War* [, *1641-1647*. Londres: Collins], 1958. p.44.

WEST, A. *The Mountain in the Sunlight* [: Studies in Conflict and Unity. Londres: Lawrence & Wishart], 1958. p.67-73.

WHINNEY, M.; MILLAR, O. *English Art, 1625-1714*. [Oxford: Clarendon Press], 1957. esp. cap.4, p.188, 253-5, 285, 297, 319, 333.

WILLIAMS, P. *The Council in the Marches of Wales under Elizabeth I.* [Wales: Wales University Press], 1958. p.148.

WITHER, G. *Brittan's Remembrancer.* 1628.

WOOD, A. *Life and Times,* 1891. v.I, p.333.

Índice

A

Academias dissidentes, 267, 313-4

Addison, Joseph (1672-1719), 271, 320-1, 357

África Ocidental, 170, 230

Agentes de seguro da marinha de Lloyd, 293

Agitadores do exército, 123-4, 140, 204

Agricultura, 20, 22-3, 102, 112, 134, 161-3, 174, 218, 220-2, 242, 260, 264-5, 289

Alistamento militar, 141, 173, 330

Allybone, *sir* Richard, Juiz (1636-88), 266

Alva, Fernando Alvarez de Toledo, duque de (1508-83), 64

Amboyna, massacre de, 44, 170, 353

Amsterdam, capital da Holanda, 169, 285, 292

Ana, rainha da Inglaterra (1665-1714), 6-7, 275-6, 278-9, 287, 297-8, 302-4, 306-7, 312-3, 322, 330, 334, 339, 354

Anabatistas; *ver também* batistas, 101, 153

Andrewes, Lancelot, bispo de Winchester (1555-1626), 100, 197

Anglo-saxões; *ver também* jugo normando, 101, 190, 192

Aprendizagem, 34, 286

Aprendizes, Estatuto dos (1563), 30, 286

Aprovisionamento, 56-7, 164, 209, 212, 234

Argyll, Archibald Campbell, conde de (*c.*1640-85), 213

Arlington, Henry, Benett, conde de (1618-85), 211, 246

Arquitetura, 9, 91, 108, 200, 322, 324

Arrendamento de impostos, 236, 305

Arrendatários de impostos, 43, 58, 63

Arundell, Henry, lorde de Wardour (?1606-94), 214

Ashby versus White (1704), 319, 349

Ashley, ou Ashley-Cooper, *sir* Anthony, *ver* Shaftesbury, conde de, 211, 227

Ashton, professor Robert, 43, 51, 53

Asiento, 278, 284

Assembleia dos Divinos de Westminster, *ver também* Assembleia de Eclesiásticos, 179, 185

Aston, *sir* Thomas (1600-45), 51, 202

Atos de Navegação, 125, 170, 284, 291

Aubrey, John, antiquário (1626-97), 165, 175, 199, 264, 266, 270, 357

Aulnagers, 35

B

Bacon, *sir* Francis, visconde de St. Albans, *lord Chancellor* (1561-1626), 15, 28, 42, 67, 80, 102, 184, 194-6, 264, 357

O século das revoluções

Badd, Emmanuel (*fl. c.*1610-1640), 20

Baía de Hudson, 278

Baillie, rev. Robert, comissário escocês em Londres (1599-1662), 139

Banco da Inglaterra, 275, 290-1, 301-2, 305, 328, 334

Bancroft, Richard, arcebispo de Canterbury (1544-1610), 64, 95, 99, 341

Barbon, Praise-God (?1596-1679), 125, 350

Barebones Parliament, 125, 145-6, 178, 182, 192, 337, 350

Basing House, 132, 150

Bastwick, Dr. John (1593-1654), 17, 52, 107, 122

Bate, Dr. George (1608-69), 144

Bate, John, mercador, caso de (1606), 55

Batistas; *ver também* Anabatistas, 180, 356

Baxter, rev. Richard (1615-91): sobre agricultores pobres, 29; sobre a importância de Londres, 27; sobre a plebe, 250; sobre as cisões da Guerra Civil, 128, 134-5; sobre eleições, 50; sobre liberdade, 52; sobre os agitadores, 140; sobre os *Triers and Ejectors* de Cromwell, 185; sobre republicanos, 181; tratados queimados pela Universidade de Oxford, 266-7

Bayley, Lewis, bispo de Bangor (?*c.* 1580-1631), 107

Beachy Head, batalha de, 276

Bedford, 19, 24, 253, 263

Behn, *mrs.* Aphra (1640-89), 321

Bellers, John (1654-1725), 329

Berkeley, George, bispo de Cloyne (1685-1753), 334

Berwick, Tratado de, 17

Bethel, Slingsby, mercador e xerife de Londres (1617-97), 283

Bíblia, interpretação da, 102, 187, 351

Bíblia, versão autorizada, 105

Bíblia, versão de Genebra, 107

Bidle, John (1615-62), 147

Biggs, Noah (*fl.* 1651), 193

Birmingham, 20, 24, 26, 34, 137, 222

Blackstone, *sir* William (1723-80), 162

Blake, Robert, almirante (1599-1657), 42, 144, 169, 171

Blake, William (1757-1827), 324

Blenheim, Batalha de, 277, 320

Blenheim, Palácio de, 325

Bloody Assizes, 214, 252, 350

Blyth, Walter, escritor de textos sobre agricultura (*fl.* 1649-53), 163, 178

Bodin, Jean, autor de *Six Livres de la République*, 1576 (*c.* 1530-96), 73

Bolsa de Valores, 293, 327

Bombaim, 210, 233

Booth, *sir* George, lorde Delamere (1622-84), 152

Booth, Henry, lorde Delamere, filho do supracitado (1652-94), 215

Bownde, rev. Nicholas, autor de *The Doctrine of the Sabbath*, 1595 (?*c.* 1550-1613), 93

Boyle, o honorável Robert (1627-91), 194, 265, 326

Boyne, batalha de, 276, 350

Bradford, 24, 132, 133

Brady, Robert (?*c.* 1625-1700), 334

Brahe, Tycho, 193

Bramhall, John, bispo de Derry e Arcebispo de Armagh (1594-1663), 99

Bramston, *sir* James (1661-1700), 258

Bray, the Vicar of, canção satírica, 351-2

Breda, Declaração de, 128, 154, 160, 210, 217

Brereton, *sir* William (1604-61), 137-8, 155

Brightman, rev. Thomas (1562-1607), 181

Bristol, 24, 27, 163, 171, 186, 229, 260, 283, 346

Browne, *sir* Thomas (1605-82), 8

Browning, professor Andrew, 236

Buckingham, George Villiers, duque de (1592-1628): assassinato de, 16, 77; como lorde almirante, 44; considera confisco das terras do reitor e do Colegiado, 96; e Carlos I, 15, 64-5, 75-8; e Jaime I, 14-5; e monopólios, 38, 76; *impeachment* de, 67; impopularidade de, 75-8; imposto subavaliado, 58-9; opõe-se à reforma financeira, 58; mencionado, 54, 70, 72, 80, 306

Buckingham, George, duque de, filho do supracitado (1628-87), 211

Índice

Buckinghamshire, 68, 131, 153, 173, 249

Bull, John (? 1563-1628), 107

Bunyan, John (1628-88), 8, 175, 186, 220, 253, 259, 263, 269, 271, 331, 357

Burford, 24, 124, 143, 144, 162

Burnet, Gilbert, bispo de Salisbury (1643-1715), 56, 242, 260-2, 296, 312-3, 357

Burton, rev. Henry (1578-1648), 17, 52, 122

Burton, rev. Robert (1577-1640), 85, 106, 271

Bushell, Edward (1594-1674), 36

Butler, Samuel, autor de *Hudibras* (1612-80), 262, 264

Byrd, William (? 1538-1623), 107

C

Cabal, 211

Cabinet, o, 150, 306-7, 354

Caesar, *sir* Julius, *chancellor of the Exchequer* (1558-1636), 57

Cafeterias, 267

Calvert, George, lorde Baltimore, secretário de Estado (1580-1632), 66

Calvin, Jean, reformador protestante e teólogo (1509-64), Calvinismo, 90, 101, 181, 184, 314-7

Cambridge, 14, 19, 24, 84, 85, 89, 101, 194, 214, 221, 259, 265-6, 314, 344

Cambridge, Universidade de, 14, 84, 85, 89, 194, 214, 221, 259, 265-6, 314

Camponeses, 27, 328

Canadá, 45, 278, 284

Cardiganshire, 30

Cargos, venda de, 76-7, 112, 151

Carlisle, James Hay, conde de (m. 1636), 46

Carlos I, rei da Inglaterra (1600-49); captura de (por Cornet Joyce), 123, 140; como patrono de arte, 107-8; e a Escócia, 17-8; e a Igreja, 16, 84, 89, 93; e a Petição de Direitos, 15-6, 59-60; e colônias, 45-6; e monopólios, 36, 39; e o Parlamento, 15-8, 59-60, 65-6, 68-70, 80, 190, 245-9; e os juízes, 74-5, 125-6, 256; e os pobres, 31, 35-6; e venda de títulos, 49, 77; governo pessoal de, 34-5, 61, 74, 117; julgamento e execução de, 124, 143, 144, 188, 241, 257;

literatura, 106; na Guerra Civil, 122, 134-5, 186, 189; personalidade de, 80; política externa de, 45-6, 63-7, 79-81, 172; problemas financeiros de, 17, 53, 57, 63, 172-4, 237; sobre leitores de sermão, 175-6; visita a Madri, 15, 64-5, 154; mencionado, 7, 8, 19, 27, 32, 55, 85, 94, 98, 100, 102, 106, 121, 133, 151-2, 180-1, 183, 187, 204, 235, 243, 284, 292, 337, 349-52, 354, 355

Carlos II, rei da Inglaterra (1630-85): como patrono de arte, 323-5; e a *City*, 296; e a Igreja da Inglaterra, 313; e literatura, 320; e o catolicismo, 213, 256; e o comércio, 226-34; e o Parlamento, 154, 213, 234-8, 244-9, 298-300; e os juízes, 244; no exílio, 125, 126; política externa de, 172, 211, 228-9, 247, 257, 328; política religiosa de, 211, 251-2, 262-3; problemas financeiros de, 234-8; Restauração de, 128, 143, 151, 154, 191, 204, 209, 240, 242; toque curativo, 334; mencionado, 94, 98, 138, 152, 172, 200, 217, 224, 264, 284, 313, 317, 328, 338, 351, 355

Carlos III, rei da Espanha (1661-1700), 15, 64

Carlos IV, arquiduque e imperador romano sagrado (1685-1740), 276

Casa de Saboia, 277-8

Catarina de Bragança, rainha da Inglaterra (1638-1705), 210

Católicos romanos, na Inglaterra, 214, 253, 257, 262, 356

Cecil, *sir* Robert, conde de Salisbury, *lord Treasurer* (1563-1612), 13, 53, 58, 64, 235

Cecil, William, lorde Burghley (1520-98), 13

Censura, 51, 54, 84, 87, 89, 104-6, 136, 153, 163, 188, 193, 198, 205, 266, 268

Cercamento, 6, 22, 31-3, 47, 61, 74, 114, 135, 140, 147, 161-3, 202, 219, 221, 223, 260, 288-9

Chamberlayne, Edward, autor de *The Present State of England*, 1669 (1616-1703), 134, 250

Chamberlen, Peter (1601-83), 129, 162

Chancery, Court of, 68, 145, 243, 310, 351

O século das revoluções

Chandaman, professor C. D., 237, 306

Chapman, George, dramaturgo (1559-1634), 106

Cheshire, 61, 127, 215

Chester, 24, 33-4, 132, 283

Child, *sir* Josiah, mercador e escritor de textos sobre economia (1630-99), 228, 232-3

Chillingworth, rev. William (1602-44), 188

China, 177, 334

Chivalry, High Court of, 191

Churchill, John, lorde, *ver* Marlborough, duque de, 215, 277

Ciência, 8, 100-4, 193-6, 264-5

Cinco membros, os, 122, 131

Clarendon, *sir* Edward Hyde, conde de (1609-74): como *lord Chancellor*, 210, 243, 257; e a Câmara dos Comuns, 245; *impeachment* e exílio de, 151-2, 260; Monarquista Constitucional, 151-2, 257; sobre a Câmara dos Comuns, 239; sobre a Câmara dos Lordes, 241; sobre a política colonial durante o Interregno, 169; sobre as cisões da Guerra Civil, 132; sobre as mudanças sociais e econômicas no Interregno, 144, 158, 192; sobre banqueiros, 237; sobre Cromwell, 172; sobre Haslerig, 179; sobre o episcopado, 75-6, 136; sobre o *Ship Money*, 62; sobre os "independentes", 138-9; sobre Oxford durante o Interregno, 194

Clark, professor *sir* G. N., 1, 33, 292, 302

Cleveland, John, poeta e monarquista (1613-58), 25

Clifford, Thomas, lorde, *lord Treasurer* (1630-73), 211

Cobham, Henry Brooke, lorde (*c.* 1535-1619), 13

Código Clarendon, 202, 210, 222, 250, 261, 263

Cokayne, Projeto, 1, 14, 39-41, 223, 347

Cokayne, *sir* William (*c.* 1565-1626), 40

Coke, *sir* Edward, presidente da Corte Suprema (1552-1634), 66, 71, 73-5, 88, 96, 106, 190, 192, 243, 310

Coke, *sir* John, secretário de Estado (1563-1644), 54

Coke, Roger, autor de *A Detection of the Court and State of England* (1694), 287

Coke of Holkham, Thomas, conde de Leicester (1697-1759), 220

Colchester, 24, 124, 225, 347

Coleman, Edward (antes de 1650-1678), 212

Collier, rev. Jeremy (1650-1726), 322

Comércio de escravos, 45, 169, 171, 229-31, 277-8, 282-3

Companhia das Índias Orientais, 6, 39-40, 43, 117, 168, 232-3, 282, 305

Companhia Espanhola, 42

Companhias comerciais, 46-7, 166

Complô Papista, 211

Comunicações, 20, 164

Conferência da Corte de Hampton, 13, 89, 105

Congreve, William, dramaturgo (1670-1729), 322, 357

Conselho do Norte, 121, 151

Conselho do País de Gales, 78, 121, 151

Consentimento do povo, 60, 100

Convocação de Canterbury, 17-8, 100, 260, 312

Cony, George, caso (1654), 125

Cook, John (m. 1660), 159

Cooper, Samuel (1609-72), 199, 271

Corfield, dr. Penelope, 157, 168

Cornualha, 26, 61, 150, 247

Corte Real, 17, 27, 75-9, 94, 112-5, 150, 241, 300, 304

Cosin, John, bispo de Durham (1594-1672), 219, 262

Cottington, Francis, lorde (? 1578-1652), 16, 66

Cotton, *sir* Robert, antiquário (1571-1631), 107

Covenant, the Solemn League and, 122, 244, 251

Cowell, dr. John (1554-1611), 14, 54

Cowley, Abraham, poeta (1618-67), 173

Cranfield, Lionel, conde de Middlesex, *lord Treasurer* (1575-1645), 15, 58, 65, 67

Cranmer, Thomas, arcebispo de Canterbury e mártir protestante (1489-1556), 317

Crew, *sir* Ranulph, presidente da Corte Suprema (1558-1646), 75

Índice

Cromwell, Henry (1628-74), 217

Cromwell, Oliver, lorde Protetor (1599-1658): as visões religiosas e a política de, 85, 116, 138, 178, 186; como lorde Protetor, 125, 146; como patrono de música e arte, 198-9; conquista a Irlanda, 124-5; e a execução de Carlos I, 81; e a reforma dos costumes, 316; e a *Self-Denying Ordinance*, 138; e o *Barebones Parliament*, 125; e o comércio, 233; e o Novo Exército-Modelo, 122-3, 138; expurga as corporações do Parlamento, 245; líder dos "independentes", 138; morte de, 127; na Guerra Civil, 122-3, 155, 189; oferecimento da coroa a, 126, 149; opõe-se à drenagem dos *Fens*, 21; política externa de, 171, 233, 284; mencionado, 23, 79, 142-3, 162, 168, 182-3, 204, 227, 234, 262, 276, 338, 350, 353, 355, 356

Cromwell, Richard, lorde Protetor (1626-1712), 8, 149, 338

Cromwell, Thomas, conde de Essex (? 1485-1540), 319

Crowley, Ambrose (m. 1713), 224

Cumberland, 23, 223

D

Danby, *sir* Thomas Osborne, conde de, marquês de Carmarthen e duque de Leeds, *lord Treasurer* (1631-1712), 211-3, 215, 238, 246-8, 257, 296, 299-300, 308

Dangerfield, Thomas, informante (1650-85), 309

Daniel, Samuel, poeta e historiador (1562-1619), 13

Darien Company, a, 276, 286

Davenant, Charles, escritor de economia (1656-1714), 163, 173, 229, 231, 292

Davies, *sir* John, procurador-geral na Irlanda e poeta (1569-1626)

Davis, *mr.* R., 117

Dean, Floresta de, 24, 32, 351

Debêntures dos soldados, 148

Declaração de Esportes, 93-4

Defoe, Daniel (? 1651-1731), 8, 197, 255, 269, 271, 285-6, 316-8, 320-1, 327, 357

Delamere, lorde, *ver* Booth, Henry, 215

Denbigh, Basil Fielding, conde de (*c.* 1609-1675), 137

Dennis, John, crítico (1657-1734), 322

Derby, Charles Stanley, conde de (1628-72), 244

Derby, James Stanley, conde de, pai do supracitado (1607-51), 132

Derbyshire, 302

Dering, *sir* Edward (1598-1644), 135, 178

Devonshire, 29

Devonshire, William Cavendish, conde e duque de (1604-1707), 7, 215

D'Ewes, *sir* Simons (1602-50), 62, 72, 87, 107

Diggers, os, 31, 142, 162, 184, 190-1, 331, 351

Direito ao voto parlamentar, 51, 130, 300, 317; antigo, restaurado, 126; *Levellers* propõem extensão de, 140-1, 184, 187-8, 190; redistribuído por Instrumento do Governo, 125, 146

Direito de ocupação de terras feudais, 58, 114, 139

Disciplina eclesiástica, 28, 87, 90-3, 105, 154, 177, 181-2, 184-7, 261, 316

Dissidentes, 76, 91, 145, 202, 210, 211, 213-5, 222, 226, 246, 250-3, 259, 261-4, 275, 278-9, 301-2, 316-7, 320, 353, 356

Dívida nacional, 14, 43, 54, 61, 238, 290, 299, 355

Dízimo, 86; conflitos sobre, 88, 94, 95, 111; e uma Igreja estabelecida, 176, 177, 202; oposição a, 88, 135, 177-8; proposta de abolição do, 140, 177-8, 192, 202; mencionado, 31, 262

Dobson, William (1610-46), 199

Donne, John, reitor de St. Paul's (1573-1631), 8, 103-6, 350, 357

Dorset, 35

Dover, Tratado secreto de, 24, 211, 246, 248

Downing, *sir* George (? 1623-1684), 203, 237, 242

Drax, James, mercador (*fl.* 1650-1670), 227

Drayton, Michael, poeta (1563-1631), 106

Drogheda, 124

379

Drummond, William, de Hawthornden, poeta (1585-1649), 198

Dryden, John, poeta laureado (1631-1700), 8, 197-9, 269, 283, 320-2, 333, 357

Dunbar, Batalha de, 24, 125, 178

Dunquerque, 126, 171-2, 210, 284

Dury, rev. John (1596-1680), 195

E

Eachard, rev. John (? 1636-97), 262

Earle, John, bispo de Salisbury (? 1601-65), 86

East Anglia, 34, 93, 131, 155

Eastland Company, 170, 231

Edgehill, Batalha de, 122

Edwards, rev. Thomas (1599-1647), 87, 180

Ehrman, *mr.* J., 286, 298, 306

Eliot, *sir* John (1592-1632), 15, 55, 60, 69, 85, 97, 103

Eliot, T. S., 5, 8

Elizabeth, Princesa, eleitora palatina e rainha da Bohemia (1596-1662), 15

Elizabeth I, rainha da Inglaterra (1533-1603), 6, 13-4, 26, 47, 51, 53-4, 59, 61, 64-5, 70, 89, 275, 354

Ellesmere, *sir* Thomas Egerton, *lord Chancellor* (? 1540-1617), 308

Enfiteutas, 22, 50-1, 140, 146, 161-2, 202, 221, 223, 270, 330

Escócia: Argyll invade (1685), 213; conquistada por Cromwell, 125; e a Guerra Civil, 122, 165; e a Restauração, 127, 174; e Carlos I, 17, 46, 80, 99, 174; e os "presbiterianos", 139; Guilherme III e, 276; Jaime I tenta unificar com a Inglaterra, 5-6, 14; representada nos Parlamentos do Protetorado, 148; União de 1652, 125, 148, 286; União de 1707, 276, 286, 302, 313, 328; mencionada, 19, 70, 212

Escolas, provisão de, 27, 31, 96, 113, 194, 267

Espanha: Carlos I e, 46, 64, 79, 169; comércio com, 42, 44, 168, 171, 285; conflito de Cromwell com, 126, 171; e a Guerra dos Trinta Anos, 15, 64; Jaime I e, 14, 45, 64; Parlamento a favor da guerra com, 15, 64; príncipe Carlos e visita de Buckingham, 15, 64-5, 154; sucessão espanhola, 276-7, 284

Essex, 35, 75, 296

Essex, Arthur Capel, conde de (1631-1683), 213

Essex, Robert Devereux, conde de (1591-1646), 122-3, 139, 189

Evelyn, John (1620-1706), 203, 233

Everitt, professor A., 47

Exchequer, Stop of the, 211, 237-8, 290, 348, 355

Excomunhão, 87, 92, 264

Exeter, 24, 27, 43, 163, 236, 283

F

Fairfax, *sir*. Thomas, lorde (1612-71), 122-5, 132, 143, 155

Falkland, Lucius Cary, lorde (? 1610-43), 98-9

Fawkes, Guy (1570-1606), 14, 215, 352

Feiling, professor *sir* K. G., 249

Fens, drenagem dos, 23, 36, 162

Fenwick, *sir* John (? 1645-97), 310

Ferguson, Robert (*?c.* 1635-1714), 302

Ferrar, rev. Nicholas, de Little Gidding (1592-1637), 106-7

Filmer, *sir* Robert (1588-1653), 189, 248, 251, 268-9, 317

Finch, Heneage, advogado geral, *ver* Nottingham, conde de

Finch, *sir* John, lorde, presidente da Corte Suprema (1584-1660), 62, 246

Fisher, Samuel (1605-65), 193

Fishery Corporation, a Royal, 233

Fishery Society, 38

Five Knights' Case (1627), 16, 75, 351

Flamsteed, John, astrônomo (1646-1719), 265

Fleetwood, Charles, major-general (1618-92), 149

Fletcher, John, dramaturgo (1579-1625), 104, 106, 223

Florestas reais, 23, 54, 61, 162

Fortrey, Samuel (1622-81), 221, 224

Fox, 'Funileiro' (*fl.* 1640-49), 137

Fox, George, quacre (1624-91), 271, 357

Índice

Foxe, John, martirologista (1516-1587), 64, 180

França: Carlos I e, 15; Carlos II e, 210, 211, 238, 247; Cromwell e, 126; disputa colonial com, 172, 284; Dunquerque vendida para, 210; e Guerra da Sucessão Espanhola, 256-7, 284; governo absolutista na, 201; Guerra de Guilherme II contra a, 277-8; impostos em, 57-8, 290; Jaime II e, 215; protestantes em, 134, 214; regulações industriais em, 164; Tratado secreto de Dover com, 211, 246; mencionada, 42, 46, 320

Frederico, Eleitor Palatino e rei da Bohemia (1596-1632), 15

Fuller, rev. Thomas, historiador (1608-61), 25, 198

G

Gainsborough, Thomas (1727-88), 324

Gataker, rev. Thomas (1574-1654), 182

Gaunt, *mrs.* Elizabeth (m. 1685), 309

George I, rei da Inglaterra (1660-1727), 6, 334

George, príncipe da Dinamarca, marido da rainha Ana (1653-1708), 322

Gibbons, Orlando (1583-1625), 107

Gibraltar, 172, 278, 284

Gim, 7, 288, 317

Gloucester, 20, 24, 122, 132-3

Gloucestershire, 32, 40, 135, 288, 351

Goddard, dr. Jonathan (? 1617-75), 194

Godden versus Hales (1686), 214, 253, 255, 256

Godolphin, Sidney, conde de, *lord Treasurer* (1645-1712), 212, 278, 303-4, 306, 320

Goldsmith, Oliver (1728-74), 205

Gondomar, Diego Sarmiento de Acuna, conde de (1567-1626), 64

Goodson, William, almirante (*fl.* 1634-62), 172

Governo da maioria, 189

Grand Remonstrance, a, 44, 67, 122, 131, 135, 185, 188, 352

Graunt, John (1620-74), 265, 293

Great Contract, o, 56-8, 234

Great Marlow, 24, 129

Greenland Company, a, 38

Greville, *sir* Fulke, lorde Brooke, *Chancellor of the Exchequer*, poeta e biógrafo (1554-1628), 106

Grew, Nehemiah (1641-1712), 265

Guerra dos Trinta Anos, 17, 41, 63-4, 115, 164, 172

Guildas, 33-4, 102, 167, 222, 317

Guilherme I, o Conquistador, rei da Inglaterra (1027-87), 191

Guilherme de Orange, Guilherme III, rei da Inglaterra (1650-1702): aceito como rei, 296; casa-se com princesa Mary, 211; conquista a Irlanda, 276; e o Parlamento, 295-300, 303; guerreia contra Luís XIV, 46, 277, 290, 298; invade a Inglaterra, 215, 238, 240, 254, 258, 281, 308; morte de, 277; mencionado, 42, 227, 235, 307, 312, 322

Gustavo II Adolfo, rei da Suécia (1594-1632), 66, 79

Gwyn, Nell (1650-87), 248

H

Habakkuk, professor H. J., 2, 218

Habeas corpus, Lei do *Habeas Corpus*, 59, 212, 246, 249, 287

Hacket, John, bispo de Coventry e Lichfield (1593-1670), 98

Hakewill, rev. George (1578-1649), 101-2

Hakluyt, Richard, geógrafo (1552-1616), 45-6, 64, 171, 231

Hale, *sir* Matthew, juiz (1609-76), 243

Halifax, 24, 133

Halifax, George Savile, marquês de (1633-95), 201, 212, 214, 249, 268, 270, 281

Hall, Joseph, bispo de Norwich (1574-1656), 106

Haller, professor William, 1, 89-90

Halley, Edmund, astrônomo (1656-1742), 265

Hamilton, James, marquês e duque de (1606-49), 79, 124

Hampden, John (1594-1643), 17, 46, 62, 121, 122, 131

O século das revoluções

Harley, Robert, conde de Oxford, *lord Treasurer* (1661-1724), 278-9, 302-4, 306, 314

Harrington, James (1611-77), 72, 196, 204, 240, 268, 319

Harrison, major-general Thomas (1606-60), 145, 148, 203

Hartlib, Samuel (*c.* 1600-1662), 195

Harvey, William, médico (1578-1657), 193

Haslerig, *sir* Arthur (*?c.* 1610-1661), 99, 179

Hawksmoor, Nicholas (1661-1736), 324

Hearth Tax, 223, 235-6, 353

Heath, Robert, poeta (*fl.* 1650), 52

Henrietta Maria da França, rainha da Inglaterra (1609-69), 15, 16, 58, 65, 75, 80, 217, 257

Henrique VII, rei da Inglaterra (1457-1509), 87

Henrique VIII, rei da Inglaterra (1491-1547), 96

Herbert, rev. George, poeta (1593-1633), 106, 107, 357

Hertford, 19, 24

Hertfordshire, 35, 355

Heywood, rev. Oliver (1630-1702), 263

Heywood, Thomas, dramaturgo (*c.* 1575-1650), 104

Hickes, George, reitor de Worcester e *Non-juror* (1642-1715), 330

High Commission, 87, 115, 121, 136, 185, 201, 210, 214, 260, 353

Hipotecas, 289

Hirst, dr. Derek, 50, 155

Hispaniola, 126, 171, 352, 356

Hobbes, Thomas (1588-1679): e 1688, 308, 318; e a censura, 266; e a família Cavendish, 198; e ciência política racional, 195, 204, 264, 267, 321; e Locke, 318; e soberania, 189; sobre a Bíblia, 187, 193; sobre as cisões da Guerra Civil, 121; sobre as escolas, 267; sobre milagres, 193, 314-5; sobre o Interregno, 175

Hogarth, William (1697-1764), 324

Holdsworth, *sir* William, 310

Holanda: a Revolta da, 64, 114; aliança sob o reinado de Guilherme III, 46, 277, 298; apoio governamental para comércio na, 39; e o Tratado de Utrecht, 278, 285; exportações de tecido para, 39, 168-9; na Guerra da Sucessão Espanhola, 277; primeira guerra holandesa, 125, 144, 170, 228; rivais comerciais da Inglaterra, 39, 44, 46, 125, 170, 227, 230, 233, 285; segunda guerra holandesa, 210, 228, 233, 290; terceira guerra holandesa, 211, 228; Tríplice Aliança com (1668), 211; um modelo para a Inglaterra, 9, 46, 55, 220; mencionado, 79, 213

Holland, *sir* John (1609-1702), 235

Holles, Denzil, lorde (1599-1680), 60, 201, 246

Holt, *sir* John, juiz (1642-1710), 291, 310, 319

Honrarias, venda de, 49, 61, 77, 221

Hooke, Robert (1635-1703), 194, 265, 324

Hooker, rev. Richard, autor de *Of the Laws of Ecclesiastical Polity* (? 1554-1600), 8, 83

Hopton, *sir* Ralph, lorde (1598-1652), 122

Horton, 29

Hotham, capitão John (1610-45), 136, 139

Hotham, *sir* John (*c.* 1589-1645), 122, 136

Houghton, John, escritor de agricultura e comércio (m. 1705), 218

Howell, James (? 1594-1662), 198

Hudson's Bay Company, 233

Hughes, professor E., 158, 219

Hull, 24, 98, 122, 132, 136

Hunton, rev. Philip, Presidente da Universidade de Durham e autor de *A Treatise of Monarchie*, 1643 (? 1604-96), 189

Hutchinson, *mrs.* Lucy (1620-depois de 1675), 116, 357

Hyde, *sir* Edward, *ver* Clarendon, conde de

Hyde, Lawrence, conde de Rochester (1641-1711), segundo filho do supracitado, 212

I

Impeachment, 67; de Bacon, 15, 67; de Buckingham, 67, 77; de Clarendon, 211, 245; de Cranfield, 15, 67; de Danby, 212, 247, 308; de onze líderes

Índice

presbiterianos, 123; de Strafford e Laud, 121; do *Whig Junto*, 277, 308

Imposto indireto, 150-1, 234-6, 238, 290, 305-6

"Independentes" (grupo político), 26, 102, 123, 137-9, 143-4, 178-84, 254

Independentes (grupo religioso), 125, 137-9, 145

Índia, 334

Índias Ocidentais, 44, 126, 165, 284

Índias Orientais, 27, 44, 167, 168, 231, 233, 355

Indulgência, declarações de, 211, 214-5, 246, 255, 262-3

Instrumento do governo, 125, 126

Irlanda: conquista e ocupação cromwelliana, 124-5, 144, 165; destruição da indústria têxtil, 282; e a Guerra Civil, 122, 186; Guilherme III e, 276; Jaime II e, 149-50, 214, 251, 256, 328; ocupação durante a Restauração, 210; rebelião da, 122; representada nos parlamentos do Protetorado, 148; Wentworth na, 16, 80, 99-100, 122

Ireton, Henry, comissário-geral (1611-51), 52, 142, 183, 185

J

Jacob, professor J. R., 326

Jacob, professor M. C., 326

Jaime I, rei da Inglaterra (1566-1625): ascensão de, 5, 13; e a Escócia, 14; e a Igreja, 84, 93; e Bacon, 103; e colonização, 6; e o direito divino dos reis, 14, 51, 70; e o Parlamento, 14, 64, 190; e os juízes, 7, 74-5; e os puritanos, 13, 86, 89; e venda de títulos, 49, 61; favoritos de, 6, 14, 75; política econômica de, 40, 44, 230; política externa de, 14, 45, 53-4, 63-7, 172; problemas financeiros de, 6, 14, 53, 58, 61; mencionado, 35, 117, 192-3, 269

Jaime II, duque de York e rei da Inglaterra (1633-1701): ascensão de, 213, 251; casa-se com Anne Hyde, 210; e a Irlanda, 149-50, 214, 251, 256, 328; e a marinha, 214, 257-8; e a pequena

nobreza *Tory*, 249, 251-8. 317; e a Rebelião de Monmouth, 214, 251; e governo local, 231, 252-3, 295, 317, 319-20; e Luiz XIV, 257, 328; e o Parlamento, 214, 251, 295, 304; e os juízes, 255-6; finanças de, 235, 238; fuga da Inglaterra, 215, 238, 258, 267, 281; morte de, 277; no exílio, 277, 299; política econômica de, 234; política religiosa de, 214-5, 252, 262-3, 333; tentativas de expulsá-lo do trono, 212; mencionado, 201, 247, 283, 299, 322

Jamaica, 126, 144, 171-2, 227, 282, 352

James, Edward Stuart, o Velho Impostor, 'Jaime III' (1688-1766), 277, 279

Japão, 334

Jeffreys, *sir* George, lorde, presidente da Corte Suprema (1648-89), 213, 252, 309, 350

Jenkins, *sir* Leoline, secretário de Estado (1623-85), 266

Jewell, John, bispo de Salisbury (1522-71), 107

Johnson, Dr. Samuel (1709-84), 334

Jones, Inigo (1573-1652), 108, 199, 353

Jonson, Ben, poeta laureado (? 1573-1637), 104, 106, 198, 350, 357

Jordan, professor W. K., 1, 113, 194, 195, 346

Josselin, rev. Ralph (1617-83), 154

Joyce, Cornet George (*fl.* 1647), 123, 140

Jugo normando; *ver também* anglo-saxões, 191

Juízes de paz: e a Câmara dos Comuns, 50-1; e a lei marcial, 60, 78; e aprendizagem, 35; e as classes baixas, 52, 78, 113, 186, 224-5; e cumprimento do Sabá, 94; e leis de caça, 235; e não conformistas, 202, 260-1; e normas salariais, 29, 113; e o governo central, 33, 35, 117, 151, 202, 244, 302; e regulamentação econômica, 78; e tribunais da Igreja, 260, 261; Jaime II e, 253; *Levellers* e, 78; *Levellers* propõem eleição de, 139, 202; socialmente inferior, 144, 147; mencionados, 51, 154, 182, 240

Junto, the Whig, 277, 298, 300, 302, 307, 308, 315

O século das revoluções

Júris, 88, 145, 213, 244, 245, 296
Juros, taxa de, 165, 237
Juxon, William, bispo de Londres e Arcebispo de Canterbury (1582-1663), 16, 86, 87, 341

K

Kent, 137, 215, 277
Keswick, 24
Kidderminster, 24, 27
Kiffin, William, mercador e ministro batista (1616-1701), 94
King, Gregory, estatístico (1648-1712), 21, 223, 289
"King's Merchant Adventures", 40
Kneller, *sir* Godfrey (1646-1723), 324
Knox, John, reformador escocês (1505-72), 317

L

La Hogue, Batalha de, 276
La Rochelle, 15-6, 65-6, 77
Ladurie, professor E. Le Roy, 221
Lambert, Major-General John (1619-83), 125-7, 145, 149, 154, 169
Lancashire, 23, 25, 30, 34, 35, 132, 135, 179, 261, 283
Lathom House, 132, 133, 150
Latitudinários, 261, 312-4, 316, 333
Laud, William, Arcebispo de Canterbury (1573-1645): acusado de papismo, 67; e a censura, 107; e a Escócia, 99; e leitores de sermão, 98-9; e o *common law*, 88, 100; e puritanos, 17, 91, 115; e Wentworth, 16, 58, 80, 203; execução de, 123; *impeachment* de, 121; ministro chefe de Carlos I, 7, 16, 147, 185, 320; opõe-se ao cercamento, 22, 31, 33, 260; Parlamento e, 100, 179; política econômica para a Igreja, 97, 115, 260; promove membros da Igreja a cargos do governo, 16, 75, 86, 100, 203; mencionado, 7, 46, 102, 131, 188
Lauderdale, John Maitland, duque de (1616-82), 211
Lee, rev. Joseph, autor de *A Vindication of Regulated Enclosure* (*fl.* 1656), 163

Lee, Nathaniel (? 1653-92), 321
Lee, rev. William (*c.* 1560-1610), 33
Leeds, 24, 26, 133, 146, 299
Lei Fundamental, 72-3, 269
Lei marcial, 16, 59-60, 78, 243
Leicester, 24, 130
Leitores de sermão, 98, 175-6, 356
Lely, *sir* Peter (1618-80), 200, 324
Lennox, Ludovic Stuart, duque de (1574-1624), 35
Lenthall, William, orador (1591-1662), 68
Leopoldo I, arquiduque e imperador Romano Sagrado (1640-1705), 276
L'Estrange, *sir* Roger (1616-1704), 218, 266
Levant Company, 167, 282
Levellers, 139-43; ascensão dos, 139; Cromwell e, 143; declínio dos, 143, 149; e movimentos democráticos em Londres, 124; e o *Agreement of the People*, 140-1, 184, 331; e o direito ao voto, 141-2, 146, 190, 318; e o exército, 140-1, 143, 144; e os *Whigs*, 249; opõem-se à *Commonwealth*, 204; opõem-se à conquista da Irlanda, 186; política dos, 141-2, 144, 178, 186, 190, 192, 204, 331; mencionados, 27, 31, 153, 182, 268, 302
Lilburne, John (1614-57), 107, 122, 145, 191, 254, 318
Lilly, William, astrólogo (1602-81), 198
Lisboa, 19, 171
Literatura, 21, 104, 106, 197, 269-71, 321, 323, 331, 357
Liverpool, 24, 34, 163, 171, 229, 283
Lloyd, *sir* Richard of Ecclusham (*fl.* 1641), 78
Locke, John (1632-1704), 3, 194, 314-6, 318, 319, 323, 325, 329, 334
Lollardy, 115
Londonderry, 61, 108, 118, 276
Londonderry Company, 117
Londres, cidade de: Carlos I e, 18, 54, 61, 117; dominância econômica da Inglaterra, 27, 35, 39, 203, 305; e 1688, 238, 293; e a Guerra Civil, 122, 131, 132, 133, 137; e a Restauração, 127, 149, 174, 225, 293; empréstimos ao governo, 18, 54, 61, 127; *entrepôt* para bens coloniais, 169; influência

384

Índice

sobre governos, 228, 234, 305, 310; *Levellers* e, 142, 143, 166, 225; mercado, 26-7, 35; "presbiterianos" e, 137-8, 179; prosperidade da, 18, 26-7, 43; reconstruída após o Grande Incêndio, 225, 324; mencionada, 30, 38, 138, 164, 301

Ludlow, major-general Edmund (? 1617-92), 105, 134, 135, 145, 148, 178, 296-7, 357

Luís XIII, rei da França (1601-43), 15, 65

Luís XIV, rei da França (1638-1715), 46, 211, 214, 229, 233, 249, 257, 276-7, 328

Luther, Martin (1483-1546), 64, 91, 101, 107

M

Macaulay, *mrs.* Catherine, historiadora (1731-91), 205

Macaulay, Thomas Babington, lorde (1800-59), 245, 300

Madri, 15, 64

Magdalen College, Oxford, 214, 215, 256

Magna Carta, 72, 162, 190, 191, 254

Mainwaring, Roger, bispo de St. David's (1590-1635), 54, 100

Majores-generais, 79, 126, 146-8, 185, 186, 204, 247, 253, 313, 319, 320

Maldon, 24, 296

Malplaquet, Batalha de, 277

Manchester, 24, 146, 244, 296

Manchester, Edward Montagu, conde de (1602-71), 54, 122-3, 138

Mandeville, Bernard, autor de *The Fable of the Bees* (1670-1733), 288, 309, 334

Manning, *mr.* B. S., 72, 154-5

Mansfeld, Ernest, Graf von (c. 1580-1626), 65

Máquina para tecelagem de meias, 25, 33

Mar Báltico, comércio báltico, 39-40, 44, 168-70, 172, 228, 231

Maria I, rainha da Inglaterra (1516-58), 63, 67

Maria II, rainha da Inglaterra (1662-94), 275, 296, 307, 312, 322, 338, 353

Maria de Módena, rainha da Inglaterra (1658-1718), 215, 252, 257

Marlborough, John Churchill, duque de (1650-1722), 6, 277, 278, 303-4, 325

Marlborough, Sarah, duquesa de (1660-1744), 278

Marlowe, Christopher, dramaturgo (1564-93), 104

Marshall, rev. Stephen (1594-1655), 91, 181

Marston Moor, Batalha de, 122

Marten, Henry (1602-80), 131, 239

Marvell, Andrew (1621-78), 197-9, 357

Masham, Abigail, *lady* (c. 1680-1734), 304

Massachusetts Bay Company, 46

Massinger, Philip, dramaturgo (1583-1640), 106

Mede, rev. Joseph (1586-1638), 181

Merchant Adventurers Company, 27, 39-43, 85, 167-8, 231, 282, 353

Middlesex, conde de, *ver* Cranfield, Lionel, 15, 54

Middleton, *sir* Hugh (? 1560-1631), 30

Middleton, Thomas, dramaturgo (1570-1627), 106, 357

Milenarianismo, 180-1

Millenary Petition, 13

Milton, John (1608-74): *Areopagitica*, 205; ataca a censura, 106, 193; ataca o laudianismo, 92; *Comus*, 105, 106; defende o divórcio, 193; defende o regicídio, 193; e a Bíblia, 187; e o milenarismo, 181; e os modernos, 101; estilo, 269-71; *Lycidas*, 106; opõe-se à Restauração, 153; *Paradise Lost*, 184, 270, 321; *Samson Agonistes*, 184; secretário latino da *Commonwealth*, 198; sobre liberdade, 183; sobre tolerância, 186, 315; tratados queimados pela Universidade de Oxford, 266-7; mencionado, 29, 198, 200, 268

Minorca, 172, 278, 284

Misselden, Edward, mercador e autor de textos sobre economia; (*fl.* 1608-1654), 35

Modyford, *sir* Thomas (? 1620-79), 227

Mompesson, *sir* Gilles (1584-?1651), 67, 78

Monck, George, duque de Albemarle (1608-70), 127-8, 149, 174, 203, 217-8

Monmouth, James Scott, duque de (1649-85), 212-4, 251-2, 254, 296, 302, 318, 331, 350

O século das revoluções

Monopólios, 32-42, 173; Buckingham e, 38, 76; comerciais, 166, 231, 281, 291.foro por prerrogativa, 38, 74, 112; industrial, abolição do, 158, 165, 166, 203, 222, 231, 291; oposição a, 15, 34, 36-40, 46, 74, 130

Monstro de muitas cabeças, 32, 115, 143, 152, 154, 203, 318, 328, 331

Montagu, Ralph, posteriormente duque de (c. 1638-1709), 212

Montagu, Richard, bispo de Chichester (1577-1641), 54

Moore, Edward (c. 1630-1678), 218-9

Morley, George, bispo de Winchester (1597-1684), 254

Morley, Thomas (? 1557-1604), 107

Morton, rev. Richard, médico e ministro puritano destituído em 1662 (1637-98), 265

Moryson, Fynes, escritor-viajante (1566-?1617), 21

Muggleton, Lodowick, cofundador da seita muggletoniana (1609-98), 52, 181

Mulheres, Status das, 29, 180, 190, 271, 328-9

Multa por ajuste, monarquista, 159, 176

Mun, Thomas (1571-1641), 291

Münster, Comuna de, 153

Música, 8-9, 91, 107, 199, 323

N

Nantes, Edito de, 214, 252

Não conformistas, ver dissidentes

Naseby, Batalha de, 24, 123, 186

Nayler, James, quacre (? 1617-78), 126, 186

Nedham, Marchamont (1620-78), 199

Nef, professor J. U., 41, 223

Neile, Richard, arcebispo de York (1562-1640), 100

Nevill, Henry (1620-94), 209, 268

Newbury, Batalha de, 122, 123, 133

Newcastle, Margareth Cavendish, duquesa de (? 1624-74), 133, 218, 357

Newcastle, William Cavendish, conde, marquês e duque de, marido da supracitada (1592-1676), 94, 114, 116, 159, 218

Newcastle upon Tyne, 18, 24, 25, 116, 233

Newcombe, rev. Henry (1627-95), 153

Newfoundland, 43, 230, 278, 284

Newton, sir Isaac (1642-1727), 8, 265, 311, 315, 325, 334

Nicolson, miss M., 193

Noel, Martin (fl. 1650-1670), 227

Non-Jurors, 312, 322, 353

North, sir Dudley (1641-91), 287, 289

North, Francis, lorde Guilford, lord Keeper (1637-85), 253

North, Roger, biógrafo (1653-1734), 8, 243, 309, 329

Northampton, Henry Howard, conde de (1540-1614), 14, 36

Northamptonshire, 31

Northumberland, Algernon Percy, conde de (1602-68), 79, 223

Norwich, 19, 24

Notestein, professor Wallace, 179

Nottingham, 19, 24, 122

Nottingham, Charles Howard, conde de (1536-1624), 44

Nottingham, Heneage Finch, conde de, lord Chancellor (1621-82), 243

Nova Brunswick, 172

Nova Escócia, 172

Nova Inglaterra, 45, 46, 86, 92, 179, 281, 284

Nova York (Nova Amsterdam), 229

Novo Exército-Modelo, 114, 123, 138, 179, 195

O

Oates, Titus (1649-1705), 211, 213, 302

Ogg, mr. David, 1, 52, 224, 241, 299, 311

Oglander, sir John (1585-1655), 136, 218

Olivares, Gasper de Guzman, conde e duque de San Lucar (1587-1645), 79

Orador da Câmara dos Comuns, 60

Osborn, Francis, autor de Political Reflections upon the Government of the Turks (1593-1659), 193

Oswestry, 24, 26, 33

Otway, Thomas, dramaturgo (1652-85), 321

Oudenarde, Batalha de, 277

Overton, Richard (fl. 1642-1663), 183

Índice

Oxford, 19, 21, 24, 122, 123, 132, 194, 213, 249, 338, 344

Oxford, Universidade de, 84-5, 143, 155, 214, 259, 264-6, 314

P

Packe, *sir* Christopher, *lord Mayor* de Londres (? 1593-1682), 168

Padres peregrinos, 87, 98

País de Gales, 24, 26, 33, 48, 78, 90, 121, 124, 150-1, 176, 195, 223, 267

Panamá, 276

Parker, Henry, autor de *Observations upon some of His Majesties Late Answers* (1604-52), 189

Partition Treaties, 276, 298

Patronato artístico, 107, 198, 324

Patronato eclesiástico, 85, 96, 145, 177-8, 192

Patronato literário, 106, 198

Pembroke, William Herbert, conde de (1580-1630), 72

Penington, Isaac, *lord Mayor* de Londres (?1587-1661), 66

Penn, William (1644-1718), 252

Pepys, Samuel: como servidor público, 151, 199, 306; demitido após 1688, 299; sobre a necessidade de empregar parlamentares anteriores, 242; sobre a Restauração, 154; sobre bancos, 237; sobre o fim da religião na política, 267; sobre o preço da produção diária, 220; mencionado, 197, 271

Perkin, professor H. J., 160

Perkins, rev. William (1558-1602), 89

Peter, rev. Hugh (1598-1660), 92, 183, 202

Peterborough, 19, 24

Petition and Advice, the Humble, 126-7, 148-9, 174, 186

Petition of Rights, 16, 59, 351

Petre, Edward, jesuíta (1631-99), 214, 253

Petty, *sir* William (1623-87), 194-6, 227, 236, 240, 293, 316

Philip V, rei da Espanha (1683-1746), 277

Physicians, Royal College of, 313

Pierce, Edward (*fl.* 1650-98), 200

Pierce, William, bispo de Bath and Wells (1580-1670), 94

Pintura, 9, 107, 199, 271, 323

Placemen, 301

Plumb, dr. J. H., 220, 304, 328

Pluralismo, 95-6

Plymouth, 24, 122, 132

Pobres, assistência aos pobres, 21, 28-31, 36, 51, 84, 116, 134, 139-41, 157, 162-4, 164-6, 166-7, 173, 178, 183, 188, 190, 222-6, 235, 262, 268, 285-8

Poesia metafísica, 8, 105, 107, 269

Pollexfen, *sir* Henry, juiz (? 1632-1691), 232

Pope, Alexander (1688-1744), 8, 270, 334

População, 28, 171, 223, 287

Portsmouth, Louise de Kerouaille, duquesa de (1649-1734), 248

Portugal, 42, 278, 285

'Pouch, Capitão', 32

Povey, Thomas, servidor público (*c.* 1610-após 1685), 227

Powell, *sir* John, juiz (1633-96), 256

Powell, Thomas, autor de *The Art of Thriving* (1572-1635), 97

Powell, Vavasor, Quinta Monarquista (1617-70), 148, 182

Pratt, *sir* Roger (1620-1684), 199, 200, 324

Preços, 20, 29-30, 158, 164, 222-3

"Presbiterianos", grupo político, 26, 123, 128, 138, 178; e a Restauração, 152; e os *Whigs*, 249, 303; e política colonial, 169; em Londres, 138, 168, 179, 248; escoceses e, 139; mencionados, 254

Presbiterianos, grupo religioso: declínio dos, 314; e disciplina, 92-3, 185; excluídos da Igreja estabelecida após 1660, 245, 262, 311-2; Igreja estabelecida na Inglaterra, 138, 178-9, 185; Jaime I e, 89; na Escócia, 99, 313; um movimento clerical igualitário, 96, 187

Preston, 24, 34, 35, 124

Preston, rev. John (1587-1628), 16, 96, 102

Pride, Coronel Thomas (m. 1658), 124, 354, 355

Pride's Purge, 144, 169, 354, 355

Prideaux, Humphrey, Arquidiácono de Suffolk (1648-1724), 313

O século das revoluções

Prior, Matthew (1664-1721), 321

Proibições, 87, 99, 260

Proprietário absoluto (de terras), 21, 51, 134, 146, 318

Prosa, 8, 196-200, 269-71

Providence Island Company, 46, 171

Prynne, William (1600-69), 17, 52, 97, 122, 189, 203

Purcell, Henry (? 1658-95), 267, 323

Puritanismo, puritanos: Buckingham e, 96; como crença revolucionária, 90, 182; definição de, 89, 116; e as virtudes burguesas, 21, 83; e assistência aos pobres, 96, 166; e caridade, 30, 113; e ciência, 100-4, 111, 193-6; e disciplina, 28, 87-8, 92; e o descanso aos domingos, 93-4; e o teatro, 104, 321-2; e música, 107, 199, 323; e patronato, 85-6; e prosa, 196; e sermão, 90, 97-8, 175-6, 196-7; Jaime I e, 14, 89; programa para reforma econômica da Igreja, 94-100, 176-8

Putney, Debates de, 124, 140-2, 187-8, 191-2

Putting-out, sistema de, 25, 224, 354

Pym, John (1583-1643), 16, 17, 46, 66, 69-70, 87, 122, 131, 190, 231

Q

Quacres: após 1688, 310, 333-4; ascensão dos, 152; e Jaime II, 252; *Levellers* e, 183; não originalmente pacifistas, 152, 181-2; perseguição aos, 203, 240, 252, 263; significação social das doutrinas, 181-2; mencionados, 150, 166, 244

Queen Anne's Bounty, 313, 354

Quinta Monarquia, membros da, 130, 182, 351

R

Raglan, Castelo de, 132, 133

Rainborough, Coronel Thomas (? 1610-1648), 141, 187

Ralegh, *sir* Walter (1552-1618), 13, 32, 45-6, 104, 106, 157, 171, 231, 327, 331

Ramillies, Batalha de, 277

Ranters, 181, 185

Rapin, Paul de, historiador (1661-1725), 303

Raquitismo, 329

Ray, John (1627-1705), 265

Real Companhia Africana, 232, 281-2

Reeve, John, cofundador da seita muggletoniana (1608-58), 181

Reforma da lei, 139, 191-2, 243, 309

Reresby, *sir* John (1634-89), 154, 249, 253, 263, 357

Revolução Americana, 205, 334

Revolução Francesa, 112, 114, 160, 201, 205, 265, 334

Reyce, Robert, autor de *The Breviary of Suffolk* (m. 1638), 29

Reynolds, *sir* Joshua (1723-92), 324

Rich, coronel Nathaniel (c. 1620-1701), 142

Richardson, *sir* Thomas, juiz (1569-1635), 99

Richelieu, Armand Jean du Plessis de, cardeal e primeiro ministro de Luís XIII (1585-1642), 201

Riley, John (1646-91), 200, 324

Ripon, Tratado de, 18

Robartes, *sir* Richard, lorde (m. 1634), 61

Robins, John (*fl.* 1650-52), 181

Robinson, rev. John (? 1576-1625), 87

Robinson, John, bispo de Bristol e Londres, *lord Privy Seal* (1650-1723), 260

Rogers, J. E. Thorold, 3, 225, 344, 345

Rolle, Henry, juiz (? 1589-1656), 243

Root and Branch Petition, 76, 83, 112, 354

Royal Society, 194, 196, 204, 220, 224, 259, 264-5, 269, 293, 314

Rubens, *sir* Peter Paul (1577-1640), 108

Run, Ilha de, 172

Rupert, príncipe, sobrinho de Carlos I (1619-82), 133, 169

Russell, William, lorde (1639-83), 21, 213, 215

Russia Company, 43, 282

Rye House Plot, 213, 249, 252, 263, 355

Rymer, Thomas, crítico (1641-1713), 322

Ryswick, Tratado de, 276-7

S

St. George's Hill, 142

St. John, Henry, visconde Bolingbroke, secretário de Estado (1678-1751), 279

Índice

Sabatismo, 91, 93

Sacheverell, rev. Henry (? 1674-1724), 278, 300-2, 304, 312, 316-7, 350

Salários, 3, 28-30, 33-4, 36, 40, 59, 113, 123, 142, 144, 151, 158, 164-5, 224-8, 236, 288, 290, 306, 317, 319, 343-5

Salisbury, conde de, *ver* Cecil, *sir* Robert, 13, 14, 36, 53, 58, 64, 235

Sancroft, William, arcebispo de Canterbury (1617-93), 215, 312, 318, 341

Sandys, *sir* Edwin (1561-1629), 46, 74

Santa Helena, 172

Saye and Sele, William Fiennes, lorde (1582-1662), 17, 46, 169

Schlatter, dr. R. B., 267

Scott, professor W. R., 166

Scroggs, *sir* William, juiz (? 1623-83), 266

Secularizações, 177, 178, 267

Secularizações, feudatários de, 176

Sedgemoor, 214, 251, 309

Sedley, *sir* Charles, dramaturgo (? 1639-1701), 275

Seekers, 181, 194

Selden, John, advogado (1584-1654), 49, 67, 106, 116, 218, 357

Self-Denying Ordinance, 123, 138, 179, 355

Senegambia, 278, 355

Sermão, 91, 92, 102, 278, 330, 350

Sete bispos, os, 215, 254-6, 266, 312

Settlement, Act of (1662), 165, 225, 287

Settlement, Act of (1701), 244, 275, 279, 298, 309

Severn, rio, 20, 23, 283

Sexby, Edward (m. 1658), 148

Shaftesbury, *sir* Anthony Ashley-Cooper, conde de (1621-83), 211-3, 240, 248, 250, 252, 315

Shakespeare, William (1564-1616), 8, 71, 104-5, 269-70, 333, 357

Sheldon, Gilbert, arcebispo de Canterbury (1598-1677), 98, 260-1, 263, 341

Ship Money, 17, 44, 46, 61-2, 75, 79, 112, 121, 143, 173, 255

Shrewsbury, 19, 24, 26, 33

Shrewsbury, Charles Talbot, duque de (1660-1718), 279

Sibthorpe, rev. Robert (c. 1600-62), 54, 100

Simon, rev. Peter (*fl.* 1631), 32

Sindicatos, 225, 288, 331

Skinner versus East India Company (1668), 232, 241, 355

Sloane, *sir* Hans, médico e botânico, 265

Smith, Adam (1723-90), 20, 196, 334

Smith, *sir* Thomas, secretário de Estado (1513-77), 51

Smyth of Nibley, John (1567-1640), 21

Soberania, 69-73, 189-90, 325

Sociedades por ações, 285, 287, 289

Somerset, 137, 251, 288

Somerset, Edward Seymour, duque de, lorde Protetor (1506-52), 286

Somerset, Robert Carr, conde de (?c. 1585-1645), 14, 75

South Sea Bubble, 334, 355

Southampton, Henry Wriothesley, conde de, patrono de Shakespeare (1573-1624), 46, 72

Sprat, Thomas, bispo de Rochester (1635-1713), 193-4, 197, 259, 264

Stafford, 137

Staffordshire, 132, 137, 160

Star Chamber: abolição de, 121-2, 136, 201; e censura, 107, 242; e cercamento, 33; e governo pessoal, 79, 117, 143; e monopólios, 39, 222; sentenças severas em, 52

Stationers' Company, 85, 320

Steele, *sir* Richard (1672-1729), 271, 320-1, 357

Stone, professor Lawrence, 2, 47

Strafford, conde de, *ver* Wentworth, *sir* Thomas, 16, 58, 73, 78, 80, 121-2, 131, 201, 203, 319

Stratford upon Avon, 19, 24

Strickland, *sir* Roger (1640-1717), 214

Strickland, *sir* William (? 1596-1673), 178

Strict settlement, 236

Stuart, Arabella, prima de Jaime I (1575-1615), 13

Suécia, 66, 126, 172, 211

Suffolk, 29, 30, 59

Suffolk, Thomas Howard, conde de, *lord Treasurer* (1561-1626), 14, 36

Sunderland, Robert Spencer, conde de, Secretário de Estado (1641-1700), 212, 213, 214, 250, 257, 300-1, 304, 313

Suriname, 172

Sussex, 59, 132

Swift, Jonathan, reitor de St. Patrick's Dublin (1667-1745), 8, 293, 302, 304, 312, 319-21, 334, 357

Sydenham, Thomas, médico (1624-89), 194, 265

Sydenham, coronel William (1615-61), 163

Sydney, Algernon, republicano (1622-82), 213, 215

T

Tânger, 171, 210, 233

Tawney, professor R. H., 1, 23, 83, 112

Taylor, Jeremy, bispo de Down e Connor (1613-67), 187

Taylor, John, Poeta das Águas (1580-1653), 106, 198

Taylor, rev. Thomas (1576-1633), 90

Tecidos decorativos, 34, 35

Temple, *sir* Richard (1634-97), 236-7

Terras da Coroa, venda de, 54, 62, 124-5, 144, 158-60, 210, 217-8, 233

Terras da Igreja, venda de, 158, 185

Terras dos monarquistas, venda de, 144, 148, 149, 158-60, 202, 210, 217, 218

Tetuan, 171

Thirsk, dr. Joan, 47-8, 222

Thurloe, John, secretário de Estado (1616-68), 164, 172

Tillotson, John, arcebispo de Canterbury (1630-94), 312, 321, 341

Toland, John (1670-1722), 312

Tolerância religiosa, 9, 32, 138-9, 141, 143-4, 146-7, 177, 179, 181, 185, 189, 202, 210, 315, 320, 353

Tonelagem e peso, 15, 44, 55-6, 60, 69, 80, 121

Torbay, 215

Tories: e 1688, 255, 296, 301, 303; e Ana, 278, 302-5; e Carlos II, 249, 253, 263; e Companhia das Índias Orientais, 232; e Guilherme III, 297, 305-6, 307-8; e Jaime II, 249-58, 263, 299; e livre

comércio, 234; origem dos, 212-3; mencionados, 289, 307, 316, 333

Tortura, 7, 18, 64, 106, 191, 243, 353

Tourneur, Cyril, dramaturgo (? 1575-1626), 105

Townshend, Charles, lorde (1674-1738), 220

Traherne, Thomas (? 1638-74), 8

Traição, 7, 16, 213, 296, 308, 310, 320, 349, 353

Trevo, cultivo de, 163, 220

Tribunais da Igreja, 7, 75, 84, 87-9, 93, 115, 185, 202, 243, 260-1, 310

Tributação, 54, 57-60, 76, 79, 84, 95, 113, 147, 158, 160, 164, 173, 194, 202, 234-5, 237, 284, 290, 293, 304, 327, 330

Trowbridge, 225

Turnham Green, 122, 133

Tutela, Tribunal de, e Tutelaria, 56-8, 139, 160-1, 209, 241; *ver* direito de ocupação de terras feudais

Tyrconnel, Richard Talbot, conde de (1630-91), 214, 253, 258

Tyrone, Hugh O'Neill, conde de (? 1540-1616), 14

U

Unitarianos, unitarianismo, 314, 356

Unwin, G., 41

Utrecht, Tratado de, 278, 284-5

V

Valentine, Benjamin (*fl.* 1627-52), 60, 246

Vanbrugh, *sir* John, dramaturgo e arquiteto (1644-1726), 193, 200, 322, 324, 353

Van Dick, *sir* Anthony (1599-1641), 108

Vane, *sir* Henry, o mais jovem (1613-62), 148, 150, 253

Vaudois, Massacre de (1655), 172

Vaughan, Henry (1622-95), 106

Venner, Thomas (m. 1661), 182

Verney, *sir* Edmund (1590-1642), 36

Verney, *sir* Ralph, filho do supracitado (1613-96), 147

Verrio, Antonio (? 1639-1707), 323-4

Villiers, George, *ver* Buckingham, duque de

Índice

Violet, Alderman Thomas (*fl.* 1634-62), 177
Virgínia, 30

W
Wadham College, 194
Walker, Robert (m. 1658), 199
Waller, Edmund, poeta (1606-87), 73, 199, 266, 269
Wallis, John (1616-1703), 194, 265
Walpole, Robert (1650-1700), 220
Walsall, 24, 137
Walsingham, *sir* Francis, secretário de Estado (? 1530-90), 92
Walwyn, William (1600-?1680), 184, 194
Warren, Albertus, autor de *Eight Reasons Categorical* (*fl.* 1653), 189
Warwick, Robert Rich, conde de (1587-1658), 17, 46, 85, 169, 171
Warwickshire, 23, 31
Webster, John (?1580-?1625), 105
Wentwood Chase, 31
Wentworth, *sir* Thomas, conde de Strafford (1593-1641): carreira precoce, 16; descrédito público e execução de, 121, 131; e o governo pessoal de Carlos I, 56, 58, 70, 78, 113, 151, 201, 319; *lord Deputy* da Irlanda, 16, 80, 99-100, 122; lucro com milho, 31; pró-Espanha, 79, 169; vantagens do cargo, 78
Westminster, 27, 50, 122, 138, 155, 185, 328
Weston, *sir* Richard, conde de Portland, *lord Treasurer* (1577-1635), 16-7, 61
Whigs: a favor de proteção, 234, 285; e 1688, 296, 302; e Ana, 278, 304, 312; e Carlos II, 213, 246, 249, 252, 302, 308; e Guilherme III, 277, 297, 299, 300-5, 312; e Jaime II, 234; Harrington e, 268; Locke e, 315; Newton e, 315; opõem-se a impostos, 235; origem dos, 212-3; mencionados, 316, 334

Whole Duty of Man, The (publicado anonimamente em 1658), 268
Wigan, 24, 34
Wildman, John (?1623-93), 148, 191, 302, 331
Wilkins, John, bispo de Chester (1614-72), 194, 314
Willis, Thomas (1621-75), 265
Willoughby, de Eresby, Robert Bertie, lorde (1660-1723), 255
Wilson, professor Charles, 222, 290
Wiltshire, 23, 40, 134, 288
Winchester, 24, 133, 164
Winchester, John Paulet, marquês de (1598-1675), 132
Windebanke, *sir* Francis, secretário de Estado (1582-1646), 66
Windsor, Castelo de, 323
Winstanley, Gerrard (? 1609-76), 48, 86, 142, 161-2, 173, 184, 191, 194-5, 268, 331, 357
Winwood, *sir* Ralph, secretário de Estado (? 1563-1617), 44
Wither, George (1588-1667), 105-6, 157, 199, 202
Wolsey, Thomas, Cardeal e *lord Chancellor* (? 1475-1530), 78
Woodward, John, médico e geólogo (1665-1728), 265
Worcester, Batalha de, 125
Worcester, Edward Somerset, conde e marquês de (1601-67), 31, 133, 159
Worcestershire, 186, 224
Wren, *sir* Christopher (1632-1723), 194, 200, 324
Writer, Clement (*fl.* 1627-58), 193

Y
York, 18, 19, 24
Yorkshire, 23, 30, 40, 122, 132-3, 169, 215, 253

SOBRE O LIVRO

Formato: 16 x 23 cm
Mancha: 11,8 x 18,5 cm
Tipologia: Iowan Old Style 10/14
Papel: Off-white 80 g/m² (miolo)
 Cartão Supremo 250 g/m² (capa)
1ª edição: 2012

EQUIPE DE REALIZAÇÃO

Assistência Editorial
Olivia Frade Zambone

Edição de Texto
Carolina Souza (Copidesque)
Renata Gonçalves (Preparação)
Bárbara Borges (Revisão)

Editoração eletrônica
Eduardo Seiji Seki (Diagramação)

Capa
Estúdio Bogari

Impressão e acabamento